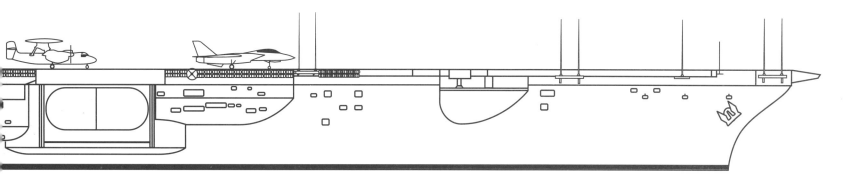

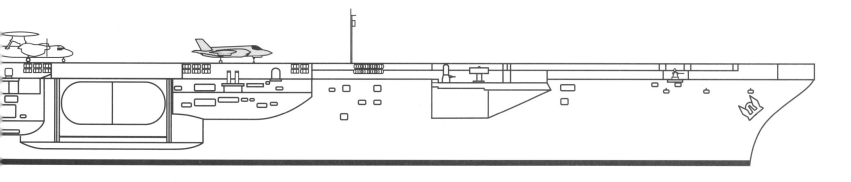

# 本书著作者介绍

**理查德·彼得奥尔** 理查德出生于英国,是一名IT顾问,一直对皇家海军和海军事务感兴趣。他曾在皇家海军预备役服役14年,担任军官,与美国海军和中东及世界各地的海军共事过。1999年,他创建了海军事务网站,这是有关英国皇家海军最早的专业网站之一。自2010年第一版开始,他就为《世界海军评论》撰稿,并为许多其他组织和出版物撰写了大量关于海军发展的文章,其中包括《AMI国际》《海军部队》《防务管理》和《国际舰队评论》。他目前与妻子和女儿们住在爱尔兰。

**詹姆斯·博斯波迪尼斯** 詹姆斯·博斯波迪尼斯是当代海事战略专家。他的研究主要集中在英国、俄罗斯和中国海军力量的发展,以及海洋战略和国家政策之间的联系。博斯波迪尼斯博士于2014年在伦敦国王学院获得博士学位,在那里他研究了即将服役的"伊丽莎白女王"级航空母舰的发展和对英国海上战略的影响。他发表了许多关于英国海上空军力量发展、俄罗斯海事理论和海军现代化以及中国海军战略等问题的著作。博斯波迪尼斯博士是伦敦国王学院科比特海事政策研究中心的准会员。

**阿拉斯泰尔·库珀** 阿拉斯泰尔·库珀是一名公务员,也是一名活跃的皇家澳大利亚海军预备役军人。他是几篇关于皇家澳大利亚海军历史和军事战略文章的作者。他曾在海上服役,并担任海军司令的研究官员,曾在私营电信部门、国防部、总理内阁部门和司法部工作。他所表达的观点只代表他自己。

**哈特穆特·埃勒斯** 哈特穆特·埃勒斯在德国吕贝克出生和生活。他1967年高中毕业,1977年开始了38年的职业生涯,在这期间,他在德国联邦海军和商船队担任造船厂实习生长达10年,并在汉诺威工业大学学习造船学。在布洛姆+沃

斯船厂和MTG海事技术公司设计局的海军工程和设计部门担任海军建筑师,2015年2月退休。埃勒斯是美国造船工程师学会(ASNE)和意大利船级社(RINA)的成员。

**诺曼·弗里德曼** 诺曼·弗里德曼是美国最著名的海军分析家和历史学家之一,著有40多本著作。他对现代军事领域的多种主题都有广泛著述,包括一部获奖的冷战史,而在军舰发展领域,他最有影响的代表作应该是关于不同类型美国军舰的8卷系列丛书。作为技术和国家战略交叉领域的专家,他备受赞誉的《网络中心战》于2009年由美国海军学院出版社出版。弗里德曼博士拥有哥伦比亚大学理论物理学博士学位,经常在电视上担任客座评论员,并就专业国防问题发表各种演讲。他住在纽约。

**菲利普·格罗夫** 菲利普·格罗夫目前是达特茅斯大学普利茅斯分校皇家海军学院的战略研究专家。他也是新达特茅斯制海权和安全中心的海上航空研究部主管。他的主要研究方向是海军航空及其对安全的贡献。他为许多出版物撰稿,最近的一本是《扭转潮流:珊瑚海战役和中途岛战役》(普利茅斯大学,2013年),并与邓肯·雷德福合著了《皇家海军:1900年以来的历史》(陶里斯出版社,2014年)。除了在达特茅斯学院任教外,他还在皇家海军部队担任客座讲师。此外,从1996年到2013年,他在普利茅斯大学授课,最近他还在各种国际会议上发表演讲。

**大卫·霍布斯** 英帝国勋章获得者、海军准将(已退休)。大卫·霍布斯是一位享有国际声誉的作家和海军历史学家。他有18本著作,最近的一本是《1945年后的英国航空母舰战斗群》,他还为许多其他书籍做出了贡献。他为几家期刊和杂志撰稿,并于2005年在巴黎获得年度航空航天新闻工作者奖——"最佳国防报道奖"。他还获得了2008年澳大利亚海军联盟颁发的论文奖。他在世界各地讲授海军课题,包括在游轮上,并在几个国家的电台和电视上播出。他在皇家海军服役了33年,并以准将军衔退休。他是一名合格的固定翼和旋翼飞行员,飞行记录达2300个小时,完成800多次舰载机着舰,其中150次是在夜间。他担任了8年的维尔顿海军航空兵博物馆馆长。

**米里提卓尔·马宗达** 自1999年以来,马宗达先生一直在撰写有关海军事务的文章。他的文字和图片出现在许多海军和飞机出版物上,包括《简氏防务周刊》《简氏海军国际》《海军力量》《世界舰船》《美国海军学院论文集》和皇家海军造舰师学会出版的《军舰技术》。他也是主要海军年度著作的重要贡献者,如《世界战斗舰队》《战斗舰》《简氏战斗舰》《世界海军评论》和《韦尔斯世界军舰手册》。马宗达先生和他的妻子住在加利福尼亚的瓦莱诺。

**杰克·麦克卡非** 杰克·麦克卡非是伍伦贡大学澳大利亚国家海洋资源与安全中心的访问学者，最近他获得博士学位。他于2003年2月从澳大利亚海军退役，最后以华盛顿海军随员的身份回国。他最近的著作包括与人合著的《东南亚海军：比较研究》，并（作为皇家澳大利亚海军海上力量研究中心的访问学者）撰写了皇家澳大利亚海军的理论出版物——《澳大利亚海事行动（第二版）》。他目前的研究领域包括太平洋巡逻艇的发展历史，国防政策的历史以及皇家澳大利亚海军从1955年到1983年的发展。

**克里斯·拉赫曼** 克里斯·拉赫曼博士是澳大利亚伍伦贡大学国家海洋资源与安全中心海洋战略与安全首席研究员（副教授）。他是一名战略理论家，研究领域包括海洋战略、战略理论、澳大利亚国防政策、中国以及印度洋-太平洋地区的战略关系，以及当代海上安全问题，包括船舶追踪等技术应用。他目前正在为澳大利亚皇家协调一个关于太平洋巡逻艇历史的主要项目，并与工业界和澳大利亚政府合作管理澳大利亚伍伦贡大学国家海洋资源与安全中心的船舶追踪计划。

**伊恩·斯佩莱** 伊恩·斯佩莱是军事历史和战略研究中心主任，也是爱尔兰国立梅努斯大学历史系军事历史高级讲师。除此之外，他还在爱尔兰军事学院授课。他的主要研究兴趣是海军史、海上战略和远征战争，并在这些领域发表了大量论文。他的著作包括《了解海战》（2014）、《小型海军》、《战争与和平时期小海军的战略与政策》（2014）、《两栖战争》（2014）、《理解现代战争》（与人合著，2008）和《20世纪的皇家海军与海上力量》（2005）。

**大卫·斯蒂文斯** 大卫·斯蒂文斯于1974年加入皇家澳大利亚海军，专门从事反潜战研究。他服役期间的重点任务包括在英国皇家海军的岗位交换，以及在1991年海湾战争和2003年伊拉克战争中出任远征部队参谋。1994年，他退出海军现役，成为澳大利亚海军历史学家，并一直工作至2014年底。他现在已经退休，但仍然是新南威尔士大学堪培拉分校的兼职副教授和伍伦贡大学的高级访问学者。他所著的关于第一次世界大战中的皇家澳大利亚海军史《万事俱备》赢得了2015年法兰克福纪念海事历史图书奖。

**杰弗里·蒂尔** 杰弗里·蒂尔是伦敦国王学院海事研究名誉教授，科比特海事政策研究中心主席。自2009年以来，他一直是新加坡拉贾拉特南国际关系学院的客座教授和高级研究员。他的《理解胜利：从特拉法加到福克兰（马岛）群岛的海军行动》于2014年由美国文献中心/克利俄出版社出版，他目前正在撰写《制海权：21世纪指南（第四版）》。

**斯科特·图尔** 图尔博士是"鹰头狮"科技公司蓝色国家安全小组的负责人。自1991年起，他推出了一系列美国海军战略的出版物，包括《来自海洋》（第一本海军学说出版物），《由海向陆，2020展望》（没有发表），《21世纪的海上战略》（没有发表），《21世纪海上力量》和《21世纪海军合作的策略》。自1998年以来，他为美国海岸警卫队的几份战略出版物提供了类似的支持。他曾在美国海军学院、海军战争学院和海军研究生院等地做演讲。他还获得了特拉华大学海洋政策研究的哲学博士学位和政治学/国际关系硕士学位。

**康拉德·沃特斯** 康拉德·沃特斯是一名训练有素的律师，但职业是银行家。1989年，他被格雷律师事务所聘请为律师之前，曾在利物浦大学接受教育。他对海事事务的兴趣首先是由商船军官的悠久家族史激发的，他已从事海事事务历史和现状的写作30多年了。在担任《世界海军评论》创刊编辑之前，他曾连续6年为《世界海军评论》撰写有关年度影响力战舰的文章。康拉德与苏珊结为伉俪并育有三个子女：艾玛、亚历山大和伊莫金。他现居萨里郡的哈苏米尔。

# 目 录 CONENTS

序 言 /001

## 1 21世纪的海军 /005

**1.0 引言** 康拉德·沃特斯 006
- 财政环境 /006
- 冷战后海军的发展 /009
- 当今世界各国的舰队 /010
- 造船技术和设计 /015
- 技术和人员配备 /015
- 小结 /017
- 鸣谢 /017
- 注释 /018

## 2 战略概览 /019

**2.0 冷战后的海军** 伊恩·斯佩莱 020
- 历史背景 /020
- 美国海军的"转向濒海" /021
- 面对新挑战 /024
- 欧洲的海上关注点 /026
- 新兴国家海军 /029
- 技术和战略 /029
- 小结 /036
- 注释 /038

# 3 战术概览 /039

## 3.0 海军作战　菲利普·格罗夫　040
冷战时期的海军行动：概览 /040
彻底改变 /041
避之不及 /044
不仅仅关乎战争 /049
小结 /052
注释 /054

# 4 舰队分析 /055

## 4.0 加拿大和拉丁美洲海军　康拉德·沃特斯　056
加拿大 /057
拉丁美洲 /058
注释 /061

## 4.1 美国海军　斯科特·图尔　062
美国海军的战略方针 /063
《……由海向陆：为美国海军进入21世纪做准备》（1992—1993） /064
《21世纪海上力量》（2002） /065
《推动、参与、准备：21世纪海上力量合作战略》（更新／改写版）（2015） /068
当前美国海军部队结构规划 /070
舰队组成 /071
前方向何处去 /080
注释 /082

## 4.2 欧洲和俄罗斯海军　康拉德·沃特斯　083

### 4.2.1　英国皇家海军　理查德·彼得奥尔
**086**

战略、政治和经费　/086
2015年的皇家海军　/097
问题和挑战　/100
小结　/106
注释　/106

### 4.2.2　欧洲大陆地区海军　康拉德·沃特斯
**107**

法国海军　/107
意大利海军　/114
西班牙海军　/117
其他欧洲大陆国家海军　/120
注释　/126

### 4.2.3　俄罗斯海军　詹姆斯·博斯波迪尼斯
**127**

苏联的遗产　/128
今天的俄罗斯海军　/130
俄罗斯海军的未来　/136
小结　/138
注释　/139

### 4.3　亚太地区海军　康拉德·沃特斯
**140**

### 4.3.1　皇家澳大利亚海军（RAN）
大卫·斯蒂文斯
**142**

战略背景　/142
东帝汶军事干预及其后果　/143
装备　/145
未来的采购计划　/148
小结　/148
注释　/149

### 4.3.2 日本海上自卫队（JMSDF） 阿拉斯泰尔·库珀　150

日本海上自卫队作战能力和战略关系　/150

日本的国防预算　/152

日本海上自卫队的采购　/152

技术变革的潜在影响　/155

注释　/156

### 4.3.3 韩国海军　杰克·麦克卡非　157

目标和战略　/157

对力量结构的影响　/158

今日韩国海军　/159

韩国海军展望　/163

小结　/164

注释　/164

## 4.4 印度洋、中东和非洲　康拉德·沃特斯　165

### 4.4.1 印度洋海军　米里提卓尔·马宗达　168

冷战后的发展　/168

印度海军理论与战略　/170

当前的力量结构和组织　/172

未来发展规划　/175

其他印度洋海军　/176

小结　/178

注释　/179

### 4.4.2 中东海军　理查德·彼得奥尔　180

埃及　/181

以色列　/182

其他中东和地中海地区海军　/183

伊朗　/183

沙特阿拉伯　/184

其他海湾地区海军　/185

其他在本地区有重要影响力的海军　/187

注释　/188

# 5 海军造船术 /189

## 5.0 军舰设计和建造的全球趋势
哈特穆特·埃勒斯  190

历史背景 /190

当前情况概述 /192

地缘政治趋势 /193

军舰设计方面的技术发展 /195

舰艇推进系统的演变趋势 /200

武器系统和装备的发展 /203

全球造船工业发展趋势 /204

小结 /207

注释 /208

# 6 21世纪军舰设计 /209

## 6.1 航空母舰和两栖舰船
康拉德·沃特斯  210

航空母舰发展 /210

两栖攻击舰和直升机航空母舰 /221

其他两栖战舰 /227

注释 /228

## 6.2 主力水面舰艇
康拉德·沃特斯  231

美国 /232

西欧 /234

俄罗斯和亚洲 /246

注释 /251

**6.3 小型作战舰艇和辅助舰船**
　　康拉德·沃特斯　　254

濒海作战舰艇 /256
巡逻舰艇 /260
辅助和支援舰艇 /269
注释 /272

**6.4 潜艇**　康拉德·沃特斯　　274

战略导弹潜艇 /275
攻击型核潜艇 /278
装备不依赖空气推进（AIP）系统的潜艇 /283
常规动力潜艇 /287
注释 /291

# 7 冷战后的技术发展 /293

**7.0 技术**　诺曼·弗里德曼　　294

新环境 /294
成本上升的影响 /298
技术菜单：摩尔定律的各种应用 /301
指挥和控制 /309
海军航空部队 /312
防空作战 /313
反潜作战 /315
水雷战 /317
注释 /320

# 8 舰载机 /323

## 8.0 21世纪的海军航空 大卫·霍布斯 324
- 航空母舰及其舰载机部队 /324
- F-35"闪电"II /340
- 大甲板两栖战舰 /341
- 海上控制直升机 /345
- 岸基海上巡逻机 /349
- 小结 /354
- 注释 /355

# 9 作战人员 /357

## 9.0 海军人员配备 菲利普·格罗夫 358
- 舰队现代化的影响 /360
- 数量与质量 /360
- 经费压力 /360
- 精简人员的后果 /361
- 海军航空方面的变化 /361
- 新一代水兵 /363
- 国际视野 /364
- 小结 /366
- 注释 /367

**术语表 /369**

# 序 言

杰弗里·蒂尔

本书所探讨的主要话题就是"变革带来的挑战",这反映出世界各国的海军在当前这个社会、经济、科学技术都在持续变化的年代中,其作战和发展方式的巨大变化。一些国家的海军不仅实力得到增强,更对未来的发展颇具信心,而另外一些则规模缩水,不复往日的雄心壮志。一些国家的海军正在着力发展新的非传统任务领域,而另一些则继续坚持着上个世纪的传统定位,绝大部分国家则在二者之间的摇摆状态下发展。同时所有国家的海军都面临着一个问题:在国际局势愈发显得不稳定的当下,如何把握高烈度正规作战能力和低烈度任务能力之间的平衡。

一方面,海军的传统任务——保卫祖国——仍是一个不可忽视的艰巨职责。这也使得各国海军必须着力发展实施高烈度正规战争的能力,以在遭遇来犯敌海空力量威胁时确保本国对于海域的控制权及战略运用能力。所有认为这一任务已经落伍的人,都可以看看当前发生于欧亚大陆两端的紧张局势。另一方面,海洋不仅蕴藏着许多珍贵的资源(如石油、天然气和鱼类,以及未来可能发现的新资源),更是全球货物和人员流动的最主要手段。正是发达的海上贸易体系维系着我们现如今的和平与繁荣。各国助力共同保卫海上安全以及国际贸易体系,正日益成为全球海军的一大重要任务,且在这一任务中,不同国海军之间,海军与海上执法力量之间所需要的,更多的是合作而非竞争。这两项截然不同的重要战略任务产生的需求也大相径庭,而这又使得各国海军必须在预算受限且规模逐渐缩水的情况下做出艰难抉择。

对航运体系的威胁包括所有形式的海上犯罪活动,如

海盗、毒品贸易、走私、恐怖活动等。各国海军通过"海上控制"和"由海向陆"等不同方式保卫贸易体系。但即使是美国海军也不得不承认，单靠一国海军（无论能力多强）都很难应对所有挑战，为达成使命，除了寻求合作别无选择。为应对这些威胁，海军需要掌握领海内的任何风吹草动。因此，情报、监视和侦察（ISR）能力，海军与海岸卫队之间的相互合作，以及数据融合和数据分享变得越来越重要。在联合行动中，世界各地的海军正尽全力维持良好的海上秩序。但这需要政府层面的整体战略，但其在世界各地的进展较为缓慢，想要实现并不容易。即使是世界头号的集体安全条约组织——北约，也很难在海上安全上确立广泛的认同；北约曾尝试将根据第五条款"积极努力（active endeavour）"展开的地中海地区反恐行动拓展成普遍接受的海上安全架构，以此应对更大范围的问题，但这一努力尚未能如愿。

海上安全任务的需要促使海军发展一套适应较低强度任

在法军航空母舰"戴高乐"号上，一架"阵风 M"舰载战斗机正准备起飞执行任务。对于许多国家的海军而言，执行高烈度作战任务依旧是其核心职能，不过也需要在此基础上做好与执行低烈度的海上安全支援任务的平衡。（达索航空/V.阿拉曼扎）

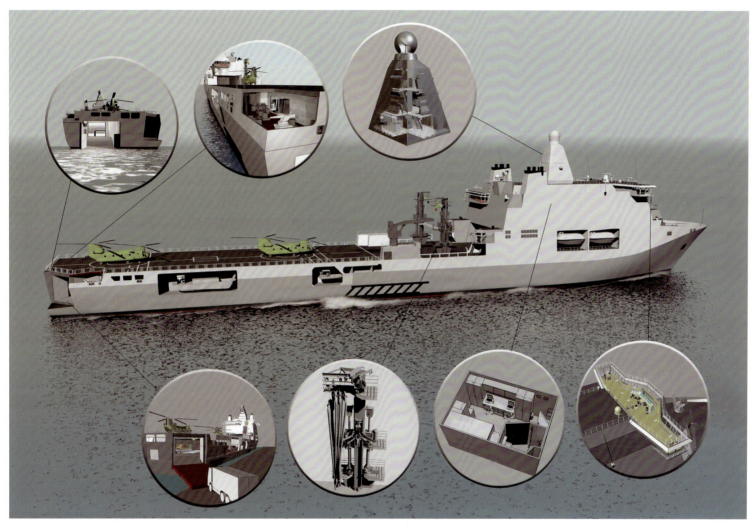

务的作战能力、武器装备和作战平台，同时还需要一套相应的作业程序、应对措施、专业技能以及支援保障设施，而这一切都与被大多数海军视为真正且更紧迫的任务（准备正规战争）大相径庭。因此，到底该为海上安全行动倾注多大心血成了大多数国家的老大难，尤其是在预算限制的重压下。

而且，为海上安保行动所打造的体系往往并不如寻常人认为的那样便宜。海上安保力量需要具备强大的海上态势感知能力，这需要用大量的巡逻舰艇和飞机覆盖热点区域。在发现不法活动后，还需要快速拦截力量对违法者实施拿捕，最后，还需要一个有效的司法体系将违法者绳之以法。对于荷兰海军新列装的"卡尔·多雷曼"号联合支援舰是能够承担多类任务的新一代"灵巧"战舰的优秀范例。不过由于资金和人力状况的限制，各国海军依旧应当认真考虑新一代战舰所应承担的职能。

海上警戒的巨大需求可以解释为何全球巡逻舰艇市场正在迅猛发展，这些巡逻舰艇通常吨位较小，造价较低，仅配备执行低烈度任务所需的装备，且主要用于在本国管辖海域内展开行动。

由于地理原因，一片海区内的混乱也可能"传染"至其他秩序良好的海区，出于防患于未然的考虑，许多国家的海军都开始在其他海区"客场作战"。例如在索马里海盗威胁国际重要运输航道亚丁湾之后，全球许多国家都采取措施，共同发起了一场颇为成功的反海盗行动。

然而，海上良好秩序还不够，因为国际体系还取决于支撑金融体系的信心，而这种信心常常被诸如索马里事件这样的威胁贸易条件的因素破坏。为此，海军试图通过基于海上的干预措施向岸上"输出"来自海上的"良好秩序"。此类行动包括协助菲律宾应对2013年台风"海燕"造成的破坏，为2014年爆发于非洲西部的埃博拉病毒提供救济，介入2011年的利比亚危机，等等。实施多种类型的干涉任务已经成为推动欧洲和亚太国家海军政策发展的重要推动力，且这些国家已经开始将实施此类任务放到了关键的优先级上。也正是因此，这些国家的海军正在努力发展能够投送功能齐全的舰载航空力量的作战平台，例如两栖战舰艇和大型通用舰艇，这些舰艇都具备在遥远海域展开行动的能力。

不过与此同时，更具竞争意味的战略关切也从未离开人们的视线。不管规模大小，全球海军都仍在寻求获取战场主动权，具备更强的机动能力，以及在国家需要时，在任何时间、任何地点捍卫国家利益的能力。为了慑止可能发生的战争，海军往往需要展示自身具备的力量，并为此不遗余力地发展具备海上控制和海上拒止能力的作战平台、武器、传感器以及相关技能和经验。潜艇在亚太地区的扩散就鲜明地展示了这一点。而在作战领域，海上拒止战略（反介入/区域拒止"A2/AD"能力）与确保"全领域介入"的干涉战略之间的斗法也成为人们日渐热议的话题。这场论战同时也牵扯出了到底是该选择数量较少但性能优秀、价格更为高昂的作战平台，还是用便宜的大量小型平台"淹没"对方的技术讨论。这场争论中的大量笔墨都放在了由新兴海上大国提出的以"反介入"为目的的海上拒止战略，以及美国为了维持区域介入而采用的"空海一体战"[①]（Air/Sea Battle）理念上。双方围绕着海上控制和海上拒止所展开的较量，将注定是一场高烈度的决定性对抗，双方将为了价值极为高昂的筹码不惜动用最为前沿的军事技术。

对于两栖作战力量的投资也是目前全球依然注重于高烈度战争行动的一个体现。本书的后续章节中将以充分的论据论述全球许多国家两栖和远征力量的扩充情况。不过也很难找到切实的证据证明各国对海军的投资是为了增强海军的作战力量，还是为了执行炮舰外交，毕竟承担后一种任务并不需要专门的装备。相反，这些海军传统任务的实施仍是基于行动层面，它们取决于海军如何使用其装备而不是装备的特征。不管怎样，保护国家的贸易利益仍将是世界各地海军学说的常规内容。

个体平台灵活性的提升以及平台数量的增加，一定程度上降低了海军在高强度和低强度任务能力之间选择的必要性。但不论如何，在越发紧缩的预算和人力结构限制下，海军仍然需要做出抉择。尽管先进的设备往往被用于掩盖海军舰艇数量的减少所带来的危险，设备的性能依然是有极限的。海军作战平台、武器装备和传感器的采购都是着眼于未来，但有时也可能因为战略和技术发展方向的不确定性而面临风险，出现长时间延迟，甚至与国家产业政策相悖等情况。在后续的章节中，本书将向我们展现全球各国海军在规划未来几十年的发展蓝图的过程中，是如何应对上述问题以及政策方面的挑战。

---

[①] 于2015年更名为"联合全球公共海域进入与行动"（Joint Access and Maneuver for the Global Commons，JAM-GC）。

# 1
## 21世纪的海军

# 1.0 引言

康拉德·沃特斯

与冷战结束时相比，21世纪的海军有了许多显著变化。许多曾雄霸世界海洋的主要海军力量规模一落千丈，长期保留的核心任务也几乎一夜间就化为乌有。与此同时，大量新兴海军力量——许多位于亚洲——加入了世界舞台。这些新兴国家海军因世界贸易向亚太地区转移而兴起，也因区域紧张局势不断加剧而有了充分的发展理由。

不过，变化远不止于此。全球政治秩序已偏离北约和华约（以及他们各自的盟友）的两极均衡状态，与之相伴的是一段时间的不稳定以及由此带来的更替海军已消失任务的全新的、不同的使命。这些新任务往往需要不同类型的战舰，力量的运用方式也要随之改变。技术也在飞速发展——且越来越多地来自民用领域，而非以往的军用技术民用化。最好的一个例证可能就是无人驾驶和自动驾驶技术的快速应用。当然，如指挥与控制、舰船动力、隐身技术和人员配备等方面也出现了重要的改变。同时，社会变迁也对海军产生深远影响，如许多国家的海军正转向完全的志愿化、职业化征募；女性的身影也越来越多地出现在各类舰艇上。

自2010年开始，《世界海军评论》（*Seaforth World Naval Review*）就以年鉴方式记录这些变化。不过，较短的时间跨度可能无法准确认识和评价这一趋势。为此，《21世纪的海军》一书旨在从更长的时间和更广的视角描绘冷战后各国海军的发展脉络以及演变原因。编辑过程中，我们希望在《世界海军评论》定期分析的基础上，对于事物发展进行更全面的评估。与此同时，俄罗斯与西方的关系因乌克兰和克里米亚事件再次降温，本书意图让更多读者能够理解世界主要国家海军舰队的当前关键任务、未来发展目标、组织结构模式和实际作战能力。

《21世纪的海军》遵循的编著方法是邀请公认的专家详细解读这些关键主题。前言的主要目的是介绍冷战后海军发展所处的财政环境并概述接下来的章节将涉及的地区。

## 财政环境

世界范围内，政府分配给军队的经费数量无疑是影响海军部队结构的最大因素之一。因此，解读财政环境是分析世界海军发展的一个非常好的起点。

国防经费的全球动态：尽管有大量关于冷战后"和平红利"（peace dividend）的讨论，但不争的事实是，2015年初世界各国的军费总额相比冷战结束时有了小幅增加，如图1.1所示。正如斯德哥尔摩国际和平研究所（SIPRI）[1]通过证据加以证明的那样，出现这种情况有三个主要原因。

- 经过一轮经济增长，现如今的世界比25年前要富裕得多。为此，即使世界各国每年国防经费占国内生产总值（GDP）的比例从1989年的4.5%下降到2014年的2.3%，但国防经费的绝对值是增加的。2014年，世界各国的军费总额将近18000亿美元。
- 虽然"和平红利"确实存在。不过，这种红利主要限于欧洲和俄罗斯。其他地方——特别是亚洲和中东——持续紧张的地区局势意味着国防开支仍是一个优先选项。许多发展中国家也能够负担更多军费。因此，军费支出占比从欧洲转向了亚洲。图1.2和图1.3清晰地展示了这一点。

冷战后的10年，美国军费支出大幅下降，而2001年"9·11"恐怖袭击后，美国军费明显反弹，这种巨大开销解释了为什么美国在世界军费开支中的占比在2014年末与1989年几乎没有发生变化。

虽然受2008年世界金融危机和政府巨额赤字的影响，美国的军费开支在2010年有所缩减，但其总量仍遥遥领先于其他国家。美国的军费开支是排在第二位的三倍，总量大约占世界军费开支总额的1/3。目前，美国仍是世界第一大经济体。[2]此外，美国还与世界上多个大国建立了盟友关系，依靠稳定的国际秩序分享全球贸易带来的共同利益。

海军经费支出与部队结构：当然，军费开支的总体动向以及具体分配数量未必与海军军费投入成正比。沙特阿拉伯便是一个典型的例子，该国的国防预算规模目前排在世界第四位，但其海军投入相对较小，大量经费被投入地面部队。而即使经费被拨付给海军预算，也不是一定能够打造出一支规模更大、实力更强的舰队。新技术的高昂成本，投资决策的失当，维持部队状态的必要开支，以及不断高涨的人力成本等因素都让本已紧张的海军经费捉襟见肘。

美国海军的规模从里根总统设定的"600艘战舰"目标缩

2016年1月，美国海军"洛杉矶"级攻击性潜艇"帕萨迪纳"号（SS-752）准备从"阿尔科"（Arco）号（ARDM-5）浮船坞驶离码头，同时"阿利·伯克"级（Arleigh Burke）导弹驱逐舰"斯托尔戴尔"号（DDG-106）正在驶离圣迭戈海军基地。尽管亚洲国家海军的实力正逐渐提升，但美国海军仍以巨大的存量优势保持着世界上规模最大、经费最多舰队的位置（美国海军）。

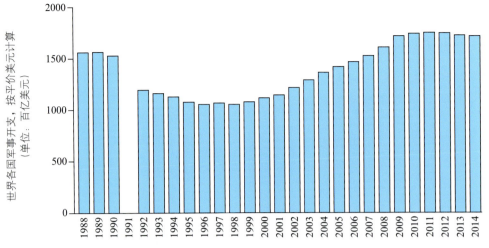

图1.1 1988—2014年世界军费开支柱状图

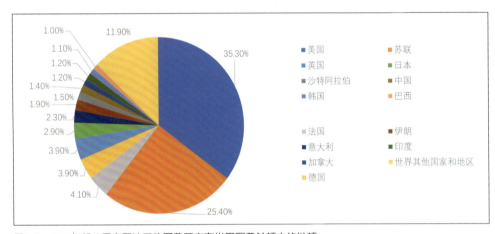

图1.2 1989年部分国家和地区的军费开支在世界军费总额中的份额

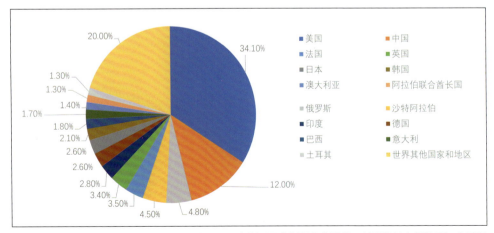

图1.3 2014年军费开支排在前15名的国家和地区在世界军费总额中的份额（基础数据由斯德哥尔摩国际和平研究所提供）

减到300艘。由于国防开支基本保持了20世纪80年代的水平，舰队规模的断崖式下跌无疑需要一些解释。而下列的这些因素，就与舰队规模的缩水有着直接的关系：

- 如图1.4和图1.5所示：冷战后，美国海军部的开支与美国国防部的开支保持基本相似的走势。起初，实际预算从冷战时期的峰值下降了40%，在20世纪90年代末降至最低点。随后，军费开支回升到冷战时的水平，并在2010财年度到达峰值。军费开支后来又出现下降趋势，但这次较为温和，其原因是中东的行动逐渐减少以及财政紧缩加剧。
- 海军在国防开支中的比重是30%左右，海军仅在里根执政期得到较大发展。在伊拉克和阿富汗作战行动最密集的那几年，这个比重还要更低，因为那两场都以陆上作战为主。此外，海军预算中海军陆战队的比重，从冷战期间的10%左右上升到2007—2009财年度的20%以上。
- 为改善服役条件所作的努力（包括改善居住条件和医疗补助）也消耗了本可以用于前线的开支。这也反映了世界各国所面临的人力成本压力。
- 2001年以后国防支出的增长，都是在2001—2006年任国防部长的唐纳德·拉姆斯菲尔德的领导下发生的。[3] 拉姆斯菲尔德的一个主要目标是将美军转型为一支更有效的"后冷战

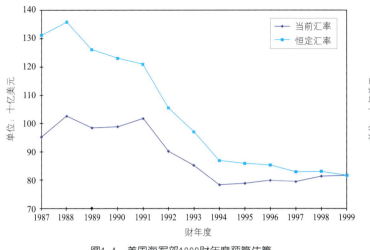

图1.4 美国海军部1999财年度预算估算
实际项目趋势

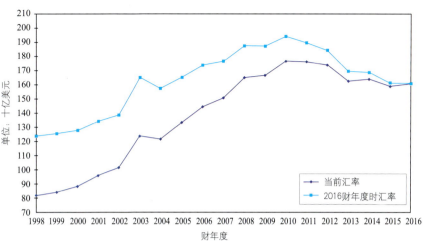

图1.5 美国海军部2016财年度预算估算
实际项目趋势

时代"武装力量,因此更关注创新体系和相关的研究开发工作。以致海军造船经费没有随海军预算成比例扩张。此外,许多新技术比"旧体系"的成本更高而且研制经常遭遇延宕。

这些因素叠加起来的影响首先是战舰数量与冷战结束时相比大幅下降,老军舰相继退役而新购买的军舰数量明显减少。"9·11"恐怖袭击后,这一趋势有所放缓但并没有随着军费的增加完全停止。相比其他项目,军舰采购仍然不属于高优先级。此外,对新技术的关注导致建造新军舰的成本提高,这使采购数量相应减少。可以肯定,这个问题在最近几年已经被意识到,而且已采取措施(如更关注已有设计,进行渐进式改进)以稳定军舰数量。另外,对技术研发的巨大投入将使得美国海军在未来保持技术优势。毕竟仅仅靠数量评价舰队实力一直都是不可取的。

## 冷战后海军的发展

美国海军发展的起起伏伏反映了冷战后期形势的持续演变和变幻莫测,伊恩·斯佩莱(Ian Speller)在公开的战略综述中进行了更为详细的阐释。他解释了西方海军是如何稳步寻找新角色以补充或替换那些在冷战结束后已变得不那么重要的任务。其中特别强调的是通过发展海上远征部队,以实现远距离的力量投射,从而将不稳定因素"扼杀在源头"。在恐怖主义和犯罪活动持续增多的背景下,这一任务显得特别重要,促进了维护全球共同利益的安全协作。不过,随着东亚局势的紧张,大国海军也开始重新注重高强度条件下的作战能力。美国也在所谓的"重返亚太"(pivot to the pacific)战略下将力量向亚洲转移,也印证了保留一定数量海上作战军舰是明智之举。

菲利普·格罗夫(Philip Grove)关于近期海军行动的评论从不同角度说明了相同的趋势。冷战期间,公众对海军的认知为潜艇的重要性所主导,一方面是因为潜艇作为核武器载具的角色,另一方面是其对关键的大西洋航道构成潜在威胁。然而,这些认知并不完全正确,这很容易对海军造成一定程度的"战略约束"(strategic straitjacket)。海军理应回归到参与更广范围的行动中。在1982年,冷战正处在高峰期时,英国皇家海军对福克兰群岛(阿根廷称马尔维纳斯群岛)的成功远征充分展示了海上力量内在的灵活性。有趣的是,两位作者都认为,尽管时代背景已经发生了巨大变化,现代海军仍应尽量继承以往的使命任务。

英国皇家海军45型防空驱逐舰"钻石"号(HMS Diamond)在代号为"Recsyr"的行动(联合国2014年发起的摧毁叙利亚化学武器任务的一部分)期间护卫着丹麦商船"未来方舟"号(Ark Futura)。冷战后,各国海军采用了许多新技术,并将其应用到各种各样的任务中。

## 当今世界各国的舰队

随着时代的变化,规模庞大的海军舰队也在编制结构和规模上进行了调整。表1.1展示了当前主要海军部队与25年前的力量对比。可以得出以下几条关键结论。

- 相比1990年,大部分海军在2015年时规模都变小了。这既反映了财政上的紧缩,也反映了技术进步使得更小规模的、更为先进的战舰能够承担更多任务。不过,和其他地区不同,亚洲海军的下降趋势不那么明显。

- 在这个总趋势之下,还有一个显著的转变,即轻型水面战斗舰艇——如轻型护卫舰和快速攻击艇基本退出历史舞台。此外,反水雷舰艇的数量也有所降低,常规动力潜艇亦然(不过下降幅度不如前者明显)。在大部分亚洲主要海军中,这种趋势被如驱逐舰的增加所抵消。这一定程度上体现了韩国等国家打造"蓝水海军"所做的努力。不过，不同于传统西方海军，东亚海军的战略要求他们同时维持相当数量的小型舰船以完成近海防御任务。

- 几乎所有海军都试图增加两栖作战力量，同时辅助舰船也有所增加。这也充分证明了前文中所说的远程远征作战被赋予越来越高的重要性。

- 虽然美国海军自1990年以来大幅缩减开支，但无论从哪个角度看，都已然没有可与之匹敌的对手。如果考虑到美国海军在技术上的巨大优势，这种差距会更大；毕竟这种差距在数量上是反映不出来的。

### 表1.1 全球部分国家海军力量（1990—2015）[1]

| 国家 | 美国 | | 巴西 | | 英国 | | 法国 | | 意大利 | | 西班牙 | | 俄罗斯[2] | | 日本 | | 韩国 | | 澳大利亚 | | 印度 | |
|---|---|---|---|---|---|---|---|---|---|---|---|---|---|---|---|---|---|---|---|---|---|---|
| 年代 | 1990 | 2015 | 1990 | 2015 | 1990 | 2015 | 1990 | 2015 | 1990 | 2015 | 1990 | 2015 | 1990 | 2015 | 1990 | 2015 | 1990 | 2015 | 1990 | 2015 | 1990 | 2015 |
| **航空母舰和两栖作战舰艇** | | | | | | | | | | | | | | | | | | | | | | |
| 航空母舰/核动力航空母舰 | 15 | 10 | 1 | 1 | – | – | 2 | 1 | – | 1 | – | – | – | – | 1 | 1 | – | – | – | – | 1 | 2 |
| 反潜航空母舰/直升机航空母舰 | – | – | – | – | 3 | – | 1 | – | 1 | 1 | 1 | – | 6 | – | – | 3 | – | – | – | – | 1 | – |
| 通用两栖攻击舰/多用途两栖攻击舰/直升机登陆舰 | 13 | 9 | – | – | – | 1 | – | 3 | – | – | – | – | – | – | – | – | – | 1 | – | 2 | – | – |
| 两栖船坞运输舰/两栖船坞登陆舰 | 25 | 21 | 2 | 2 | 2 | 5 | 3 | – | 2 | 3 | – | 2 | 3 | – | – | 3 | – | – | – | 1 | – | 1 |
| **潜艇** | | | | | | | | | | | | | | | | | | | | | | |
| 战略弹道导弹核潜艇 | 33 | 14 | – | – | 4 | 4 | 6 | 4 | – | – | – | – | 60 | 13 | – | – | – | – | – | – | – | – |
| 攻击型核潜艇/巡航导弹攻击型核潜艇 | 93 | 58 | – | – | 14 | 7 | 4 | 6 | – | – | – | – | 110 | 20 | – | – | – | – | – | – | 1 | 1 |
| 柴电潜艇 | – | – | 5 | 5 | 8 | – | 10 | – | 9 | 6 | 8 | 3 | 90 | 20 | 15 | 16 | 3 | 14 | 6 | 6 | 18 | 13 |
| **水面作战舰艇** | | | | | | | | | | | | | | | | | | | | | | |
| 战列舰/战列巡洋舰 | 4 | – | – | – | – | – | – | – | – | – | – | – | 3 | 1 | – | – | – | – | – | – | – | – |
| 核动力导弹巡洋舰/导弹巡洋舰/导弹驱逐舰 | 100 | 82 | – | – | 13 | 6 | 15 | 11 | 6 | 8 | – | – | 60 | 20 | 34 | 38 | – | 12 | 3 | – | 5 | 10 |
| 导弹护卫舰 | 99 | – | 6 | 8 | 35 | 13 | – | 5 | 12 | 9 | – | 10 | 35 | 5 | 27 | 6 | 7 | 10 | 9 | 11 | 9 | 14 |
| 驱逐舰/轻型导弹护卫舰/轻型护卫舰 | – | 6 | 11 | 4 | – | – | 21 | 6 | 15 | 6 | – | 10 | 150 | 45 | – | – | 31 | 18 | – | – | 11 | 10 |
| 快速攻击艇[3] | 6 | – | – | – | – | – | – | – | 7 | – | 12 | – | 175 | 35 | – | 6 | 20 | 17 | – | – | 9 | 12 |
| **其他（部分类别）** | | | | | | | | | | | | | | | | | | | | | | |
| 近海巡逻舰[4] | – | – | 9 | 4 | 10 | 4 | – | 9 | 4 | 10 | 4 | 15 | – | – | – | – | – | – | – | – | 5 | 10 |
| 反水雷舰艇 | 22 | 13 | 6 | 6 | 33 | 15 | 16 | 14 | 15 | 10 | 12 | 6 | 225 | 40 | 32 | 27 | 11 | 9 | 2 | 6 | 22 | 6 |
| 补给舰/综合补给舰 | 16 | 18 | 1 | 2 | 13 | 5 | 7 | 3 | 3 | 3 | – | 2 | 35 | 20 | 4 | 5 | – | 3 | 2 | 2 | 2 | 4 |

**注释：**

1. 限于表格限制，时间均未加单位（年）。表中数字基于官方公布数据，辅之以新闻报道，已发布的情报资料和其他视情况"公开"的资料来源。考虑到现有数据有显著差异，表中数字仅供参考，特别是关于俄罗斯的数据。鉴于各国战舰分类不同，这里的战舰类别有一定程度的主观性，这也会导致与其他数据不一致。
2. 俄罗斯1990年的数据是当时苏联海军的数据，苏联于1991年12月底解体。1990年底苏联舰队的数据是推测的，许多官方宣布处于封存状态的舰艇此后再也没有重新投入使用。
3. 快速攻击艇指的是配备反舰导弹的快艇。
4. 一些国家海军没有列装近海巡逻舰，表明他们有独立的海岸警卫队以承担领海警卫任务。海岸警卫队是各国武装力量中非常重要的组成部分。

# 1 21世纪的海军 | 013

尽管单纯从数量上比较意义不大，但仍不可避免有人愿意将世界海军根据其舰艇数量和规模进行排名。一些学术机构基于更复杂的指标做这件事。比较有名的例子包括托德/林德伯格（Todd/Lindberg）分类系统排出的前十名（见表1.2），埃里克·格罗夫（Eric Grove）和迈克尔·莫里斯[4]（Michael Morris）也做了类似的排名（前九名）。两个排名体系都是以海军的全球力量投送能力进行比较的——美国海军排在第一，排在最末的是仅有有限执法力量的象征性海军。这种排名的一个好处是具有可比性——当然也符合表1.2中所有海军某种形式的力量投送状态——但对某些国家而言，将排行榜上的投送能力付诸实际应用却充满困难。例如，如果考虑到其唯一的航空母舰"圣保罗"号实际作战能力，巴西的排名应做怎样的调整？

鉴于此，我们在本书中不会对主要国家海军做这样的排名。我们会对过去25年间影响世界上最重要的几支舰队发展的一系列贡献因素进行评估，还包括它们现在的结构和优先顺序。这种分析不可避免地会从不同角度展开。比如，斯科特·图尔（Scott Truver）通过透视冷战结束后逐步公开的重要战略文件观察美国海军的发展。理查德·彼得奥尔（Richard Beedall）的研究重点是英国皇家海军转向更强远征能力的雄心勃勃的计划，是如何因政治上的忽视而碰壁的。他还介绍了当前中东的海上环境，这里普遍依赖外部力量（如美国海军和英国皇家海军）维护海上安全。

挪威的"弗里乔夫·南森"级护卫舰"托尔·海尔达尔"号（Thor Heyerdahl）与其他战舰一道驶离挪威海岸，参加2015年的"联合维京"（Joint Viking）演习。虽然欧洲的舰队规模自冷战结束后有所缩减，但它们依然在美国与其同盟国构建的体系中发挥着重要作用（彼得·布雷尼·居尔布兰森/挪威武装部队）。

### 表1.2 托德/林德伯格分类系统

| 排名 | 指标 | 起决定作用的能力 |
|---|---|---|
| 蓝水海军 | | |
| 1 | 全球性力量投送 | 除了国土防御,还能在全球经常同时实施多次持续性的力量投送任务 |
| 2 | 有限的全球性力量投送 | 除了国土防御,至少能同时实施一次全球力量投送任务 |
| 3 | 跨地区力量投送 | 除了国土防御,能向专属经济区外的地域实施力量投送 |
| 4 | 区域性力量投送 | 除直升机外没有其他舰载航空力量,只能在岸基飞机掩护下实施力量投送 |
| 非蓝水海军 | | |
| 5 | 区域性近海防御 | 能在己方专属经济区内遂行近海防御任务,并能将任务范围略微向外拓展 |
| 6 | 近海防御 | 能够在本国海上专属经济区边界内执行防御任务 |
| 7 | 区域性近海警卫 | 力量抵达范围与5级相同,但只能执行海上警察任务(而不是海上防御) |
| 8 | 近海警卫 | 能够在本国海上专属经济区边界内执行海上警察任务 |
| 9 | 内河航道 | 内陆国家的水运航道防御 |
| 10 | 象征性海军 | 仅拥有非常基础的水上执法能力 |

注释:摘自《海军和船舶建造工业:牵强的共生》(*Navies and Shipbuilding Industries: The Strained Symbiosis*)(美国康州韦斯特波特市,普拉格出版公司,1996年出版)。

2010年,澳大利亚的"澳新军团"级(Anzac)护卫舰"瓦拉孟加"号(HMAS Warramunga)和中国人民解放军海军举行联合机动演习。对于所有亚洲国家来说,中国都是重要的贸易伙伴,其海军力量的增强引起广泛关注(皇家澳大利亚海军)。

而詹姆斯·博斯波迪尼斯(James Bosbotinis)考察的是苏联的遗产对重新走上正轨的俄罗斯海军带来的利与弊,以及海军在俄罗斯军事思想中的地位。

当然,还有大量有关亚洲海军的研究。阿拉斯泰尔·库珀(Alastair Cooper)、杰克·麦克卡非(Jack McCaffrie)、克里斯·拉赫曼(Chris Rahman)和大卫·斯蒂文斯(David Stevens)将研究的重点放在东亚海军的崛起及其对周边国家海军舰队的影响。如米里提卓尔·马宗达(Mrityunjoy Mazumdar)的地区评论所指出的,东亚海军的发展也波及印度

上图为电脑合成的一张"无畏战舰2050"（Dreadnought 2050）的概念图，这是2015年启动的"英国海上任务系统"（British maritime mission systems）研究项目的一部分。尽管目前来说许多设计特征都是猜想，但诸如双体船、任务舱、系留无人机等已经投入使用了（图片的合成得到起点图片社的大力支持）。

洋。不过，这仅是其中一个因素。例如，朝鲜半岛的局势就对韩国海军和日本海上自卫队的力量结构产生重大影响。此外，受历史原因影响，日本和韩国之间的关系也长期处于紧张状态。

## 造船技术和设计

除了舰队规模和结构发生变化以外，战舰建造和设计方式相比以前也精致了许多。布洛姆·沃斯造船厂（提出了标准化模块"MEKO"造船概念）前雇员、造船工程师哈特穆特·埃勒斯（Hartmut Ehlers）带我们概览了目前的主要技术趋势。他介绍了诸如隐身性能、住宿条件和模块化等因素如何导致战舰尺寸变大，他还解释了目前的技术进步将如何塑造未来的战舰。值得注意的是，尽管战舰数量的增长点从传统的欧洲和北美转向其他地区，但绝大部分更先进的战舰设计目前仍源自几个老牌军用舰艇建造强国。考虑到中国和韩国的不断进步，这种状况在未来可能会发生改变。

## 技术和人员配备

本书的最后一章讨论技术和人员配备。诺曼·弗里德曼

（Norman Friedman）提供了大量技术观察和评论，介绍了以"摩尔定律"为特征的计算机能力的快速增长如何使得海上作战（包括水面和水下作战）发生革命性变化。5 除了考察技术细节，他还解释了这些强化的能力如何适应于海军目前所处的全新的、通常是聚集于沿海的作战环境。在许多情况下，源自民用部门的技术都被用来弥补财政资源的紧缩。

诺曼·弗里德曼提出一个观点，随着濒海作战的重要性凸显，海军航空力量的地位愈发提升。当处在附近没有可用基地的环境中（如利比亚或叙利亚），海军航空力量是唯一合适的手段。在大卫·霍布斯（David Hobbs）对当代海军航空能力的综合描述中，这一点也有所反映。一个特别突出的体现是，随着中等规模海军愈发注重具备有效海军航空能

2014年，美国海军的一架X-47B无人战斗飞行器在"西奥多·罗斯福"号（Theodore Roosevelt，CVN-71）航空母舰上进行测试，它的旁边是一架FA-18F"超级大黄蜂"（Super Hornet）战斗机。现代海军的一个重要发展趋势是无人机（UAV）被用于执行各种各样的海上任务（美国海军）。

力，两栖攻击舰和与之类似的"大甲板"（big deck）两栖航空母舰，以及其他具备舰载航空能力的战舰越来越受到青睐。另一个值得关注的是无人机被越来越多地用于各种海上任务。

最后一个章节讨论的是非常重要但经常被忽视的话题：海军人员配备。历史经验告诉我们，经过有效训练的专业人员对维持海军能力来说至关重要。在自动化设备和技术普遍应用的时代，这一点是不变的。随着人力成本的上升，海员的数量普遍减少，而许多国家海军征兵制度的终结和整体专业水平的提升弥补了人员减少的不足。开篇中提到的海军合作也与此相关，因为这种合作为许多小规模海军提供了扩展知识和经验的机会。

## 小结

从地缘政治、财政和技术角度看，21世纪初的世界海军面对的是快速演变的环境。由于西方与俄罗斯关系的不确定性和亚洲的紧张状态持续，这种多变的环境可能发生重要变化。因此，任何有关世界范围内海军舰队未来方向的确定结论可能都应看做一种推测。不过，从编者的角度来看，下列方面在未来的一段时期内都应当得到持续的关注与思考。

- 美国海军仍处于海军力量的优势地位。美国海军似乎在不可预知的未来依然能够维持海上优势，其为维持这一地位所采取的战略将对其海上领导力的影响范围和程度产生重要影响。
- 亚洲的持续紧张状态。当前，对于亚洲的紧张局势似乎没有明确的解决方案。而无论从军事还是国际关系的角度看，该地区都将会是一个焦点。
- 战舰设计中的作战能力。在一些欧洲战舰的设计中，增强海上执法能力是一个显著趋势，而美国海军的濒海战斗舰既缺乏海上执法能力，又被批评缺乏进攻性武器。亚洲各国的舰艇与此形成鲜明对比。[6]然而，展望未来，随着欧洲紧张局势的升温，该方向战舰的高烈度作战能力也将得到更多的重视。
- 技术变化。许多技术——如电磁炮、激光武器和无人舰载机——目前仍处在发展初期。许多武器在很大程度上都掌握在美国海军手里。在未来，这些武器的应用将会大幅增加。

## 鸣谢

正如美国海军希望通过各国海军的共同努力实现安全海上环境一样，《21世纪的海军》这样一本涉及范围广泛的书需要许多人的携手努力才能完成。其中最重要的是编写团队的贡献，他们对今天的海军提出了不同视角的深刻见解。我个人也从他们的章节中学到很多东西，并对他们的支持表示由衷的感谢。我要感谢杰弗里·蒂尔（Geoffrey Till）教授为本书撰写了富有洞察力的序言，并指导我找到编著者完成本书中富有挑战性的章节。我的老同学、大学同宿舍老友、现任伯明翰大学政治与国际研究系主任的大卫·邓恩（David H. Dunn）教授也提供了很大帮助。我要特别感谢锡福斯出版集团的罗伯·加德纳（Rob Gardiner）同意将本书一次性补充到《世界海军评论》系列丛书中，也要谢谢斯蒂夫·登特（Steve Dent）的耐心和专业精神，在他的帮助下，编者有时欠考虑的要求变成如此精美贴切的设计。约翰·乔丹（John Jordan）完成的一系列线图（很多都是特意为本书绘制的）美到无需多言，我还要感谢他在本书初期规划阶段提供的实用建议。最后要感谢我的夫人苏珊（Susan），她完成了大量既耗时又费力不讨好的校对工作。

欢迎读者对本书提出评论和批评；如有，可发至如下邮箱：info@seaforthpublishing.com。

康拉德·沃特斯<br>2016年1月1日

## 注释

1. 图1.1至图1.3的数据来自斯德哥尔摩国际和平研究所的数据库：http://www.sipri.org/research/armaments/milex/milex_database。斯德哥尔摩国际和平研究所军费开支数据库包括1988—2014年172个国家的数据。编者感谢高级研究员、斯德哥尔摩国际和平研究所军费开支项目的主管萨姆·佩洛·弗里曼（Sam Perlo-Freeman）博士为使用开支的比较数据提供的指导。

2. 这些表述基于名义GDP和实际汇率。如果根据能够反映各国真实生活成本的购买力平价（PPP）进行调整，美国的比较优势将会下降（中国的指标则会相对增加）。不过，考虑到技术成本以及其他许多方面（诸如燃料）易受外界影响的因素的影响，在讨论军费开支时使用根据购买力平价调整的数据在某些情况下参考价值也会降低。

3. 拉姆斯菲尔德曾在1975—1977年福特总统任职期间出任国防部长。

4. 托德/林德伯格分类系统是在他们所著的《海军和船舶建造工业：牵强的共生》一书（美国康州韦斯特波特市，普拉格出版公司，1996年出版）中提出的。杰弗里·蒂尔在《制海权：21世纪指南》（Seapower: A Guide for the Twenty-First Century）一书（伦敦，弗兰克·卡斯出版公司，2004年出版）中引用了格罗夫/莫里斯分类系统。

5. 戈登·摩尔（Gordon E. Moore）是仙童半导体公司（Fairchild Semiconductor）和后来的英特尔公司的联合创始人。1965年，他观察到每个集成电路上所含组成元器件的数量每年会翻一倍，并预测这种现象将持续至少10年。1975年，在展望未来时，他将这一预测修正为每隔两年会翻一倍。后来被引用时，这一时间间隔通常被说成18个月，因为英特尔的执行官大卫·豪斯（David House）指出计算机的性能每隔18个月会提高一倍。在很长一段时间，这一预测被证明是非常正确的，不过现在开始减速。

6. 编者借鉴了吉原俊井（Toshi Yoshihara）和詹姆斯·霍尔姆斯（James R Holmes）有关欧洲和亚洲海军相对发展方向的分析，在《红星照耀太平洋：中国崛起与美国海上战略》（Red Star over the Pacific: China's Rise and the Challenge to US Maritime Strategy）一书（安纳波利斯市，海军学院出版社，2013年出版）中，他们写道："当一个文明从这片海域退出时，另一个用军舰和战斗机等充满进攻性的武器抢占海洋和天空。"

# 2
## 战略概览

# 2.0 冷战后的海军

伊恩·斯佩莱

现在距离以柏林墙倒塌（1989年）、德国重新统一（1990年）、华沙条约组织解散（1991年）、苏联解体（1991年）等事件为标志的冷战结束已超过30年了。在随后一些年中，西方国家海军开始做出调整，以适应各方行为难以预测的新环境。在这种环境下，既有的战略判断与政策并不符合新的国家利益，许多过去强调的使命任务也变得不再那么重要。对许多国家的海军而言，使命任务的突然调整，几乎是和"和平红利"的到来以及削减武装力量的需求同时出现的。当海军摒弃旧有的定式开始做出调整时，最先到来的"红利"并不是和平，而是一系列小规模冲突、地区战争和人道主义危机带来的额外挑战。这些变化对大多数国家和地区的海军都产生了影响，其中对冷战时期规模最大、作战能力最强的美国海军而言影响最大。

## 历史背景

第二次世界大战中，美国依靠世界上规模最大、实力最强的海军走向胜利。美国的压倒性领先优势还因下列事实得以强化：处在世界第二位的海军是其盟国英国，而潜在敌手苏联仅有非常有限的海上力量，而且主要集中在沿海防御。冷战的第一个10年，美国进入了"垄断性海权"的时期[1]。这给了美国在没有任何同量级对手的情况下独享全球制海权所带来好处的机会，并在一系列危机和局部冲突中借此获得战略优势。当然，这种优势地位并不是一成不变的。经过一段时间的缓慢启动后，苏联在20世纪60年代开始大力建设海军，发展蓝水（blue-water）作战能力，以与美国在苏联沿海之外展开竞争。自1962年古巴导弹危机中因实力不及美国而蒙羞的10年中，苏联奋发图强，逐渐具备了挑战美国的海上霸主地位的能力。一个明显的例子是，1973年赎罪日战争（Yom Kippur War）期间，美国海军的第6舰队在地中海被苏联红海军的第5战役分舰队（5th Eskadra）压制，后者借此以令西方不快的方式为苏联获得了外交优势与政治影响力。

当时，苏联海军已经超过英国成为世界第二大海军，不过其规模和实力（特别是在航空母舰这一攻击平台方面）还不及美国。苏军水面舰艇定期进行高调的海外部署，并在地中海（叙利亚）和东南亚（越南）建立了基地。当时的苏联海军对西方带来的最大挑战是，通过大型潜艇部队和远程轰炸机对北约脆弱的大西洋交通线构成威胁。

然而，尽管这种能力对跨大西洋航运构成非常实际的威胁，20世纪70年代末时，西方依然认为，在未来的冲突中，苏联海军仍将居于守势，并将主要精力放在保卫被称为"堡垒海域"的巴伦支海、北冰洋和鄂霍次克海，保证其战略核导弹潜艇免受攻击。这使得西方盟国海军可以通过威胁"堡垒海域"迫使苏联海军调配更多资源用于防御，从而削弱用于攻击西方盟国航运的力量。这种路径在20世纪80年代早期逐步形成的新版美国海上战略中处于核心位置（1986年公开）[2]。这一战略具有明确的"马汉式"（Mahanian）色彩，即注重依靠攻势行动在制海权争夺中占据主动；并通过在美方选择的时间和地点与敌方实施决战、击败并消灭敌方海上力量，而非苏联式的守势战略。美军可以利用海洋，加强对欧洲、日本以及其他地方美国盟友的支援。西方盟国还可以利用海上优势慑止苏联的军事行动。该战略体现了里根政府在处理与苏联关系上的咄咄逼人，随之而来的便是一轮规模庞大的，旨在建设一支"600艘军舰"（600-ship Navy）³的造舰计划。

因此，到冷战结束时美国海军的主导思想依旧是进攻性的，旨在主动出击，在主要敌人的家门口将其击败。当时，美国海军拥有15艘航空母舰、44艘战列舰和巡洋舰、68艘驱逐舰和65艘两栖舰艇，牢牢维持最强海军的地位。⁴冷战结束后，苏联海军规模一落千丈，不再成为美军的威胁，因此美国海军高级将领们必须为海军找到新的使命任务，以便在缩减后的防务预算内分一杯羹。而冷战结束并不表示长久和平的到来，1990年伊拉克入侵科威特和随之爆发的1991年海湾战争印证了这一点。美国海军充分介入，对伊拉克的入侵做出反应，击败了伊拉克军队，但在空中和陆地为主的行动中，海军只能扮演配角。

## 美国海军的"转向濒海"

随着苏联解体，美国在全球制海权的竞争上不再有同等量级的对手，但显而易见的是，美国仍会以某种方式介入冲突和危机。为回应这个新时代，美国海军拿出一系列"顶石"（capstone）政策文件，其中明确表明将重点由"蓝水"作战转向应对被美国海军陆战队称为"濒海混乱"（chaos in the littorals）的挑战。这些文件的第一份——被命名为《未来的路》（The Way Ahead）——于1991年4月发布，此时海湾战争刚刚结束。1992年推出《来自海洋》（From the Sea），1994年推出《由海向陆》（Forward From the Sea），1997年推出《任何时候、任何地点：21世纪的海军》（Anytime, Anywhere: A Navy for the 21st Century）。⁵

尽管这些文件各有侧重，但它们都关注一个问题，即转向濒海，以及在地区危机在此前未曾预料的地方发生时，如何增强海军通过海上行动影响陆上事件的能力。"蓝水"

2003年入侵伊拉克期间，美国海军的航空母舰"星座"号（Constellation, CV-64）和"小鹰"号（Kitty Hawk, CV-63）并肩行动。经过20世纪80年代的积累，美国海军发展成为了一支以进攻任务为导向，具备强大力量投送作战资产的海军。这些作战资产中有许多都具备优异的任务弹性，使其能够在"后冷战时代"继续使用（美国海军）。

概念从未被完全忘记，而且在《由海向陆》这份文件中被突出强调，但美国海军已经明显重新定位，将主要精力从有计划地与实力相当的对手争夺制海权，转向依托近乎垄断的海上控制能力干预岸上发生的各类突发状况。美国海军在转型后重点关注于海军陆战队，在《来自海上的机动作战》（Operational Maneuver from the Sea，1996年发布）的报告中，明确阐述了两栖作战部队在后冷战时代发挥的决定性作用。[6]

将力量投送上岸的需求在一系列危机——包括发生在波斯尼亚的"禁飞"行动（operation deny flight，1994年）和"审慎力量"行动（operation deliberate force，1995年）——中得到证实，期间美国海军和海军陆战队的飞机和海基巡航导弹发挥了重要作用。1999年科索沃的"联军"行动（operation allied force）中也是如此，海基导弹和舰载航空兵部队为岸上的胜利作出重要贡献。从1991年的海湾战争到2003年入侵伊拉克之间的时期，美国海军一直派出舰载机在伊拉克上空执行任务，且偶尔发射导弹对地打击。在上述三个案例中，美国海军还为支持国际制裁实施了禁运行动。海基攻击的范围越来越大，为报复恐怖分子在1998年8月对美国驻东非大使馆的攻击，美国海军共向苏丹和阿富汗内陆目标发射了75枚海基"战斧"导弹。当然，此时的美国海军依然能够完成较为传统的靠前部署和威慑任务，通过展示美国的军事实力保护其盟友。

柏林墙倒塌10年后的1999年，美国海军规模已大幅收缩，现役舰艇规模从566艘缩减到317艘。4艘老式战列舰退役，现役航空母舰的数量从15艘削减为12艘。与冷战高度相关的部队被大幅度削减：战略核潜艇的数量从36艘减到18艘，攻击型核潜艇的数量从96艘减到57艘，常规攻击潜艇全部退役。原先主要执行反潜任务的护卫舰数量缩减约2/3，从100艘减到37艘。值得注意的是，虽然在同一时间，两栖舰艇

2005年6月，来自土耳其、英国、美国和丹麦的北约军舰展开联合演习。冷战结束后，敌人与友军之间的界限已经不如以往分明，双方行动的可预见性也大不如前。（皇家澳大利亚海军）

2003年2月,波斯湾,两栖攻击舰"塔拉瓦"号(Tarawa)搭载的美军陆战队正在进行登陆演习,此后不久美国入侵伊拉克。冷战结束后,美国海军越来越将注意力集中到利用垄断性海上优势对陆实施干预上(美国海军)。

的数量从65艘减到41艘,但通过用新型舰艇取代旧式舰艇,以及舰艇性能的提升,两栖远征能力的损失得到了弥补。正如阿蒙德·兰德斯格德(Amund Lundesgaard)所提到的,反水雷舰艇数量的增加(从5艘到16艘)反映了美军对濒海作战的重视。[7]

## 面对新挑战

此时对安全问题考量的另一个特征是,西方国家已经清晰地认识到,基于传统军事视角的考量已不充分。无论对海上还是陆上,对安全问题的传统认识受到了极大冲击。通过海上进行的武器、毒品甚至人口走私将长期成为全球安全的挑战,而海洋也可能被恐怖分子和其他组织作为发动攻击的场所。在这些威胁中,又以20世纪90年代和21世纪初"新出现"的恐怖主义和大规模杀伤性武器（WMDs）扩散为甚。与此同时，人们越发认识到，日益全球化的世界经济的安全，依赖于海上运输货物的安全和及时到达，而这种安全可能会被海上或岸上犯罪活动、政治因素驱动的暴力袭击所破坏。而这也使得西方国家决心发起一类全新的海上安全行动（旨在打击海上恐怖主义和其他形式的不法行动）。

在职业批评家们看来，西方海军之所以强调这些任务，是因为他们失去了势均力敌的对手。无论怎样，一个明显事实是，全球安全环境正在受到新的挑战，如2000年基地组织对美国海军"科尔"号（Cole）驱逐舰的攻击和2001年9月11日对华盛顿和纽约的恐怖袭击。这些事件对美国的外交政策产生重要影响，并导致美国在阿富汗（2001年）和伊拉克（2003年）的大规模军事介入，最终使得美国必须承受高额军费开支。美国海军和海军陆战队深入参与了在这两个国家的行动，通过海基巡航导弹和舰载飞机实施打击，同时执行向陆地投送部队和给养任务。

虽然美国海军在伊拉克的"由海向陆"效果还并不显著，但在阿富汗这个被陆地包围的国家，海上部队在军事行动中显然发挥了重大作用，这值得人们关注。在阿富汗战场，美国海军通过组建远征打击部队（expeditionary strike force, ESF）支援内陆的作战行动——该部队下辖4个航空母舰战斗群和2个两栖戒备大队。远征打击部队对阿富汗腹地实施了纵深打击，而且执行了海上封锁行动，切断经巴基斯坦和伊朗运送给塔利班政权的物资运输通道。最令人意外的是：2001年11月，来自第15和26海军陆战队远征部队的海军陆战队士兵从450英里外的阿拉伯湾通过两栖舰艇被投送到阿富汗。除了此时已经在阿富汗境内活动的美国陆军特种部队外，陆战队两栖远征部队是第一支进入阿富汗的美军正规地面部队。[8]这次行动一定程度上证明了美国海军和海军陆战队在加强海上力量投送一事上的先见之明。

阿富汗以及伊拉克的经历给出一个有益的提醒：任何企图在外国土地上维持大量地面部队的成本是相当高的。在这种情况下，美国海军和海军陆战队得以凸显可以以海洋为基地的远征部队的价值，这种部队在有需要时可以实施干预，能在不上岸的前提下靠近前沿部署。有了以这种方式驻扎在海上的部队，美国能够在没有基地（这种出让行为可能招致政治异议或恐怖活动）的地区有所作为。这种想法并不新颖，但21世纪的海基部队有更多冷战时没有的一系列技术和战术来提供支持。[9]

当全球安全可能会被恐怖活动、犯罪行为和海上混乱挑战时，海上安全行动因此得到重视。这也使得美国海军将海上安全行动加入"核心能力"（core capabilities）的清单，另外四项传统能力包括靠前部署、威慑、海上控制和力量投送。2002年的文件《21世纪海上力量》（Seapower 21）中强调了更广范围的海上安全，2007年的文件《21世纪海上力量合作战略》[10]（A Cooperative Strategy for 21st Century Seapower）则进行了进一步强调。后者是美国海军陆战队和美国海岸警卫队联合推出的文件，也是冷战后美国官方提出的第一个海上战略。

《21世纪海上力量合作战略》明确优先考虑海上安全行动，同时强调保护改进的海域感知能力（被定义为对安全造成影响的领海权的有效理解）的需要。其中表达的一个认识是，美国海军无法凭一己之力确保全球公共领域的安全，但它可以通过加强与其他海军的合作来打造海军上将马伦（Mullen）提出的"1000舰海军"（1000-ship navy）。[11]这个想法并不是说美国会倾家荡产试图组建如此规模的一支舰队，而是说朋友、盟友和合作伙伴可以为共同利益携手合作。为此，《21世纪海上力量合作战略》指出，通过"培育一个由相互依存的贸易、金融、信息、法律、人员和治理网络组成的和平的全球体系"将使得美国利益最大化。[12]文件提出"全球海上合作伙伴"（global maritime partnerships）概念，并以此作为促进其他国家共同维护该体系的手段。值得注意的是，《21世纪海上力量合作战略》并没有忽视更为传统的安全关切，并持续强调作为制止冲突、慑止战争和击败潜在敌人手段的靠前部署能力，以及可靠战斗力的重要性。

## 欧洲的海上关注点

许多欧洲国家海军都经历了与美国海军的调整类似的转变。冷战时期，这些国家海军的主要关注点显然是来自东面（或西面）的威胁，海军政策相应地以应对威胁为重点。北约海军强调的重点一度是沿海防御、局部海域控制/拒制和反潜行动以确保脆弱的大西洋海上航道的通行。美苏两个超级大国对抗结束后，欧洲海军既面对改革的需求，也面临改革的机遇。

规模较小的海军（如挪威、丹麦和瑞典的海军）的任务重点经历了明显的转变，从当地事务转向支持在遥远水域进行的多国海上安全和人道主义救援行动。许多欧洲国家海军还致力于增强海上补给能力，以保证战舰能够实现远距离部署、支援部队完成海外任务。规模稍大的海军（如英国、法国、意大利、荷兰和西班牙的海军）都将主要经费投入能够支撑海外力量投送的项目上，特别是能够执行多类任务，应对各种突发状况的战舰，如西班牙的"胡安·卡洛斯一世"号（Juan Carlos I）等两栖攻击舰和航空母舰。类似地，对"在危机到来前赶到危机发生地"能力的需求促使一些欧洲国家（英国、法国、意大利、西班牙）的海军维持或显著提升其舰载航空能力。对于美国海军来说，保证和维持海上控制权的需求从未被忘记。不过，明显的变化是从强调蓝水反潜转向沿海行动。欧洲海军加强对于更广范围海上安全的关注的倾向可以从欧盟的第一次海外海军任务①中得到印证。

在有记录的历史中，海盗行为贯穿其间，但在20世纪的大部分时间里这个问题只在局部发生、规模也不大。20世纪70年代和80年代东南亚地区海盗活动的高涨在这一地区各国的共同努力下最终被打压下去（但从未完全根除）。21世纪

濒海战斗舰"沃斯堡"号（Fort Worth，前景）和"自由"号（Freedom）在圣迭戈近海擦身而过。冷战结束后美国海军对沿海行动的更多关注最终催生了濒海战斗舰（Littoral Combat Ship）这种新型战舰（洛克希德马丁公司）。

---

① 欧盟海军快反部队被部署至亚丁湾执行打击海盗任务（"阿塔兰忒"行动）。

2001年9月11日恐怖分子袭击美国后，五角大楼起火。在此处袭击遇难的125人中，包括33名海军官兵和9名美国海军文职雇员。"9·11"恐怖袭击对美国的外交政策以及美国海军行动产生重大影响（美国海军）。

初，岸上的混乱加上近海管理的缺失共同导致索马里地区海盗活动的爆发，从2005年开始，海盗袭击的规模不断扩大，至2011年达到峰值，有报道的海盗袭击就多达237次。由于亚丁湾位于一条重要贸易航线上，而当地政府又没有能力解决这个问题。为应对这一挑战，超过40个国家的海军派出军舰参与打击海盗，或独自执行巡逻任务（如中国海军），或参与跨国行动，如北约的"海洋之盾"（Ocean Shield），美国领导的联合海上力量[联合特混舰队-151（CTF-151）]，以及"阿塔兰忒"行动（Operation Atalanta）。

在"阿塔兰忒"行动中，通常会有3～6艘水面战斗舰艇和2～3架海上巡逻和侦察机在该区域行动，并由位于英国诺斯伍德的司令部（英国和北约的一个主要指挥中心）指挥。欧盟海军特混舰队既包括英国、法国、德国、意大利和西班牙等较大规模的海军，也包括比利时、荷兰、马耳他和瑞典等较小规模的海军。马耳他的贡献包括英国司令部的一位参谋和两支在荷兰海军"约翰·威特"号（Johann De Witt）和"南十字星"号（Zuiderkruis）战舰上执勤的舰上安保分队，这为我们展现了超小规模海军如何参与协作的典型案例。搭载的马耳他安保分队很好显示了冷战后海军所要求的灵活性。在欧洲共同安全和防御政策的框架下实施的"阿塔兰忒"行动反映了这个组织尝试通过政治、军事、法律和外交手段应对索马里地区不稳定事态的前因后果。因此，除了解决海上的海盗行为，欧盟海军还不时对海盗的岸上设施采取直接行动，通过"标本兼治"的方式帮助解决这一地区不稳定问题。[13]

欧洲人对海上安全行动的关注可以通过2014年制定的《欧洲海上安全策战略》中反映出来，其中强调在构建更全面的安全体系和更好的海上态势感知方面，需要海军与其他部门密切配合。[14]近年来，非传统安全威胁对海事部门的影响已经显现出来：成千上万的难民和移民从北非和中东乘坐简易船只从海上涌入欧洲，欧洲海军不得不设法解救他们。虽然成功挽救了一些生命，但欧洲海军在阻止难民潮这一问题上并不那么成功。值得注意的是，对维护国际安全的承诺已经促使一些欧洲海军承担重要的力量投送行动，其中既包括一国独自采取行动，如英国在2000年介入塞拉利昂事件，也包括多国联合行动。2011年，北约在利比亚的行动中，英国、法国和意大利的海军均参与了攻击和封锁任务。[15]

对于这种传统和非传统安全问题相互交织的现象，杰弗里·蒂尔认为，21世纪的海军政策将同时表现出"现代"和"后现代"（post-modern）趋势。[16]"现代"是指那些聚焦传统国家安全的任务，如威慑以及与其他海军交战的能力，而"后现代"强调的是为谋求公共利益而相互合作。正如蒂尔指出的，对"后现代"事务感兴趣的不仅仅是美国和欧洲海军。中国、印度、巴西和南非的海军都在某种程度上关注海上安全行动，同时也为维护海上公共秩序做出努力。在存在明显威胁或可预见威胁的情况下,海军的政策很可能会倾向于"现代",即应对军事威胁和交战。"后现代"政策也不太可能像过去那样退到幕后。

## 新兴国家海军

从许多方面看,这个时期欧洲和美国之外出现的最重要变化是新兴国家海军的崛起。新兴国家经济的快速增长,使得世界的关注点从旧世界转向新世界。许多国家增强海军力量(尤其是韩国和日本)。如杰弗里·蒂尔提到的,这导致几个世纪以来亚洲地区的海军军费开支首次超过西方老牌强国。[17]为应对这种情况以及明显的挑战,美国政府制定了"重返亚洲"(pivot to Asia)战略,提出未来亚太将是美国军事力量的优先部署方向。不过这并不表明脱离欧洲,而是将过去给予大西洋地区的优先权进行了调整。

尽管多年投资不足,印度海军仍凭借均衡的舰队配置维持了自己的海军地位。该国从俄罗斯租用的攻击型核潜艇,以及正在建造的首艘弹道导弹潜艇都彰显了印度海军不断增长的野心和能力。没有配备核武器的巴西海军也宣布将在法国的协助下发展自己的攻击型核潜艇。一旦印度和巴西配备了攻击型核潜艇,它们的远距离海上控制能力将大幅提高,同时成为能够装备使用此类先进的高性能武器的小俱乐部的一员。其他希望发展潜艇力量的国家则依旧继续使用常规动力潜艇,这种潜艇不仅装备广泛,作战能力也同样不容小觑。

## 技术和战略

印度战略弹道导弹核潜艇的发展提示人们自冷战结束后装备核武器的国家不断增加。到目前为止,印度和以色列(可能在德国建造的常规动力潜艇上装备了配备核弹头的巡航导弹)都在试图加入由英国、中国、法国、俄罗斯和美国组成的具备海基核打击能力的俱乐部。两国的选择也证明

2002年年初,在前往阿富汗上空执行任务前,一枚GBU-12"铺路II"(Paveway II)型激光制导炸弹正被挂载到一架F/A-18"大黄蜂"战斗攻击机上。美国海军和海军陆战队介入阿富汗的初期发挥的巨大作用,一定程度上证明了他们对海上力量投送的重视。(美国海军)

了，海基平台依旧是目前最为安全的核威慑平台。自从冷战开始，海基核武器已经发展出了众多门类，从洲际导弹到核弹、鱼雷、深水炸弹，而关于海基核武器部署的讨论也一直维持着相当高的热度。然而，应当清楚的是，海军从未在核问题中缺席过。美国目前热衷于为战舰配备先进传感器和导弹，以提高弹道导弹防御能力，这反映出美国保护本土、盟国和前线部队免遭弹道导弹攻击（在最坏的情况下可能配备有大规模杀伤性武器弹头）的愿望。

在过去的30年中，依靠"传感器和杀伤器"的持续进步，美国海军的弹道导弹防御（BMD）能力在不断提升。技术进步不仅可以提高海军舰船、潜艇和战机的战斗力，也形成了新的挑战。最引人注目的技术进步包括打击范围扩大和精度提升，打散部队实施网络中心作战，通过接入一个"系统之系统"（system of systems）以获得更强整体作战效能。舰船以及相应操作系统复杂度的不断提升必然会对成本带来

荷兰的新型联合支援舰"卡雷尔·多尔曼"号（Karel Doorman）抵达塞拉利昂的弗里敦港，船上当时载有大量帮助西非抗击埃博拉病毒的人道主义援助物资。许多欧洲国家投入灵活性强的战舰用于支持海外力量投射——当然也包括更广范围的维护稳定和人道主义行动，荷兰是其中之一。（王冠版权社，2014）

影响。举一个典型的例子,英国皇家海军最新的45型驱逐舰比冷战时的驱逐舰(42型)性能提高很多,但仅设计和建造6艘战舰就耗费了英国60亿英镑(相当于90亿美元)。很少有海军能够维持大量此类战舰。在这种情况下,大部分舰队都需要在高价值任务核心资产(如航空母舰、巡洋舰、驱逐舰、两栖舰船)和更小、更便宜、作战能力一般资产(如可以大量生产的沿岸战斗舰艇)之间进行权衡。这一点并不出人意料,早在冷战时期(以及冷战前),各国海军就已经存在这样的趋势。

近年来,讨论最多的一个发展方向,就是所谓的反介入/区域拒止(Anti-access/Area denial,A2/AD)战术的扩散,这可以部分归因于新技术的出现。此类作战体系与系统旨在阻滞和拒止对方部队进入某一区域(A2),或在战区内限制敌方行动自由(AD)。2006年,黎巴嫩真主党(Hezbollah)针对以色列轻型护卫舰"哈尼特"号(Hanit)的成功偷袭便是

2013年,挪威的护卫舰"弗里德约夫·南森"号(Fridtjof Nansen)驶离塞舌尔,前往参加北约的"海洋之盾"(Ocean Shield)行动,打击印度洋上的海盗。欧洲一些小规模海军开始出现明显的转型,转向支援遥远海域的多国安全和人道主义援助行动;控制印度洋上的海盗威胁的行动已经取得巨大成功。(托布乔·科斯瓦尔德/挪威武装部队)

在法国的支持下,巴西海军在里约热内卢附近的伊塔瓜伊建成了规模庞大的潜艇基地。这里将诞生巴西的首艘攻击型核潜艇。核潜艇的装备将极大提高巴西的远距离海上控制/拒止能力。(法国舰艇建造局)

高科技武器（如反舰导弹）普及化的一个鲜活例证。此类武器的持续改进以及普遍性扩散，会对从海上打击对手的海军的原有能力造成威胁。在有决心和胆量的对手手中，此类新武器，配合水雷、潜艇、岸基飞机和小型快速攻击艇等将给世界主要国家海军带来巨大挑战。

美国对这种挑战的关切，反映在更新的2015年3月发布的《21世纪海权合作战略》（CS21，也被称为CS21R）中。

这份文件指出亚太地区的重要性，以及A2/AD能力的不断发展，同时也继续强调海上犯罪和恐怖主义造成的威胁。此外，这份文件的基调与之前更关注传统安全问题的版本明显不同，新版本更强调这个网络在增强伙伴和盟国作战能力方面的价值。[18]

一般而言，有关A2/AD的讨论会聚焦在如DF-21D反舰弹道导弹等高精尖系统上。不过，这不能掩盖最严峻的挑战来自现有武器的创新性组合的事实。虽然A2/AD威胁可能出现在沿海，但大多数情况下，它们还是在沿岸区域最具威胁。这就体现了航空母舰等高性能作战资产的价值，它们可

近年来，中国人民解放军海军在兵力规模和技术水平上快速发展。本图是2015年底，052C 型"济南"号驱逐舰对美国东海岸进行友好访问时拍摄的。（美国海军）

以在水天线外部署决定性武力,并将其投送到关键的高风险地区。敌方威胁在濒海海域的集中,同样表明,在敌方防御被基本瓦解前,关键作战资产不应靠前部署。而在前一个阶段中,大国海军可以派出隐蔽性能好的小型舰船。传统的潜艇、轻型护卫舰、护卫舰等都可以发挥此类作用。在未来,无人舰艇(包括水面舰和水下潜航器)将得到更为广泛的运用,用于执行监视和攻击等任务,而不用冒着人员损失的风险。

21世纪战争的一个典型特征是:挑战可能发生在所有维度(海上、空中、地面、太空、网络和电磁频谱),需要各种武装力量的密切协同才能应对挑战。联合部队需要充分发挥跨维度协同效应,才能保障所有领域的安全。这一趋势早在多年前便已经出现端倪;如美国就早在1986年便通过了强调联合作战的《戈德华特·尼克尔斯法案》(Goldwater-Nichols Act)。[19] 冷战后,许多国家防御政策中强调发展远征能力,进一步增加了多军种联合作战理论与实践的发展需求。为抵消陆、海、空三军总规模下降,通过协同作战增强

2013年3月,英国皇家海军45型导弹驱逐舰"龙"号在直布罗陀外海航行。现代作战舰艇技术复杂度的提升也使得其造价水涨船高——该级6艘驱逐舰的建造成本已经超过了60亿英镑。(王冠版权社 2013)

战斗力的"联合措施"进一步强化了这种趋势。如今，西方国家已经普遍认同：为应对复杂的威胁和挑战，海军需要与他国军队以及其他政府机构紧密合作。未来作战要求的高水平协同在美国海军和美国空军为应对A2/AD威胁而发展出的"空海一体战"（air-sea battle）理念中已经有所体现。

虽然对于许多海军来说，冷战结束后经历了不断调整角色和自身能力的一段时期，但也不尽然。一个非常好的例证就是爱尔兰国防军，它主要聚焦爱尔兰领海以及专属经济区（exclusive economic zone）内安全防卫的职责基本没变。独特的地理位置以及这个国家奉行的中立政策，使得苏联解体对爱尔兰海军基本没有直接影响。实际上，2015年之前爱尔兰的海军政策大体上保持不变，之后才第一次做出调整：海上部队舰船被部署到海外，支援欧洲为应对地中海难民危机而采取的人道主义行动。如果从更广范围考虑，这一点值得再次强调：对于一些国家的海军来说，因为它们从未在冷战中扮演什么角色，冷战结束对它们没有直接或决定性影响。而对其他海军来说，一个超级大国的消亡以及另一个超级大国关注点的转移则导致其失去了一个潜在的援助来源。

## 小结

很明显的一点是，冷战结束后海军的策略和政策发生了一些重要变化。苏联解体、超级大国间对抗的结束使得西方主要国家海军部队规模遭到削减，焦点也从准备与苏联交战

爱尔兰国防军海上部队是那些在冷战后角色没有发生大调整的海上力量的一个典型范例。图中展示的是2014年6月爱尔兰海上部队的巡逻舰"奥伊弗"号（Aoife）与来自航空部队的一架直升机在进行舰机协同演练。（爱尔兰国防军）

转向远离本土的各种小规模冲突与危机。对许多国家的海军来说,这意味着力量投送和远征部队得到了更多的重视。在认识到海上犯罪和恐怖主义可能危及安全后,多国海军也开始将力量投入海上安全行动,而且出现多个国家采取联合行动维护海上安全的明显趋势。

美国海军仍是世界上规模最大的海军舰队,并在一段时期内,享有类似于20世纪50年代的"垄断"式海上控制权。我们也可以预料到,其他国家海军的实力盛衰轮转。如今,俄罗斯海军是苏联海军的缩影,而其他国家的海军正在快速崛起。加上A2/AD技术在各作战维度挑战强大对手的可能性,在一定程度上表明西方的垄断性海权正在逐渐消失(如果现在还有的话)。

当然,上述事实既象征着改变也反映了大量的不变。对于海上竞争来说,没有什么新鲜的东西,只是竞争者的身份发生了变化。海军战术可能为适应新技术、新理念而有所调整,但是正如上面提到的,所造成的结果也是演进性的而不是真正意义上革命性的,特别是从更长的历史视角看待。无论是今天还是冷战时期(或者更早),海军都是在执行军事、外交和警戒任务,不过不同国家的海军在执行这些任务时的优先顺序有所区别。一些海军寻求建立和拓展海上控制权,其他国家的海军则关注如何让对手的意图落空。更多海军将主要精力放在如何确保他们国家离岸资产安全、打击海上犯罪上。他们完成上述任务的方式还会继续演化,但保护领海安全、在需要的时候为维护己方而战,是海军不变的使命。

2016年1月1日,中国人民解放军海军052C型驱逐舰"济南"号和054A型护卫舰"益阳"号与皇家澳大利亚海军的护卫舰"达尔文"号进行联合演习。冷战后世界海军的一个重要发展是中国人民解放军海军和其他亚洲国家海军的快速崛起,这也预示着西方的海上垄断正在走向终结。(皇家澳大利亚海军)

## 注释

1. 塞缪尔·亨廷顿，《国家政策与大洋彼岸的海军》（*National Policy and the Transoceanic Navy*）论文集（美国马里兰州安纳波利斯市，海军学院出版社，1954年5月）。

2. 约翰·哈登道夫和皮特·斯瓦茨编辑，"20世纪80年代的美国海军策略：文件节选"（美国罗德岛州纽波特市，海军战争学院出版社，2008），第203至209页。

3. 乔治·贝尔，《海权百年：1890—1990年的美国海军》（斯坦福大学出版社，1996年），第17章。

4. 阿蒙德·兰德斯格德，《冷战后美国海军战略和部队结构》（奥斯陆，挪威国防研究所，2011年），第17页。

5. 《前方的路》（华盛顿，海军部，1991年）；《由海向陆：海军部队要做好迎接21世纪的准备》（华盛顿，海军部，1992年）；《向前……从海上》（华盛顿，海军部，1994年）；《任何时间、任何地点：21世纪的海军》（华盛顿，海军部，1997年）。

6. 《海上灵活作战》（华盛顿，海军部，1996年）。

7. 兰德斯格德，《冷战后美国海军战略和部队结构》，第17页。

8. 《2010年海军作战理念：海上战略的运用》（华盛顿，海军部，2010年），第62页。

9. 参见萨姆·唐格瑞，"海上基础：理念、问题和建议"，《美国海军战争学院评论》，2011年秋季号，第63卷，第4册（纽波特，罗德岛州，海军战争学院，2011）。

10. 《21世纪海上力量》（华盛顿，海军部，2002年）；《21世纪海上力量合作战略》（华盛顿，海军部，2007年）。

11. 罗纳德·拉特克利夫，"构筑伙伴的能力：千舰海军"，《美国海军战争学院评论》2007年秋季号，第60卷，第4册（纽波特，罗德岛州，海军战争学院，2007）。

12. 《21世纪海上力量合作战略》，同上。

13. 更多信息，可参见欧盟海军网站：http://eunavfor.eu/

14. 请参见欧盟海事委员会网站：http://ec.europa.eu/maritimeaffairs/policy/maritime-security/index_en.htm

15. 杰弗里·蒂尔和马丁·罗布森，《2011年利比亚空海一体行动：未来的成功蓝本？》（伦敦，伦敦国王学院，2013）

16. 参见杰弗里·蒂尔，"21世纪指南"，第三版（伦敦，劳特利奇出版社，2013年）。

17. 彼得·达顿，罗伯特·罗斯和奥斯汀·腾斯强，《21世纪海上力量：海上合作与冲突》（伦敦，劳特利奇出版社，2012年），第182页。

18. 《21世纪的海上合作战略》（华盛顿，海军部，2015年3月）。

19. 《戈德华特·尼克尔斯法案》从根本上调整了美国军队的指挥结构，旨在增加参谋长联席会议主席的权力，削减独立军种指挥官的指挥权。减少军种间竞争造成的内耗。

# 3
# 战术概览

# 3.0 海军作战

菲利普·格罗夫

历史上很多有海上强国参加的战争，都是利用海上力量取胜的：拿破仑战争，第一次世界大战和第二次世界大战，以及马岛战争都印证了这一观点。

不过，讽刺的是，在历时40年的冷战中，大部分西方的政治家和公众都没有意识到海军的作用。对多数人而言，冷战几乎完全就是"铁幕"两侧阵营的陆军和空军的较量。然而，究其实质，北约当时是，现在也依然是一个海上军事联盟；其最主要的成员——美国——也是一个海权国家。其实，从"北大西洋公约组织"这个名字就可以看北约的海上背景。此外，20世纪80年代末，随着欧洲和其他国家面临的威胁不复存在，西方和很多国家的政府开始借助海上力量在区域和世界舞台上推行其外交政策。

之前，欧洲人认为主要威胁来自于陆上进攻，现在他们意识到了欧洲安全所面临的挑战可能远离本土，甚至本质上是全球性的。同样，世界上其他国家也得出这样的结论：虽然陆军和空军能很好地保护领土的完整，但他们在争取更多利益时会受到很大局限。海上力量为21世纪世界各国的政治家们提供了可重复利用的政策执行工具。[1]自1989年以来，这一点被反复证实，并且结合最近的发展来看，未来可能仍会如此。不过，不一定总是以这种方式。

## 冷战时期的海军行动：概览

冷战时期海军的作用和行动一直没有得到恰当的理解和描述。在公众关于海上力量的有限认知，以及有关冷战中海军行动的传统看法中，潜艇无疑是重中之重，而在其他方面，海军只是陆军和空军的外围辅助力量。特别是空军，在两大阵营对峙的初期，由于其近乎垄断的核武器投送能力，被视作至关重要的军事力量。但这种看法并不符合事实。海军是唯一对尚未达到核门槛的冷战危机做出反应的军种。然而，这些危机并不被欧洲人所知晓。在大量冲突中，以航空母舰和两栖舰艇行动、舰队支援和海上火力支援的形式进行的运输、后勤、力量投送和海上机动支持着政府各项政策的执行。

不过，到了20世纪50年代末60年代初，无论两个超级大国，还是其盟友的海军都越来越被视作核武器投掷体系内的关键角色。到了20世纪60年代末，海军已经成为主要的核打击力量。最初，海军核武器投掷任务只能由航空母舰承担，但很快，装备巡航导弹和弹道导弹的潜艇部队迎来了用途更广、续航更远、隐蔽性更好的核动力潜艇，其上搭载的弹道导弹能够对数千英里之外的目标发起核打击。

海军装备发展的优先次序，深受核武器作用的影响。例如，英国冷战时期的海军投入有不少都集中在对苏核打击方面。20世纪60年代还是可装备核武器的"掠夺者"（Buccaneer）攻击机，10年后就发展为装备"北极星"导弹的"决心"级（Resolution）战略核潜艇。20世纪70年代末到80年代初，这种战略角色仍是很多人眼中海军力量的主要使命。一个很好的例证就是吉米·卡特总统时期有关美国海军航空母舰规模在未来重要性的讨论，这位总统曾经是一名核潜艇兵，他的观点对美国海军其他方面能力的发展产生了非常大的不利影响。同时，英国方面1981年出台的《诺特国防评估》（Nott Defense Review）将核武器投送置于英国海军战略的最高优先级上，代价是分散全球部署的武装力量。[2]

由于能够对其他海上部队造成巨大影响,潜艇部队行动变得非常引人注目。北约和华约的海上资产都有很大一部分投入反潜作战中,如保卫北大西洋交通线和苏联对于战略核潜艇"堡垒海域"水的防御。这无疑导致了海军的力量结构与新的世界秩序的不匹配。在新的世界秩序下,国家所面临的威胁是无数错综复杂的社会冲突。

## 彻底改变

因此,对于20世纪80年代中期的主要海军来说,装备和战略都主要围绕着在有限的作战范围内,猎杀或保护潜艇展开。[3]但是事实上,这些海军中的多数部队都在继续执行更传统、均衡的海军任务,而这也愈发成为常态。对于很多评论员来说,冷战时期,铁幕双方舰队结构发展其实都脱离了正轨。

2014年3月,英国皇家海军装备"三叉戟"弹道导弹的战略核潜艇"警惕"号(HMS Vigilant)在完成巡逻任务返航。在大多数人眼中,冷战时期的海军行动都是以潜艇为主,但这与现实存在较大出入。实际上,虽然是海洋国家组成的联盟"北约"赢得了冷战,但公众依然缺乏对北约海军在冷战期间所作贡献的认识。(王冠版权社,2014年)

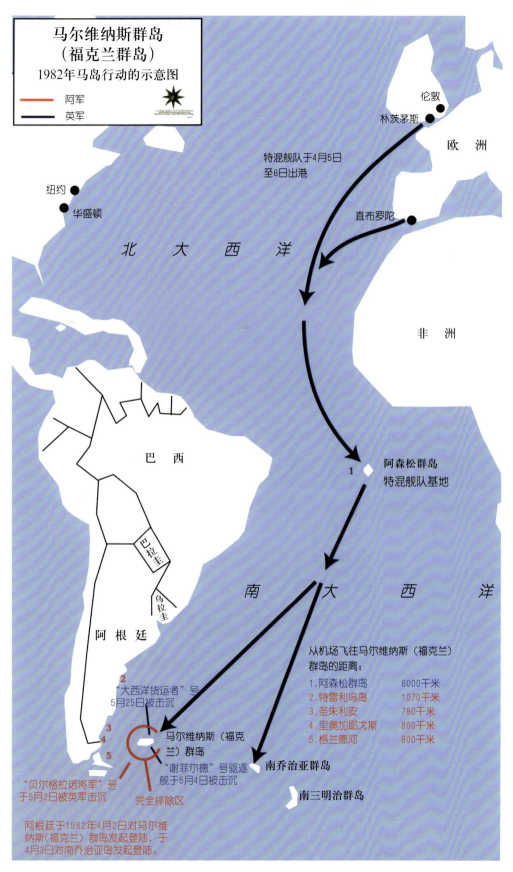

20世纪80年代西方海军实施的大量海军行动已经充分展示了冷战时期海军的巨大局限性。对于英国来说，1982年的马尔维纳斯群岛（简称马岛）战争可以被视作一个关键的转折点。此战使皇家海军认识到，约翰·诺特的国防报告无力支持英国在海岸线外的国家政策，除非真的发射核武器（但这基本上是不切实际的选择）。此后，英国恢复了许多因诺特报告而遭到裁撤的海军力量，并开始建设一支在广泛区域内拥有强大力量投送能力的均衡型海军。

这场为期74天的战争[①]充分展现了，要执行一次成功的，远离本土基地的海外行动，需要多种常规的、均衡的海军能力。其中包括展开全部行动所依赖的海基运输和后勤体系，以及在两栖行动前需要获取的海域和空中控制权（尽管在登陆前英军仅取得了有限的制空权）。这场战争见证了航空母舰空中力量的投送，两栖部队的部署，海军炮火支援以及最后在海军掩护下陆上战斗，直至取得胜利。英军在此战中也不乏教训，如空中预警和控制的重要性、现有区域防空和点防空系统性能不足，以及加强损管能力和舰艇生存力的必要性，这些教训直到今天依然对舰队结构和战舰设计产生着巨大影响。此役还充分展示了海军航空兵的强大威力，

1982年英国重夺马岛行动的示意图，图中可见主要战场远离英国本土。这次行动导致英国重新意识到保持力量投送能力的重要性。（美国西点军校）

---

[①] 阿根廷夺占英国在南大西洋的边远殖民地后，英国又再次将其夺回。

"沙漠军刀"（Desert Sabre）行动结束后，被遗弃在科威特的伊军坦克。虽然这次行动是美国陆军和空军的"空地一体战"理论的成功展示，但正是海军提供的后勤支援和制海权为胜利奠定了基础。（美国国防部）

国际社会对此很快就加以接受。

此后，马岛战争式的远征作战多次出现。[4]实际上，在冷战后期，海军力量再次成为西方国家政府在海外实施外交政策的手段，如两伊战争期间，西方国家海军就在波斯湾和黎巴嫩沿海部署兵力。另外的例证还包括美国入侵格林纳达、针对利比亚的各种行动，以及武力推翻巴拿马的诺列加政权。其他国家的海军也实施过类似模式的行动。

这些行动在很大程度上是基于20世纪80年代的美国海上战略。该战略本质上旨在让美国海军更具进攻性，以应对苏联的海上力量，美国喊出的口号是投资打造"600舰舰队"。[5]

无论是将其看作逼垮苏联海军的诡计还是真正的进攻战略（评论家们的分歧很大），新的政策既提供了理论支持也提供了装备支持，美国海军借此在随后的25年间执行了一系列行动。

冷战刚刚结束，美国海上战略就迎来了一次大考：伊拉克出乎意料地入侵近邻科威特。随后以美国为首的多国部队为解放科威特采取了一系列军事行动："沙漠盾牌"（desert shield）行动——保卫沙特阿拉伯，"沙漠风暴"（desert storm）行动——为期6周的空中和海上轰炸以摧毁伊拉克的防御设施，"沙漠军刀"（Desert Sabre）行动——为期4天的地面进攻行动。多国联军由40多个国家的军队组成，其中很多国家提供的是海军部队。自然而然地，联军海上力量由美国海军统一调度，并由不少于6艘航空母舰组成打击矛头。[6]

同马岛战争一样，这些行动也展现了海军远征部队的价值。除了部署航空母舰打击群，海湾战争中美国海军第一次在实战中发射"战斧"对陆攻击导弹（tomahawk land attack missile），一次重要的两栖佯攻（而不是海上战略中提到的大规模两栖登陆），以及大量特种部队渗透行动。但其中最重要的是成功完成了庞杂的海上后勤保障任务。最终，美国陆军和空军部队"空地一体战"战略①取得圆满成功。但正是海军在海上的大量行动造成的有效封锁，以及消灭伊拉克海上拒止能力，为1991年的胜利奠定了基础。

## 避之不及

随着冷战的结束，海上力量再次成为全球性危机的关键应对措施。"大国对峙"的结束必然会导致主要参与方海军部队规模和形态的巨大变化，且其中大部分的人力和舰船数量都遭到削减。不过，在潜艇和反潜护卫舰的数量减少的同时，力量投送部队的数量和质量都得到提升。同时，近年来世界上许多国家的海军规模和能力快速增强，作战范围也有了快速增长。

对于某些国家海军而言，冷战结束后反而变得更加忙碌，而且比20世纪80年代忙碌得多。海军的行动范围从人道主义行动、维护和平任务到反恐、反海盗，再到两个超级大国主导世界秩序时代结束后不稳定增加导致的局部战争。可以说，同陆基部队相比的内在灵活性使得海军在这个时期一直没有停下脚步。奇怪的是，在冷战刚结束时，海军的一个重要使命任务很少被提及，那就是在实战中的作用。实际上，海军的许多任务被称为"非战争"行动甚至"和平支援"行动；这些行动都不包括此前通常被视作海军基本任务的正规作战。

也许冷战结束带来的"和平红利"蒙蔽了许多政治家对未来战争的认识。不过，柏林墙倒塌后，"世界新秩序"刚刚诞生时，西方国家的海军和政府都只将建设遂行正规战争任务所需的海军力量的理念束之高阁。然而，进入21世纪后，世界各国海军开始将遂行正规战争作为主要使命任务，决策者也越来越认同这一点。我们可以从英国皇家海军海上理论的发展中证实这种变化。当《英国海上理论基础BR1806》（The Fundamentals of British Maritime Doctrine BR1806）1995年首次发布时，大部分涉及海军角色的内容都是战场之外的行动。[7]海军的交战功能并不像人们设想的那么明确。不过，到了2011年推出的第4版②，其中指出，海上力量的首要任务就是交战。同时"海上安全"和"海上交战"等理论也支持了这一观点。对于此时的海军来说，正规交战（warfighting）的定义得以被明确，同时也成为政治上可接受的术语。冷战结束后，西方国家海军参与的多次军事行动也为正规作战正名。

实际上，1989年以后，西方国家海军参与了一系列军事行动。在此期间，两类战争保持不变，即国与国的战争与一国的内战。近期国家间的战争包括已经提到的1990—1991年的海湾战争，随后在20世纪90年代的大部分时间里，巴尔干半岛又陆续发生多次冲突。其中包括波斯尼亚冲突和后来的科索沃与塞尔维亚冲突，西方军事力量对这些冲突都有所参与。作为"严密警戒"（sharp guard）行动（对交战方实施武器禁运）、"禁飞"行动（禁飞区警戒）、"审慎力量"行动的执行者，西方国家海军部队参与了波斯尼亚冲突。海军针对塞尔维亚的轰炸行动迫使其进行谈判，从而形成后来的《代顿和平协定》（Dayton Peace Accords）。西方国家

---

① 该战略起初是为北约的中部欧洲前线准备的，此时被美军用来对付萨达姆的地面部队，以尽快结束战争。
② 名称已改为《联合理论出版物0-10，英国海上理论》（Joint Doctrine Publication0-10, British Maritime Doctrine）。

海军还参加了旨在应对1999年科索沃战争的"联军部队"（allied force）行动。

20世纪90年代还有针对伊拉克的进一步行动。随后是2001年介入阿富汗的"阿富汗持久自由"（Enduring Freedom-Afghanistan）行动，2003年入侵伊拉克的"伊拉克自由"（Iraqi Freedom）行动。前者见证了一次独特的成功的两栖行动。虽然阿富汗是内陆国家，但参战力量从航空母舰和两栖舰艇上起飞，多国航空母舰舰队为其提供空中支援。即使是在后来的反叛乱/反游击（COIN）作战中，海军部队（特别是美国海军陆战队和英国皇家海军）也参与其中。在这三次参战中，英国皇家海军都提供了英军的半数兵力。[8]

在上述这些行动中，海军力量都是危机的第一响应者。但讽刺的是，从政府角度来看，之所以这样做，是因为可以在展示姿态的同时，避免派遣地面部队。换句话说就是，政府需要看起来像是做了点什么，同时要避免实际上做了点什么。而从国际水域向外界传递信

从1990—1991年海湾战争到今天，"战斧"对地攻击导弹的出现对海军行动带来显著影响。图中展示的是2003年"伊拉克自由"行动期间"安齐奥"号（Anzio, CG-69）巡洋舰发射"战斧"对地攻击导弹的场景。（美国海军）

号和表达态度本身就是海军的关键功能之一。但以波斯尼亚为例,这些危机的部分最终仍将升级,转变为在海军支援下的地面和空中力量介入。⁹在波斯尼亚冲突中,西方国家出动海军的最初目的是维持武器禁运,随后则转为执行强制维和行动,最终深入介入交战。同其他许多场合类似,此次危机中,陆上特遣队的最终成功在很大程度上有赖于海军的后勤支援和海军航空兵的支援。在科索沃,美国海军和英国皇家海军发射了"战斧"对地攻击导弹,这也是英国皇家海军首次动用巡航导弹。

与此同时,主权国家的内战往往旷日持久,如索马里、斯里兰卡、东帝汶、塞拉利昂、伊拉克、阿富汗和利比亚等。在所有这些战斗中,海军部队都参与其中。在这类冲突中国际方面往往会组建起"意愿联盟"(coalitions of the willing)。海上力量既可用于保护派往冲突区域的援助部队,也可提供专业技术。不过,这种介入并不能确保一次任务的和平结局,在很多情况下,还是要用战争手段。其结果很复杂。以下便是多国海上干涉的典型案例。

2001年12月,美国海军陆战队的一架CH-46"海上骑士"(Sea Knight)直升机从位于阿富汗的前方基地"犀牛营地"(Camp Rhino)出发。在干涉阿富汗的初期,美军对内陆国家实施了一场成功的两栖兵力投送。(美国海军陆战队)

在2011年的利比亚内战期间,域外国家主要依靠包括舰载机和巡航导弹攻击在内的海上力量实施介入。图中展示的是介入行动初期,从美军两栖攻击舰"奇尔沙治"号(Kearsarge,LHD-3)起飞的一架美国海军陆战队"鹞"喷气战机。(美国海军)

- 东帝汶(1999年):在联合国支持下,澳大利亚主导了一次多国维和行动,旨在帮助东帝汶重返稳定。在公投通过,决定脱离印度尼西亚后,东帝汶的独立激起了前印尼军事力量的暴力行动,此次维和行动得到海军远征部队和后勤部队的大力支持。维和部队以最小的伤亡实现了目标,同时证明皇家澳大利亚海军需要继续加强两栖能力。

- 塞拉利昂(2000年):英国大规模介入以支持陷入内战的政府军。干涉初期曾派出一艘护卫舰,随后则以"光辉"号(HMS Illustrious)航空母舰和一支两栖特混舰队为主力。军事力量的部署以及作为"帕利泽"行动(Operation Palliser)一部分的航空母舰力量展示压制了反对派势力,使得这个国家在接下来的几年回到稳定状态。

- 利比亚(2011年):2011年对利比亚内战的介入很大程度上依靠的是舰载航空兵和"战斧"对陆攻击导弹。海军火力打击最终成功弱化了卡扎菲政权镇压反对派的能力。舰载战斗机对行动做出的贡献大大超过了数量远多于己的陆基战机。[10]

在最近对伊拉克和叙利亚的干涉行动中，海军深度进行了参与，特别是通过出动舰载机对极端组织发动空中打击。实际上，在这些行动中，美国和盟国的大部分空中打击能力都搭载在航空母舰上。

冷战结束后，西方国家海军还执行了其他有限军事行动，特别是设定安全区和禁飞区。例如"沙漠风暴"行动结束后，保护伊拉克北部库尔德难民的"避难所"行动便随之启动。虽然这是一次内陆行动，但英国在其中的贡献基本上是通过英国皇家海军陆战队和海军航空兵的直升机完成的，且参加行动的英军战机均由设在土耳其的海军辅助基地提供支持。

## 不仅仅关乎战争

最近25年，海军常用于撤离受战争和自然灾害威胁的侨民，且全球不稳定性使得这类行动呈指数级增长。相比过去，还有更多国家海军参与此类行动。例如，2011年利比亚冲突爆发后，除了西方国家外，中国、印度和韩国的海军也参与了撤离侨民行动。2015年也门爆发内战后，中国人民解放军海军首次承担疏散外国侨民的任务。这些行动的重要性使得一些国家的海军通过国家赈灾基金采购所需舰船，一定程度上缓解了国防采购预算的压力。[11] 为应对自然灾害，海军的疏散任务也一直没有间断，参加了对如2004年12月印度洋海啸，以及2010年的冰岛火山灰云等灾害的人员疏散。在冰岛火山灰事件中，英国皇家海军的大型舰船被派去救援被困的旅客。

对这些自然灾害的应对同样展示出了海军能够向所需地区实施人道主义救援的能力。此时进入受灾地区的最快方式就是通过直升机或海滩抵达。在这些情况下，两栖舰船和

2010年的一次演习中，一架美国海军陆战队的"鱼鹰"（Osprey）倾转旋翼机降落在英国航空母舰"皇家方舟"号（HMS Ark Royal）上；前景是一架"鹞"垂直起降喷气战机。冷战结束多年后，涉及的海军两栖作战和舰载航空兵的远征作战行动已经非常常见。（王冠版权社，2010年）

2004年12月印度洋海啸发生后，美国海军的一架"海鹰"（Sea Hawk）直升机在苏门答腊岛的贾兰向灾民运送食物和水。在自然灾害发生时，海军往往是唯一能够及时赶到受灾地区的部队。（美国海军）

舰载航空的价值得到了凸显，如2010年海地地震后，意大利海军的新型航空母舰"加富尔"号（Cavour）便搭载着救援力量和直升机进入受灾地区。2011年日本东北大地震和海啸爆发后，日本的新型直升机航空母舰"日向"号（Hyuga, DDH-181）和在当地部署的美国海军航空母舰"乔治·华盛顿"号（George Washington, CVN-73）全都深度参与灾害救援行动。

21世纪海上力量大显身手的另一方面是针对有组织犯罪的国际执法行动，其中尤以打击贩毒集团、人口贩卖和海盗为主。近些年，海盗成为影响海上秩序的突出因素。实际上，只要有适于航行的水域（如亚马孙河），基本上就会有海盗。[12] 每年与海盗有关的损失（包括保险、安保和为避开高风险水域而支出的燃料费在内）高达数十亿美元。

不过，海盗威胁的一个正面结果是国际航运业加强了在公海的合作以应对海盗行为，有时是在不太可能的海上伙伴之间。在印度洋，这种情况尤其常见，为对付索马里海盗，欧盟发起了"阿塔兰式"行动，北约发起了"海上之盾"行

动，还有不同国家间的联合特混舰队行动。除了传统西方国家盟军的战舰，还有来自亚洲等其他国家的舰船，同时还有独立部署的各国特混舰队之间的合作。为阻止海盗接近国际航船、控制海盗威胁的联合行动①非常耗时间、也非常艰苦，但最终获得了成功。事实上，从2015年9月后，在索马里外海和亚丁湾没有任何有关海盗事件的报道。不过，海盗仍是一个重要威胁，目前海盗活动的热点区域包括西非的几内亚湾和印度尼西亚海域。

图中，荷兰皇家海军近海巡逻舰"荷兰"号（Holland）正与美国海岸警卫队HC-144"海洋哨兵"（Ocean Sentry）海上巡逻机在加勒比海执行任务，据估计仅在此次行动中追缴的毒品总额就高达2400万美元。冷战后，海军一直处在打击恐怖主义、海盗和有组织犯罪的最前列。（美国海军）

海军针对其他有组织犯罪（特别是全球贩毒集团）的打击也在加紧节奏。除了应用诸如货柜船和渔船等传统走私手段以外，贩毒集团也采用了一些新的方法，包括尝试使用自制潜水艇。在加勒比这样的地区，区域外海军力量的支持对

---

① 包括使用舰船、海上巡逻飞机、其他海上力量以及针对海盗据点的定点突袭行动。

于打击非法交易来说非常重要，因为这些海军拥有大部分当地部队无法比拟的作战能力，而且不像当地安全部队那样可能受到贩毒集团的渗透。非常值得一提的是，在该地区，海军在培训和指导当地缺乏经验舰队方面发挥了重要作用。

海上恐怖主义远不是一个新现象。20世纪60年代，越南的海上行动给美国留下深刻印象，而20世纪70年代和80年代北爱尔兰自治区爆发"北爱动乱"（The Troubles）期间，英国和爱尔兰的安全部队也不得不应对在海上活动的爱尔兰共和军恐怖分子。近些年，针对诸如法国油轮"林堡"号（Limburg）和美国海军驱逐舰"科尔"号（Cole）的攻击再次凸显出潜在"身份目标"（status targets）的脆弱性。不过，最值得注意的一个变化可能是，越来越多的证据表明许多恐怖分子组织已经掌握了夺取制海权所需的特性——如机动性、灵活性和可抵达能力，而这些特性原本仅掌握在政府手中。其结果是，恐怖集团开始越来越多地通过海上运输关键装备从海上发动进攻。具体案例包括斯里兰卡内战期间（1983—2009年）"海上猛虎"组织（Tamil Sea Tigers，现在已不复存在）的攻击行动，以及2008年针对孟买的恐怖袭击。

"海上猛虎"组织特别值得提一提。该组织最初只是向斯里兰卡走私装备和人员的工具，但他们很快具备了攻击能力，拥有一支由快速攻击艇和自杀快艇组成的强大力量，同时还有诸如蛙人等特殊类型部队。他们实施了一系列的袭击行动——包括在政府军阵线后的两栖行动，并与斯里兰卡海军展开了大规模作战。政府军随后开始采用与"海上猛虎"组织类似的群攻战术，且其攻击舰船体积更大、速度更快、打击能力更强。最终政府军占据上风，保住了制海权。斯里兰卡海军还在改进的监视技术的辅助下，成功使用远程巡逻舰在"海上猛虎"组织舰船航程之外切断了泰米尔人的补给线。[13]

斯里兰卡政府军发起攻势结束了内战，而随着基地的丢失，"海上猛虎"组织也不复存在。不过，在面对由组织有序的恐怖分子带来的持续威胁时，此次战斗中双方应用的战术值得研究。例如，印度在近海监视雷达——覆盖范围延展到印度洋上的友好邻国海岸——的巨大投入，以及"卡尔尼科巴岛"（Car Nicobar）级高速巡逻舰艇的使用，都反映了各方从此次冲突中汲取的深刻教训。

除了针对海盗和恐怖主义旗帜鲜明的打击行动外，需要强调的是，许多国家的海军还要承担一项最为重要的职能，即日常的"基本生计"（bread and butter）巡逻行动以确保国内领海安全。蕴藏着关键资源（如食物和能源）的海上专属经济区（EEZs）越来越需要海军的保护。这促使各国大规模增加近海和近岸巡逻舰艇以保卫这些资源，也进一步促进了对更广范围海上环境的保护。此外，对于海上边界权益的保护也要求各国增强海上执法力量。

## 小结

回顾一下，冷战对许多国家的海军（特别是西方国家的海军）来说产生了"窒息效应"。过分关注所谓的核心海军武器系统（潜艇）挤压了真正需要的作战资源及相关的采购。尽管海军仍是许多危机的第一响应者，但其具有的灵活性却很少被注意到。

柏林墙的倒塌致使许多冷战中的主要国家海军进入削减和重组期，而有的国家的海军则得到快速发展。更为显著的是，主要国家海军很少有闲下来的时候。一系列冲突和战争展现了海上力量投送和后勤支援的重要性。同时，海军在应对区域性和全球性恐怖主义、海盗和有组织犯罪威胁方面也处在前列。与此同时，更为日常性的执法行动的范围也有很大拓展。

两极化世界的终结引起的不稳定性意味着海军部队所提供的功能面临更大需求。同样地，世界各国政府有能力为响应不断发生的危机部署海上力量。在接下来的数十年里，对海军内在灵活性、机动性和可用性的认同可能会进一步加强。

2013年2月，欧洲联盟海军部队在索马里地区的旗舰，F-100级防空舰"门德斯-努涅斯"号（Méndez Núñez）正在执行登船行动。在两极化世界格局结束后，海军在维稳方面的作用更显重要。（欧盟海军索马里部队）

## 注释

1. 有关海上力量特性的进一步解释，可参见《联合理论发布0—10，英国海上理论》（施赖文汉姆，国防部发展、思想和理论中心，2011年）。

2. 1981年英国公布的有争议的《防务评论》由一位前商业银行家、国防部长约翰·诺特（John Nott）领衔制定。由于装备"三叉戟"导弹的核潜艇部队以及增加英国防空力量的投入所具有的优先级，海军方面的支出被削减。由于驻德国的莱茵军团不能被削减，皇家海军数量逐步削减。

3. 这无疑仅有限适用于美国海军，美国海军保留了比较平衡的海军资源而且在里根时期还得到大幅扩张。虽然为战略核潜艇付出了高昂成本，但法国海军也维持了较强的远征能力。

4. 有趣的是，英国海军随后的大多数行动都是远离本土的力量部署，不过通常都是依靠盟友的基地提供支援。近年来英军对极端组织采取的行动可以被视作例外，英军在塞浦路斯的英国主权领土内拥有一座基地，此地距离战场非常之近。

5. 美国海上战略的详细描述超出本章的范围。更多内容参见约翰·哈特道夫（John B Hattendorf）和皮特·施瓦兹（Peter M Schwartz）编辑出版的《20世纪80年代美国海军战略：精选文档》（罗德岛州纽波特市，海军战争学院出版社，2008年）

6. 在英军的"格兰比"（Granby）行动中，皇家海军作出了第二大贡献。

7. 参见《英国海上理论基础BR1806》（伦敦，国防部，1999年）。改文件取代了之前的《海军战争手册》（The Naval War Manual）。

8. 2003年入侵伊拉克的行动中，在东道国可用支援有限的情况下，联军成功实施了海上力量投送。沙特阿拉伯最初拒绝联军武装部队经过其领土。随后联军将重点转向土耳其，打算从该国出动地面和空中部队，以及一支小规模的海军支援部队对伊拉克南部展开进攻。然而，土耳其议会取消了合作，导致联军不得不修改计划，由位于北波斯湾海域的海军部队与位于科威特的地面部队共同执行军事打击行动。

9. 波斯尼亚危机是一个非常好的例子，毕竟大部分西方国家起初希望不惜一切代价避免介入。

10. 英国空军陆基飞机出动3000余架次，打击了600个目标。同时，法国航空母舰"戴高乐"号（Charles de Gaulle）出动1500架次战机，打击了785个目标。此外，意大利海军的"鹞"式战斗机仅占该国所部署战斗力量的1/7，却完成了1/5的任务，投下1/2的弹药，所需开支也仅相当于意大利陆基"狂风"和"台风"战斗机的1/10。

11. 意大利海军的第三艘"圣马可"级（San Marco）船坞运输舰（LPD）由赈灾基金资助。同时，泰国的"纳吕贝特"号（Naruebet）航空母舰由泰国皇家海军、救灾基金和皇室共同出资建造，皇室之所以出资是因为该舰也可以用作皇家"游艇"，且为国王留出了一套专门舱室。

12. 哥伦比亚甚至建立了一处专门训练中心以培训其他国家海军的内河作战能力。

13. 有关斯里兰卡海军在成功打击"海上猛虎"组织及推动结束斯里兰卡内战中发挥作用的综述，参见蒂姆·菲什（Tim Fish）"斯里兰卡学会对付'海上猛虎'（海上猛虎是泰米尔猛虎组织的下属组织。——译者注）的群攻战术"，《简氏世界海军杂志——2009年3月》（寇斯顿，霍尼韦尔信息服务公司，简氏国际集团，2009年），第20~25页。

# 4
## 舰队分析

# 4.0 加拿大和拉丁美洲海军

康拉德·沃特斯

美国海军无疑会主宰任何有关21世纪美洲海军作战的分析。这不仅源于美国海军在各方面的绝对优势，正如表4.1所展示的，还因为美国在经济、政治和军事上的巨大影响力。在北方，加拿大是长期且可靠的同盟国，与美国合作密切（尤其是在北约的框架下）。在南方，稳固的经济和外交纽带使得美国和墨西哥之间保持着良好关系，但非法移民偷渡与毒品走私等问题已经成为导致两国关系紧张的潜在因素。而这些问题既有可能导致双方的分歧，也为双方提供了合作的舞台。

美国与拉丁美洲国家的关系则更为复杂。在半个世纪的僵持后，美国与古巴的关系缓慢升温，而对委内瑞拉仍保持敌对态度。其他几个南美国家也对美国的霸权持怀疑态度。1947年签署的《美洲国家间互助条约》（Inter-American Treaty of Reciprocal Assistance，亦被称为"里约协定"）虽然依旧有效，但冷战后实际外部威胁的减少意味着门罗主义推崇的所谓半球防御理论与现实已相去甚远。[1] 不管怎样，过去10年在南美洲越来越强调区域防务协作，2008年成立的南美国家联盟区域安全委员会便是一大例证。在该地区，美国海军仅保持着有限的存在，而且主要任务是与当地国家海军与其他机构展开海上执法合作。然而，美国海军依旧在其广阔"后院"（back yard）内具备能够导致局势发生改变的决定性介入能力，这一能力所带来的影响不容小觑。

### 表4.1 美洲主要国家海军力量（2015年）

| 国家 | 航空母舰和两栖舰艇 | | | | 潜艇 | | | 水面舰艇 | | | | 其他（部分舰种） | | |
|---|---|---|---|---|---|---|---|---|---|---|---|---|---|---|
| | 核动力航空母舰 | 支援航空母舰 | 两栖攻击舰 | 船坞登陆舰 | 弹道导弹核潜艇 | 攻击型核潜艇 | 柴电动力潜艇 | 巡洋舰/驱逐舰 | 护卫舰 | 轻型护卫舰 | 快速攻击艇 | 海上巡逻舰 | 反水雷舰艇 | 补给舰 |
| 美国 | 10 | — | 9 | 21 | 14 | 58 | — | 82 | — | 6 | — | — | 13 | 18 |
| 加拿大 | — | — | — | — | — | — | 4 | 1 | 12 | — | — | — | 12 | — |
| 巴西 | 1 | — | — | 2 | — | — | 5 | — | 8 | 4 | — | 4 | 6 | 2 |
| 阿根廷 | — | — | — | — | — | — | 3 | — | 4 | 9 | 2 | — | — | 1 |
| 智利 | — | — | — | 1 | — | — | 4 | — | 8 | — | 3 | 3 | — | 2 |
| 秘鲁 | — | — | — | — | — | — | 6 | 1 | 7 | — | 6 | — | — | 1 |
| 哥伦比亚 | — | — | — | — | — | — | 4 | — | 4 | 1 | — | 4 | — | — |
| 厄瓜多尔 | — | — | — | — | — | — | 2 | — | 2 | 6 | 3 | — | — | — |
| 墨西哥 | — | — | — | — | — | — | — | — | 4 | 2 | 2 | 21 | — | — |
| 乌拉圭 | — | — | — | — | — | — | — | — | 2 | — | — | — | 3 | 1 |
| 委内瑞拉 | — | — | — | — | — | — | 2 | — | 3 | 6 | 4 | — | — | 1 |

**注释：** 表中数字来自官方可用资源，也通过新闻报道、公开的情报资料和其他"公开"的资料酌情补充得来。考虑到可用数据出入很大，表中数字和分类应被看作象征性的，特别是有关小型战舰的数字。潜艇的数字不包括微型潜艇。快速攻击艇分类中仅包括装备导弹的快艇。

2015年10月,地中海西部,皇家加拿大海军护卫舰"哈利法克斯"号(HMCS Halifax)与其他国家海军共同参加北约的"三叉戟接点"(Trident Juncture)演习。冷战结束时,"哈利法克斯"级护卫舰刚刚投入使用,而且随着加拿大越来越多地参与国际联合行动,其价值更加凸显。(皇家加拿大海军)

## 加拿大

冷战时期皇家加拿大海军的舰队基本上就是一支反潜部队,主要使命是与北约盟友共同应对苏联潜艇威胁,尤其是在北大西洋方向。因此,冷战结束后,对于加拿大海上司令部而言,与欧洲很多海军一样,过去集中力量应对的主要威胁已经不复存在。[2]尽管加拿大谋求以高昂的代价获取少量攻击型核潜艇的计划由于美国的反对和预算压力被取消(1989年),但此时,用新型"哈利法克斯"级护卫舰更新反潜战舰队的计划才刚刚开始。

在作战层面,加拿大海军对变化的环境反应迅速。在利用新型水面舰艇参与诸如在地中海和印度洋这样远距离海域的国际协作行动(尤其是1990—1991年的海湾战争)中,加拿大海军表现积极。实际上,冷战后期舰队现代化计划为加拿大提供了能够很好适应新任务需求的新型战舰。在这一时期加拿大最重要的海军战略文件《里程碑:2020海军战略》(*Landmark: The Navy's Strategy for 2020*)中提出了新的聚焦点"积极国际参与"(engaged internationalism)。[3]加拿大在2006年建造水面舰艇以适应北极地区,这是加拿大谋求核潜艇的一大关键动因。

不幸的是,加拿大海军没有获得实现这一战略意图所需的资源。一系列糟糕的采购决策——尤其是购买英国退役的"支持者"级(Upholder)潜艇和西科斯基CH-148"旋风"(Cyclone)海上控制直升机——使得这些舰队急需的装备直至很晚才进入实际服役,而且开支也大大超出预期,且并未达到预想的性能。更为严重的是,战舰采购的不断延误导致海军舰队越来越老旧,甚至部分舰艇已经难以安全作业。2014年,由于继续维修既不经济,也不现实,加拿大海军宣布两艘驱逐舰和舰队仅有的两艘补给舰将退役,且没有新舰及时接替。随后颁布的《国家造舰采购战略》（National Shipbuilding Procurement Strategy）被加拿大海军寄予厚望。在2010年首次宣布的这一策略，将未来的海军采购任务分派给两个国内船厂，这两家船厂将根据一系列的造舰计划为加军提供重组舰队所需的作战资产。欧文造船公司的哈利法克斯造船厂目前正在建造2006年决定采购的新型"哈里·德沃夫"级（Harry DeWolf）北极近海巡逻舰，且随后将开始建造新型驱护舰。12艘"哈利法克斯"级护卫舰已进入一项旨在确保它们能坚持服役直至新型舰艇建造完成的现代化改造计划。与此同时，位于西海岸的温哥华造船厂被分配到了以德国702型"柏林"级（Berlin）综合补给舰设计为基础，建造两艘"昆士顿"级（Queenston）补给舰的任务。不过，实现这些计划需要时间，而且本土建造的成本相当高昂。例如，相比英国自韩国订购的4艘"大潮"级（Tidespring）舰队油船9亿美元的成本，两艘"昆士顿"级补给舰据报道需要花费23亿加元（17亿美元）。

## 拉丁美洲

1982年墨西哥违约引发的拉丁美洲债务危机使得20世纪70年代和80年代初期许多拉美国家对新型战舰的采购热潮戛然而止。随后所谓的"失去的10年"导致拉美国家军费支出缩水，从而对这一地区的国防力量造成广泛影响。很明显的一点是，南美大陆强劲的经济一体化以及军事对政治生活逐渐减少的影响，导致作为过去国防支出主要驱动因素的边界争端大部分得以解决。因此，20世纪90年代许多国家经济恢复稳定后，也没有主动将军费支出提升到原来的水平。

这一背景的主要结果是这一地区许多国家海军的现有力量基本上保持了20世纪70年代和80年代的水平。诚然，这些战舰中很多都接受了现代化改造，而且也有一些海军分享冷战后的和平红利获得了许多北约国家舰队流出的，相对先进的装备。然而，除了一两个明显的例外，直到最近这一地区的海军也没有进行任何大规模的实质性更新。有趣的是，大部分最近的投入主要聚焦在执法和后勤力量上，这反映出近些年持续缺乏的外部威胁、不断缓和的大洲内紧张局势和领海水域内利益的扩张。[4]

在南美洲各国中，巴西军队实力最强、资金最为雄厚。即使由于近年来经济表现恶化有所削减，巴西的军费开支仍占到这一地区总开支的一半以上。在这一地区，巴西舰队也是唯一能称得上强国海军的海军部队。巴西对拓展舰队的战略作用非常重视，制定了雄心勃勃的潜艇计划，也积极参与国际维和行动，尤其是联合国部队在黎巴嫩的维和任务。

目前巴西海军是一支规模很大且较为均衡的部队，具备舰载航空、两栖登陆和"蓝水"远洋作战能力（见表4.2）。未来的采购基于长期的《巴西海军装备衔接计划》（Plano de Articulação e Equipamento da Marinha do Brasilil），这是巴西最近公布的海军组织计划。这一计划考虑当前部队水平的大规模拓展——其中包括两艘航空母舰，四艘两栖攻击舰，较大规模"蓝水"水面舰艇舰队，以及核动力和常规潜艇，但这一扩充计划基本上是无法实现的。更为雪上加霜的是，巴西海军还需要大量执法舰船以保卫这个国家宽广的近海，以及储藏着重要能源资源的大面积专属经济区。

目前巴西最主要的海军军备采购项目无疑是在《巴西潜艇研制计划》（Programa de Desenvolvimento de Submarinos）的指导下对巴西舰队的更新和扩张，其中包括在里约热内卢南边的伊塔瓜伊设立大规模潜艇制造厂和潜艇部队基地。按照《巴西海军装备衔接计划》，最终目标是建造15艘常规动力潜艇和6艘核动力潜艇。计划的第一阶段订购了4艘法国"鲉鱼"级（Scorpène）常规潜艇，该级艇在巴西被命名为"里亚丘埃洛"级（Riachuelo）；之后还会订购核动力潜艇的原型艇。虽然正在建造的新型设施令人印象深刻，但计划的初始阶段已经由于财政压力延误，需要10年甚至更长时间完成。

投入"巴西潜艇研制计划"的资源对水面舰队也有影响。巴西现有的水面舰队主要在20世纪70年代服役，很可能在接替舰艇到位前便损耗殆尽。与"巴西潜艇研制计划"相对

## 表4.2 巴西海军的力量组成（2015年末）

**主要基地和结构**

从组织架构看，巴西海军在舰队总司令的领导下主要分为水面司令部和潜艇司令部，有9个海军战区，其中7个直接控制若干小型战舰。主要的海军基地位于：

里约热内卢：海军兵工厂和基地群，其中包括在伊塔瓜伊南部建造的新型潜艇设施。

阿拉图（巴伊亚）：主要的海军基地和维修基地。

瓦尔德坎斯（帕拉河）：主要的海上航行和河流航行基地，在亚马孙河口建造的维修基地。

还有位于纳塔尔（北里约热内卢）、里约格兰德（南里约热内卢）、拉达里奥（南马托格罗索）和里奥内格罗（亚马孙）规模更小的海军基地，后两个还是河上部队基地。

**人员**

45000名海军士兵外加15000名海军陆战队员。

**主要战舰**

| 类型 | 舰级 | 现役 | 订购 | 服役时间 | 吨位 | 注释 |
|---|---|---|---|---|---|---|
| 航空母舰 | | 1 | (—) | | | |
| 航空母舰 | 圣保罗 | 1 | (—) | 1963 | 33500吨 | 弹射起飞。可靠性令人质疑 |
| 主力两栖战舰 | | 2 | (—) | | | |
| 两栖船坞运输舰 | 巴伊亚 | 1 | (—) | 1990 | 12000吨 | 2015年购置。还未投入实际使用 |
| 两栖船坞登陆舰 | 塞阿拉 | 1 | (—) | 1956 | 12000吨 | 可靠性令人质疑。2015年主动力系统损坏 |
| 主力水面护卫舰 | | 8 | (—) | | | |
| 导弹护卫舰 | 格林哈尔希 | 2 | (—) | 1979 | 4700吨 | 1995年从英国引进战舰中尚未退役4艘 |
| 导弹护卫舰 | 尼泰罗伊 | 6 | (—) | 1976 | 3700吨 | 还有一艘作为无武器训练船 |
| 二线水面护卫舰 | | 4 | (—) | | | |
| 小型护卫舰 | 巴罗索 | 1 | (—) | 2008 | 2400吨 | 新型"塔曼达雷"级小型护卫舰正计划建造 |
| 小型护卫舰 | 尹华马 | 3 | (—) | 1989 | 2100吨 | 第四艘该级舰已经退役 |
| 攻击型潜艇 | | — | (1) | | | |
| 攻击型核潜艇 | 阿尔瓦罗·阿尔贝托 | — | (1) | (2025) | 未知 | 计划装备的6艘潜艇中的第一艘 |
| 巡逻潜艇 | | 5 | (4) | | | |
| 常规动力潜艇 | 里亚丘埃洛 | — | (4) | (2020) | 2200吨 | 在法国舰艇建造局的支持下在巴西建造 |
| 常规动力潜艇 | 蒂库纳 | 1 | (—) | 2005 | 1600吨 | |
| 常规动力潜艇 | 图皮 | 4 | (—) | 1989 | 1500吨 | |

**其他舰艇**

| 类型 | 海上巡逻舰 | 海上巡逻艇 | 扫雷艇 | 补给舰 | 其他 |
|---|---|---|---|---|---|
| 数量 | 4 | 20 | 6 | 2 | 还有各种巡逻船登陆艇和辅助设备 |

**海军航空兵**

巴西海军航空部队基地位于里约热内卢附近的圣佩德罗-达阿尔德亚。主力舰载机包括：

- AF-1"天鹰"系列：12架经过现代化改造以坚持使用到2025年。
- S-2系列"追踪者"：大约8架（4架可以确认）进行空中加油系统、舰载运输的现代化改造（可能还包括空中预警能力）。
- S-70系列"海鹰"直升机：8架正在服役或在定购中。
- AW"超级山猫"：12架正在服役。

还有大约25架欧洲直升机公司（Eurocopter）生产的"松鼠"直升机和约15架"贝尔206"轻型通用直升机在现役，16架新型欧直EC-275运输直升机正在交付。巴西空军装备有9架"P-3猎户座"和12架"EMB-111"巡逻机执行海上巡逻任务。

应的水面舰艇计划——"获取水面舰艇资源的计划"——涉及在本国建造5艘护卫舰，5艘海上巡逻舰和1艘补给舰，由于缺乏资金支持，这个计划一直处于停滞状态。这意味着短期内，舰艇建造可能集中在巡逻艇和轻型护卫舰。有关海军航空部队的情况也很受关注，由于唯一的航空母舰"圣保罗"号（原来法国的"福煦"号）服役时间过长、可靠性已经严重下降，更新舰载机的计划可能因效费比过低而遭遇阻碍。在过去，获取二手战舰被证明是更新舰队的有效手段，而现在巴西也继续采用此前的手段，通过购买法军的两栖船坞运输舰"热风"号（Sirocco）以加强两栖登陆力量。不过，可供巴西购买的二手战舰数量已经不如往常那么多了。

在其他几个拔尖的拉丁美洲舰队（阿根廷、巴西、智利）发展过程中，阿根廷和智利经历了不同的轨迹。尽管马岛战争后，随着前期购买的德国护卫舰、轻型护卫舰和潜艇投入使用后实力大幅增强，但阿根廷海军之后还

本图摄于2013年5月，巴西海军潜艇"塔帕若斯河"号抵达佛罗里达州的五月港（Mayport）时，该艇随后参加了与美国海军的联合训练。巴西正在PROSUB计划下更新其潜艇部队。（美国海军）

是受到资源匮乏的困扰。没有足够资金维持现有舰队运转，更不用说进行重大更新改造。因此，舰队的真正实力与舰队规模是不相称的。相反，得益于商品出口导向型经济的成功发展，智利海军获得了持续的投入。[5]智利从英国和荷兰采购了二手但现代化的护卫舰更新水面舰队，新建"鲉鱼"级潜艇以加强过去从德国采购的舰艇和德国设计、本土建造的近海巡逻舰。从法国购进的"霹雳"号（Foudre，"热风"号的姊妹舰）运输舰也使得智利具备了两栖作战能力。

秘鲁保留着规模不小但老化的舰队，主要是德国209型潜艇和意大利设计的"狼"级（Lupo）护卫舰。充足的资金被用于对部分战舰进行现代化改造，同时秘鲁也在韩国的支持下重建国内的军舰建造业。哥伦比亚的国防开支仅次于巴西，也在对其驱护舰部队进行现代化升级，从德国采购二手潜艇，建造与智利类似的近海巡逻舰。一些南美国家还冒险远航，支援欧盟在印度洋执行的"阿塔兰忒"行动。这种投入从本质上讲所具有的警戒特性也反映在墨西哥的政策上，这个国家将资源聚焦在建造一支大规模本土近海和海岸巡逻舰队。墨西哥海军在打击有组织犯罪方面站在前列；相比外部入侵的可能性，这是更现实的威胁。

## 注释

1. 门罗主义，1823年由詹姆斯·门罗（James Monroe）总统首次提出，旨在预防欧洲国家在美洲建立新势力范围，美国声称所有相关行动都将被视作入侵，且美国必定会做出反制。

2. 1968年，加拿大军队的三个军种合并。2011年海上司令部重新恢复了"皇家加拿大海军"的名称与独立军种的地位。

3. 参见《里程碑：2020海军战略》（渥太华：海上战略司令部，2011年）。2005年内容进行了更新，考虑了"9·11"事件后环境的变化。

4. 罗伯特·法利（Robert Farley）在2014年6月27日的《外交家》中发表了题为《作壁上观：拉丁美洲的太平洋安全利益》（On the Sidelines: Latin America's Pacific Security Interests）一文，指出拉丁美洲国家对向沿海之外的地区（特别是太平洋远海）实施力量投射的意愿有限。

5. 根据《铜法案》（Copper Law）规定，秘鲁铜出口收入的10%将被自动分配用于军备开支。

# 4.1 美国海军

斯科特·图尔

柏林墙成为废墟后，华约成员国相继从内部崩溃，曾经纵横四海的苏联海军也随之蛰伏港内。20世纪90年代，美国开始肆无忌惮地攫取"和平红利"。冷战的结束使得美国陆海空三军的地位、使命和任务面临重大不确定性。在美国军费开支大幅度缩水的背景下，没有哪个军种可以独善其身，都要接受白宫、国会和美国纳税人的仔细审查。对于美国海军来说，情况更是严峻。

"在至少40年里还是头一次"，海军战争学院教授约翰·哈特道夫指出："美国海军既没有一个势均力敌或优于己方的强大对手，在可预见的未来内，也没有一支可以被视为对手的海军。"他继续讲道，"美国海军面临的直接问题就是，它的角色和功能是什么，在未来要成为什么，如何根据国会批准的预算进行调整，以完成未来的发展。"[1]

实际上，在整个20世纪90年代，美国海军（以及其他军种）的战略基础一直被质疑，这与冷战头10年时的情况颇为相似。很清楚的一点是，无论20世纪50年代还是20世纪90年代，美国海军的角色、使命、任务、力量构成和行动方式都具有其正当性。在美国海军学院1954年的一篇文章《国家政策和越洋海军》中，哈佛大学政治学者塞缪尔·亨廷顿写道："一个军种的核心要素是它在执行国家政策中的作用和角色。关于这个角色的表述可以称作这个军种的'战略方针'。如果一个军种没有这样的方针，它将变得漫无目的，在一系列冲突和混杂的目标中盲目挣扎，最终遭受实体和精神上的退化。"[2]

亨廷顿补充道："如果一个军种不具备明确定义的战略方针，公众和政治领导人会对这个军种的角色含混不清，对

---

**美国海军："摇摆"的海军战略1991—2015年**

《前方的路》（1991）

《海军政策》（1992）

《海军部队能力规划》（1991—1992）

《……由海向陆：为美国海军进入21世纪做准备》（1992—1993）

《海军作战与海军条令，第一卷》（1994）

《前进……由海向陆》（1994）

《海军作战理念》（1995）

《2020远景规划》（1996）

《海军作战原则》（1997）

《任何时间，任何地点：21世纪海军》（1997）

《21世纪海上战略》（1999）

《海军战略规划纲要》（2000）

《全球作战理论》（2002）

《21世纪海上力量》（2002）

《21世纪海军力量……海军远景展望》（2002）

《联合作战中的海军作战理论》（2002）

《3/1战略》（2005）

《海上安全的国家战略》（2005）

《海军战略规划》（2006）

《海军行动理论》（2006）

《21世纪海上力量的合作战略》（2007）

《海军愿景宣言/美国海军作战部长政策指南》（2011）

《推动、参与、准备：21世纪海上力量合作战略（更新/改写版）》（2015）

**注释**：新的战略文件《保持海上优势规划》于2016年初发布。

2014年10月,美国海军航空母舰"乔治·布什"号(George H. W. Bush, CVN-77)与英国皇家海军的45型驱逐舰"守护者"号(HMS Defender)在中东地区联合行动。前进部署和与同盟国海军联合作战是目前美国海军战略的两大基础原则。(王冠版权社,2014)

其存在的必要性不确定,对这个军种所要占用的社会资源冷漠甚至有敌意。"

## 美国海军的战略方针

在沉寂长达30年后,海军的新一份官方、正式战略方针《海上战略》(The Maritime Strategy)在1986年公开(机密版本从1983年开始传阅)。为执行这一海上战略,海军部长约翰·雷曼(John Lehman)提出打造"600舰海军"①的目标[3]。

- 15个航空母舰战斗群和16个舰载飞行联队。
- 4个以改造后的"衣阿华"级战列舰为核心的水面战斗群。
- 137艘战斗群护航舰(巡洋舰和驱逐舰)。
- 101艘护卫舰。
- 100艘攻击型核潜艇。

① 实际上,"深吃水线"的大型舰艇数量并没有那么多。

- 39艘弹道导弹核潜艇。
- 75艘两栖作战舰船（足够搭载一支陆战队两栖军又一个陆战旅）。
- 31艘反水雷舰艇。

随着冷战已经不再成为发展军力的正当理由，自1991年4月至2015年3月，美国海军相继发布了24份各类战略方针、白皮书、远景展望、评估、指南、顶层文件、作战原则、行动原则和政策框架报告、简报、出版物等（还不包括国防部长公布的《国家安全战略》《国家军事战略》《国防战略纲要》和《四年防务评估报告》等报告文件）。如此之多的文件，都是为了定义和阐述新时代海军的战略方针。不过实际上，仅有为数不多的方针在公布后能够坚持1年或2年，大多方针的"使用寿命"仅有几个月。

本章将重点关注下列三份重要的战略出版物，评价他们对美国海军舰队结构和整合的巨大影响：

- 《……由海向陆：为美国海军进入21世纪做准备》（1992—1993）：海军的第一份冷战后战略。
- 《21世纪海上力量》（2002）："9·11"事件后的第一份海军战略。
- 《21世纪海上力量合作战略》（2015）：2007年原始文件的"更新"版本。

## 《……由海向陆：为美国海军进入21世纪做准备》（1992—1993）

1990年8月2日，随着"沙漠之盾"和"沙漠风暴"行动的震慑效应逐渐发挥作用，乔治·布什总统发表了一段带有不祥预兆的讲话，他宣布美军将削减25%的军费，而随后的实际削减幅度还要更大。对于美国海军，国防部决定仅维持"基本力量"，将舰队战舰数量降至450艘，保留12艘航空母舰和13个空中联队，大约150艘水面舰艇，55～80艘攻击型潜艇和51艘两栖舰艇。塞巴斯蒂安·布伦斯（Sebastian Bruns）认为美国空军的口号"虚拟临场"（virtual presence）具有"标签式的效果和重要的政治牵引力"。[4]

1992年3月，以《前方的路》（1991）、《海军政策》（1992）和《海军部队能力规划》（1991—1992）为前奏，一本暂时命名为《来自海上的力量》的白皮书在4月中旬演化为《……由海向陆：为美国海军进入21世纪做准备》。[5]据彼得·斯瓦茨（Peter Swartz，美国海军退役）上校回忆，这份材料被视作"白皮书"和"联合愿景"，而且"最终"出

2003年"伊拉克自由"行动中，美国海军"提康德罗加"级（Ticonderoga）巡洋舰"圣乔治角"号（Cape St. George, CG-71）针对伊拉克目标发射了一枚"战斧"巡航导弹。诸如"战斧"和"宙斯盾"系统这样的新技术对20世纪90年代美国海军战略产生了一定影响。（美国海军）

版的至少有三个版本，另外还有美国海军学院《论文集》中1992年11月一篇4页纸的文章。⁶海军印刷了大约140000份该文件"公开版"的小册子。

哈特道夫注意到，白皮书的目标是"强调海军领导能力变革的决心，同时利用'基本兵力'理念增强作战效能……应用海军在1990—1991年第一次海湾战争中汲取的经验教训，充分考虑'战斧'陆攻巡航导弹和'宙斯盾'防空作战系统等技术带来的环境变化"。正如阿蒙得·兰德斯格德（Amund Lundesgaard）指出的，这份报告的一个重要的目标是"使得海军思维产生基础性改变，摆脱与苏联海军在公海对抗的老逻辑，转向更精细、更灵活使用海军力量以适应更具不确定性的战略环境"。⁷即便如此，美国海军的彼得·海恩斯（Peter D Haynes）上校解释道："《……由海向陆：为美国海军进入21世纪做准备》依旧注重于大规模作战行动、高科技力量投送和正规战争。海军高层不会将在主要冲突中的一席之地拱手让给陆军和空军。"⁸

《……由海向陆：为美国海军进入21世纪做准备》还透露出海军和海军陆战队关系的制度性修复，以美国海军陆战队领衔的远征和机动作战理论清晰地贯穿于全文之中。文件中对濒海水域行动有着强烈的关注，其中的"沿海"被定义为世界上靠近"陆地区域"的海域，不过，全文的最主要关注点——即使没有特别声明——仍旧放在潜艇、水雷、巡航导弹和弹道导弹上。美国海军和海军陆战队将"近海地幅"（near land）划分为两个部分，即海上部分（seaward）与岸上部分（landward）。其中海上部分是指"为了支援岸上行动而必须被控制的，从开阔海域到岸边的水域"，而岸上部分则是指"可以从海上直接支援和防御的，从滩头到内陆的陆地"。

本文章实际上并不容易理解。如塞巴斯蒂安·布伦斯指出的，《……由海向陆：为美国海军进入21世纪做准备》包含"不少于6方面的海上能力：强有力参与，战略威慑，海上控制，拓展的危机响应，海上力量投送和海上补给。后文还指出了4种传统的行动手段——前进部署，危机响应，战略威慑和海上补给——另外还附上4项必须具有的关键行动能力[指挥、控制和监视（C3），作战空间主导权，力量投送和力量维持]。"

"总的来说，《……由海向陆：为美国海军进入21世纪做准备》对海军内部和外部都有广泛影响"，哈特道夫写道，"在海军将官的演讲和国会的证词中，它被广泛引用，也经常地被民间分析人员提及。同时，它清晰地反映出当今的舰队是如何运转的，也与同时期有关海军和海军陆战队的战略理念相贴合"。

但该战略文件没有深入讨论舰队部队结构，同时将需求与评估混杂在了一起。文件中称，"海军部队结构将按照有利于战舰在地区危机中以最佳方式向岸上投送武力为目标进行优化，从而支持国家战略"，全文基本没有增加战舰比例或新建战舰以增强近海作战能力方面的内容。《……由海向陆：为美国海军进入21世纪做准备》框架的基础，是保持在450艘战舰规模美国海军基本战斗序列，而不是白皮书中强调的进一步推进需求、评估、计划和行动。但实际上，到了1999年，海军部队规模的缩减比预想的还要多；相比最高峰时战舰数量减少45%，仅略多于300艘。

## 《21世纪海上力量》（2002）

随着2001年9月的"9·11"事件在美国意识中留下深深烙印，2002年初，美国海军开始研究新的作战原则。这也是对乔治·布什政府在2001年《四年防务评估报告》（Quadrennial Defense Review）中概括的新部队规划结构和战略的回应。这份《四年防务评估报告》中概述的战略基于四个目标：

（1）确保美国有能力兑现对盟国和友好国家做出的安全承诺；（2）阻止未来的军事竞争；（3）通过发展能够果断行动的前进部署部队形成威慑和压制；（4）如果威慑不起作用就采取行动。

军队的新规划机构是基于"1-4-2-1"理论，是20世纪90

《21世纪海上力量》以网络为中心的理念融合了三个主要元素：海上打击、海上防御和海上基地，而这一网络的主要目的是让海军更好适应"9·11"事件发生后战略环境的变化，在这种环境中，可能需要同时应对大量威胁。海上基地的理念催生了"蒙特福特角"级（Montford Point，T-ESD-1）移动式登陆平台；本图就是该级首舰参加2014年演习时的情境。（美国海军）

年代"几乎同时介入两个主要地区冲突"理论的变形。"1-4-2-1"架构表示："1"指保护本土的需要；"4"指在四个地区——欧洲、东北亚、东亚近海和中东/西南亚——前进部署符合区域特点的部队；"2"指在同一时间迅速击败来自上述四个区域中任何两个区域的进攻；"1"指在两个区域中有能力"明确地取得胜利"。对于美国海军来说，问题是如何提供持续的、可靠的前进部署支持，而且要在现有的300多艘战舰基础上，支持三个（不是四个）地区向前设立基地的基础设施。

2002年6月，海军作战部长弗农·克拉克（Vernon Clark）上将在一次题为"21世纪海上力量：新时代的作战原则"的演讲中介绍了他的新战略白皮书。[9]他解释了"21世纪海上力量"的三个主要元素（"海上攻击"，"海上防

《21世纪海上力量》重申了美国海军和海军陆战队之间的紧密关系。图中是2015年8月塞班岛"苏迪罗"台风过后参加救灾工作的两栖突击车（AAV）驶离"阿什兰"号（Ashland）的坞舱。（美国海军）

御"和"海上基地"）是如何在以网络为中心的框架下（部队网）融合在一起的，同时指出支撑的三个"执行措施"（"海上试验"、"海上勇士"和"海上事业"）。克拉克在2002年10月的《汇编》中对《21世纪海上力量》进行了更为详细的阐述。这篇文章是在接下来的两年里在《汇编》中发表的与这一问题直接相关的9篇文章的第一篇，所有这些文章都是由高级别海军将领完成的，他们每个人都着重强调了海军为国家安全作出的贡献。

兰德斯格德将《21世纪海上力量》与20世纪90年代的其他战略文件进行了比较，发现其中较为明显的变化之一是对威胁的看法。20世纪90年代相对模糊的威胁已经被相当程度上确定的威胁所取代，而且"9·11"事件的影响是非常明显的："……2001年9月11日的事件悲惨地表明，在新世纪对和平和安全的期盼经受着深层次危险的威胁。"

《21世纪海上力量》中所提出的，美国的威胁包括"在关键地区制造冲突的国家，广泛分布且拥有充足资金的恐怖分子和犯罪组织"。对于美军的重点会从常规局部冲突转向更广泛的，并不包含在传统的军事任务范畴内，《21世纪海上力量》白皮书解释称："这些威胁复杂多样且威胁巨大，包括大规模杀伤性武器，常规战争，以及广泛分布的恐怖主义。未来的敌人将试图拒止我军进入世界上的关键地区，威胁我国的关键伙伴和海外利益，甚至尝试对美国本土发动攻击。"

"《21世纪海上力量》是一头复杂的、蔓生的、多面怪兽",海恩斯评论道,"在冷战后海军的战略文件中,包括克拉克的'375舰海军'在内,很少有文件会去寻求解决更大范围的问题"。克拉克还认定要打造一支"265舰海军",通过先进技术("灵巧战舰")、以人为本("最优化配置")和优化人员("海上轮换"),让规模更小的舰队能够执行上述四区域战略。

海恩斯认为除了《……由海向陆:为美国海军进入21世纪做准备》,《21世纪海上力量》对海军内部产生的影响比冷战后任何一份战略文件都要长久,而后者又是对前者的回应和详细阐述。它是在上一份关键战略文件《前进……由海向陆》之后八年'干旱'期后推出的重要文件。它的结构很简单,就是持续、客观地重复海军高级将领的文章、国会陈词和演讲。但与其他文件不同的一点是,它得到海军作战部长的关注和稳定支持,同时受益于一次有组织的、持续的推广活动,这个活动的一个主要方面涉及高级别海军将领表达他们的一致看法。

《21世纪海上力量》重复强调了美国海军和海军陆战队之间紧密的关系。海上基地部分特别讨论了海军-海军陆战队在投送力量方面的优势,具体手段包括用海上预置装备,以及移动式近海基地船理念取代岸上基地储备。

不过,《21世纪海上力量》在海军之外并没有什么影响,海恩斯认为它在舰队之中也没有引起共鸣。"它满载着时髦用语,但跟华盛顿方面的陈词滥调一样让人费解。全文的四部分结构看似简单,但内容抽象。'海上打击'章节可以理解,但'海上盾牌'和'海上基地'部分就并非如此了。"

## 《推动、参与、准备:21世纪海上力量合作战略》(更新/改写版)(2015)

2007年10月,《21世纪海上力量的合作战略》是第一

图中是2015年4月"波特"号(Porter,DDG-78)导弹驱逐舰与罗马尼亚轻型护卫舰"马塞卢"号(Marcellariu)一同演习,该舰是近年来美国海军调往西班牙罗塔岛基地,提升欧洲对弹道导弹防御能力的4艘导弹驱逐舰之一。美国海军明显增加了远离美国本土,进行前进部署的部队比例。(美国海军)

份由三位海上部队统帅——美国海军陆战队司令詹姆斯·康韦（James T Conway）上将、海军作战部长盖里·罗海德（Gary Roughead）上将、美国海岸警卫队司令撒德·艾伦（Thad W Allen）上将——联合签署的，涉及"三军"（Tri-Service）和海军陆战队的战略。这份文件基于这样的信念，即美国的海上部队——海军、海军陆战队和海岸警卫队——在保护全球系统、维持美国的领导地位上扮演着关键角色。不过，正如海恩斯写道的，《21世纪海上力量的合作战略》在美国国会没有被听取，援引众议院军事委员会海上力量和远征部队分委员会主席吉恩·泰勒的话来说："它是一本非常精美、漂亮的小册子——但到头来，它能为我们国家做的并不多。"当海军未能交出预期的资源计划，国会将其驳回。预测一支由285艘战舰（可能更少）组成的舰队是老生常谈的话题。

2007年的战略"碰壁"四年后，美国新任海军作战部长乔纳森·格林纳特（Jonathan W Greenert）上将根据之前版本推出以来的新发展情况来改写《21世纪海上力量的合作战略》。最初的方案仅对2007年的版本做了极小幅度的修改，可能就是增加一个单兵种（仅仅海军）的附录。不过，后来的讨论导致的结果是由三位海上部队统帅联合签署的、焕然一新的战略。

最后，经过三年多的时间才在2015年3月13日推出最终"产品"。时间之所以被拉长，是因为两位中流砥柱的退休：美国海军陆战队司令詹姆斯·阿摩司（James F. Amos）上将在2014年10月交棒给约瑟夫·邓福德（Joseph R. Dunford），美国海岸警卫队司令罗伯特·帕普（Robert J. Papp）在2014年5月交棒给保罗·楚孔夫特（Paul F. Zukunft）。这样的"政权更迭"意味着参谋们需要时间弄明白前任参谋到底做了什么，以及修改是否恰当。2014年发表的四年防务评估报告也进一步加长了《推动、参与、准备：21世纪海上力量合作战略》（更新/改写版）（2015）酝酿期。美国海军特别不希望新版战略文件在临近四年防务评估报告的时间点推出。

《推动、参与、准备：21世纪海上力量合作战略》（更新/改写版）（2015）概括了美国海上部队面临的全球、区域和本土等不同范围的威胁和挑战。[10]

海上部队根据全球安全环境的变化，国防战略指导报告、包括"空海一体战"作战理论在内的方案以及显著"退化"（sequestered）的财政环境，对原版《21世纪海上力量的合作战略》中所提出的主要职责进行调整。[11]这份文件主要有四个部分："全球安全环境""前进部署和伙伴关系""支持国家安全的海上力量""部队设计：打造未来部队"，同时还有一个被称为"全域介入"的部分，主要强调部队在竞争环境（明确包括网络空间）中介入和行动面临的挑战。

2015年的战略坚持两条基本原则。第一，前进部署具有可靠战斗能力的海军部队对于防御本土、阻止冲突、响应危机、击败入侵、维护海上秩序、强化伙伴关系以及提供人道主义救援和灾难响应来说非常关键。为满足这些需求，到2020年要有120艘（从2015年的97艘）战舰被部署到海外，其中60%将被派往亚太地区。计划包括将4艘具备弹道导弹防御能力的驱逐舰部署至西班牙，在2015年底在关岛派驻第4艘攻击型潜艇。海军还计划将中东地区的战舰数量从2015年的30艘增加到2020年的40艘。

第二，这个战略再次强调与世界范围内的盟军和伙伴联合作战的重要性，特别是在亚太地区。文件中写道："将我们的个体能力融合在一起能够产生的联合海上力量大于每个个体相加的总和。"这部分内容和其他部分内容都意味着美国海军部队将继续加强与北约海上部队的协作①，并参与每年举办的海上警备和训练共同演习，以"强化关系、提高部队的备战状态"。

2015年8月，退休的詹姆斯·斯塔夫里迪斯（James Stavridis）上将写道。[12]"对海上力量的需求比以往任何时候都大。此外，这并不减少对其他形式国家力量——地上、空中、特种作战和网络空间——的需求。不过别搞错"，他警

---

① 尤其是对俄罗斯在克里米亚和乌克兰的"冒险主义"行动保持特别关注。

告道，"在未来，存在极其困难的国际威胁和挑战。因此至关重要的是，我们要为海上力量提供所需的力量和人员，而新版战略很好地体现了这一点。"

## 当前美国海军部队结构规划

2015年3月17日，与2015年版的战略发布几乎同步，美国海军向国会提供了新版本《长期造舰规划》和《力量结构需求》年度报告。[13]当前美军的力量结构目标是308艘现役战舰，这个目标主要基于2012年实施的《力量结构评估》并在2014年进行了过渡性更新。目标力量结构的关键组成部分包括：

- 11艘航空母舰（以及10个航空联队）；
- 88艘大型水面战斗舰艇（巡洋舰和驱逐舰）；
- 52艘小型水面战斗舰艇（濒海战斗舰和护卫舰）；
- 12艘弹道导弹核潜艇；
- 48艘攻击型核潜艇；
- 34艘两栖舰船；
- 29艘各类补给舰；
- 34艘支援舰（10艘联合高速船和24艘其他舰船）。

至少从数量上看，目标力量结构与20世纪90年代末已达到的水平变化不大。参见表4.3，其中体现了新版目标与此前的10版"力量结构目标"（从2001年的四年防务评估报告开始列出）的一致性和合理性。不过，我们也要考虑战略制定背景发生的重要变化。其中包括亚太地区的战略再平衡；欧洲新的不确定性以及2015版战略中强调的前进部署导致的更高潜在数量需求。此外，尚不清楚在现有的财政约束下，维持308艘战舰规模的雄心是否有持续的资金基础提供支撑。

### 表4.3 美国海军的部队结构目标2001—2015[1]

| 战舰类型 | 2001年四年防务报告 | 2002—2004年海军375艘战舰计划 | 2005年海军325艘战舰计划 | 2005年海军260艘战舰计划 | 2006年海军313艘战舰计划 | 2011年计划变化 | 2011年修订的313艘战舰计划 | 2012年海军的310–316战舰计划 | 2013年海军的战舰计划 | 2015年海军的308艘战舰计划 |
|---|---|---|---|---|---|---|---|---|---|---|
| 航空母舰 | 12 | 12 | 11 | 10 | 11 | 11 | 11 | 11 | 11 | 11 |
| 两栖战舰 | 36 | 37 | 24 | 17 | 31 | 33 | 33 | 32 | 33 | 34 |
| 海上预置舰[2] | — | — | 20 | 14 | 12 | — | — | — | — | — |
| 高速运输舰 | — | — | — | — | 3 | 21 | 10 | 10 | 10 | 10 |
| 巡洋舰和驱逐舰 | 116 | 104 | 92 | 67 | 88 | 94 | 94 | 90 | 88 | 88 |
| 护卫舰和濒海战斗舰 | 0 | 56 | 82 | 63 | 55 | 55 | 55 | 55 | 52 | 52 |
| 反水雷舰艇[3] | 16 | 26 | — | — | — | — | — | — | — | — |
| 战略核潜艇 | 14 | 14 | 14 | 14 | 14 | 12 | 12 | 12~14 | 12 | 12 |
| 巡航导弹核潜艇 | 2~4 | 4 | 4 | 4 | 4 | 0 | 4 | 0~4 | 0 | 0 |
| 攻击型核潜艇 | 55 | 55 | 41 | 37 | 48 | 48 | 48 | 48 | 48 | 48 |
| 补给舰 | 34 | 42 | 26 | 24 | 30 | 30 | 30 | 29 | 29 | 29 |
| 其他 | 25 | 25 | 11 | 10 | 17 | 24 | 16 | 23 | 23 | 24 |
| 总计 | 310~312 | 375 | 325 | 260 | 313 | 328 | 313 | 310~316 | 306 | 308 |

注释：
1. 此表格数字摘自罗纳德·鲁尔克（Ronald O'Rourke）所著《国会研究报告RL32665——海军部队结构和战舰建造计划：背景和问题》（华盛顿：国会研究处）第6页。有意思的一点是，在过去10年间，目标战舰数量变化不大，如果将经过了重新分类的舰艇（如海上预置舰）考虑在内，战舰的类型也保持相对的稳定。
2. 海上预置部队（未来）。2006年后这个分割小舰队的计划被放弃，但为此准备的许多战舰被分配给"其他"类型。
3. 扫雷艇的任务将由濒海战斗舰完成。

2015年底，美国海军的实际规模为280艘左右。在战舰建造经费不断出现状况的背景下，海军可能很快就会开始着手制订一份能够反映新标准的战略。实际上，颇具影响力的国会研究处（Congressional Research Service）海军分析员罗纳德·欧洛克曾警告："在过去几年，海军的计划规模、海军战舰采购的速率以及海军造舰计划的未来支付能力一直受到了国会防务委员会的高度关注。海军的'2016—2045'30年战舰建造计划同之前造舰计划一样，没有足够的战舰以在整个30年的周期内支撑起海军308艘战舰目标的所有元素。特别是，海军的计划将使得舰队在2016—2027财年经历小型水面战斗舰艇的短缺，在2025—2036财年经历攻击型潜艇的短缺，在2036—2045财年经历大型水面战斗舰艇（即巡洋舰和驱逐舰）的短缺。"[14]

2015年底，看起来战舰数量可能会进一步减少，有报告指出海军已被告知将濒海战斗舰/护卫舰的数量从52艘削减到40艘。

## 舰队组成

表4.4提供了当前美国海军结构和舰队组成概览。接下来主要介绍其中的主力战舰类型。

航空母舰：海军的核动力航空母舰（搭载的舰载航空联队编制有超过70架固定翼战机和直升机），实现了在维持前沿存在与遂行正规战争行动之间的能力平衡。2012年12月"企业"号（Enterprise）核动力航空母舰退役后，海军将仅装备10艘"尼米兹"级（Nimitz）核动力航空母舰。其中一艘还在经历漫长的中期换料和现代化改造，因此可用的仅有9艘。在2016财年，"杰拉德·福特"号（Gerald R. Ford）航空母舰交付使用后，海军将增加到法定的11艘航空母舰规模（其中仍有一艘处在复杂的换料大修期间）。包括一次性设

2013年11月，新建造的航空母舰"杰拉德·福特"号从位于纽波特纽斯港的造船船坞中驶出。与之前的"尼米兹"级航空母舰比起来，她经过重新设计以减少运行成本，同时提高了执行空中作战任务的能力。（美国海军）

### 表4.4 美国海军的组成(2015年底)

**主要基地和力量结构**

美国海军有大量为舰队提供支持的基地和其他设施。虽然冷战后有所缩减,但基地的减少可能还赶不上总体舰队规模的收缩。下面是主要设施的摘要信息。

**东海岸**

维吉尼亚州诺福克:东海岸基地群(还包括在小克里克的两栖基地)的中心,是4艘航空母舰,3艘两栖攻击舰,以及一些辅助船和潜艇的母港。

佛罗里达州梅波特:东海岸第二重要的海军基地。一艘两栖攻击舰和一些辅助船的母港。

康乃狄克州格罗顿:新伦敦港是攻击型核潜艇的主要基地。

乔治亚州金斯湾:战略导弹和巡航导弹核潜艇在东海岸的基地,有一座大型潜艇翻修设施。

**西海岸/太平洋**

加利福尼亚州圣迭戈:西海岸主要基地群(包括位于科罗拉多的设施)的中心,是2艘航空母舰,4艘两栖攻击舰以及辅助船、潜艇的母港。

华盛顿州普吉特湾:一个大型基地群(包括位于吉塞普半岛和埃弗里特的基地)所在地,是2艘航空母舰和多艘战略核潜艇的母港,也是西海岸唯一可以供航空母舰入坞的海军基地。

夏威夷州珍珠港:太平洋舰队的司令部所在地,也是水面舰艇和潜艇的大型基地,现在与美国空军合并形成珍珠港-希卡姆联合基地。

**海外**

横须贺,日本:最重要的海外基地,是一艘航空母舰和多艘辅助船的母港。另有一支两栖戒备大队和一些反水雷舰艇被部署于日本的佐世保。

关岛,太平洋:潜艇和海岸警卫队舰船的基地。

罗塔岛,西班牙:四艘装备弹道导弹防御系统驱逐舰的母港。与西班牙海军共用设施。

其他重要的海外军事设施位于巴林岛、英属印度洋领地、古巴(关塔那摩湾)、希腊、意大利和韩国。

**人员**

324000名海军士兵和184000名美国海军陆战队队员。此外还包括预备役民兵和美国海岸警卫队队员。

**海军航空**

美国海军航空站一般都位于主要海军基地群附近,不过也有一些布置于他处的补充类型基地,包括用于训练和测试的航空站(如马里兰州帕图森河的海军航空站以及佛罗里达州彭萨科拉的海军航空站)。有关美国海军航空能力的进一步讨论,参见第8章。

美国海军的两栖攻击舰在两栖戒备大队(ARG)中处于核心位置,同时具备中型航空母舰的航空能力。图中是2015年10月在地中海活动的"奇尔沙治"号(Kearsarge, LHD-3)两栖攻击舰。(美国海军)

续表

**主要战舰**

| 类别 | 型号 | 现役 | 预订 | 首次订购时间 | 吨位（吨） | 注释 |
|---|---|---|---|---|---|---|
| 航空母舰 | | 10 | (2) | | | |
| 核动力航空母舰（CVN） | 杰拉德·福特 | — | (2) | (2016) | 100000 | 第三艘于2018年开工 |
| 核动力航空母舰（CVN） | 尼米兹 | 10 | — | 1975 | 101000 | 其中一艘常处于换料大修状态 |
| 主力两栖战舰 | | 30 | (4) | | | |
| 两栖攻击舰（LHA） | 美国 | 1 | (1) | 1989 | 45000 | 第三艘于2017年启动 |
| 两栖攻击舰（LHD） | 黄蜂 | 8 | (—) | 2014 | 41000 | "马金岛"号与其他同级舰有诸多不同 |
| 船坞登陆舰（LPD） | 圣安东尼奥 | 9 | (3) | 2006 | 25000 | 最后一艘将进行细微改进 |
| 船坞登陆舰（LSD） | 惠德比岛 | 12 | (—) | 1985 | 16000 | 包括四艘哈泊斯费里的货运强化改型 |
| 主力水面护卫舰 | | 82 | (17) | | | |
| 导弹巡洋舰（CG） | 提康德罗加 | 22 | (—) | 1983 | 9900 | 该级舰最初共27艘 |
| 导弹驱逐舰（CG） | 朱姆沃尔特 | — | (3) | (2016) | 15500 | |
| 导弹驱逐舰（DDG） | 阿利·伯克"Flight Ⅲ" | — | (3) | (2022) | 9700 | 第一艘于2016财年度的多年打包合同中订购 |
| 导弹驱逐舰（DDG） | 阿利·伯克"Flight ⅡA" | 34 | (11) | 2000 | 9400 | 其中将根据多年打包合同继续建造的战舰 |
| 导弹驱逐舰（DDG） | 阿利·伯克"Flight Ⅰ/Ⅱ" | 26 | (—) | 1991 | 8900 | |
| 二线水面护卫舰 | | 6 | (18) | | | |
| 轻型护卫舰（FF/LCS） | 自由 | 3 | (9) | 2008 | 3500 | 两种类型都计划进一步建造至总数达到40艘 |
| 轻型护卫舰（FF/LCS） | 独立 | 3 | (9) | 2010 | 3000 | 两种类型都计划进一步建造至总数达到40艘 |
| 战略潜艇 | | 14 | (—) | | | |
| 弹道导弹核潜艇（SSBN） | 俄亥俄 | 14 | (—) | 1981 | 18800 | 在21世纪20年代末将被升级版替代 |
| 攻击型潜艇 | | 58 | (16) | | | |
| 巡航导弹核潜艇（SSGN） | 俄亥俄 | 4 | (—) | 1981 | 18800 | 在战略核潜艇基础上改进/重建 |
| 攻击型核潜艇（SSN） | 弗吉尼亚 | 12 | (16) | 2004 | 8000 | 其中包括经多年合同预计建造的潜艇 |
| 攻击型核潜艇（SSN） | 海狼 | 3 | (—) | 1997 | 9000 | 第三艘"吉米·卡特"号（SN-23）艇体更长，排水量更大 |
| 攻击型核潜艇（SSN） | 洛杉矶 | 39 | (—) | 1976 | 7000 | 该级艇原有62艘 |

**其他舰艇**

| 类型 | 猎雷舰艇 | 巡逻艇 | 加油/作战支援艇 | 后备艇 | 其他 |
|---|---|---|---|---|---|
| 数量 | 11 | 13 | 18 | 14 | 还有大量其他支援艇和设备 |

计和工程开支在内的，"福特"号的成本高达122.9亿美元。

新一代"福特"级航空母舰整体效能有所提高，同"尼米兹"级相比，其设计目标是每艘航空母舰的全服役周期成本降低约40亿美元。该级舰的所有辅助系统都从蒸汽转为电力，新设计的反应堆能够提供3倍于"尼米兹"级航空母舰的发电能力，使得一些新技术［如电磁飞机弹射系统（EMALS）、先进拦阻装置（AAG）和双波段雷达（dual-band radar）］能够采用。重新设计的飞行甲板和更靠近船尾、更小的舰岛，使得航空母舰在转向和战机起降过程中具有更好的灵活性。第二艘"福特"级核动力航空母舰"约翰·肯尼迪"号（John F. Kennedy）正在建造中，第三艘"企业"号已经列入计划。

两栖战舰："黄蜂"级（Wasp）共有8艘，目前这些41000吨的多功能两栖攻击舰构成了美国海军两栖部队的核

目前美国海军有22艘"提康德罗加"级巡洋舰处于现役状态；图中是正在日本横须贺进行维护的"夏依洛"号（Shiloh, CG-67）。与日本的海上自卫队共享的横须贺基地是美国在海外最重要的，也是美国海军唯一前沿部署航空母舰的基地。（美国海军）

心力量。它们和两栖船坞运输舰以及两栖船坞登陆舰一起，组成了两栖戒备大队（amphibious ready groups），通常会与陆战队远征部队（marine expeditionary units）一同前沿部署，作为世界各地政治和人道主义危机发生时"随叫随到"的快速反应部队。其设计特征包括可以搭载多达大约40架直升机和垂直/短距起降（V/STOL）战机的全通式飞行甲板和宽敞的机库。当前，该级舰搭载的V/STOL飞机通常包括AV-8B"鹞"和MV-22"鱼鹰"两种，当然所有该级舰都会在适当时候进行改进以支持搭载F-35B联合打击战斗机。所有两栖战舰都有一个坞舱以供气垫船和传统的登陆艇使用。该级舰可搭载最多1900名士兵，同时具备优秀的车辆和弹药/给养装载能力。该级舰的最后一艘"马金岛"号（Makin Island, LHD-8）将动力系统从前几艘的蒸汽轮机推进更换为混合电力推进系统，该舰在低速航行时使用电机推进，而在高速航行时则由燃气轮机直接驱动。

LHD-1型两栖攻击舰之后，美军又装备了新型"美国"

级（America, LHA-6）两栖攻击舰作为补充。该级舰与"马金岛"号采用类似的推进系统，但是最初的两艘取消了坞舱以提高航空能力（比LHD-8的航空燃料储备多一倍）。不过，LHA-8号之后的该级舰将恢复坞舱；由此损失的航空能力将通过更小的舰岛和扩大飞行甲板面积等修改得到部分弥补。目前的长期力量结构规划中提出美军应当拥有11艘现役两栖攻击舰。

8艘16000吨"惠德贝岛"（Whidbey Island, LSD-41）和4艘"哈泊斯费里"（Harpers Ferry, LSD-49）船坞登陆舰负责运输、释放和回收两栖突击车、登陆艇、直升机和MV-22型倾转旋翼机。该级舰最多可搭载400名士兵。LSD-41级和LSD-49级的关键区别是后者拥有更大货物和弹药装载空间但坞舱更短。"惠德贝岛"级是气垫登陆艇和通用登陆艇的主要支撑和操作平台，也可为其他小型舰艇提供入坞和维修服务。两类战舰都有两个主要的直升机起降点，可供直升机以及MV-22倾转旋翼机使用。不过，两级舰都没有设置直升机机库，飞机的维护和补充燃料需要在飞行甲板上完成。

"阿利·伯克"级驱逐舰已经交付美国海军62艘，其中包括多种构型，而且整合了雷声公司（Raytheon）先进的AN/SPY-6型可扩展相控阵雷达的"Flight III"型也将很快投产。本图是Flight III型的一张早期版CG设想图。（雷声公司）

同美国海军的其他两栖舰艇一样，这两类战舰在设计上都具备被动和主动自卫能力。

12艘25000吨"圣安东尼奥"（San Antonio, LPD-17）两栖船坞运输舰在吨位和装载能力上处在两级其他船坞登陆舰之间。该级舰可以搭载700名士兵（特殊情况下可搭载800名），为两艘气垫登陆艇提供船坞，同时具备航空设施，其中包括一个机库和可供许多类型战机（如倾转旋翼机，直升机以及无人机）运作的飞行甲板。实际上，该级舰比更为专业化的两栖船坞登陆舰拥有更好的兵力搭载和航空能力，但相比体型更大的两栖攻击舰来说还有一定差距。

美国海军正计划，在"圣安东尼奥"级的基础上推出新一代11艘LX（R）两栖登陆舰，以取代12艘"惠德贝岛"和"哈泊斯费里"船坞登陆舰，从而达到节约经费又不降低整体水平的目的。通过对可选方案的严密分析，海军认为"圣

## 美国海军水面主力战舰

**导弹驱逐舰**
"朱姆沃尔特"号（DDG-1000）

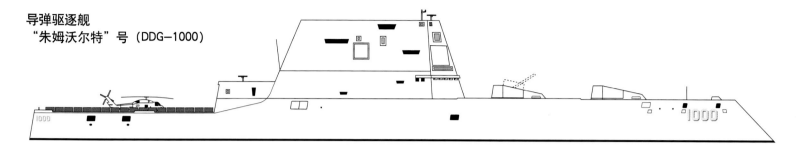

**阿利·伯克级"Flight IIA"**
"钟云"号（DDG-93）

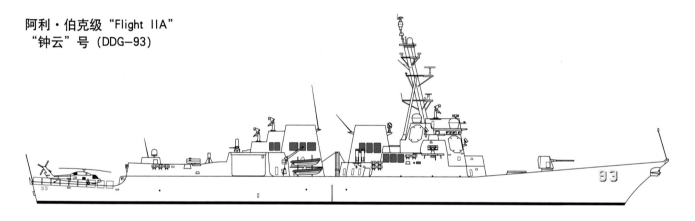

**濒海战斗舰**
"独立"型（LCS-1）

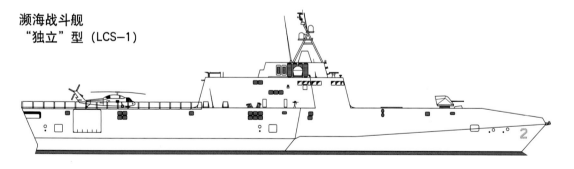

**濒海战斗舰**
"自由"型（LCS-2）

新型"朱姆沃尔特"级驱逐舰的特点是采用全电推进系统，并具备优异的隐身系统。冷战后美国海军的战舰聚焦近海行动能力，成本的限制使得此前的庞大批量建造计划也被减到仅3艘。与此同时，阿利·伯克级（DDG-51）的建造将继续进行，图中的"钟云"号是Flight IIA型。改进型的"Flight III"型的建造即将启动。同时，二线水面战斗舰目前集中在"自由"和"独立"型濒海战斗舰上；相关争议可能导致该类舰艇的建造数字缩减到40艘。所有图片由约翰·乔丹（John Jordan）绘制（2015）。

安东尼奥"级的升级版目前是比较能满足LX（R）操作要求的设计。

海军的两栖部队也得到了大批辅助舰船的加强，这些辅助船只大多隶属于军事海运司令部（military sealift command），由平民水手操纵。其中包括新型"矛头"级（Spearhead, T-EPF-1）联合高速运输舰（现在被重新分类为远征快速运输船）和"蒙特福德角"级（Montford Point, T-ESD-1）机动式浮动海上基地。

水面舰艇：保留下来的22艘"提康德罗加"级（Ticonderoga）导弹巡洋舰具备多任务攻防能力，既可单独行动，也可作为航空母舰打击大队和水面行动小组的组成部分。相比体型更小的驱逐舰，它们通常具备更好的指挥控制设备；通常会在行动组空中作战指挥官的领导下指派给每个航空母舰战斗群。类似于其他美国海军主力水面战斗舰艇，它们的作战系统核心是"宙斯盾"武器系统（Aegis Weapon System）和SPY-1系列多功能相控阵雷达。武器装备包括配备"标准"舰空导弹和"战斧"对陆攻击巡航导弹的Mk 41垂直发射系统；先进的水下和水面战系统；同时还搭载直升机。该级舰还配备有大量指挥、控制和通信系统。在过去10年中，该级舰普遍进行了现代化改造，准备将半数该级舰撤

2015年2月，美国海军战略核潜艇"亨利·杰克逊"号（Henry M. Jackson, SSBN-730）在完成一次战略威慑巡航后正返回位于吉塞普半岛班格尔的潜艇基地——西海岸战略核潜艇的母港。在接下来的10年甚至更长时间内，替换现有的"俄亥俄"级潜艇将是美国海军的一项重要工作。（美国海军）

"弗吉尼亚"级潜艇正稳步成为美国海军攻击型核潜艇部队的核心力量,迄今已有12艘交付使用。该级艇在建造过程中被分为了多个"批次"(block),各批次吸收了当时最新的功能改进。"弗吉尼亚"级的建造商为通用动力电船公司(General Dynamics Electric Boat)和亨廷顿-英格尔斯工业公司(Huntington Ingalls Industries)。图中是2014年9月"约翰·沃纳"号(John Warner, SSN-785)在弗吉尼亚州纽波特纽斯港亨廷顿英格尔斯工业公司的干坞内下水时的情景。(亨廷顿英格尔斯工业公司)

出现役,进行全面升级,从而将其服役期限拓展到21世纪30年代。不过,这个计划引起了国会的反对,主要关注点是非行动战舰不能回到现役;现在正在对计划进行修订。

"阿利·伯克"级制导导弹驱逐舰的作战系统同样主要包括"宙斯盾"武器系统和SPY-1雷达。与巡洋舰类似,该级舰也具备多任务攻防能力,可独立行动,也可作为航空母舰打击大队和水面行动小组的成员。目前有28艘"Flight I/II"型和34艘"Flight IIA"型在役;后者可搭载两架直升机,大大增强了其海上控制能力。DDG-51型导弹驱逐舰升级计划包括改进多任务信号处理器,从而将防空和弹道导弹防御能力进行整合,同时增强雷达的近海性能。垂直发射系统将能够容纳新近服役的最新型"标准"SM-3和SM-6型导弹。最新的"Flight III"也在开发之中,该型号将整合"先进防空反导雷达"(AMDR)以及其他先进的"嵌入式技术"。种种迹象表明,美军还会建造8艘或更多DDG-51系列驱逐舰。

"朱姆沃尔特"级(Zumwalt)制导导弹驱逐舰排水量达15000吨,但通过优化设计,舰员人数仅142人,是主要用于对陆攻击和近海控制的多任务水面舰艇。美军最初的采购数量计划为32艘但最后急剧缩减至3艘,并转为重启更为便宜的DDG-51型驱逐舰的生产。2015年12月,该级首舰开始进行海试。该级舰安装有20座Mk 57外围垂直发射系统模块（每座带有4个可装填多种导弹的垂直发射单元）和2门155毫米"先进火炮系统"（AGS），是海军第一艘"全电气化"战舰，能够发起远距离精确打击支援岸上部队，既可单独行动，也可作为海军联合打击部队的一部分。为了在对抗激烈的近海确保高效行动，该级舰采用了隐身设计、主动和被动自卫系统，并强化了生存能力。它还用上了一种水下作战"套装"，能够回避水雷，同时还有可挫败来自潜艇、巡航导弹和小型船威胁的自卫系统。

我们再看看更小的水面战斗舰艇"濒海战斗舰"，它是一种模块化的、可功能转换的战舰，用于填补应对非对称反介入威胁的空白，最终也将成为美国海军未来水面作战舰队的重要组成部分。借助其模块化的设计，濒海战斗舰可经过换装模块承担反水雷、水面战和反潜作战等任务。这种"多才多艺"的能力使得海军在远征行动的近海作战中有了一位既得力、又高效的"战士"。濒海战斗舰有两种型号，"自由"型（编号为奇数）和"独立"型（编号为偶数）。"自由"型是单体钢制半滑行舰体（semi-planing）上层铝结构，而"独立"型则是全铝三体船。到2015年底，已经有6艘濒海战斗舰进入海军服役，还有8艘正在建造中。对于濒海战斗舰的能力水平与其成本的比较一直存在争议；这也导致军方决定LCS-33号濒海战斗舰之后改为装备一款升级版的轻型护卫舰型号。近期将小型水面战斗舰目标建造数字缩减到40艘是否会导致进一步变化，值得我们继续观察。

潜艇：美国海军目前装备有14艘"俄亥俄"级（Ohio）弹道导弹核潜艇，它们是美国战略威慑的海基"支柱"。每艘潜艇装备24枚"三叉戟"D-5潜射弹道导弹和4支用于发射Mk 48型鱼雷的21英寸鱼雷发射管。到2027年，最老的"俄亥俄"级潜艇将到达服役年限，之后剩下的战略核潜艇将以每年大约1艘的速度退役。确保12艘"俄亥俄"替代型战略弹道导弹核潜艇无缝接替已经成为目前美国优先级最高的国防项目，以便将战略威慑妥善维持到21世纪80年代。该级潜艇的设计将能够确保应对预想的威胁直至21世纪末。英国将与"俄亥俄"替代型潜艇同步，对目前装备的海基核威慑平台[①]实施换代。"俄亥俄"替代型战略弹道导弹核潜艇项目将采用美英联合研制的导弹发射分段，以降低设计和建造成本。其他旨在降低成本的方案还包括寿命与舰体寿命相同的反应堆堆芯，模块化部件技术和选择性重新使用现有的潜艇系统。

从2002年到2007年，最早服役的4艘"俄亥俄"级被改装为特种部队/巡航导弹核潜艇。巡航导弹核潜艇改装期间加装了三套不同的任务系统。第一套系统为特种部队行动需要的设备：双开门水密气闸舱，搭载干式储运坞舱和"海豹突击队输送器"所需的专门系统，装载于艇体内部/外部的特种作战装备和弹药，特种部队专用住舱和锻炼设施。第二套任务系统为进攻性武器系统，其中包括装备多达154枚"战斧"巡航导弹所需的发射管和火控系统。第三套任务系统主要是升级版任务规划和通信系统。每艘潜艇都有总计220个铺位，在正常情况下可供一支最多66人的特种作战分遣队在一段时间内使用；如果时间不长，可容纳最多102名士兵。

目前美军装备有3款攻击型核潜艇（SSN）。最新的"弗吉尼亚"级（Virginia）是专门为濒海水域承担多种任务进行了优化设计，同时也保留了传统的公海反潜和反水面舰艇能力。这些潜艇具备先进的声学隐身技术，从而可在对方防御圈内畅通无阻，进而破坏对方的反介入/区域拒止（A2/AD）战略。该级艇目前正在稳步取代现役的冷战时期"洛杉矶"级（Los Angeles）潜艇，而且该级艇是以不同的批次建造的，每个批次都整合了先进的增强功能。例如，最新型的Block V型将在艇体内插入一个有效载荷模块，从而提高"战斧"巡航导弹的搭载量，部分抵消4艘"俄亥俄"级巡航导弹核潜艇退役导致的潜射巡航导弹数量缩减。目前已经有12艘"弗吉尼亚"级潜艇正在服役，而且最终数量可能会增加至48艘。美军潜艇部队还保留了3艘大型的"海狼"（Sea-wolf）潜艇，这是在冷战即将结束之际设计的先进潜艇，但因新的战略环境，建造数量大幅度削减。

---

[①] "前卫"级（Vanguard）战略弹道导弹核潜艇同样具备发射"三叉戟"D5导弹的能力。

## 前方向何处去

退休的美国海军上将、前参谋长联席会议副主席詹姆斯·温尼菲尔德（James A. Winnefeld）提倡海军"抛弃战舰数量这个过分简化的标准，在这个标准下航空母舰与护卫舰分量一样。这种度量标准给海军造成无益的压力，促使其生产许多低档战舰（当然在某些情境下可能非常有用），这在高烈度对抗环境中很难有好的表现。我们需要正确的战舰组合，而这需要有比仅计算战舰数量复杂得多的讨论"。[15]

此外，新的战略方针还需要能够向海军内部及外部那些有时持怀疑态度的决策者解释和说明海军未来需要哪些类型的战舰，需要多少战舰，以及战舰应当采取何种编成模式。[16]

2007年，美国海军驱逐舰"保罗·汉密尔顿"号（Paul Hamilton, DDG-60）与美国海军和澳大利亚海军战舰进行联合演习。近年来美国的逻辑是倾向于转向如驱逐舰这样的"高端"资产，而这会影响战舰数量的分配。一个后果是可能会缩减濒海战斗舰的总数。（澳大利亚海军）

## 美国海军两栖戒备大队的组成

**两栖攻击舰**
"马金岛"号（LHD-8）

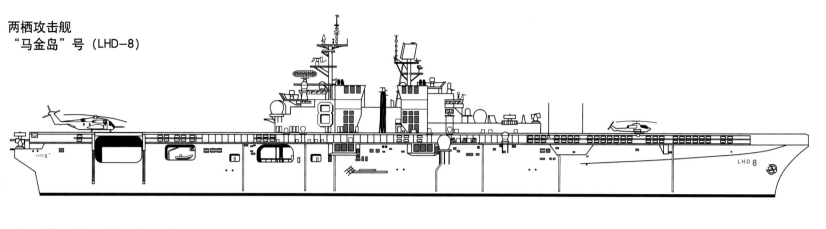

**两栖船坞运输舰**
"安克雷奇"号（LPD-23）

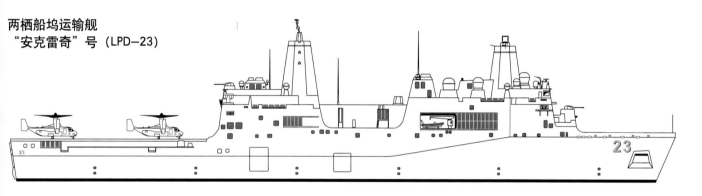

**两栖船坞登陆舰**
"亚什兰"号（LSD-28）

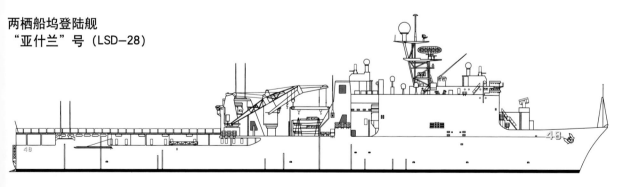

远征部队前进部署是当前美国海军战略理念的关键部分，而两栖戒备大队是前进远征部队的核心。美国海军的两栖戒备大队结构通常包括一艘"美国"级或"黄蜂"级两栖攻击舰；一艘"圣安东尼奥"级两栖船坞运输舰；一艘"惠德贝岛"或"哈泊斯费里"级两栖船坞登陆舰。图中展示的"马金岛"号是介于传统的"黄蜂"级和新一代"美国"级之间的一种过渡型号，既具有"美国"级的混合燃气轮机/电力推进系统，但又保留了传统的坞舱。两栖攻击舰为两栖戒备大队提供大部分航空能力，也可搭载大量士兵。小一些的两栖船坞运输舰搭载能力相当于大型"平顶"舰的一半，而且航空设施减少许多。两栖船坞登陆舰主要用于支持登陆艇行动，而"哈泊斯费里"级则尤其强调货物运载能力。

# 注释

1. 约翰·哈特道夫编辑，《20世纪90年代美国海军战略：文件选集》（罗德岛州纽波特市：海军战争学院出版社，2006）。

2. 塞缪尔·亨廷顿，"国家政策和跨洋海军"，《1954年5月论文集》（马里兰州安纳波利斯市：海军学院出版社，1954），第483~493页。

3. "600舰"海军这个目标中战舰的实际构成随时间变化。这些数字来自《打造一支600艘战舰舰队：成本、时间和可供选择的方式》（华盛顿：国会预算局，1982）。报道的美国海军部队数字可能会有不一致；最通用的方法是关注"作战部队"战舰，其遵循的是美国海军自己的计数规则。

4. 塞巴斯蒂安·布伦斯论文，《从"海上战略（1982—1986）"到"21世纪海上力量的合作战略"（2007）的美国海军战略和美国海上力量：1981—2011的政治、高层文件和主要海军行动》（德国基尔：克里斯蒂安-阿尔布雷特大学，2014）。

5. 《……由海向陆：为美国海军进入21世纪做准备》（华盛顿：海军部，1992）。海军信息主管曾游说将"from"的第一个字母"f"小写，这样让读者自己想象如何填补空白，比如："来自海上的影响"，或者"来自海上的后勤支援"，又或者"来自海上的灾难救援"，以及"来自海上的力量"。

6. 皮特·M.斯瓦茨（Peter M Swartz）上校和卡琳·达根（Karin Duggan），《海军顶层战略、方针和环境（1970—2010）：洞察2011年及以后的美国海军》（马萨诸塞州阿林顿：海军分析中心，2011）。

7. 阿蒙德·兰德斯卡德，《冷战后的美国海军战略和部队结构》（挪威防务研究所，2011）。

8. 美国海军皮特·海恩斯上校的论文，《冷战后美国海军思维：美国海军和海上战略的出现，1989—2007》（加利福尼亚州蒙特利：海军研究生院，2013）。后来出版为，《走向新的海上战略：冷战后美国海军思维》（马里兰州安纳波利斯：海军学院出版社，2015）。

9. 《21世纪海上力量》（华盛顿：海军部，2002）。

10. 《21世纪海上力量的合作战略，2015年3月》（华盛顿：海军部，2015）。

11. 空海一体战（Air-Sea Battle）是美国的一种军事学说，它设想美国空军和海军密切协作以对抗来自如伊朗等国家的反介入/反区域拒止（A2/AD）威胁，提高成功的可能性。该战略与冷战时期的空地一体战（Air-Land Battle）战略遥相呼应。财政环境的恶化主要由于美国国会通过的，限制赤字上限的立法，其对总体国防开支有显著影响。

12. 海军上将詹姆斯·斯塔夫里迪斯（James Stavridis，已退休），"呼之欲出：海权国家需要21世纪海上力量"《信号》杂志，2015年8月1日（弗吉尼亚州费尔法克斯郡：国际部队通信与电子协会，2015）。

13. 《给国会的海军舰船建造年度长期计划报告——2015年3月》（华盛顿：美国海军，2015）。

14. 参加罗纳德·欧洛克，《海军部队结构和战舰建造计划：提供给国会的背景和议题-RL32665》（华盛顿：国会研究处）。出版物定期更新。

15. 海军上将詹姆斯·温尼菲尔德（已退休），"为海军绘制新蓝图"，《波士顿环球报》，2015年11月8日（波士顿环球媒体合作伙伴，2015）。

16. 2016年1月——刚好在本书正式截止日期后——另一份战略文件，《设法维持海上主导权》由新任海军作战部长约翰·理查森（John M. Richardson）签发。该文件在2015版《21世纪海上合作战略》之后10个月推出，因此被推测为前任海军作战部长乔纳森·格林纳特的遗产。忘掉老版本，拥抱新版本！而且，继续紧密追踪发展非常重要，特别是要考虑到海军上将理查森2016年的《设法维持海上主导权》被贴上了"1.0版"的标签。

# 4.2 欧洲和俄罗斯海军

康拉德·沃特斯

冷战结束后,欧洲海军的发展主要由两个相关的因素驱动。第一个因素是需要对部队结构进行整体重构,这是因为,在北约与华约之间的对峙结束后,很多国家的舰队几乎都已经被裁减至形同虚设。政府抓住"和平红利"的机会大幅削减军费开支,将钱投向惠及平民的民生项目。这些因素对海军的影响程度因国家而异。例如,相比其他邻国,法国对北约强调的海上控制没有投入太多,因此需要做出的调整更少一些。不过,自冷战结束以来,力量结构重组和预算约束仍是欧洲国家海军建设面临的普遍主体。而如果经费状况已经紧张到相当程度,力量结构重组也势必受到影响(见表4.5)。

让我们首先将目光放到力量结构重组的需求上,冷战结束后,许多国家海军面临着舰队的主力战舰难以发挥作用的局面。一个反复被提及的例子便是英国皇家海军由大量护卫舰组成的,原本用于在北大西洋执行反潜任务的舰队一下子

### 表4.5 欧洲国家的舰队实力—2015

| 国家 | 战舰型号 ||||||||||||||
|---|---|---|---|---|---|---|---|---|---|---|---|---|---|---|
| | 航空母舰和两栖舰艇 |||| 潜艇 ||| 水面舰艇 |||| 其他(部分舰种) |||
| | 核动力航空母舰 | 支援航空母舰 | 两栖攻击舰 | 船坞登陆舰 | 弹道导弹核潜艇 | 攻击型核潜艇 | 柴电动力潜艇 | 驱逐舰 | 护卫舰 | 轻型护卫舰 | 快速攻击艇 | 海上巡逻舰 | 反水雷舰艇 | 补给舰 |
| 法国 | 1 | — | 3 | — | 4 | 6 | — | 11 | 5 | 6 | — | 9 | 14 | 3 |
| 英国 | — | — | 1 | 5 | 4 | 7 | — | 6 | 13 | — | — | 4 | 15 | 5 |
| 意大利 | 1 | 1 | — | 3 | — | — | 6 | 8 | 9 | 6 | — | 10 | 10 | 3 |
| 西班牙 | — | — | 1 | 2 | — | — | 3 | 5 | 6 | — | — | 15 | 6 | 2 |
| 德国 | — | — | — | — | — | — | 6 | 3 | 7 | 5 | 4 | — | 15 | 5 |
| 希腊 | — | — | — | — | — | — | 10 | — | 13 | — | 17 | 8 | 4 | 1 |
| 荷兰 | — | — | — | 2 | — | — | 4 | 4 | 2 | — | — | 4 | 6 | 1 |
| 土耳其 | — | — | — | — | — | — | 13 | — | 16 | 8 | 20 | — | 15 | 2 |
| 比利时 | — | — | — | — | — | — | — | — | 2 | — | — | — | 6 | — |
| 保加利亚 | — | — | — | — | — | — | — | — | 6 | 1 | — | — | 18 | — |
| 丹麦 | — | — | — | — | — | — | — | 3 | 2 | 4 | — | 2 | — | — |
| 挪威 | — | — | — | — | — | — | 6 | — | 5 | — | 6 | — | 6 | — |
| 波兰 | — | — | — | — | — | — | 5 | — | 2 | 1 | 3 | — | 20 | — |
| 葡萄牙 | — | — | — | — | — | — | 2 | — | 5 | 4 | — | 2 | — | 1 |
| 罗马尼亚 | — | — | — | — | — | — | (1) | — | 3 | 4 | 3 | — | 4 | — |
| 瑞典 | — | — | — | — | — | — | 5 | — | — | 9 | — | — | 9 | — |

**注释:** 数字基于可用的官方资料,补充以新闻报道、已发布的情报资料和其他"公开"的数据。考虑到可用数据有较大分歧,表中数字和分类可看作象征性指标,特别是有关小型战舰的数字。括号中的数字是对其战舰使用状态存在质疑。常规动力潜艇的数字中没有包括微型潜艇。快速攻击艇一栏仅计算了安装导弹的快艇数量。

没了用武之地。然而，类似情况还有很多。如比利时海军为北约增援部队提供保护的反水雷任务目前看来已无必要。同样，拥有大量潜艇和快速攻击艇、原本用于本土近海防御的波罗的海和斯堪的纳维亚（Baltic and Scandinavian）地区国家海军的力量结构在"后冷战时代"也已经显得过时。

虽然欧洲爆发地区冲突的威胁大大降低，但对海军部队的新需求很快浮现。尤其是应对新的不稳定和冲突，如伊拉克入侵科威特。恐怖主义和海盗这两大"瘟疫"也越发严重。虽然这些挑战在本质上都不是专属于海上，但"防患于未然"的需求使得远征部队的重要性大大提升，而海军通常都会在远征部队中扮演重要角色。

新环境使得欧洲海军对专业两栖和后勤力量产生了新的特殊需求，这支力量将被用于支持濒海水域的多国联合行动。荷兰皇家海军的联合支援舰（JSS）"卡雷尔·多尔曼"号（Karel Doorman）便可以算作这一趋势的最好例证。对远离欧洲本土的海域支援维稳行动的需求日益增长，也使得欧洲国家对近海或"远洋"巡逻舰（OPV）的投入不断增加。荷兰海军的"荷兰"（Holland）级便是这类装备中的典型，而德国海军装备的、排水量高达7200吨F-125"巴登-符腾堡"级（Baden-Württemberg）维稳护卫舰则可以算作这一趋势最为极端的代表之一。这些战舰更加强调海上执法任务的设计特点无疑与当前的政治气氛相符，在当代欧洲的政客们看来，国与国之间冲突的威胁早已成为过去式。

虽然如此，但欧洲国家仍对于执行正规作战任务的舰艇维持着一定程度的投资。欧洲大多数强国和二线国家的海军舰队将大量资源投入了先进防空舰上。这或许也反映出海军舰队在近海水域活动时，面对敌方反舰导弹攻击的脆弱性。装备"不依赖空气推进系统"（air-independent propulsion，AIP）的常规潜艇也很受欢迎，因为它们在敌方近海位置巡航时更难被发现，德国、希腊、意大利、葡萄牙和瑞典目前都装备了这种潜艇。从各国海军的装备情况中，也可以观察到这些国家的产业战略重点。如德国和瑞典就是"不依赖空气推进系统"技术的全球领先者。此外，一些欧洲制造商研制出了先进的多功能相控阵雷达系统，而该系统恰恰就是现代防空驱逐舰的核心技术。

这些调整经历了很长的时间才得以落实。其原因是自欧元区危机之后，欧洲国家的政府财政普遍入不敷出。值得一提的是，欧洲国家的海军力量重构往往只是更广范围内的

图中是"机警"号（HMS Artful）潜艇——计划建造的7艘"机敏"级（Astute）攻击型核潜艇的第3艘——于2015年8月驶离巴罗造船厂（Barrow-in-Furness）进行初步的海试。自冷战后，欧洲国家的潜艇部队普遍都有所缩减，但对攻击型核潜艇，以及采用"不依赖空气推进系统"（AIP）技术的常规动力潜艇的需求依然存在。潜艇仍是执行远征任务的重要装备。（英国航宇系统公司）

整体性军事改革的一部分，且这些改革往往都会导致代价高昂的变化，例如许多国家取消了征兵制。通常来说，海军的改革计划之所以能够幸存下来，很大程度上是出于防止在萧条的工业区造成大面积失业等社会考虑，而不是战略需求。据报道，英国皇家海军的旗舰"伊丽莎白女王"级（Queen Elizabeth）航空母舰通过2010年国防战略和安全审查的原因是：如果终止建造计划，其综合成本可能比继续建造还要高。不过，有点讽刺意味的是，许多原本设想用于建造新型海上执法和远征舰船的计划，在完成过程中，由于战略环境不断变化，以及在本土水域执行正规作战任务的潜在需求的增加，而在设计上出现反复。

对于一些原属于华约成员国，而现在又加入北约的欧洲国家而言，其海军还面临着更多的挑战。这使得它们亟须对装备进行改造以适应其他盟国的标准。尽管一些国家（如爱沙尼亚与拉脱维亚）的小规模海军已经高效地完成了现代化，但大部分东欧国家的海军依然还需要花费很大精力才能完成所需的调整。其中不少国家都只有少量从其他北约国家获得的二手战舰才能与他国接轨。值得注意的是，表4.5中列出的保加利亚、波兰和罗马尼亚的绝大部分战舰依然是在华约时代的装备。

# 4.2.1 英国皇家海军

*理查德·彼得奥尔*

本章将介绍英国皇家海军自冷战结束后的演变历程，以及它在未来可能发展方向。[1]1991年，英国皇家海军是世界上第三大海军，仅次于美国海军和新组建的俄罗斯海军。当时的皇家海军仍受益于1982年马岛战争胜利带来的威望。但同时，公众和政客眼中的"和平红利"也意味着皇家海军的规模会有所缩减，但没人能够预料到在接下来的25年中，几乎每年都会走下坡路。英国的国防开支自1990/1991年占国内生产总值（GDP）比重的4.1%降到2015/2016年的2%。皇家海军遭受的削减尤为严重；除了核威慑潜艇，在这一时期其失去了将近2/3的一线作战力量。目前，中国、法国和印度的海军在规模和作战能力上都已超过英国。

现在的皇家海军在数量、相对实力甚至是士气和声望上无疑处在低点。美国海军已公开对其长期关键伙伴日薄西山的状态表现出担忧。

## 战略、政治和经费

1990—2015年间英国皇家海军的"精简"以一系列政府"白皮书"、国防部政策文件和各种战略文件的发布为标志；这些文件和战略都旨在指导皇家海军调整使命、任务和目标。[2]理论上，其中所要求的海上能力和部队水平应当是得到确保的。不过，由于受到经费的掣肘，这些要求从未实现。许多文件都详细描述了英国面临的海上安全挑战，但最后却宣布对皇家海军实施削减。这些文件中最有影响的包括如下（按时间顺序）。

在冷战的大部分时间里，战略背景是清晰的。为此，在20世纪70年代和80年代，英国的防务优先选项几乎都是自我选定的。对于皇家海军来说，其任务重点是提供英国的核威慑，支持北约在东大西洋和英吉利海峡的海上力量，以及保护本土海域和港口。所有与这些任务不相关的都会受到质疑，一个明显的例子是1982年提出的"坚忍"号（HMS Endurance）基地巡逻舰的按计划退役，在一定程度上放纵了阿根廷进攻马岛。当时英军唯一重要的区域外前进部署力量是阿拉伯湾的阿米拉巡逻队（Armilla Patrol）；该巡逻队下

1982年马岛战争结束后，朴茨茅斯港举行盛大庆典，欢迎轻型航空母舰"无敌"号（HMS Invincible）返港。在冷战结束时，皇家海军仍受益于此次行动取得的巨大成功。（王冠版权社，1982）

辖数艘护卫舰和驱逐舰负责在20世纪80年代两伊战争期间保护英国和盟国商船的海上安全。

1989年，柏林墙倒掉。变化的战略环境和可供节约开支的机会催生了《调整的选项》（Options for Change）在1990年7月发布。作为一份没什么野心的文件，其中阐述的目标是"更小但更近瑞"的武装部队。对于皇家海军来说，这意味着以下变动。

- 人员（包括训练与未接受训练）从63000人减到60000人。
- 现役护卫舰和驱逐舰的数量从"大约50艘"（实际48艘）削减到40艘。
- 攻击型核潜艇数量减至12艘，另外5艘旧潜艇提前退役。
- 常规潜艇的数量限制到4艘在建的"支持者"级（Upholder）；剩下的"奥伯龙"级（Oberon）潜艇退役且没有新的替代潜艇。

航空母舰（搭载"海鹞"战斗机的"无敌"级轻型航空母舰）和两栖部队（主力是两艘"无恐"级攻击舰）未做调整。

1990—1991年第一次海湾战争中英国皇家海军表现良好，但在行动的指挥和执行中明显缺乏影响力，这也许是即将发生情况的信号。1991年，英国宣布进一步削减5000名海军士兵。两年后，又有进一步削减。

- 护卫舰和驱逐舰的数量减到35艘。
- 退役12艘由皇家海军预备役部队操纵的"江河"级（River）扫雷舰。
- 将4艘"支持者"级常规潜艇撤出现役，该级艇最终被转卖给加拿大。这意味着皇家海军现在仅有核潜艇。

1994年，《防务成本研究》（Defense Costs Study）是对军费开支的进一步评估，目的是在维持武装部队战斗力的同时在军备开支上实现较大节省。实际上，在"末端"（tail）实现的成本节约比预想的少，而对后勤支持的减少又会严重影响皇家海军的效率。人员的精简仍在继续，该报告预计，

由于冷战结束后的前几分国防评估报告都以实现预算削减为基础目标，诸如护卫舰和常规潜艇等旨在用于应对苏军潜艇的力量遭到了大幅度削减。老式攻击型核潜艇也被裁撤，而更为现代化的攻击型核潜艇则找到了新的角色，特别是在决定获取发射潜射型"战斧"巡航导弹的能力之后。图中是2007年拍摄的"特拉法加"级潜艇"不倦"号（HMS Tireless）。（王冠版权社，2007）

到1999年，海军现役人数将会降至44000人。

《调整的选项》和《防务成本研究》都没有重新定义皇家海军的使命任务；二者本质上都仍主要关注减少国防预算。英国防务政策的战略主题仍是以欧洲为中心，国防部意图通过每个方面都减少一点来维持部队的平衡。

在缺乏政府指导的情况下，皇家海军的高级军官在某种程度的"睁一只眼闭一只眼"下，获得发展新战略方针的巨大自由。如1994年发表的《英国海上学说基础》（Fundamentals of British Maritime Doctrine）和1998年发表的《联合作战中的海上贡献》（Maritime Contribution to Joint Operations）等文件在海军外都产生了巨大影响。在北约区域外进行远征作战的理念开始获得认同。要实现这一点，关键是新型两栖战舰（政府已接受）和新型航空母舰（还没接受，因成本因素而仍存在争论）。为了争取支持，皇家海军抓住一切机会展示哪怕是轻型航空母舰，也具有的作战灵活性和强大效能。1993—1995年期间，皇家海军在亚得里亚海部署了一艘航空母舰，帮助强化波斯尼亚上空的禁飞区。皇家海军还定期部署一支航空母舰特混舰队到阿拉伯湾，支援对伊拉克的制裁封锁行动。

新的工党政府在1997年5月上台后决定对防务政策进行新一轮评估。相比成本节约，作为评估成果的新战略文件更注重于利用军事力量实践外交政策，其宣称的目标是英国武装部队要在世界上扮演"善的力量"（force for good）。

当《战略国防评估》1998年7月发布时，其中关于海军的新理念获得了广泛欢迎。评估报告认为，在充满不确定性多中心威胁的世界，需要打造一支能够在远离英国本土的地区展开行动的远征部队。《战略国防评估》中的一项关键政策是推动海军装备两艘大型航空母舰作为打击飞机的移动基地；另外文件中还要求英军大力增强战略海运和空运能力。同时组建一支"联合快速反应部队"（joint rapid reaction force），将三大军种的快速准备，快速部署，高作战能力部队统合起来。另外的提议还包括创建"联合直升机司令部"（joint helicopter command），整合英国陆军、皇家空军和皇家海军的直升机中队；以及英国皇家空军"鹞式"和皇家海军"海鹞"战斗机的联合部队①。

《战略国防评估》同时还强调了快速部署能力，要求皇家海军将注意力从北大西洋的公海作战转向世界范围内实施力量投送和近海行动。在英国海域的浅水行动也被赋予较低的重要性。不过，皇家海军的力量构成并不会立即出现重大变化，且仍将保留维持英国独立核威慑能力的职责。在部队层面的小幅度削减包括如下。

- 驱逐舰和护卫舰的数量从35艘削减至32艘。
- 攻击型核潜艇的数量从12艘削减至10艘（但都装备"战斧"巡航导弹）。
- 海军人员适度精简。

除了新型航空母舰，《战略国防评估》中还确认政府将投资建造新型核潜艇、驱逐舰、护卫舰、两栖和辅助舰船，同时购买"未来航空母舰舰载机"②（Future Carrier Borne Aircraft）。

在2000年英国坚定支持政府军从而涉入塞拉利昂内战后，《战略国防评估》中思想的正确性得到证实。令人印象深刻的是，当时皇家海军快速组建了一支极具战斗力的远海特混舰队。其中包括"光辉"号（HMS Illustrious）轻型航空母舰和一个围绕着直升机航空母舰"海洋"号（HMS Ocean）组建的两栖戒备大队。

2001年9月11日，"基地"组织恐怖分子针对美国发动了一系列恐怖袭击。这也对英国皇家海军造成了影响。

2001年底，英国在阿曼进行了一次名为"赛义夫萨瑞II"（Saif Sareea II）的演习，以展示联合快速反应部队的理念。皇家海军出动了至少21艘海军战舰，其中包括"光辉"号和"海洋"号。这次演习虽然很成功，但很快被美国以及

---

① 最初该部队被称为"联合部队2000"（Joint Force 2000），后来被重命名为"联合鹞式战机部队"（Joint Force Harrier）。
② 后来被重命名为"联合作战飞机"（Joint Combat Aircraft，JCA）。

英国针对阿富汗基地组织和塔利班的军事行动夺去光彩。

2002年2月，国防部出乎意料地宣布"海鹞"战机将在2006年4月退役。此后联合鹞式战机部队将仅使用英国皇家空军的鹞式战斗机。给出的原因是"海鹞"战机需要昂贵的升级以保持战斗效率，而考虑到这款战机在2012年（此后这一时间被推迟至2018年底）被"联合作战飞机"替换，这种升级显得没有必要。国防部还决定对《战略国防评估》进行鉴定以确定它是否足以"应对面临的威胁"。

为此在2002年7月推出了《战略国防评估：新篇章》，结论是《战略国防评估》的决策基本正确，但需要对军费投入的分配进行调整，如情报收集，网络中心战能力……改进机动性和活力，以更快部署轻型部队，临时部署部队膳宿，以及夜间作战。³令皇家海军感到焦虑的是，文中一次也没提到海军。2002年底，"谢菲尔德"号（Sheffield）护卫

1998年的《战略国防评估》（一份将指导接下来12年海军发展的重要国防评估报告）支持发展皇家海军的远征能力。承诺建造两艘大型航空母舰以提升力量投送能力，是该报告的核心承诺之一。尽管国防开支持续遭遇缩减，两艘航空母舰的建造准备工作还是在接下来的10年中坚持了下来。英国BAE系统公司（BAE Systems）和泰雷兹公司通力合作提出各种可供选择的设计方案。上图是泰雷兹公司设计的弹射起飞/拦阻着舰（CATOBR）式航空母舰，下图是英国航宇系统公司设计的短距起飞/垂直着舰（STOVL）式航空母舰。2003年，英国政府最终选择了泰雷兹公司的"修改版"设计方案，但在开工建造前被改为STOVL构型（泰雷兹公司/英国BAE系统公司）

尽管1998年的《战略国防评估》突出强调航空母舰能力,但迫于财政压力,2002年皇家海军还是发布了"海鹞"战机将于2006年退役、仅保留皇家空军"鹞"式战机的声明。图中是2005年拍摄的"光辉"号航空母舰,当时两型战机还都在舰上服役。(王冠版权社,2005)

舰在没有替代舰的情况下退役。

2003年5月,皇家海军和皇家海军陆战队在第二次海湾战争中出力良多,以轻型航空母舰"皇家方舟"号(HMS Ark Royal)和"海洋"号为首的大规模舰队参与行动。期间皇家海军陆战队第3突击营夺取法奥半岛(Al Faw Peninsula)的作战行动取得了极大的成功。

2003年底,国防部发布了在《战略国防评估》基础上修订的白皮书,指出:"英国将在欧洲内部及周边潜在不稳定地区、近东、北非和海湾地区继续保持活跃。但是我们必须拓展自身能力,比《战略国防评估》设想的更进一步向远方投送武力。特别是,在撒哈拉以南可能发生的不稳定事件和危机,还有来自国际恐怖主义的更广范围威胁,都要求我们既在冲突预防方面保持主动,又要准备好为临时出现的维和以及反恐行动提供支持。"[4]

不幸的是,阿富汗和伊拉克花费巨大的军事行动以及对新装备的需求导致这个政策很难得到落实。由于没有追加经费，皇家海军不得不"拆东墙补西墙"。为此，文中也提到："一些陈旧的海军战舰对于我们设想的行动模式来说能做的贡献有限，需要对它们的数量进行削减。"实际上，这意味着：

- 退役3艘42型驱逐舰和3艘几乎全新的23型护卫舰；后者后来卖给智利。
- 6艘反水雷舰艇退役。
- 削减攻击型核潜艇，最终将数量降至7艘。
- 压缩海军建造计划，特别是取消了计划建造的12艘45型驱逐舰中的4艘（2008年又取消了2艘）。
- 海军受训兵员数量减少1500名，降至36000人。

唯一的补偿是文中确认，"……在接下来的10年内列装两艘新航空母舰（伊丽莎白女王级）"。白皮书还陈述了每个军种的未来角色；文中对于海军方面强调了向岸上进行力量投射的对陆攻击导弹和两栖舰艇。

到了2005年年中，皇家海军的规模降至25艘护卫舰和驱逐舰，而当时的背景下对作战能力的需求是增加而不是减少的。2005年5月，"无敌"号航空母舰退出现役，比原计划提前了5年。

到了2006年，皇家海军面对的事实是，其远征战略破败不堪，内部计划不现实，而且很有可能会被看作在军事上不

2006年在塞拉利昂近海举行的一次演习中，"海王"运输直升机从"海洋"号直升机航空母舰上出动。尽管英国海军在总体上被严重削减，但在《2010国防战略和安全评估》中，皇家海军陆战队和快速反应两栖部队都得以保留。（王冠版权社，2006）

切实际。剩下的两艘航空母舰,一艘仍承担攻击角色,但由于联合鹞式战机部队很多被分派到阿富汗特遣队,其飞行甲板经常缺乏固定翼飞机。而且由于皇家海军陆战队也被派到阿富汗,新建造的两栖舰艇正被用于执行其他任务。虽然有包括第3陆战突击旅、联合鹞式战机部队,联合直升机司令部和其他队伍在内的,多达5000名海军官兵被派到阿富汗,但海军的作用并没有得到公众的广泛认同。

2006年,皇家海军尝试通过发布自己的未来愿景扭转局面。这份文件的起草是在第一海务大臣、海军上将乔纳森·班德(Jonathon Band)的指导下完成的,他写道:"英国明显是一个海洋国家,人民将继续依靠海洋保证他们的安全、繁荣和幸福。在21世纪的初始阶段,世界处在一个不确定、快速变化和全球竞争的环境之中。我想象的皇家海军……将对英国的安全、维持海上秩序、在更广范围提升我们国家的价值和利益做出至关重要、决定性的贡献。"这个愿景需要一支有能力的海军,能够进行海上力量投送(运用制海权并对抗陆上力量),维护海上安全(保卫英国本土和主权领土),同时具备海上动作能力(Maritime Manoeuvre,即实施海上介入)。

文件中进一步阐述称:"一支在各方面较为均衡的海军,是确保不论是在本土还是在海外,都具备这种能力,同时还能有效应对意外情况。这意味着我国海军应当能够同时派出并维持两栖和航空母舰攻击特混舰队……而且我们的舰队应该能够保持足够的灵活性,在日常运转时能够为单一持续性任务部署单艘战舰和潜艇,并有潜力和能力实施快速转换,参与正规作战和集群行动。"

《未来海军愿景》这份文件经受住了时间的考验,但不幸的是,由于随后的情况发展,这份文件很大程度上被忽视了。

《2010国防战略和安全评估》(*Strategic Defense and Security Review*)是在2015年10月19日由新组建的保守党/自

2012年中东的一次演习中拍摄的攻击型核潜艇"胜利"号和45型驱逐舰"勇敢"号。在如波斯湾和中东这样的优先区域维持可靠的军事存在是《2010国防战略和安全评估》中另一项被保留下来的能力。(王冠版权社,2012)

由民主党联合政府匆忙发布的，所处背景是经济萧条、计划装备预算存在380亿英镑的"黑洞"（black hole）。与前一天发布的新的《国家安全战略》（National Security Strategy）文件相比，《2010国防战略和安全评估》的重点在于尽快削减财政经费；后来，一个议会委员会在审议这份文件时发现，其中基本上没有什么战略考虑。[5]

对于皇家海军来说，其结果几乎是灾难性的。具体影响包括：

- 两艘新的"伊丽莎白女王"级航空母舰只可以有一艘进入海军服役；另一艘将被封存或出售（评估报告中还认真考虑了取消建造航空母舰）；不过，这样做的耗费比建造完成还要更多。
- 联合鹞式战机部队将会解散，皇家海军的旗舰和唯一的可用于作战的搭载固定翼战机的航空母舰"皇家方舟"号退役。
- 4艘22型护卫舰将退役，驱护舰部队仅剩6艘驱逐舰和13艘护卫舰。
- 3艘皇家辅助船队的支援舰艇将退出现役。
- 英国皇家空军的"猎迷"MR4A型战机替代海上巡逻机的项目被取消。
- 到2015年，经过训练的海军兵员人数将从35000人削减至30000人。

《2010国防战略和安全评估》中指出，到2020年，经过结构调整的皇家海军将提供以下能力：

- 英国本土及海外领地（包括南大西洋）的海上防御。
- 持续的海上核威慑。
- 在全球重点地区维持可靠、可胜任的军事存在。
- 一支处于极高戒备状态的快反部队和对陆上行动的持续支援（通过皇家海军陆战队）。

这份评估报告的执行和出台同样急促。2015年12月3日，"皇家方舟"号悬挂着象征正在实施退役的三角旗回到朴茨茅斯港，之后被售出拆毁。2010年12月15日，联合鹞式战机部队停止运作；其"鹞"式战机被出售给美国海军陆战队（用于拆卸零备件）。随后海军发布了削减人员的通知。

对这份报告持有批评意见的评论家们可以在2011年3月英国政府的不安中得到一点安慰，当时英国介入了利比亚内战，他们很快发现，许多实施行动所需的军事资产已经失去。例如，法国和意大利的航空母舰在利比亚海岸外的位置指挥高强度空袭行动。而由于缺乏航空母舰，英国的主要空中贡献只有次数不多的皇家空军攻击机出击，从英国和意大利基地起飞的这些战机耗费的成本相当惊人。22型护卫舰

除了新型"伊丽莎白女王"级航空母舰进入海军服役之外，2015年的《国家战略和安全评估报告》中所勾勒的皇家海军"2025年未来部队"的力量结构与当前情况没有太大出入。（王冠版权社，2015）

### 英国海上力量——海基战略威慑力量以及海上特混大队的力量构成

4艘战略弹道导弹核潜艇
（海基核威慑）

7艘攻击型核潜艇
（英军将其划分为"Hunter Killer Submarine"）

2艘航空母舰

19艘驱逐舰和护卫舰

多至6艘巡逻舰

12艘猎雷舰
3艘水文调查船
1艘极地巡逻舰

3个海军陆战旅
2艘载机船坞登陆舰（LPD）
3艘船坞登陆舰（LSD）

6艘舰队油船
3艘舰队干货支援船2

4个"灰背隼"Mk 2直升机中队
2个"野猫"直升机中队

# 英国皇家海军水面主力军舰

## 45型驱逐舰
"邓肯"号（HMS Duncan，D 47）

## 23型护卫舰
"铁公爵"号（HMS Iron Duke，F 234）

## 近海巡逻舰
"福斯"号（Forth）

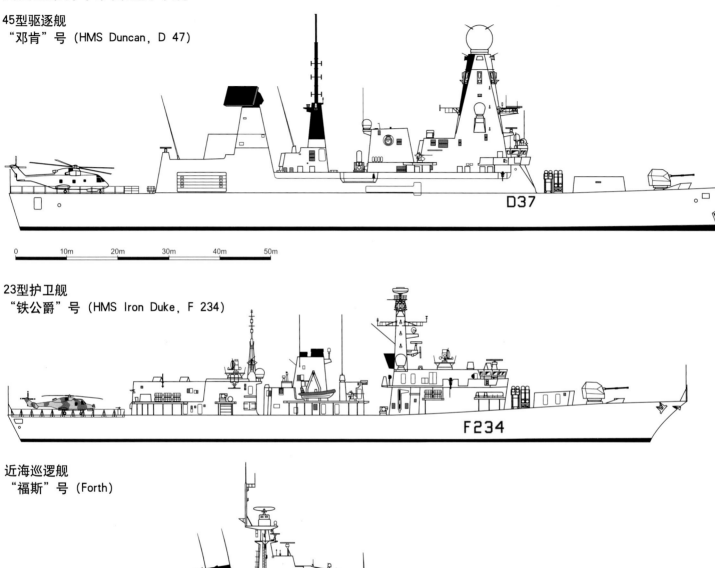

《2010国防战略和安全评估》将皇家海军的水面舰艇整合为两个主要类型。6艘（比原计划少一半）现代化的45型驱逐舰承担防空任务，但也进行了稳步升级，加装了额外的装备（如"鱼叉"舰对舰导弹，"密集阵"近防武器系统），而且可能在进一步改进中具备反弹道导弹防御能力。13艘（另3艘卖给了智利）保留下来的23型护卫舰——有些陈旧，但接受了大量中期升级改造，加装了新型"工匠"（Artisan）雷达、新型舰对空导弹（"海受体"，Sea Ceptor），更换了发电机，并对其他方面进行了升级。图中的"铁公爵"号在主桅上装有"工匠"雷达，但此时该舰并未换装"海受体"导弹。该级舰在21世纪20年代初开始被新型的26型"全球战斗舰"取代。除了这两类战舰，"河流"级（Rivers）近海巡逻舰会在2017年进入海军服役，承担警戒任务。尽管皇家海军一直以来不太重视二线水面舰艇，但到2020年将有5艘"河流"级近海巡逻舰投入使用，这也将为分身乏术的驱护舰队分担一些压力。在未来，海军还计划建造一种新型轻型护卫舰。（约翰·乔丹，2015）

"坎伯兰郡"号（Cumberland）的退役不得不推迟两个月，该舰当时正忙于将英国和其他国家的侨民从利比亚的港口撤离。

《海上安全国家战略》于2014年5月由国防部长公布，该文件将"海上安全"定义为："主动管理海上的风险和机遇，保护和提升英国在本土和海外的国家利益，以增强和延展英国的繁荣、安全和应变力，并为塑造一个稳定的世界做出贡献。"在国家安全战略基础上构建的这一战略包括五个海上安全目标：

■ 促进形成稳定的国际海上管辖权属，支持国际海上规范。
■ 发展海上治理能力，发展本国在战略性重要海上区域的控制能力。
■ 通过保证港口和近海设施以及悬挂英国商船旗帜的旅客和货物安全，为英国、英国国民和英国经济保驾护航。
■ 确保在英国领海、周边地区和全球范围内的重要海上贸易和能源运输的线路安全。
■ 保护英国本土和海外领地的资源和居民免受非法和危险活动（包括有组织犯罪和恐怖主义）的威胁。

这个战略仅在非常笼统的层面讨论了皇家海军和其他机构如何达成这些目标，并没有考虑所需的资金和部队数量。

1974年开始服役的老旧补给舰"金色漂泊者"号（Gold Rover）与23型护卫舰"兰开斯特"号（Lancaster）共同执行2015年6月的南大西洋海上巡逻任务。保护包括福克兰（马岛）群岛在内的英国海外领地是2014年《海上安全国家战略》设定的海上安全目标之一。（王冠版权社，2015）

不过，它确实使得皇家海军配置战舰以维持关键贸易航路、确保航行自由，同时为三个军事同盟（即北约、欧盟和联合海上部队）在海上安全方面作出贡献。

2015年11月23日，新上台的保守党政府发布了《2015国防战略与安全评估》，这份报告的起草背景比2010年要复杂得多。英国在伊拉克（2009年）和阿富汗（2014年）的军事行动已经结束，而新的威胁已经出现。在美国的不断施压下，英国在2015年7月10日宣布将继续将国防开支维持在GDP的2%直至2020年。

《2015国防战略和安全评估》中描述了2025年英国的武装力量的可能情况，同时试图弥补《2010国防战略和安全评估》的缺陷。对于皇家海军来说，这份报告可谓喜忧参半。好消息是，报告中确认了2014年宣布的两艘"伊丽莎白女王"级航空母舰将全部进入海军服役的决定，以确保总有一艘航空母舰可以作为海上特混舰队的核心。坏消息是，之前用相同数量的新式26型全球战斗舰替代13艘23型护卫舰的计划有所变动，因成本太高，采购数量被削减为8艘。为此，国防部启动了一种不那么复杂、造价更低的通用轻型护卫舰的设计工作，而海军对这种做法长期持反对意见。轻型护卫舰最终将建造5艘以上，以扩大驱护舰队伍的规模。

其他一些影响皇家海军的主要内容如下：

- 尽管比之前计划略有推迟，但确认会有4艘"继承者"（Successor）级战略导弹潜艇交付使用，从而实现"三叉戟"水下核威慑平台的更新。
- 计划增购2艘"河流"级巡逻舰，以及3艘新式后勤补给舰。

英国皇家海军陆战队539突击中队的一艘气垫登陆艇在伊拉克乌姆盖斯尔附近的阿兹祖拜尔河（Az Zubayr）上巡逻。在《2015国防战略和安全评估》中，皇家海军陆战队的轻步兵在皇家海军总体力量结构中依然占据着重要位置。（王冠版权社，2003年）

- 评估45型战舰执行弹道导弹防御任务的潜力。
- 加快购进F-35B"闪电II"（Lightning II，为联合作战要求选定）战机以确保到2023年有24架可用于航空母舰行动。[6]
- 计划采购9架P-8"海神"（Poseidon）反潜巡逻机以替代2010年退役的"猎迷"巡逻机。
- 常备受训海军兵员数量略微增加至30500名。

下一份国防战略和安全评估报告预计在2020年发布。

## 2015年的皇家海军

英国皇家海军的部队结构如表4.6所示。潜艇舰队主要是4艘"前卫"级（Vanguard）战略弹道导弹核潜艇和7艘攻击型核潜艇，水面战斗舰艇主要有6艘现代化驱逐舰和13艘老式护卫舰。其他关键组成力量包括两栖部队——1艘直升机航空母舰、2艘两栖船坞运输舰和3艘辅助两栖船坞登陆舰，以及一个由3个皇家海军陆战队突击营组成的两栖步兵旅。《2015国防战略和安全评估》中描述的2025未来部队力量结构将与2015年的力量结构基本保持一致，但有一个重大区别——即2017年后会有2艘新型航空母舰（"伊丽莎白女王"号和"威尔士亲王"号）进入海军服役。这将导致现役的直升机航空母舰"海洋"号在2018年前后退役，"海洋"号的舰员将被充实到两艘新航空母舰上。最后一艘"无敌"级航空母舰"光辉"号已在2014年退出现役。

经过20世纪90年代和新世纪初的大规模削减后，大多数海军舰艇的母港都被设在（或靠近）克莱德、德文波特和朴茨茅斯三个海军基地。除了在卡尔德罗斯（Culdrose）的"海鹰"基地（HMS Seahawk）和约维尔顿（Yeovilton）的"苍鹭"基地（HMS Heron）等主要航空站保持存在外，皇家海军航空兵部队还将加强在皇家空军的迈尔哈姆（Marham）空军基地的存在，他们将从2018年开始在该基地与空军联合使用F-35B战机。

组织：自20世纪90年代初以来，皇家海军的指挥和行政结构已大大简化。例如，包括护卫舰和驱逐舰中队在内的多余编队已经不复存在，许多高级职位被取消或降级。然而，皇家海军仍因为海军将领人数超过主力战舰的数量而饱受批评。

第一海务大臣兼参谋长（First Sea Lord, 1SL）是英国皇家海军的最高职务。在1995年前该职位的军衔为海军元帅，之后降为四星上将。第一海务大臣兼参谋长对国防参谋长负责，后者是英国陆海空三军的最高军事指挥官，也是国防大臣和首相的最高级别军事顾问。

第一海务大臣兼参谋长是海军委员会的主席，对皇家海军的运转负实际责任。[7]他的副手是第二海务大臣（2SL），军衔为三星海军中将，主要负责人事和基础设施，舰队司令兼副参谋长（海军中将）驻守在位于朴茨茅斯港的海军总部。

对舰队司令负责的是海上最高级别军官——英国海上部队指挥官。这个职务的军衔是二星少将，他将负责出海指挥大规模军事演习和作战行动。进入21世纪后，第一个10年中最重要的两个皇家海军作战编队是英国航空母舰打击大队（UKCSG）和英国两栖特混大队（UKATG），每支部队由一位海军准将指挥。2010年，皇家海军失去航空母舰作战能力后，航空母舰攻击部队也随之解散，两栖特混舰队被重命名为响应特混大队（RFTG）。虽然"伊丽莎白女王"号迟迟没有进入海军服役，航空母舰打击大队的编制还是在2015年被恢复，响应特混舰队的指挥官被重新冠以两栖特混大队指挥官的头衔。

在刚跨入21世纪时，英国皇家海军似乎已完成了摆脱冷战时期使命任务的力量重塑。之前关注的北大西洋反潜作战已被抛诸脑后，取而代之的是能够实现全球部署的远征力量。实际上，皇家海军的护卫舰和驱逐舰散布在世界各地，这种景象自20世纪60年代以来还从未出现过。

在2010年的《战略防务与安全评估》（SDSR）公布后，皇家海军开始持续进行高强度部署。不过，这是难以为继的，对装备和人员产生过度需求。为此，皇家海军开始削减开支，退出一些"全职"任务（如之前参与的许多北约海上

## 表4.6 英国皇家海军力量组成——2015年末

**主要基地和结构**

朴茨茅斯：驱逐舰，护卫舰，巡逻舰，反水雷舰艇。从2017年开始成为航空母舰母港。

德文波特（朴茨茅斯）：两栖作战舰艇，护卫舰。仍部署在本地的攻击型核潜艇将在未来转移至法斯兰基地。

法斯兰（克莱德河口）：战略弹道导弹核潜艇，攻击型核潜艇，以及反水雷舰艇。

此外皇家海军还围绕着三大主要基地建了大量的支援与训练设施。此外还在直布罗陀与马尔维纳斯群岛建设有前进基地。目前还正在巴林新建一处海外基地。

**人员**

约32500名现役人员，其中包括约7000名皇家海军陆战队队员。此外皇家海军还编列有5500名预备役人员和1800名皇家辅助船队人员。

**主要作战舰艇**

| 类型 | 舰级 | 现役 | 订购 | 服役时间 | 吨位 | 注释 |
| --- | --- | --- | --- | --- | --- | --- |
| 航空母舰 | | (—) | 2 | | | |
| 常规动力航空母舰 | 伊丽莎白女王 | (—) | 2 | (2017) | 65000吨 | 采用短距起飞/垂直降落（STOVL）构型的打击航空母舰，可以承担次要的两栖作战任务 |
| 主力两栖作战舰艇 | | 6 | (—) | | | |
| 直升机母舰（LPH） | 海洋 | 1 | (—) | 1998 | 22500吨 | 将在伊丽莎白女王级航空母舰服役后退役 |
| 载机船坞登陆舰（LPD） | 阿尔比恩 | 2 | (—) | 2003 | 18500吨 | 通常有一艘处于预备役状态 |
| 船坞登陆舰（LSD） | 拉各斯湾 | 3 | (—) | 2006 | 16200吨 | 由皇家辅助船队（RFA）操作，已经有一艘被出售给了澳大利亚 |
| 主力驱护舰 | | 19 | (3) | | | |
| 导弹驱逐舰（DDG） | 勇敢（45型） | 6 | (—) | 2008 | 7500 | |
| 导弹护卫舰（FFG） | 格拉斯哥（26型） | (—) | (3) | (2022) | 6900 | 长期计划，目前已订购3艘，总计将订购8艘 |
| 导弹护卫舰（FFG） | 诺福克（23型） | 13 | (—) | 1990 | 4900 | 已经有3艘出售给了智利，目前正在进行中期延寿升级 |
| 战略潜艇 | | 4 | (4) | | | |
| 战略弹道导弹核潜艇（SSBN） | 继承者 | (—) | (4) | (2030前后) | 不详 | 长期计划 |
| 战略弹道导弹核潜艇（SSBN） | 前卫 | 4 | (—) | 1993 | 16000 | |
| 攻击型潜艇 | | 7 | (4) | | | |
| 攻击型核潜艇（SSN） | 机敏 | 3 | (4) | 2010 | 7800 | |
| 攻击型核潜艇（SSN） | 特拉法加 | 4 | | 1983 | 5200 | 该级艇共7艘，正在逐渐退役 |

**其他战舰**

| 类型 | 海上巡逻舰 | 猎雷舰 | 补给舰 | 其他 |
| --- | --- | --- | --- | --- |
| 数量 | 4 | 15 | 7 | 还有各种巡逻艇，登陆艇和辅助船艇，部分舰艇由平民操纵 |

**海军航空兵**

主要的海军航空站（NAS）设置在约维尔顿和科尔德罗斯。在2006年"海鹞"STOVL战机退役后，一线部队的固定翼飞机由皇家海军和皇家空军（RAF）联合使用，新的F-35B战斗机的各中队驻扎于皇家空军马尔哈姆基地。最终英军将购买多至138架F-35，其中有24架将在2023年前投入一线使用。目前皇家海军主要装备的是直升机，装备机型包括：

- AW-101"默林"HM2海上控制直升机：30架在役；
- AW-101"默林"HC4运输型直升机：将有25架从皇家空军装备的HC3标准改装为舰载的HC4标准，将用于取代老旧的"海王"直升机；
- AW-159"野猫"HMA2海上控制直升机：已经订购或交付共28架。将用于取代老旧的"山猫"HMA8型，此外皇家海军也可以操作与其他军种共同使用的"野猫"AH1侦察直升机；

此外英国陆军和皇家空军装备的"阿帕奇"攻击型直升机和"支奴干"运输直升机也可以在需要时在舰上部署。皇家海军还可以使用3架英斯图（Insitu）"扫描鹰"无人机。

皇家空军已经订购了9架P-8海上巡逻机，该型机从2020年前后服役。

行动),加入其他"兼职"任务(如在西印度群岛维持军事存在)。

1980年开始,英国皇家海军在阿拉伯湾和印度洋基本没有缺席过,包括代号"阿尔米利亚巡逻"(Armilla Patrol),"南方守护"(Southern Watch)和"基皮翁"(Kipion)的行动。由于这些行动都被视作短时间行动,因此仅进行了简易的后勤安排。但在意识到需要在中东地区设置长期性海军基地后,2014年,英军决定在巴林建立迈纳萨尔曼支援中心(Mina Salman Support Facility),2016年建成时被命名为皇家海军"加菲尔"基地(HMS Juffair)。一位海军准将在巴林司令部指挥这一区域的海上部队。

这个新基地将成为4艘反水雷舰艇以及一艘"海湾"级(Bay)支援舰、一艘维修舰的母港。位于这一区域的其他英国海军舰艇也将频繁光顾这个基地,其中包括一艘45型驱逐舰、一艘23型护卫舰、一艘攻击型核潜艇和一艘补给舰。两艘驱护舰定期参加海上安全行动,如多国联合的第150特混舰队,北约主导的"海上盾牌"行动,以及欧盟主导的"阿塔兰忒"行动,上述行动都属于亚丁湾和非洲之角海域的海上安全和打击海盗行动。

皇家海军承担的其他长期任务包括:

带有美国海军涂装的一架P-8"海神"反潜巡逻机。重建海上巡逻机部队可以算是英国《2015国防战略和安全评估》的主要成果。(美国海军)

2014年7月,"伊丽莎白女王"号航空母舰从建造船坞中驶出。从2017年开始,皇家海军的2艘新建航空母舰将陆续进入部队服役。(英国BAE系统公司)

- 随时保持一艘"前卫"级战略弹道导弹核潜艇处于巡航状态,维持英国的核威慑。
- 一艘处于高度戒备状态的护卫舰或驱逐舰在英国本土水域(舰队戒备驱护舰)。
- 一艘护卫舰或驱逐舰,外加一艘皇家辅助船队的支援舰在南大西洋巡航。
- 一艘巡逻舰(通常是克莱德河级)驻扎在福克兰(马岛)群岛。
- 基地巡逻舰"防御者"号(Protector),一年中的大部分时间部署在南极洲海域。
- 在冬季飓风季节,一艘战舰驻扎在西印度洋群岛,2015年是巡逻舰"塞汶河"号(Severn)。
- 英国周边的渔业、经济和海上安全防护。

此外,响应特混舰队每年都要演习,通常有四个月的时间部署到地中海。

## 问题和挑战

当前,皇家海军面对许多挑战,其中主要包括以下几个方面。

维持英国的核威慑:现有的4艘"前卫"级战略弹道导弹核潜艇已现疲态,需要替换。按计划,该级艇将从2023年开始进入退役流程,但从目前来看退役工作需要延迟,因为新的4艘"继承者"级(Successor)潜艇中的第一艘预计要到21

图中展示的是2010年一架"鹞GR9"喷气式战斗机在"皇家方舟"号航空母舰上完成的最后一次飞行。通过引入新型"伊丽莎白女王"级航空母舰以及随后发展的"航空母舰实现力量投送"（CEPP）理念以重构快速海上航空能力，是皇家海军当前面临的主要挑战。（王冠版权社，2010）

世纪30年代初才能交付使用。而即便是21世纪30年代这一时间，也是该项目的设计和建造工作完全按计划进行的最乐观估计。

如果"继承者"级项目与"机敏"级（Astute）潜艇一样遭遇长期拖延，那么会出现巨大的风险，导致皇家海军无法维持持续水下核威慑。

缺少人手：2015年10月，英国皇家海军有22480名经过训练的常备军，皇家海军陆战队有6970人，合计有29450名受过训练的常备军。还有3030人正在接受训练。而2010年10月时，这个数字是35240人。

目前的人手不足以配齐舰队的所有舰艇；尤其在2015年，500名工程师的巨大缺口严重影响了舰队运转。在一些小规模的部门和专业分队（一般少于100人）中，维持培训能力、连贯的职业道路和合理的工作与生活平衡都很困难。舰艇服役特别值得关注；舰艇部队人员的规模已经缩水到仅流失少数高技能、有经验的高级别军士和军官，就可能使这支部队陷入瘫痪。同时新加入者（自艇长以下）也没机会在常规动力潜艇上熟悉环境；新潜艇兵现在将直接进入价值十亿英镑的核潜艇服役。

在2015年的《国防战略和安全评估》审议过程中，据报道皇家海军要求额外配备2000名常备兵员，但仅被批准增员400人，并且只能缓慢地增加至2015年授权批准的30270名受

"继承者"级潜艇是目前英国正在推进的国防项目中最为关键的一个。现役的"前卫"级潜艇正在快速老化,如果新的型号由于建造问题延迟,就有可能出现海上核威慑中断的风险。(英国BAE系统公司)

训人员上限内。尽管预备役人员的使用越来越多,但这并无法有效阻止情况恶化。

生成"航空母舰力量投送"能力:皇家海军面临的另一个巨大挑战是通过列装两艘"伊丽莎白女王"级航空母舰重建航空母舰部队,从而利用其实现"航空母舰力量投送"(carrier enabled power projection)理念。

"航空母舰力量投送"是皇家海军发展出来的一个概念,提出该理念的主要目的,是挽救可能在2010年《国防战略和安全评估》中被取消的航空母舰计划。该理念将新型航空母舰的合理性建立在包含了航空母舰打击任务[①]在内的多任务灵活性——特别是在动用直升机和支持两栖作战上。这就要求在设计时使得航空母舰能够搭载大批部队,同时能够有效运作由固定翼战机和旋翼机组成的舰载航空大队。"威尔士亲王"号(Prince of Wales)将按照修改后的设计建造,而"伊丽莎白女王"级航空母舰据推测也可能会接受改造。

---

① 将由每舰搭载的36架"联合作战飞机"实施。

这个概念与美国海军的两栖攻击舰的作战理念非常相似，代表着英国皇家海军正在学习这一先进经验。虽然"伊丽莎白女王"级航空母舰将在2017年或2018年进入海军服役，但该舰很可能直到2022年才能具备全面作战能力，从而真正展现"航空母舰力量投送"能力。

"航空母舰力量投送"在推进过程中有一些需要应对的风险。第一，该理念是基于始终有一艘"伊丽莎白女王"级航空母舰可用的前提开发的，而且皇家海军要努力确保航空母舰上人员齐备且可随时投入战斗。第二，"伊丽莎白女王"级航空母舰耗资巨大、价值极高，因此需要皇家海军提供有力的护航和辅助体系。第三，"航空母舰力量投送"具有"联合性"，在实施过程中需要整合英国陆军和英国皇家空军共同参与行动。最后，该理念阻止了英军为成本更低的"海洋"战舰寻找替代型号的试验计划，在某些情况下，直升机母舰要比"伊丽莎白女王"级航空母舰战队更适合展开部署，成本也更低。现在，"伊丽莎白女王"级航空母舰必须与诸如"阿尔比恩"级等两栖战舰协同行动；出于最大速度存在差异等基本因素，它们协同起来可能并不容易。为此需要开发新的战术和操作规程。

潜艇与驱护舰数量不足：相比实际需求，英国皇家海军的攻击型核潜艇和护航舰实在太少。实战研究反复印证皇家海军至少需要8艘攻击型核潜艇，但出于经费限制，实际仅装备7艘。目前仅有6艘，一艘"特拉法加"级（Trafalgar）潜艇在负责替代的"机敏"级进入海军服役前就退役了。皇家海军当前正努力确保能同时部署2艘潜艇。

可用的6艘45型驱逐舰也比所需的少，而可用的23型护卫

摄于2010年的23型护卫舰"肯特"号。目前仍在皇家海军服役的13艘此类战舰正处于寿命延长计划的中间阶段，而用26型战舰替换它们的计划变得越来越急迫。（王冠版权社，2010）

舰数量受到延寿计划（包括漫长的改装）的影响。[8]同一时间内可供部署的驱护舰只有5～6艘，只能勉强满足当前的任务需要。此外，从2018年开始，一艘需要护航的高价值航空母舰也将投入使用。

皇家海军不得不使用巡逻舰加入之前需要护航舰参加的任务。从长远角度看，新式轻型护卫舰有望建造充足的数量，从而扩大护航部队的规模。

维护工业基础：2005年12月，英国国防部发布的《国防工业战略》（Defence Industrial Strategy）中指出："对于核潜艇，虽然目前已经敲定合同，但至今无法为每24个月建造一艘核潜艇确保所需资金……水面舰艇建造方面的长期建造以每一到两年建造一艘新舰的节奏进行。"这个设想将被证明过于乐观。[9]

表4.7列示了1990年到2015年的战舰订单。可以看出，国防部在2001年开始实施《国防战略和安全评估》时，订单数字达到顶峰。实际上，当时提出的建造计划已经远超出英国造船厂具备的生产能力，兰德公司也被要求开发一项计划，以充分利用船厂的建造能力。[10]不幸的是，当兰德公司在2005年完成其报告时，许多建造计划都已饱受质疑。皇家海军耗资65亿英镑的"伊丽莎白女王"级航空母舰建造计划虽然得以继续推进，但代价是几乎其他项目都被叫停。

2015年，尽管"伊丽莎白女王"级航空母舰建造工作告一段落，但2015年的《国防战略和安全评估》仍将首艘26型舰的订购时间推迟到2017年。作为权宜之计，国防部订购了5艘"河流"级第二批次巡逻舰，其中有3艘是2014年订购的，2016年计划增加2艘。该批次巡逻舰能够实现全球部署，装备了直升机甲板，相比可能被出售的3艘第一批次巡逻舰，新批次有了很大改进。

由于缺少皇家海军的订单，又没有赢得出口订单，英国的许多造船厂被迫关闭，最近关门的一家是2014年韦斯伯造船厂（Vosper Thorneycroft，后来被英国航宇系统公司收购）在朴茨茅斯的工厂。英国航宇系统公司是目前英国唯一一家能够建造主力战舰的公司，在巴洛造船厂有潜艇建造设施，在格拉斯哥（高湾和斯科特斯顿）有两个建造水面舰艇的造船厂。英国航宇系统公司实际上已成为一家具有垄断性质的供应商，而国防部又力求在不付出额外代价的前提下维持英国的海军舰艇建造能力。例如，国防部对26型战舰的报价提出异议，甚至暗示有可能从海外订购。2012年国防部曾里程

### 表4.7　海军造舰列表（1990—2015）

| 战舰类型 | 20世纪90年代 | | | | | | | | | | 2000—2009年 | | | | | | | | | | 2010—2015年 | | | | | |
|---|---|---|---|---|---|---|---|---|---|---|---|---|---|---|---|---|---|---|---|---|---|---|---|---|---|---|
| | 0 | 1 | 2 | 3 | 4 | 5 | 6 | 7 | 8 | 9 | 0 | 1 | 2 | 3 | 4 | 5 | 6 | 7 | 8 | 9 | 0 | 1 | 2 | 3 | 4 | 5 |
| 攻击型潜艇（SSN） | | | | | | | | 3 | | | | 1 | | | | | | | | | 1 | | 1 | | 1 | 1 |
| 航空母舰（CV） | | | | | | | | | | | | | | | | 2 | | | | | | | | | | |
| 驱逐舰（DDG） | | | | | | | | | | | 3 | 3 | | | | | | | | | | | | | | |
| 护卫舰（FFG） | | | 3 | | | | 3 | | | | | | | | | | | | | | | | | | | |
| 直升机母舰（LPH） | | | | | 1 | | | | | | | | | | | | | | | | | | | | | |
| 船坞登陆舰（LPD） | | | | | | | 2 | | | | | | | | | | | | | | | | | | | |
| 反水雷舰艇（MVCV） | | | | | 7 | | | | | | | | | | | | | | | | | | | | | |
| 近海巡逻舰（OPV） | | | | | | | | | | | | | | 3 | | 1 | | | | | | | | | 3 | |
| 测量船（AGSH） | | | | | | 1 | | | | | 2 | | | | | | | | | | | | | | | |
| 舰队油船（AOR） | | | | | | | | | 2 | | | | | | | | | | | | | | | | 4 | |
| 运输舰（AKR） | | | | | | | | | | | 6 | | | | | | | | | | | | | | | |
| 船坞登陆舰[LSD（A）] | | | | | | | | | | | 2 | 2 | | | | | | | | | | | | | | |

注释：从2005年开始，国防部开始分阶段批量订购潜艇和主力战舰，因此表中的年份分配有一定的主观因素。

碑式地从韩国大宇造船株式会社（DSME）订购4艘"春潮"级（Tidespring）舰队油船，这对英国的造船厂来说是个巨大威胁。

全新的26型"全球战斗舰"（Global Combat Ship），尽管在设计时着力于提升战舰的效费比，但可以看出该型舰在尺寸和成本上都有增加。为此，英国国防部对其制造商英国航宇系统公司的报价感到犹豫，最终导致订购数量被削减，同时全面建造合同迄今尚未签署。（英国航宇系统公司）

英国的海军舰艇建造目前并不取决于皇家海军的需求，而是受制于预算。此外，英国财政部认为，目前只需以最低限度投资海军造舰项目，以确保作为总承包商的英国航宇系统公司海事分部，以及诸如罗尔斯·罗伊斯等关键供应商的存续，从而保住关键工业能力。

糟糕的公共关系：在21世纪初的几年里，皇家海军的公共形象比较糟糕。詹姆斯邦德电影风头正劲，而20世纪70年代的电视系列片《战舰》和《水手》已渐渐被人遗忘。当皇家海军出现在媒体上时，经常是负面的内容：成本超支、战舰搁浅、酗酒等。特别严重的一次公共关系灾难发生在2007年，当时伊朗捕获了"康沃尔"号（Cornwall）护卫舰上的两艘小艇，上面有15名皇家海军和皇家海军陆战队的人员。

后来伊朗在世界媒体上的炫耀使得英国非常难堪，第一海务大臣兼参谋长乔纳森·邦德（Jonathon Band）上将认为这是"有辱400年光荣历史的糟糕的一天"。2010年试图重现《水手》成功的电视系列片《皇家方舟》（Ark Royal）也由于航空母舰明显缺少战斗机而事与愿违，最后的通告是这艘航空母舰由于削减国防开支而退役。

也许更糟糕的是在政界少有海军的声音和主张；副国防大臣①佩内洛普·莫当特（Penelope Mordaunt，曾是皇家海军的一名预备役海军中尉）可算是一个重要的例外。另外值得注意的是，自从2003年开始，海军上将就再也没有出任过国防参谋长这一要职。前任海务大臣乔纳森·邦德在2011年10

月的一次演讲中说道，"整个国家已经忘了其海上传统和本源"。皇家海军非常需要一个能够引人注目的成功故事。人们也希望，"伊丽莎白女王"级航空母舰能够成为英国军事力量的傲人标志，就像"戴高乐"级（Charles de Gaulle）航空母舰之于法国那样。

## 小结

对于英国皇家海军来说，21世纪的头几年可以说不太好过。在这个时期英国的军事力量集中于陆地冲突，从而在资金上给海军造成负面影响，进而影响了海军部队的兵力水平。

不过，英国的安全以及整个国家的利益不可避免地要与海洋发生关联。英国毕竟是一个岛国，依赖海上贸易；它是世界上第五大经济体；它拥有全球利益和责任；而且它希望维持联合国常任理事国的地位。考虑到这些因素，皇家海军可能已经抵达谷底；实际上，"伊丽莎白女王"级航空母舰的出现可能标志着英国皇家海军将开始走出低谷。

## 注释

1. 本章经常用"皇家海军"作为英国海军部队的代名词。其实，英国海军部队包括皇家海军、皇家海军陆战队、海军航空兵、海军预备役和皇家辅助船队。

2. 本章中引用的大部分文件都是可以在网上找到的，例如英国国家档案馆的网站：www.webarchive.nationalarchives.gov.uk。

3. 《战略房屋评估：新的篇章》-Cm 5566，第1卷（伦敦，国防部，2002），第29页。

4. 《在变化的世界传递安全——国防白皮书》（伦敦，国防部，2003）-Cm6041-I，第7页。

5. 更多内容参见《在不确定的时代维护英国的安全：国防战略与安全评估》-Cm7948以及《不确定时代下强大的英格兰：国家安全战略》-Cm 7593，（均发布于伦敦，英国首相，2010）。

6. 选择"闪电II"的决定意味着海军航空兵809中队将在2018年作为一支作战转换部队服役，随后该中队将逐渐转型为与皇家空军617中队同样的一线作战中队。

7. 以国防部长为首席的海军部委员会（Admiralty Board）负责指挥所有皇家海军人员，并负责相关的行政事务。但在实际操作中，这些职责都被委托给了海军委员会。

8. 45型战舰的机械系统改进方案作为《2015战略防御与安全评估》的一部分被核准。

9. 《国防工业战略——国防白皮书》（伦敦，国防部，2003），第75页。

10. 参见《英国海军造船工业基础：接下来的15年》，马克·阿里纳（Mark V. Arena）等。（圣塔莫尼卡，兰德出版集团，2005）。这份文件也可以在兰德公司的网站上找到，见www.rand.org。

11. 有关皇家海军当前状况的官方信息来自其网站：www.royalnavy.mod.uk，以及其报纸《海军新闻》，网址：www.navynews.co.uk。国家审计署每年度的国防部主要项目报告也是分析海军状况的重要参考，参见www.nao.org.uk。进一步的信息还可参见：

布朗（D K Brown），《英国未来的水面舰队：选择中型规模的海军》（安纳波利斯：美国海军学院出版社，1991）。

尼克·蔡尔兹（Nick Childs），《英国未来的海军》（修订版）（巴恩斯利：笔与剑海事出版社，2012）。

埃里克·格罗夫（Eric J Grove），《从"前卫"号到"三叉戟"导弹：第二次世界大战以来的英国海军政策》（安纳波利斯：美国海军学院出版社，1987）。

路易斯·佩奇（Lewis Page），《狮子、驴子和恐龙：军队里的浪费和浮躁》（伦敦：海涅曼出版社，2006）。

邓肯·雷德福德（Duncan Redford）和菲利普·格罗夫（Philip D Grove），《皇家海军：1900年以来的历史》（伦敦：托瑞斯出版集团，2014）。

# 4.2.2 欧洲大陆地区海军

康拉德·沃特斯

冷战结束后,欧洲大陆的主要海军力量都不得不面对部队重组和预算限制等共同挑战。不过,不同国家的舰队之间在挑战造成的影响程度上,以及他们的应对方法上,还是有很大区别。本章旨在研究这一时期内欧洲主要国家海军的战略决策,同时对因此导致的力量结构变化进行讨论。

## 法国海军

法国海军可以被视作欧陆头号海军力量。它拥有全方位的海军能力,装备有战略核潜艇和攻击潜艇;航空母舰和两栖战舰;以及一线和二线水面主力战舰。舰队由装备精良的海军航空兵提供支援,同时法国还有强大的国防工业,包括法国舰艇建造局(DCNS)和顶级的电子设备生产商泰雷兹公司(Thales)。

冷战后的发展:在一定程度上,法国海军设法逃过了许多欧洲邻国经历的冷战后部队重组带来的最坏影响。在冷战时期,法国基本上是北约的一个"半游离"成员,它在主要的指挥结构之外独立运作,且较少受到盟国各自分工的影响。[1] 这样,加之地缘因素和维持较强独立干涉能力的希望,法国的海军一直没有将全部精力集中在英国皇家海军常规舰队越来越为之进行特化的大西洋反潜任务上。[2] 同样,法国海军在进入20世纪90年代时力量结构相对比较均衡,有航空母舰、两栖战舰和海上执法巡逻舰艇,而这种结

2015年,法国海军"戴高乐"号航空母舰在吉布提近海巡航。法国海军对远征能力的长期关注意味着相比许多欧洲舰队,法国在冷战后面对变化的战略环境时处在更有利的位置。(王冠版权社,2015)

核威慑是法国海军的重要使命之一，主要通过四艘装备弹道导弹的核潜艇组成的海上战略部队实现。法军战略核潜艇正在接受现代化改造以搭载新式M51弹道导弹——图中是2015年完成改装的"凯旋"号（Le Triomphant）。（法国海军）

构非常适应变化后的战略环境。随后，在20世纪90年代初，法国《1994年国防白皮书》对外宣布加大对海军远征能力投资的政治决定。新型核动力航空母舰"戴高乐"在2001年进入海军服役，与此同时，"西北风"级两栖攻击舰的设计工作也在20世纪90年代末正式启动。

不过，法国海军在这一段时间的发展也并非一帆风顺。冷战时期对核威慑力量的关注以及随后在转向全职业化武装部队上的投入，意味着对常规海军部队，尤其是驱护舰部队的投入不足。"和平红利"也难免影响了一些海军项目；例如20世纪90年代初，2艘"红宝石"（Rubis）级攻击潜艇在建造工作已经启动的情况下被取消，同时第6艘"拉斐特"级（La Fayette）隐形护卫舰的建造也被砍掉。许多较为老旧的水面舰艇纷纷退役或被裁撤。近期通过的、旨在以新建17艘"阿基坦"级（Aquitaine）[①]多用途护卫舰以重振护航舰队

---

[①] 法意联合"欧洲多功能护卫舰"（FREMM）项目的法国版。

2011年11月,法国版欧洲多任务护卫舰"阿基坦"号(Aquitaine)在天气阴郁的北大西洋上进行海上航行试验。法国海军最初希望能装备17艘该级舰,但订单最终被逐步削减到8艘。(法国舰艇建造局)

的计划,也被逐步削减到8艘。在战舰数量减少后,随之而来的便是基地和其他基础设施的缩减;同时,根据"OPTIMAR 95"计划,具备远征能力的舰队被集中在土伦港。布雷斯特是法军在地中海仅有的两座关键海军基地中的另一座,该基地专门部署反潜和反水雷舰艇,主要负责支援位于不远的隆格(Ile Longue)基地的战略弹道导弹核潜艇。

法国在2008年发表了新的《防务和国家安全白皮书》(*White Paper on Defence & National Security*)[3]。在众多决策当中,最重要的一条就是"全身心"地重返北约。尽管其中宣布了将进一步削减人员、启动相应缩减欧洲多任务护卫舰的建造规模等内容,但从大局上看,这份文件对海军部队还是支持的。特别是该文件明确了"梭鱼"级(Barracuda)攻击型核潜艇的建造计划,将"西北风"级(Mistral)两栖攻击舰的数量增至4艘,同时示意长期搁置的第二艘航空母舰的建造计划依然存在可能性。更重要的是,白皮书给予情报工作(包括情报搜集与分析)更高优先级,并将其作为战略重点。

由于该文件刚完成，全球就遭遇了2008年金融危机。法国政府不得不在2013年发布了新版本的《防务和国家安全白皮书》。考虑到萨科齐向奥朗德的权力交接，这份文件没有那么激进，相比之前的版本更谨慎，在顾及经济现实的情况下，对过去的计划进行了一定的删减。[4] 对于海军来说，对欧洲多任务护卫舰的建造计划进一步削减（但承诺通过建造一款新型轻型护卫舰部分弥补），第4艘"西北风"级两栖攻击舰的建造计划被叫停，但对于海军而言最大的打击，还是法国政府决定放弃建造第二艘航空母舰。而这将最终导致法国海军存在一个或者两个显著的短板，本章将在下文中详细讨论。

战略重点：与最近发布的白皮书中陈述的战略目标相一致，法国海军肩负以下五项重要使命。

- 威慑：这一点主要通过法国海军战略远洋舰队（Force Océanique Stratégique）实现，同时通过"戴高乐"号航空母舰上搭载的携带ASMP-A核巡航导弹的"阵风"战斗机得以强化。
- 干预：海军配备了各种可用于远征的军事资源。其中最引人瞩目的是"戴高乐"号航空母舰和"西北风"级两栖攻击舰。而随着攻击型核潜艇和欧洲多任务护卫舰部队开始装备海基型"斯卡普"巡航导弹（SCALP），这一职能的重要性愈发凸显。
- 情报搜集与分析：这是通过遍布世界各个港口、沿海水域、大洋的舰船实现的。
- 预防：避免/减轻危机任务是部署在法国海外领土的法国海军前进部署部队的主要关注点。与区域性同盟国的协作（特别是在非洲和中东）也是这项任务的重要组成部分。2009年，法国在阿拉伯联合酋长国阿布扎比的米娜法耶德（Mina Fayed）启用了新的海外基地。
- 防御：这个目标既包括保护法国的海上贸易，也包括确保法国领海免受污染、非法交易和恐怖行动的威胁。这项任务通常是与其他部门[如海上宪兵（Gendarmerie Maritime）]共同完成的。

在这些目标当中，战略核威慑力量被持续赋予高优先级。不仅体现在对现存的战略核潜艇舰队进行现代化改造、搭载新式M51弹道导弹，也体现在对这支部队防护的相对重视上。其中包括建造"梭鱼"级攻击型核潜艇以及对海上巡逻机的升级。相比起来，一般用途的水面护卫力量以及在海外维系的军事资源通常都投入不足；例如，对新一代海上巡逻舰的订购被长期搁置。

现有力量结构：法国海军目前的力量结构和组成见表4.8。下文为对其装备的主要舰种的评论。[5]

航空母舰和两栖战舰：自从交付以来，法国唯一的航空母舰"戴高乐"号就在干涉行动中扮演重要角色。影响较大的任务包括2011年打击利比亚政府军，以及近期打击位于叙利亚和伊拉克境内极端组织的行动。尽管对欧洲来说，这艘航空母舰具备独一无二的海上打击能力，但在过去的时间里，它也遇到一些技术问题、需要高水平的维护。2006—2012年交付的3艘现代化"西北风"级两栖攻击舰为法军提供了非常重要的海上航空能力。在利比亚行动中，该级二号舰"雷鸣"号（Tonnerre）成功搭载欧直"虎"式攻击型直升机。作为"西北风"级两栖攻击舰的补充，法国正在建造4艘排水量2200吨的"昂特雷卡斯托"级（D'Entrecasteaux）B2M多用途舰（bâtiments multimissions），为海外基地提供后勤支援、完成运输任务。

潜艇：拥有4艘战略核潜艇和6艘攻击型核潜艇的法国潜艇舰队在体量上大致可与英国皇家海军媲美。对战略核潜艇的M51弹道导弹升级将在2018年左右完成。届时，6艘"梭鱼"级攻击型核潜艇中的第一艘"絮弗伦"号（Suffren）也会交付使用。该级其他各艇会按照每两年半/三年一艘的间隔陆续交付，到2030年基本完成对"红宝石"级的替换。

水面护航和巡逻舰艇：在2013年的白皮书中指出，法国海军仅拥有15艘驱护舰，比2008年减少了3艘。除了根据法国—意大利"地平线"计划（'Horizon' programme）建造的2艘"福尔班"级（Forbin）防空护卫舰（实际上是驱逐舰），还有8艘"阿基坦"级欧洲多任务护卫舰。同"地平

## 表4.8 法国海军的力量结构——2015年底

**主要基地和战舰构成**

土伦：主力舰队作战基地。航空母舰，两栖战舰，水面护卫舰，攻击型潜艇。反水雷舰的第二基地。
布雷斯特：水面护卫舰和反水雷舰。战略核潜艇的基地在邻近的港内长岛（Ile Longue）。
在瑟堡还有一个小基地，在阿布达比、吉布提、法属圭亚那、留尼汪岛、马提尼克、新喀里多尼亚和塔西提岛也有小型基地和预先部署设施。

**人员**

常规人员31000名，还有3000名提供直接支持的文职人员。

**主要战舰**

| 类型 | 舰级 | 现役 | 订购 | 服役时间 | 吨位 | 注释 |
|---|---|---|---|---|---|---|
| 航空母舰 | | 1 | (—) | | | |
| 核动力航空母舰（CVN） | 戴高乐 | 1 | (—) | 2001 | 42000吨 | 常规的弹射起飞/拦阻着舰（CATOBAR）构型 |
| 主要两栖战舰 | | 3 | (—) | | | |
| 两栖攻击舰（LHD） | 西北风 | 3 | (—) | 2006 | 21500吨 | |
| 主要水面护卫舰 | | 16 | (6) | | | |
| 导弹驱逐舰（DDG） | 福尔班 | 2 | (—) | 2008 | 7100吨 | 防空驱逐舰。法国-意大利合作项目。 |
| 导弹驱逐舰（DDG） | 阿基坦 | 2 | (6) | 2012 | 6000吨 | 通用/反潜护卫舰。法国-意大利合作项目，但两国型号存在较大差别 |
| 导弹驱逐舰（DDG） | 卡萨尔 | 2 | (—) | 1988 | 5000吨 | "乔治·莱格斯"级的防空型号 |
| 导弹驱逐舰（DDG） | 乔治·莱格 | 5 | (—) | 1979 | 4800吨 | 反潜/通用驱逐舰，原建造7艘 |
| 导弹护卫舰 | 拉斐特 | 5 | (—) | 1996 | 3600吨 | 第一种隐身护卫舰。通用护卫舰，计划进行反潜升级 |
| 二线水面护卫舰 | | 6 | (—) | | | |
| 护卫舰（FF） | 花月 | 6 | (—) | 1992 | 3000吨 | 按照商船标准建造 |
| 9艘A69型"德埃迪安纳·德奥弗斯"级轻型护卫舰，目前已经被重新分类为海上巡逻舰 | | | | | | |
| 战略核潜艇 | | 4 | (—) | | | |
| 战略弹道导弹核潜艇（SSBN） | 凯旋 | 4 | (—) | 1997 | 14400吨 | 逐渐升级装备新式M51弹道导弹 |
| 攻击型潜艇 | | 6 | (4) | | | |
| 攻击型核潜艇（SSN） | 絮弗伦 | — | (4) | (2017) | 5500吨 | 计划用6艘替代"红宝石"级潜艇，已经正式订购了4艘 |
| 攻击型核潜艇（SSN） | 红宝石 | 6 | (—) | 1983 | 2700吨 | 全部重新改造到"紫晶石"号（Améthyste）标准 |

**其他战舰**

| 类型 | 近海巡逻舰 | 猎雷舰艇 | 补给舰 | 其他 |
|---|---|---|---|---|
| 数量 | 9 | 14 | 3 | 外加各种训练艇，登陆艇和辅助船艇 |

**海军航空兵**

主要的海军航空站点在伊埃雷、朗迪维西奥、朗韦奥克和兰比豁。"超军旗"改进型攻击机（Super Etendard-Mod）退役后，现有战机的主要类型如下：

- ■ "阵风"战斗机，大约40架F3型，全部具备作战能力；
- ■ NH90"凯门鳄"（Caiman）护卫舰直升机，现役大约15架，总计订购27架，将彻底替换现役的20架 韦斯特兰"山猫"直升机（Westland Lynx）；
- ■ AS565"美洲豹"（Panther）直升机，现役大约30架，其中包括大约10架用于搜救任务的各型"海豚"（Dauphin）直升机；
- ■ "云雀III"（Alouette）直升机，大约20架用于通用任务。

还有3架"鹰眼"EC-3（Hawkeye）预警机。15～20架现役的宝玑 "大西洋2"（Atlantique）巡逻机正在接受现代化改造以延长服役寿命。需要时，空军和陆军的运输和攻击直升机也可搭载到两栖攻击舰上。

线"计划类似,这些护卫舰尺寸和吨位已经与驱逐舰相当,而且同样是与意大利合作建造的。随后法军的注意力将转向建造轻型、低成本护卫舰,以替代现有的5艘"拉斐特"级护卫舰,后者将接受现代化改造,以在未来10年甚至更长时间内维持现役状态。

除了上述主战舰艇,海军还根据传统建造了一系列二线驱护舰以补足水面舰队的战舰数量。6艘"花月"级(Floréal)殖民地护卫舰还将服役一段时间,该级舰以商船标准建造完成,主要用于执行海外维持存在任务。不过,9艘A69型"德埃迪安纳·德奥弗斯"级(D'Estienne d'Orves)轻型护卫舰已经需要替换,这些护卫舰是20世纪80年代建造的,现在被重分类为巡逻舰。目前法军设想的是用总共15艘左右的新式战舰替换A69型和其他老式巡逻舰,但尚不清楚资金如何保障。法国舰艇建造局的试验巡逻舰"敏捷"号能够为新设计提供参考基础,而且已经租借给海军数年。2015年,法军为了在法属圭亚那海岸外较浅的水域巡航,订购了2艘轻型近岸巡逻舰,二线舰艇更新计划可能以零敲碎打的方式完成。

小型舰艇和辅助设施:法国海军反水雷部队的核心力量是11艘"三伙伴"级(Tripartite)扫雷舰。该级舰最终可能会被法国与英国2015年签订合同并联合开发的"系统集成"(system of systems)型反水雷舰艇替代。

法国海军在驱护舰现代化方面已经取得非常大的进展,但还是有非常多的二线舰艇需要替换。法国舰艇建造局希望他们生产的"追风"(Gowind)系列巡逻舰"敏捷"号(L'Adroit)能够被选中,为此,DCNS决定将该舰作为原型舰租借给海军供其试用。本图摄于2013年。(欧盟海军索马里部队)

自墨索里尼时期颁布的,只允许意大利空军使用固定翼飞机的法令被废除后,意大利海军得到很大提升。这使得轻型航空母舰"朱塞佩·加里波第"能够搭载鹞式喷气战斗机,图中是2004年7月该航空母舰在大西洋上演习的情景。(美国海军)

更紧迫的是替换现存的"迪朗斯"级(Durance)舰队补给舰,该级舰已经无法满足现行的海上污染控制标准。法国舰艇建造局已经提出满足要求的新式舰队补给舰设计方案,但在2020年前不太可能获得订单。

未来展望:法国海军很好地适应了"后冷战时代"的环境。但由于任务的不断增加和可用资源的不断下降,法国海军已经难堪重负。用一位评论家的话说,现在法国海军已降至"(完成)这项工作的绝对最低限度"。[6]未能实现长期以来想要恢复的双航空母舰模式着实令人遗憾。当"戴高乐"号进行休整和保养时,舰队作战能力会受到极大影响。法军对各种型号水面舰艇的投入也在持续下降,导致许多老旧战舰还在坚持服役,对运转成本和效率产生了一定的影响。正在逐步服役的"阿基坦"级或许可以在一定程度上缓解这个问题。然而,还有大量二线战舰需要被替换。

尽管鉴于不断增加的恐怖主义威胁,许多最近准备缩减的法国国防经费得以保留,但调整后很多资源不可避免地会被用于增强内部防卫能力上。鉴于这一情况,未来法国海军的力量结构不太可能超过2013年白皮书的设想。对与法军而言,维持现有舰队规模已经是一个艰巨的挑战,特别是进入下一个10年后,战略核潜艇换代项目又将耗费大笔经费。国际合作可能

意大利海军在地中海之外正愈发活跃——图中是2015年12月,意大利的新型欧洲多任务护卫舰"卡宾枪兵"号(Carabiniere)与德国的轻型护卫舰"埃尔福特"号(Erfurt)共同在印度洋参加欧盟的"阿塔兰忒"行动,执行反海盗任务。2015年版防务白皮书表明意大利军队可能将重点重新放在靠近本土的区域。(欧盟海军索马里部队)

是减少这些压力的好办法。与英国恢复在海军系统上的合作,将是在更加牢固的法-意关系基础上的很好补充,也将有力支持两国海军发展协作关系。

## 意大利海军

在欧洲大陆海军中,意大利海军仅次于法国海军,排名第二。虽然缺少法国海军装备的核动力潜艇,但拥有短距/垂直起降航空母舰、高级水面护卫舰和数量不断增加的AIP[①]潜艇舰队的意大利海军具备强大的作战能力。同时还有规模庞大的海上执法力量可提供支援。从工业角度看,芬坎蒂尼(Fincantieri)造船集团是世界上较大的造船集团之一,其产品行销世界各地。芬梅卡尼卡集团(Finmeccanica)是防务电子设备领域的领导企业。

冷战后的发展:冷战结束时,意大利海军是美国海军第六舰队在地中海的重要伙伴,稳稳填补了20世纪70年代英国皇家海军撤离后,在这一区域留下的空白。期间,意大利海军在反潜战和反水雷对抗措施等方面尤其得到了强化,但同时也发展了其他能力。近期一个重要进展是海军获得合法许可,可以在海上使用固定翼飞机。[7]这为自20世纪90年代中期以来意大利海军一直努力实现的在"朱塞佩·加里波第"号(Giuseppe Garibaldi)航空母舰上使用"鹞"式战斗机铺平了道路。

冷战时期两极格局的终结对相邻的巴尔干半岛各国产生了迥异的影响。这给前南斯拉夫带来了将近10年的冲突。在这一时期,海军肩负着保卫意大利的亚得里亚海海上边境安全的重任,1999年科索沃战争期间,"加里波第"航空母舰上的"鹞"式战斗机参与了实战。2011年,在利比亚的军事介入,以及越来越严峻的地中海水域移民和人道主义危机,

---

[①] 即"不依赖空气推进"技术。

意大利海军的驱护舰队受益于近年来的稳步更新计划。图中是装备精良的"安德烈·多利亚"号（Andrea Doria）防空驱逐舰，摄于2014年。（欧盟海军索马里部队）

使得意大利海军面临新的挑战。海军还表现出越来越愿意参与地中海之外的维持稳定和"展示旗帜"（flag waving）的活动，这一趋势在冷战时期就有所体现。

尽管在华约组织解散后，意大利国内对威胁轴线向南转移有普遍共识，但值得注意的是，这一时期意大利的国防政策并没有在基本战略方面对此进行体现。实际上，有人认为意大利最新发布的《2015年国防白皮书：我们的国防》是自1985年来首份反映国家基本战略的防务文件。[8]在政府的政治机能经常失调的背景下（特别是冷战刚刚结束的几年），必须承认的是，意大利海军的大部分政策都是由野心勃勃的海军上将和意大利强大的造船部门左右的。早在1989年，《简氏战舰手册》（Jane's Fighting Ships）一书的主编理查德·夏普（Richard Sharpe）就发表评论道："虽然包括潜艇、驱逐舰、护卫舰和猎雷舰在内的新建造计划在向前推动，但有时会给人一种印象，即强大的造船工业是主要的驱动力。"[9]通常，是由财政部门的追加资金来填补巨大的国防预算亏空，使造船计划继续进行。最新的54亿欧元舰队更新计划①，已经获批依照这类特殊方式筹措资金。

力量结构：表4.9列出了意大利海军的结构。新型垂直起降航空母舰"加富尔"号将成为航空母舰舰队的核心，且将用于搭载F-35B联合打击战斗机。目前意大利计划订购30架这种战斗机。体型小很多的"加里波第"号基本上被用作两栖直升机航空母舰，补充3艘"圣乔治"（San Giorgio）级船坞登陆舰的力量。后者将被2015年舰队更新计划中订购的新型耗资11亿欧元、排水量达22000吨的两栖攻击舰取代。这种新型战舰很可能将会像西班牙的"胡安·卡洛斯一世"（Juan Carlos I）号一样客串航空母舰职能。

一线水面舰队受益于军方的稳步更新计划，10艘"卡洛·伯刚明尼"（Carlo Bergamini，通用）和"维尔吉尼·法桑"（Virginio Fasan，反潜）级欧洲多任务护卫舰（FREMM）逐步进入海军服役，补充2007—2008年开始服

---

① 包括一艘两栖攻击舰、至少7艘护卫舰级别的"巡逻舰"和一艘新补给舰。

### 表4.9 意大利海军力量结构——2015年底

**主要基地和战舰构成**

塔兰托：主要的南方基地，是潜艇部队"加富尔"号（Cavour）航空母舰和一线驱护舰的基地。两栖战舰（包括"加里波第"号航空母舰）和海军陆战队驻扎在附近的布林迪西。

拉斯佩齐亚：主要的北方基地，这里有一线驱护舰和反水雷舰艇。同时支持芬坎蒂尼公司在里瓦特里戈索船坞（Riva Trigoso yard）的新战舰生产。

奥古斯塔：二线护卫舰和巡逻艇的主要基地。

**人员**

常规人员34000名，包括2100名海军步兵。

**主要战舰**

| 类型 | 舰级 | 现役 | 订购 | 服役时间 | 吨位 | 注释 |
| --- | --- | --- | --- | --- | --- | --- |
| 航空母舰 |  | 2 | (—) |  |  |  |
| 航空母舰（CV） | 加富尔 | 1 | (—) | 2008 | 27100吨 | 短距/垂直起降构型 |
| 反潜航空母舰（CVS） | 朱塞佩·加里波第 | 1 | (—) | 1985 | 13900吨 | 短距/垂直起降构型，现在用作直升机航空母舰 |
| 主要两栖战舰 |  | 3 | (1) |  |  |  |
| 两栖攻击舰（LHD） | 新LHD① | (—) | (1) | 2022 | 22000吨 | 2015年订购的还未命名的直升机船坞登陆舰，可能被用作辅助航空母舰 |
| 船坞登陆舰（LPD） | 圣乔治 | 3 | (—) | 1987 | 8000吨 | 将被新LHD取代 |
| 主要水面护卫舰 |  | 17 | (6) |  |  |  |
| 导弹驱逐舰（DDG） | 安德烈·多利亚 | 2 | (—) | 2007 | 7100吨 | 防空驱逐舰，法国-意大利合作项目 |
| 导弹驱逐舰（DDG） | 卡洛·伯刚明尼 | 4 | (6) | 2013 | 6700吨 | 通用/反潜舰艇，法国-意大利合作项目，但各自版本相差较大 |
| 导弹驱逐舰（DDG） | 德拉·佩纳 | 2 | (—) | 1993 | 5400吨 | "乔治·莱格斯"级的意大利版 |
| 导弹护卫舰（FFG） | 西北风 | 7 | (—) | 1982 | 3100吨 | 正在被新式欧洲多用途护卫舰取代，1艘已经退役 |
| 导弹护卫舰（FFG） | 阿蒂格利尔 | 2 | (—) | 1994 | 2500吨 | 最初为伊拉克战争建造，还剩4艘，正在被新式欧洲多用途护卫舰取代 |
| 二线水面护卫舰 |  | 6 | (—) |  |  |  |
| 护卫舰（FF） | PPA | — | (7) | (2021) | 4500吨 | 官方分类为巡逻舰，可能再订购3艘 |
| 护卫舰（FF） | 密涅瓦 | 6 | (—) | 1992 | 1300吨 | 正在逐步退役 |
| 巡逻潜艇 |  | 6 | (2) |  |  |  |
| AIP潜艇（SSK） | 托达罗 | 2 | (2) | 2006 | 1,800吨 | 德国设计，当地组装 |
| 常规潜艇（SSK） |  | 4 | (—) | 1988 | 1700吨 | 正被追加订购的托达罗级潜艇替代 |

**其他战舰**

| 类型 | 海上巡逻舰 | 猎雷舰艇 | 补给舰 | 其他 |
| --- | --- | --- | --- | --- |
| 数量 | 10 | 10 | 3 | 外加各种训练艇、登陆艇和辅助设施 |

**海军航空兵**

主要的海军航空站基地位于格罗塔列（靠近塔兰托）、卢尼（靠近拉斯佩齐亚）和卡塔尼亚（西西里岛）。主要的作战飞机如下：

- AV-8B+"鹞"Ⅱ攻击机，14架，将被15架F-35B联合打击战斗机取代（还有15架在意大利空军服役）；
- AW-101直升机，22架用于反潜战的直升机，早起用作预警和运输任务；
- NH90直升机，46架用于反潜战，还订购了10架运输型以替代阿古斯塔贝尔212型直升机，现役20架。

扫描鹰（Scan Eagle）和坎普考普特100无人机已接受试用，少量"大西洋"巡逻机将被ATR-72替代，海上巡逻机由意大利空军操控。

---

① 该舰随后被命名为"的里雅斯特"号。——译者注

役的2艘"安德烈·多利亚"级防空驱逐舰的力量。随后注意力将转向替换二线轻型护卫舰和近海巡逻舰，已签订合同订购7艘新型"多用途海上巡逻舰"（Pattugliatore Polivalente D'Altura，PPA）。这批4500吨的战舰将配置成轻型和全功能两种版本；后者将装备现代护卫舰上使用的先进相控阵雷达和导弹系统。在水下方面，规模的潜艇舰队已经缩减至以4艘德国设计、意大利组装的212A型AIP潜艇为核心。

在装备现代化方面的投资也存在负面作用，即老式战舰的大批退役，在接下来的10年里，预计将有超过50艘舰船退役。海军兵员的数量也会下降。这与国防部2012年宣布的计划相一致，该计划中提出要减少人员和其他方面支持成本，以增加在新装备上的投入。

战略重点和未来展望：尽管新发表的防务白皮书还有待转化为适用于各个军种的修订方案，但它也能够为未来可能的方向提供一个非常好的指引。新文件中设定了一个明确的目标，即意大利的军事力量要在地中海（"欧洲地中海"区域）扮演核心角色，最终目的是复现已经在北方（"欧洲大西洋"区域）实现的稳定。这些区域之外的行动基本上要通过与其他盟国的伙伴关系进行。这表明意大利海军对区域外远征行动的热情可能会逐渐减退。

从装备和计划采购的角度看，意大利海军定位准确，可以满足这一战略涉及的海上要求，不过他们最近对"高端"能力的投入热情需要做出调整，在未来将更多关注放在海上执法巡逻资产上。此外，意大利海军还需要面对诸如基础设施和后勤等虽低调但至关重要的挑战。

## 西班牙海军

西班牙海军深受经济危机的影响，其唯一的一艘航空母舰提前退役，同时取消或延迟了多个重要建造计划。受技术问题掣肘的潜艇更新计划也给了海军重大打击。不过，西班牙海军在具备航空能力的两栖战舰、现代化防空护卫舰和高端远程巡逻舰等资产上维持了非常好的均衡，为过去计划的实施提供了一定的条件。新的建造计划得到相关国内研发生产能力的支持，特别是纳凡蒂亚（Navantia）集团在舰艇建造方面的强大实力和英德拉系统公司（Indra Sistemas）在防务电子方面的领先地位。

冷战结束时，西班牙海军正处在一个高点。随着弗朗哥时代在1975年结束，西班牙在1982年决定加入北约，海军因与欧洲其他国家海军建立密切联系而受益。另外，最初舰队更新计划的实施使得海军拥有了短距/垂直起落航空母舰"阿斯图里亚斯王子"号（Principe de Asturias）、FFG-7型护卫舰和"阿戈斯塔"级（Agosta）潜艇，从而建设成了一支现代化舰队。1990年宣布的为期15年且野心勃勃的"公海计划"（Plan de Alta Mar）提出要对两栖舰队进行现代化改造，并扩充护卫舰、反水雷舰和潜艇部队的规模。

随后几年中，西班牙经济形势的急剧恶化对采购计划造成了巨大影响。直到20世纪90年代中期，舰艇建造工作才和许多其他海军计划一样，被重新"捡起"，而"公海计划"根本无法全部实现。不过，接下来的10年间，西班牙海军的作战能力得到了巨大的提升，标志性事件如"加利西亚"（Galicia）级船坞登陆舰和F-100"阿尔瓦罗·德·巴赞"（Álvaro de Bazán）级防空驱逐舰的交付。装备的现代化也使得海军完全可以胜任保卫本土领土完整和大西洋、地中海中相关岛屿的安全。进入新千年后，随着一段时间的经济强劲增长带来的国防开支的加大，这一转变更加显著。关键的变化是海军计划新增一艘战略投送舰和远程巡航导弹。[10]虽然巡航导弹的装备未能实现，但战略投送舰在2010年进入海军服役，被命名为"胡安·卡洛斯一世"（Juan Carlos I）。

西班牙在20世纪90年代中期取得的进步随着2008年后连续经济危机的出席而迅速"硬着陆"。在某种程度上，海军是幸运的，因为此时许多新建工程要么已经交付，要么已经开始服役，这确保西班牙能够维系一支相对现代化的舰队。不过，也对一些老旧战舰进行了清理，其中包括过去的旗舰"阿斯图里亚斯王子"号。幸运的是，"胡安·卡洛斯一世"设计成可充当辅助支撑航空母舰，类似于美国海军的大型两栖攻击舰。这使得海军保持了适度的固定翼航空能力。随着西班牙的经济状况稳定下来,看起来不太可能进一步降低舰队规模和能力。

力量结构:西班牙海军2015年底的力量结构列示在表4.10中。战略投送舰"胡安·卡洛斯一世"具备强大的两栖能力,而且这款战舰已成功出口到澳大利亚和土耳其。两艘与荷兰合作设计的"加利西亚"级两栖船坞平台登陆舰将配合该舰行动。这三艘战舰与西班牙海军陆战队密切协作,具备超过2000人(基本上就是西班牙海军陆战旅和支援部队的大致规模)的总搭载能力。如果部署距离较远,还会有两艘补给舰提供支持。

2014年7月,西班牙海军的5艘F-100防空护卫舰在西班牙的大西洋海岸的一次摆拍中并肩航行。在2008年经济危机发生前,海军受益于充满雄心壮志的采购计划。(西班牙海军)

水面舰队的核心由5艘F-100驱逐舰构成。[11]这些装备与美国海军相同的"宙斯盾"作战系统的驱逐舰具备重要的防空能力,同时也能用于应对各种威胁。1986年开始服役的6艘FFF-7型"圣玛利亚"(Santa Maria)级护卫舰已显老态。他们将被已等待许久的F-110型护卫舰在21世纪20年代初取代。

西班牙领海典型的"扩展性"要求有大规模警务巡逻舰。降级的"发现"级(Descubierta)轻型护卫舰和"猫头"级(Serviola)近海巡逻舰是执行这一任务的主力,现在又有新型2800吨"流星"(Meteoro)级海上行动舰(Buque de Acción Marítima)加入。除了基本的巡逻任务外,这些舰船将用于水文调查和潜水支援。不过,金融危机严重影响了建造计划,迄今为止仅订购了6艘。

小规模的潜艇舰队目前已捉襟见肘,舰队规模减少到仅有3艘20世纪80年代交付的"阿戈斯塔"级潜艇。新型

### 表4.10　西班牙海军2015年底的力量结构

**主要基地和战舰构成**

罗塔（加的斯）：加的斯区域包括多个基地，其中罗塔的一些设施是与美军共用的，这里驻扎着两栖战舰和护卫舰。
费罗尔：驱逐舰和补给舰以及一些巡逻舰的基地。
卡塔赫纳：潜艇、反水雷舰和一些巡逻舰的基地。
拉斯帕尔马斯：巡逻舰基地。

**人员**

常规人员23000名，外加6000名海军陆战队队员。

**主要战舰**

| 类型 | 舰级 | 现役 | 订购 | 服役时间 | 吨位 | 注释 |
|---|---|---|---|---|---|---|
| 主要两栖战舰 | | 3 | (－) | | | |
| 两栖攻击舰（LPD） | 胡安卡洛斯一世 | 1 | (－) | 2010 | 27100吨 | 两艘姊妹舰卖给了澳大利亚，1艘卖给了土耳其 |
| 船坞登陆舰（LPD） | 加利西亚 | 2 | (－) | 1998 | 13000吨 | 与荷兰的"鹿特丹号"为相同设计方案的姊妹舰 |
| 主要水面驱护舰 | | 11 | (－) | | | |
| 导弹驱逐舰 | 阿尔瓦罗·德·巴赞（F-100型） | 5 | (－) | 2002 | 6300吨 | 装备"宙斯盾"系统，具备良好通用能力的防空驱逐舰 |
| 导弹护卫舰 | 圣玛利亚（FFG-7型） | 6 | (－) | 1986 | 4100吨 | 美国设计，西班牙建造 |
| 巡逻潜艇 | | 3 | (4) | | | |
| AIP潜艇（SSK） | 艾萨克·佩拉尔（S-80） | － | (4) | 2018 | 2400吨 | 因设计问题延误 |
| 常规潜艇 | 加莱耐（阿戈斯塔型） | 3 | (－) | 1983 | 1800吨 | 该级潜艇共建造4艘，将被艾萨克·佩拉尔（S-80）级潜艇替代 |

**其他战舰**

| 类型 | 近海巡逻舰 | 猎雷舰艇 | 补给舰 | 其他 |
|---|---|---|---|---|
| 数量 | 15 | 6 | 2 | 外加各种小型舰艇和辅助设施 |

**海军航空兵**

在靠近加的斯的罗塔有海军航空站基地。主要的作战飞机如下：

- AV-8B+"鹞"Ⅱ攻击机12架；
- SH-60"海鹰"直升机12架；
- SH-3"海王"直升机10架，用于运输和执行空中预警任务。

西班牙空军有5架P-3"猎户座"（Orion）和10架CN-235海上巡逻机。

S-80"艾萨克·佩拉尔"（Isaac Peral）级潜艇由于设计缺陷而严重超重，迟迟没有交付，据报道该型号的新式AIP系统也有设计问题。4艘中的第一艘要2018年才能交付。

战略重点和未来展望：冷战后西班牙海军的总体战略方向是在强化领土防卫的同时，提高力量投送能力。西班牙经济波动的现实情况使得这一抱负不可避免地趋缓。不过，20世纪90年代和21世纪初采购项目的成功交付，使得西班牙海军舰队装备相对精良，能够执行预期的任务。非洲和中东局势的逐渐恶化，使得海上安全和维稳行动成为一个潜在重点。[12]与西班牙在休达和梅利利亚（Ceuta and Melilla）的飞地也需要西班牙海军在北非海域保持存在。

从采购角度看，当务之急似乎是解决S-80计划面临的问题——以便维系潜艇舰队——同时继续推进被延误的下一代F-110水面战斗舰艇的建造。海上执法任务可能需要比已明确采购的6艘海上行动船更多的力量。上述两个水面舰艇建造方案都是2011年底发布的最新版《2025无敌舰队》（Armada

2025）计划的关键优先项。从更长远角度看，"鹞"式机队的翻新已经愈发急迫，西班牙海军还希望发展对陆攻击和弹道导弹防御能力。

## 其他欧洲大陆国家海军

本章还有必要对规模稍逊但仍具有重要影响力的一些国家海军的发展和目前状况作出一些评论。

冷战结束后，除了传统的领土防卫之外，西班牙海军的战略方向重点转向力量投送。欧元区危机使得这一进程不得不减速，但它本身也带来经济效益：如向澳大利亚出售高端战舰。图中展示的是2013年补给舰"坎塔布里亚"（Cantabria）号与皇家澳大利亚海军合作的场景。（皇家澳大利亚海军）

斯堪的纳维亚和波罗的海：冷战的结束使得斯堪的纳维亚国家海军无须维持太多舰艇。这些海军曾将精力放在针对华沙条约集团入侵的领土防卫上，主要作战力量是近海潜艇和快速攻击艇，而随着威胁的瓦解，这些装备基本上别无他用。例如，1990年时丹麦、挪威和瑞典拥有30多艘潜艇，目前仍在服役的仅有11艘。与冷战结束时的约80艘比起来，2015年时该区域仅剩少量快速攻击艇。

因此，冷战后斯堪的纳维亚地区的海军对过去的力量结构进行了调整，减少了战舰数量，保留了一些用于领土防卫同时又可执行多项任务的战舰。

挪威健康的资源驱动型经济和强烈的防御意识使得这个国家拥有这一地区最强大的舰队。水面舰队包括5艘装备"宙

对于西班牙海军来说，解决新式S80级不依赖空气推进潜艇的技术问题是重要的优先考虑事项。图中展示的是2012年纳凡蒂亚集团卡塔赫纳工厂的工作场景。（纳凡蒂亚集团公司）

斯盾"系统的"弗里德约夫·南森"级（Fridtjof Nansen）护卫舰和6艘"盾牌"级（Skjold）双体气垫快速攻击艇，他们既可以用于防御，也可支持联合远征/维稳行动，还保留了6艘近海潜艇，构成这一地区最大规模的水下部队。邻国瑞典受"和平红利"的影响更深，但还是缓慢地逐步列装了5艘"维斯比"级（Visby）隐身轻型护卫舰，他们的模块化任务能力使得它们可以胜任防卫和远征任务。瑞典的5艘作战潜艇都装备了国产"斯特林"（Stirling）不依赖空气推进（AIP）系统，同时又订购了2艘新型潜艇。与此同时，丹麦在冷战后改革力度最大，解散了潜艇部队，"标准化+灵活性"（Stanflex）轻型护卫舰全部退役。之后，丹麦海军将投入重点转向3艘"伊万·伊万·休特菲尔德德"级（Iver Huitfeldt）防空舰和2艘"阿布萨隆"（Absalon）混合护卫舰/后勤补给舰，这些战舰已开始进行全球部署，以支持北约的维稳行动。

波罗的海的海军并未发生太大的结构性变化。芬兰的海上部署基本上是对现有资源的重组，同时波罗的海国家根据这一地区的海域地形发展了一批反水雷部队。波兰已经用二手北约战舰替换了大部分华约组织时期的大型舰艇，不过最近才开始对整个舰队进行更新换代。

德国：西德的冷战时期海军分为两部分，一部分在波罗的海负责近海防御，另一部分在北海和大西洋等深海为贸易和护航线路提供保护。前一种任务需要大量近海潜艇和快速攻击艇；后者更依赖水面舰艇和海上巡逻力量。在某种程度上，随着苏联解体，两种任务都变得不合时宜，而减少波罗的海的部队更显紧迫。此外，联邦德国在冷战后马上面临的一个棘手问题是吸收整合德意志民主共和国海军（后者于1990年10月3日正式解散）。实际上，大部分东德的舰船在整合进德国海军（Deutsche Marine）后都没有留用太长时间。其中很多战舰被卖给了当时正在大规模实施舰队现代化的印度尼西亚。

与欧洲许多国家一样，德国也更关注国际维和行动。德国海军通过参与联合国驻黎巴嫩临时部队（UN's UNIFIL）在黎巴嫩海域的军事行动以及深度涉入欧洲在印度洋的打击

在一次地中海行动中，德国海军的F124"萨克森"级（Sachsen）防空护卫舰"汉堡"号（Hamburg）和"黑森"号（Hessen）从"柏林"级战斗支援舰处接受补给。如今的德国海军更多地关注国际维稳任务。（德国海军）

冷战结束后,荷兰皇家海军的规模大幅缩水,但其两栖部队得益于大量投资而发展壮大,荷兰海军增添了2艘船坞登陆舰和1艘联合支援舰。图中是2015年11月船坞登陆舰"鹿特丹"号离开英国朴茨茅斯港的情景。(康拉德·沃特斯)

海盗行动中积累了大量经验。随着4艘新式F-125"维稳护卫舰"建造完成,水面舰队的核心力量将由11艘一线水面护卫舰和5艘小一些的K-130轻型护卫舰组成。这些战舰都适于国际部署,而且可由3艘的现代化"柏林"级(Berlin)大型补给舰提供支持。6艘装备AIP装置的212A型潜艇和1支强有力的反水雷部队也将长期在舰队服役,不过少量残留的快速攻击艇很快会退役。有迹象表明,德国开始怀疑其力量结构向维稳行动所做的重大转变是否明智;新式MKS-180护卫舰可能更加注重常规作战。

**荷兰**:在冷战时期,荷兰皇家海军的主要力量集中在海上反潜和近海反水雷行动上。冷战结束后,这两项任务都变得意义不大。和平红利对荷兰武装部队的影响也比许多邻国更大。上述因素结合起来使得1990年15艘护卫舰和超过20艘猎雷舰这一规模的荷兰海军在冷战后遭遇大幅度削减。

在经过重组后,2015年的舰队仅剩4艘LCF型防空舰和2艘护卫舰,外加4艘新式"荷兰"级(Holland)海上巡逻舰。其中后者展现了荷兰海军的发展走向,即更加关注本土基地外的低强度维稳任务。对远征的关注还可通过2艘新进入海军服役的两栖船坞登陆舰和1艘全新的联合支援舰得以验证,后者既能够执行两栖作战任务,也可执行后勤支援任务。此外目前荷兰海军还装备有4艘潜艇和相比以前数量大大

作为北约舰队的一份子,希腊海军因使用俄罗斯建造的"野牛"气垫船而显得不同寻常,图中是"克基拉岛"号。这无疑反映了地中海东部历史上错综复杂的敌我关系。(北约)

减少的6艘猎雷舰。

葡萄牙:冷战结束时,葡萄牙海军基本上是由老旧舰船组成。随后的舰队现代化改造工作主要是对一线水面舰队[1]进行更新。2艘在德国建造的现代化214型AIP潜艇替换了3艘老式"黛芙妮"级(Daphne)潜艇。另外,欧元区经济危机使得海上执法舰船的替换工作放慢了步伐。因此,许多殖民时期设计的舰船(包括4艘轻型护卫舰)还在服役。随着对本土近海巡逻舰改造计划的实施和从丹麦采购原Stanflex级轻型护卫舰,葡萄牙海军会有进一步的发展。

爱琴海和黑海:东地中海地区的政治形势一直比欧洲其他地方更为复杂。土耳其与希腊、保加利亚等欧洲近邻之间长期动荡的关系对这一地区的影响不亚于冷战时期的苏联。错综复杂的历史联系能够在一定程度上解释一些不同寻常的现象,如希腊海军采购俄罗斯"野牛"级(Zubr)气垫船。考虑到这个背景,不难理解作为北约盟国的希腊和土耳其,其海军计划往往更多地是为了保持彼此之间的平衡,而非应对任何潜在的外部威胁。

在冷战后的大部分时间里,专家们认为,希腊海军至少在质量上比其东部邻国拥有优势。但在希腊经济陷入危机后,今天的情况就不那么明显了。德国设计的214型AIP潜艇的加入为"年迈的"水下舰队带来了新气象。不过,其他

---

[1] 3艘梅科200P "瓦斯科·达·伽马"(Vasco da Gama)级护卫舰和2艘前荷兰"M"级护卫舰。

地方还存在重大问题。例如，虽然希腊海军的水面舰队规模不小，但大部分战舰老化严重，仅有一部分接受了现代化改造。资金压力也使得快速攻击艇的生产停滞。而重启该方案的尝试则遇到了技术困难。

与此同时，土耳其的舰队越来越强大，不仅在数量上已经超过希腊，而且还受益于对国产化能力的倚重。土耳其海军经历了从外国设计、本地组装到本地设计和建造的进步，最引人注目的是新型的"雷贝里"（Heybeliada）级轻型护卫舰（即"国家舰"，Milgem）。土耳其海军已订购了4艘，同时还计划建造改进版。土耳其也越来越多地把目光投向周边地区以外的远征行动。"胡安·卡洛斯一世"型两栖攻击舰的建造计划证明了该国在这方面的雄心。本书讨论中东地区海军的章节会对土耳其海军进行进一步分析。

当然，土耳其需要密切关注黑海，因为俄罗斯黑海舰队的实力已经有了显著增强。1936年《关于博斯普鲁斯和达达尼尔海峡的蒙特勒公约》（Montreux Convention on the Bosphorus and Dardanelles Straits）中的规定大大限制了非黑海国家军舰在这一海域的存在。这使得保加利亚、罗马尼亚和乌克兰成为仅有的几个在该地区有海军存在的国家。在这些国家中，保加利亚和罗马尼亚已经用北约的二手战舰实现了有限的舰队现代化。

在清晰的长期政策与自主化能力提升等有利因素的支持下，土耳其正在海军建设领域大步迈进。图中的是"国家舰"（Milgem）轻型护卫舰项目的首舰"雷贝里"岛（Heybeliada）号，摄于2015年4月。（德夫里姆·亚拉力）

## 注释

1. 法国与北约的关系有些不和谐,这源于法国总统戴高乐对盎格鲁-萨克逊联盟主导该组织的不满,最终导致法国于1966年从北约的联合军事司令部退出,并要求所有外国北约部队离开法国本土。

2. 在罗伯特·加德纳(Robert Gardiner)编著的《全世界战舰1947—1982,第一部分:西方世界海军力量》(*Conway's All the World's Fighting Ships 1947—1982 Part I: The Western Powers*)(英国康威海事出版社,1983,20—22页)中,约翰·乔丹(John Jordan)回顾了冷战时期法国海军的发展,对反潜力量进行了投资,但这在很大程度上是由于它们在确保战略核潜艇在安全方面的作用。

3. 克劳迪娅·梅杰(Claudia Major)的《法国国防与国家安全白皮书》(*The French White Paper on Defense and National Security*)很好地概述了2008年白皮书要求的变革(《安全策略分析》,第三卷,第46号,国际安全研究中心(CSS),苏黎世,2008)。参见:http://www.css.ethz.ch/publications/pdfs/CSSAnalyses-46.pdf,也可参见:https://web.archive.org/web/20130914080932,http://www.ambafrance-ca.org/IMG/pdf/Livre_blanc_Press_kit_english_version.pdf(白皮书的英文宣传资料)。

4. 具体细节参见《2013年国防和国家安全白皮书》(巴黎,法国,2013),网址为:http://www.livreblancdefenseetsecurite.gouv.fr/pdf/the_white_paper_defence_2013.pdf。

5. 有关海上航空能力的内容,请参见第8章。

6. 参见简·穆兰(Jean Moulin),《法国海军:这项工作的最低要求》(*The Marine Nationale: The Bare Minimum for the Job*),《2015世界海军评论》(巴恩斯利:锡福斯出版集团,2014),第76—87页。

7. 根据墨索里尼时代的法律,意大利空军已事先被赋予所有固定翼飞机的控制权。

8. 在文森佐·坎波里尼(Vincenzo Camporini)等主编的《白皮书:意大利国防政策战略》(*The White Paper: A Strategy for Italy's Defence Policy*)中,亚历山德罗·马罗内(Alessandro Marrone)提出这一主张。2002年发布的白皮书加上2005年发布的《参谋部战略方针》(*Staff Strategic Concept*)更多强调的是以过渡升级的方式。英文版的2015白皮书可参见:http://www.difesa.it/Primo_Piano/Documents/2015/07_Luglio/White%20book.pdf。

9. 参见理查德·夏普(Richard Sharpe)编辑的《简氏战舰手册(1989—1990)》(*Jane's Fighting Ships*,伦敦:简氏防务集团,1989),第89页。

10. 几乎可以肯定是美国的"战斧"(Tomahawk)巡航导弹。

11. 这些舰船被西班牙海军分类为护卫舰,但它们具有驱逐舰的吨位和能力,这个设计被澳大利亚的防空驱逐舰计划选中。

12. 2012年5月号的《简氏海军国际》(*Jane's Navy International – May 2012*)中,马里亚诺·拉霍伊(Mariano Rajoy)发表了一篇名为"让战舰出现在海上:西班牙海军开始执行稳定战略"的文章,其中详细讨论了西班牙海军的未来发展方向。

# 4.2.3 俄罗斯海军

*詹姆斯·博斯波迪尼斯*

尽管在过去经历了比较严重的动荡,俄罗斯海军仍是世界上较强的海军之一,但其未来充满不确定性。俄罗斯海军面临多方面挑战,包括继承的苏联遗产、海军在俄罗斯军事战略中所需发挥的职能间的相互冲突、经济因素以及俄罗斯的国家政策发展轨迹等。其中,经济上的制约可能是俄罗斯海军面临的最大威胁,特别是在考虑到俄罗斯还需要对海军大型水面作战舰艇部队进行换代以及替换其唯一的航空母舰"库兹涅佐夫上将"(Admiral Kuznetsov)号时。从这一方面来看,现代化舰队力量核心的苏联遗产仍具有其积极意义。[1]

但在其他一些方面,苏联的遗产又成为俄罗斯海军当前面临困难的主要来源。这包括基础设施的不足、海军所需关键工业基地身处国外(这一点与乌克兰目前的危机尤为相关),甚至包括海军过大的雄心。而海军在俄罗斯军事战略中的地位也是个争论不断的话题。围绕从法国购买"西北

图中是2012年"环太平洋"军演(RIMPAC)期间,俄罗斯1155型"无畏"型(Udaloy)驱逐舰"潘捷列耶夫海军上将"号(Admiral Panteleyev)与美国海军舰艇一同参加演习,鉴于乌克兰问题的持续存在,拍摄这种照片的机会很难再有。尽管俄罗斯海军面对许多挑战,但作为苏联遗产的核心现代化战舰力量仍具有其积极意义。(美国海军)

2015年3月，"西北风"级两栖攻击舰"符拉迪沃斯托克"号（Vladivostok）和"塞瓦斯托波尔"号（Sevastopol）被闲置在法国圣纳泽尔港。在克里米亚和乌克兰事件发生后，西方的制裁影响了俄罗斯海军的许多项目，两舰的采购① 就是其中之一。现在这两艘战舰卖给了埃及。（布鲁诺·于里埃）

风"级两栖攻击舰的夭折，以及建造新型航空母舰正式方案继续推迟所展开的争论，就说明了这一点。它还体现在俄罗斯海军领导层公布的、表面上得到克里姆林宫支持的俄罗斯海军长期愿景中，即俄罗斯将建立一支与海上强国地位相称的强大世界级海军。

## 苏联的遗产

苏联的遗产对俄罗斯海军产生了深远的影响。海军的战斗序列，特别是其主要作战单位，仍主要是苏联时期开发和建造（或开始建造）的舰艇所；同时，其战役和战略学说仍然主要关注在大规模战争中对抗美国和西方国家②。此外，海军还必须适应转变，随之而来的是失去对位于新独立的加盟共和国的关键基础设施③的掌控。例如，在20世纪90年代中期，俄罗斯海军声称掌握的战舰修理能力仅相当于所需能力的34%。² 海军后勤基地建设问题更是雪上加霜，又逢20世纪90年代俄罗斯经济形势恶化，导致俄罗斯海军无法维持包括"基辅"级（Kiev）航空母舰、"基洛夫"级（Kirov）巡洋舰和"现代"级（Sovremenny）驱逐舰在内的大量大型水面舰艇。³ 在苏联时期，北方和太平洋舰队的航空母舰和巡洋舰都是返回造船厂（例如尼古拉耶夫船厂）进行改装，而不是在舰队所在地建立必要的后勤支持能力。而在苏联解体后，俄罗斯既无力建立大型舰艇所需的维修保障能力，也无力承担将其送往乌克兰进行大修改装所需的经费。⁴

---

① 作为俄罗斯两栖舰队更新计划的一部分。
② 这在众多军事演习中都有所表现。
③ 包括基地、训练设施、造船厂和修理设施及生产中心。

而在失去唯一有能力建造航空母舰的造船厂①之后，尚未完成的航空母舰建造计划也随之付诸东流。苏联解体时，"库兹涅佐夫海军上将"号的姊妹舰"瓦良格"号（Varyag）已完成80%；85000吨采用核动力、弹射起飞/阻拦着舰（CATOBAR）构型的"乌里扬诺夫斯克"号航空母舰正在建造中。因此，对于俄罗斯的航空母舰雄心来说，20世纪90年代无疑是其至暗时刻：到1996年，4艘"基辅"级航空母舰全部退役，未完成的"瓦良格"号在尼古拉耶夫船厂等待报废出售，"乌里扬诺夫斯克"号也报废了。只有"库兹涅佐夫上将"号仍在服役，不过该舰的服役条件也并不理想。[5]

可以说，苏联最重要、持久的遗产就是俄罗斯与乌克兰的特殊关系。就海军而言，俄罗斯黑海舰队的主要基地（无论是现在的还是历史上的）都位于乌克兰的克里米亚。此外，在2014年乌克兰与俄罗斯爆发冲突之前，乌克兰企业是俄罗斯国防工业的关键供应商。例如，位于尼古拉耶夫的"曙光"机器设计科研生产联合体（Zorya-Mashproyekt）公司制造了俄罗斯海军用于船舶推进的燃气轮机。在乌克兰东部的局势产生动荡后，乌克兰终止了与俄罗斯的防务合作，这对俄罗斯的国防规划造成了重大影响。其中包括22350型"戈尔什科夫

西方制裁对俄罗斯工业造成了重创，严重放缓了新水面舰艇进入海军服役的速度。为此，苏联时期建造（20世纪70年代下水）的诸如"光荣"级（Slava）导弹巡洋舰等战舰不得不继续服役一段时间。（美国海军）

---
① 乌克兰的尼古拉耶夫（Nikolayev）造船厂。

海军元帅"级（Admiral Gorshkov）导弹护卫舰的建造遭遇推迟，以及只能让3艘（而不是原先计划的6艘）"格里戈洛维奇海军上将"级（Admiral Grigorovich）护卫舰（项目代号为1135.6M）进入俄罗斯海军服役。⁶ 2038.5型"轰鸣"级（Gremyashchy）轻型护卫舰建造计划，以及2038.0型"守护"级（Steregushchy）护卫舰的升级计划，也由于欧盟对柴油发动机实施禁运而不得不放弃。

对于"戈尔什科夫海军元帅"级护卫舰，俄罗斯已经能够在国内找到替代供应商①。不过，第3艘和第4艘该级舰的建造可能会被推迟。正如后面将要讨论的，"戈尔什科夫海军元帅"级是俄罗斯海军长期装备现代化计划的核心。这种进口替代计划将对俄罗斯海军重整军备计划和莫斯科的长期国防政策目标产生重要影响。

谢尔盖·戈尔什科夫海军元帅②在俄罗斯海军机构内有持续影响力。在2010年纪念戈尔什科夫诞辰100周年会议上，时任俄罗斯海军总司令的弗拉基米尔·维索茨基海军上将（Vladimir Vysotsky）讲道："作为伟大的苏联的接班人，俄罗斯必须有一支强大的、稳定的海军，以保卫遍布世界各地的海上利益。"此外，维索茨基上将还表示，"我们在很大程度上要感谢戈尔什科夫元帅，我们现在正在作出非常大的努力，以维护符合俄罗斯利益的战略核均势，同时改变20世纪90年代的主流思路。"⁷ 20世纪90年代占主导地位的思路是可以从时任俄罗斯海军第一副总司令和总参谋长的瓦伦汀·谢利瓦诺夫（Valentin Selivanov）海军上将的有关评论中得以管窥，他在1994年讲道："俄罗斯需要一支规模相对较小的海军，但必须是一支有能力、与其他军种密切配合、支持俄罗斯的外交政策、保护国家的经济利益并保障国家安全的海军。"⁸

然而，塞利瓦诺夫上将所表达的观点没有得到广泛接受。20世纪90年代的政治动荡以及对军队缺乏明确指导，导致海军自行对海军的发展历程进行解读，以证明蓝水舰队的合理性。对于海军而言，他们自我定义了一项任务，即保护俄罗斯免受美国海军海上发射巡航导弹的攻击，而要完成这一任务，需要一支足够强大的舰队。1999年，俄罗斯国内政治环境发生了重大变化，弗拉基米尔·普京（Vladimir Putin）被任命为总理，随后又被任命为代总统，最终于2000年3月26日正式当选总统。值得注意的是，普京成为总统意味着俄罗斯海军得到了克里姆林宫的支持：据报道，在1999年11月，普京主持召开的俄罗斯国家安全委员会（Rian Security Council）会议上，他表示，俄罗斯只有在成为海上强国时，才能成为一个真正意义上的强国。尽管2000年8月发生了"库尔斯克"（Kursk）号核潜艇失事这一严重事故，但随着普京寻求恢复俄罗斯大国地位并改革军事力量，俄罗斯海军的境况在21世纪第一个10年中有了显著改善。值得注意的是，海军在俄罗斯国家军事战略中的地位也会随之提升。⁹

## 今天的俄罗斯海军

俄罗斯海军是目前为数不多的拥有全作战能力的海军（其他国家分别是美国、法国、中国和英国）。尽管俄罗斯海军在全球力量投送方面能力有限（特别是与美国海军相比），但它确实拥有向利益相关地区部署强大军力的手段，尤其是在面对面③作战和防空能力方面实力强大。此外，在过去10年里，俄罗斯海军定期进行大规模演习，模拟基于高强度作战场景的作战，其中一些演习还有俄罗斯空军（特别是远程航空兵）的参与。一些演习中还包括模拟使用核武器或在对手使用核武器后的环境中进行行动的情景。

俄罗斯海军的行动节奏也在显著加快：海军总司令维克托·切尔科夫上将（Viktor Chirkov）在2015年6月于莫斯科举行的"2015年军事论坛"上表示："2014年1月至2015

---

① 在实施制裁之前，俄罗斯主要飞机发动机生产商"土星"科研生产联合体（NPO Saturn）曾与"曙光"机器设计科研生产联合体有广泛合作。
② Sergei Gorshkov，（1910—1988），戈尔什科夫在1956年至1985年一直担任苏联海军总司令。
③ Anti Surface，即反地面/海上目标。

2014年3月22日,乌克兰海军的641型"狐步"级(Foxtrot)常规潜艇"扎波罗热"号(Zaporizhzhya)与俄罗斯海军的877V型"基洛"级潜艇"阿尔罗萨"(Alrosa)号停靠在克里米亚的一个海军基地,这一天,乌克兰潜艇在俄罗斯的军事行动中被一并扣押。尽管俄罗斯实现了其领土目标,但乌克兰制造商停止向俄罗斯提供设备,对俄罗斯海军计划造成了严重影响。(安顿·布利诺夫)

年3月,潜艇和水面舰艇的航行时间比2013年增加了30%,演习次数增加了20%,战略核潜艇的作战任务次数增加了近50%。"[10]最引人注目的是,2015年10月7日,俄罗斯海军首次展示了其进行远程导弹攻击的能力:从位于里海的一艘轻型护卫舰和三艘轻型护卫舰上发射了26枚"口径"(Kalibr)[①]对陆攻击巡航导弹,打击叙利亚境内的恐怖分子目标。

俄罗斯海军迅速增长的作战节奏和新出现的远程打击能力,证明了过去10年为扭转俄罗斯海上力量的衰落所做的努力。这也反映了俄罗斯的战略雄心:恢复俄罗斯作为一个大国和多极国际体系中一极的地位。这一雄心已转化为重新装备军队的宏伟计划;在海军方面,这包括新的核动力航空母舰和核动力"驱逐舰",两栖攻击舰,以及常规的战略威慑能力。也就是说,升级海军的装备以使得其力量投送能力比过去大幅提高(见表4.11)。值得提及的是,自2008年至2010年达到顶峰以来,俄罗斯海军的雄心有所降温。随后,海军领导层谈到了建造多达6艘75000吨核动力航空母舰的计

① 北约代号SS-N-30。

### 表4.11 俄罗斯海军力量结构——2015年底

**主要基地和战舰构成**

从结构上看,俄罗斯海军分为4个主力舰队和里海区舰队:

波罗的海舰队,总部位于加里宁格勒,包括主力驱护舰"现代"级和"不惧"级(Neustrashimy),以及轻型护卫舰"守护"级(Steregushchy),至少3艘"基洛"级和"拉达"级(Lada)潜艇;

黑海舰队,总部位于塞瓦斯托波尔,包括一支由"光荣"级"莫斯科"号导弹巡洋舰领衔的小规模水面战斗舰队,一艘877型"基洛"级潜艇,未来还会装备636型"基洛"级;

北方舰队,总部位于塞弗罗明斯克,包括"德尔塔"IV型(Delta IV),1艘"北风之神"级(Boreis)战略弹道导弹核潜艇、"阿库拉"(Akula)级核潜艇和"基洛"级常规潜艇、"库兹涅佐夫"号航空母舰,以及一支由所有现役巡洋舰和驱逐舰类型组成的水面舰队;

太平洋舰队,总部位于符拉迪沃斯托克,包括"德尔塔"III型(Delta III),以及2艘"北风之神"级战略弹道导弹核潜艇;"奥斯卡II"(Oscar II)型飞航导弹核潜艇、"阿库拉"级攻击型核潜艇和"基洛"常规潜艇;一支主要由"光荣"级巡洋舰和"无畏"级(Udaloy)驱逐舰组成的水面舰队;

里海区舰队,总部位于阿斯特拉罕,主要装备包括"猎豹"级(Gepard)护卫舰和"暴徒/暴徒-M"级(Buyan/Buyan-M)轻型护卫舰。

只有北方舰队和太平洋舰队拥有核潜艇,而前者则拥有海军唯一的航空母舰。北方舰队的主要基地集中在西弗罗明斯克、摩尔曼斯克和邻近的巴伦支海,在更东面的白海(White Sea)边的西弗罗文科有造船厂。除了设在符拉迪沃斯托克的总部外,太平洋舰队还在堪察加半岛拥有一系列基地。波罗的海舰队在波罗的斯克、喀琅施塔得和彼得堡设有基地。黑海舰队除了在克里米亚的设施外,还在新罗西斯克有一个基地。

**主要战舰**

| 类型 | 型号/舰级 | 现役 | 订购 | 服役时间 | 吨位 | 说明 |
| --- | --- | --- | --- | --- | --- | --- |
| 航空母舰 | | 1 | (一) | | | 新设计的航空母舰将在2030年投入使用 |
| 航空母舰(CV) | 1143.5/6型/库兹涅佐夫 | 1 | (一) | 1991 | 60000吨 | |
| 主力水面舰艇 | | 23(4) | (10) | | | |
| 战列巡洋舰(BCGN) | 1144.2型/基洛夫 | 1(1) | (一) | 1980 | 25000吨 | 经过长时间闲置后,第2艘该级舰正在接受现代化改造 |
| 巡洋舰(CG) | 1164型/光荣 | 3 | (一) | 1982 | 12500吨 | 第4艘在乌克兰未完成建造 |
| 驱逐舰(DDG) | 1155型/无畏 | 9 | (一) | 1980 | 8500吨 | 共建造12艘"无畏"和1艘"无畏II" |
| 驱逐舰(DDG) | 956/956A型/现代 | 5(3) | (一) | 1980 | 8000吨 | 据报道有3艘被划入预备役,该级舰共建造17艘 |
| 驱逐舰(DDG) | 61型/卡辛 | 1 | (一) | 1962 | 4700吨 | 25艘"卡辛"战舰的最后幸存者,此外印度还购买了5艘改进型 |
| 护卫舰(FFG) | 2235.0型/戈尔什科夫 | — | (4) | (2016) | 4500吨 | 计划建造15艘,第1艘很快会交付 |
| 护卫舰(FFG) | 1135.6型/格里戈洛维奇 | — | (6) | (2016) | 4100吨 | 其中3艘很快交付;另外3艘由于缺少燃气轮机而延迟交付 |
| 护卫舰(FFG) | 1154型/不惧 | 2 | (一) | 1993 | 4400吨 | |
| 护卫舰(FFG) | 1135型/克里瓦克I/II | c.2 | (一) | 1970 | 3700吨 | 现存的该级舰近期将被新型舰艇取代 |
| 二线水面舰艇 | | c.45 | (10) | | | |
| 护卫舰/轻型护卫舰(FFG) | 20380型/守护 | 4 | (6) | 2008 | 2000吨 | 订单中包括2艘2038.5型,计划订购更多 |
| 护卫舰/轻型护卫舰(FFG) | 1166.1型/猎豹 | 2 | (一) | 2002 | 2000吨 | 修改版出售给了越南 |
| 轻型护卫舰 | 2173.0/.1型/暴徒/暴徒-M | 8 | (4) | 2006 | 950吨 | 大部分在里海区舰队服役 |

其他二线水面护卫舰包括1124ME型"格里沙V"(Grisha V)级和133.1型"帕尔希姆II"(Parchim II)级轻型反潜护卫舰

## 人员

常规人员150000人。

## 海军航空兵

通常有3~4个海军空军基地为这4支舰队提供支持。2008年俄罗斯进行军事改革后,海军的大部分陆基攻击机被移交给了俄罗斯空军,不过根据条约,海军仍在克里米亚地区使用这些飞机。大约25架TU-142M"熊"(Bear)和30架IL-38"五月"(May)海上巡逻机也由北方和太平洋舰队掌握。主要舰载机类型如下:

- 苏-33"侧卫D"(Flanker D)舰载战斗机,大约有12架在"库兹涅佐夫上将"号上服役。目前正在被24架米格-29k/KUB"支点D"(Fulcrum D)补充/取代;
- 卡-27/卡-28/卡-31"螺旋"(Helix)直升机,该系列大约有80架各型处于现役状态;
- 卡-52"短吻鳄"(Alligator)武装直升机,已订购或计划订购多达32架;在购买"西北风"级两栖攻击舰失败后,相关采购计划可能会进行调整。

| 类型 | 型号/舰级 | 现役 | 订购 | 服役时间 | 吨位 | 说明 |
| --- | --- | --- | --- | --- | --- | --- |
| 战略潜艇 | | 12 | (4) | | | 还有一艘"台风"(Typhoon)测试艇 |
| 弹道导弹战略核潜艇(SSBN) | 955/955A型/北风之神/北风之神II | 3 | (4) | 2013 | 18000吨 | 第一艘于2010年完成,但直到2013年才进入海军服役,将至少再建造8艘 |
| 弹道导弹战略核潜艇(SSBN) | 667BDRM型/德尔塔IV | 6 | (—) | 1985 | 18000吨 | 还有一艘改造为非弹道导弹战略核潜艇 |
| 弹道导弹战略核潜艇(SSBN) | 667BDR型/德尔塔III | 3 | (—) | 1976 | 18000吨 | 该级共建造14艘,将被"北风之神"级取代 |
| 攻击潜艇 | | 约20~25 | (4) | | | |
| 飞航导弹核潜艇(SSGN) | 855型/亚森/亚森M | 1 | (4) | 2013 | 13500吨 | 可能生产7艘或更多 |
| 飞航导弹潜艇(SSGN) | 949A型/奥斯卡II | 约5 | (—) | 1986 | 17500吨 | 另有数艘处于现代化改造或封存状态 |
| 攻击型核潜艇(SSN) | 971/971U型/阿库拉I/II | 约10 | (—) | 1986 | 9500吨 | 另有数艘处于现代化改造或封存状态 |
| 此外,还有大约5艘945A型"塞拉"II(Sierra II)和671RTM型"维克多"III(Victor III)级潜艇在海军服役 | | | | | | |
| 巡逻潜艇 | 约20 | | (4) | | | |
| 常规动力潜艇(SSK) | 677型/拉达 | 1 | (2) | 2010 | 2700吨 | |
| 常规动力巡逻潜艇(SSK) | 877/636型/基洛 | 约20 | (2) | 1981 | 3000吨以上 | 部分可能处于备用状态 |

其他战舰

| 类型 | 导弹艇 | 坦克登陆艇 | 猎雷舰艇 | 补给舰 | 其他 |
| --- | --- | --- | --- | --- | --- |
| 数量 | 约35 | 约20 | 约40 | 约20 | 外加各类支援/辅助舰艇<br>边防军/海岸警卫队装备有大量巡逻艇 |

划,订购两栖攻击舰(流产的"西北风"采购)和其他两栖舰船,对4艘"基洛夫"级导弹巡洋舰进行现代化改造,甚至提出了建造新的核动力导弹巡洋舰的想法。[11]不过,缩减和/或推迟海军重整军备[①]不应被解读为俄罗斯海军野心的下降:相反,它也许反映了一场关于海军在俄罗斯军事战略和国家政策中适当地位的长期辩论。

作为一个大陆大国,俄罗斯历来奉行以陆地力量为中心的军事战略。然而,在21世纪的第一个10年中,俄罗斯的战略考量有了显著的转变。这是在一份题为《俄罗斯联邦武装部队发展的优先任务》(*The Priority Tasks of the Development*

---

① 例如,第一艘新型航空母舰要到21世纪20年代后期才会开始建造,而不是在2020年进入海军服役。

677BDRM型"德尔塔"Ⅳ级潜艇目前是俄罗斯水下战略核威慑力量的中流砥柱,在北方舰队有6艘现役。图中是2011年3月的"图拉"号(Tula)。在接下来的10年中,该级艇将被"北风之神"级潜艇取代。(俄罗斯国防部)

of the Armed Forces of the Rian Federation)的报告中公布的,并在普京总统和俄罗斯国防部的主持下分发。这让军事安全部门的关键人物走到了一起。值得注意的是,时任国防部长、现任总统办公室主任的谢尔盖·伊万诺夫(Sergei Ivanov)是普京总统的密友,也是克里姆林宫核心圈子的成员。"优先任务"更加强调空中和海上部队执行远程精确打击行动,目标是敌人的关键基础设施,特别是打好信息战[①]。这些内容已经贯彻到俄罗斯正在进行的军事改革和重整军备的工作中,对海军和空军来说,作为增强力量投送能力的核心要素,俄罗斯在开发和采购先进远程巡航导弹方面进行了大量投资。在俄罗斯海军长期现代化计划中,发展常规远程打击能力是核心内容,其部分目的是解决目前进行常规陆上进攻行动能力有限的问题。

除了作为俄罗斯战略核威慑能力的组成部分之外,俄罗斯海军过去和将来的主要任务依然是对抗敌方海军部队。而这些"敌军"主要指的是美国及其北约盟国的海军。为此,2015年颁布的当前版本《俄罗斯海军条令》(Maritime Doctrine)就是为了对抗北约扩张。因此,构成俄罗斯海军当前作战序列的舰艇和潜艇,其主要装备都是用于海上控制(反潜、防空和反水面作战)行动,或者用俄罗斯自己的话说,确保建立"有利的作战环境"(favourable operational regime)。反舰是行动的重点,这也反映在俄罗斯现役的四种主力水面舰艇中三种都装备强大的反舰巡航导弹武器上:

- "基洛夫"级巡洋舰"彼得大帝"号(Pyotr Velikiy)配备有北约代号SS-N-19"海难"(Shipwreck)的P-700"花岗岩"导弹(在"库兹涅佐夫上将"号的飞行甲板前部也装备了12具该型导弹的发射装置)。

---

① 报告充分肯定了地面部队在最终确保胜利方面的关键作用。

黄昏时分的俄罗斯海军舰队。位于最近处的是"现代"级驱逐舰,紧跟其后的是"守护"级轻型护卫舰。用现代化战舰替换现有大型水面舰艇是俄罗斯海军的一项重要优先任务。(俄罗斯国防部)

- "光荣"级巡洋舰配备了北约代号SS-N-12"沙箱"(Sandbox)的P-500"玄武岩"导弹,或P-1000"火山"(Vulkan)导弹。
- "现代"级驱逐舰配备了北约代号SS-N-22"日炙"(Sunburn)的P-270"蚊子"超声速反舰导弹。

此外,海军还拥有专门的反舰导弹潜艇,特别是配备SS-N-19导弹的"奥斯卡"II(Oscar II)级潜艇,同样主要用于反航空母舰任务。

在讨论俄罗斯未来的海军计划之前,有必要对当前的战斗序列做一个概述。目前,俄罗斯海军拥有北方舰队、波罗的海舰队、黑海舰队和太平洋舰队,还包括里海区舰队。水面部队包括一艘航空母舰"库兹涅佐夫上将"号和近30艘远洋水面舰艇,主要型号是"斯瓦拉"、"无畏"、"现代"、"不惧"和"克里瓦克"。还有大量较小的水面战斗舰[包括"守护"(Steregushchy)和"暴徒/暴徒-M"级轻型护卫舰]和由将近20艘各型登陆舰组成的两栖部队作为补充。"伊万·格伦"号(Ivan Gren)是两艘5000吨的1171.1型登陆舰中的第一艘,将于2015年底进入海军服役。潜艇部队包括三艘装备SS-N-18"黄貂鱼"(Stingray)潜射弹道导弹的"德尔塔III"(Delta III)和六艘装备SS-N-23"轻舟"(Skiff)潜射弹道导弹的"德尔塔"IV(Delta IV)战略导弹潜艇,配备新式SS-N-32"布拉瓦"潜射弹道导弹的"北风之神"级核潜艇也将加入战斗序列。还有约25艘配备巡航/飞航导弹的核潜艇,以及将近20艘"基洛"级(Kilo)柴电潜艇。俄罗斯海军还拥有海军航空兵部队,包括陆基和舰载固定翼飞机和直升机。关于力量结构的详细情况见表4.11。

从战斗序列来看,在俄罗斯服役的舰船的种类显然是过于庞杂了,同时装备有两种巡洋舰、三种驱逐舰和四种护卫舰。俄罗斯海军的长期换装计划的一个关键要素,是使其

图中是2014年，全新的2235.0型"戈尔什科夫海军元帅"号护卫舰在海上进行试航。这级护卫舰对俄罗斯海军水面舰艇的更新至关重要，计划至少装备15艘。

力量结构合理化，并在可能的情况下，实现舰船型号的统一——例如即将服役的"戈尔什科夫海军元帅"级护卫舰和"领袖"级（Lider）驱逐舰。

## 俄罗斯海军的未来

俄罗斯海军正在推进全面现代化，包括对苏联时期的舰船和潜艇进行更换或现代化改造，其中潜艇部队的现代化改造工作被尤其强调；同时俄军还将替换现有的主力水面舰艇；并最终研制"库兹涅佐夫上将"号航空母舰的换代型号。2014年，切尔科夫上将（Admiral Chirkov）宣布，海军将成为一支常规战略威慑力量，其核心为潜艇，主力是新型"亚森"级（Yasen）导弹核潜艇和经过现代化改造的"奥斯卡"II型飞航导弹核潜艇以及"拉达"级常规动力潜艇；水面舰艇也将为实现常规战略威慑贡献力量。实施常规威慑的常规远程攻击武器是射程2000千米的SS-N-30"口径"（Kalibr）系列对陆攻击导弹，以及Kh-101型隐身巡航导弹的舰载型号，这款导弹射程5000千米新型巡航导弹采用了可探测技术。

潜艇部队：经过长时间的酝酿，前两艘（计划建造8艘，最终可能建造12艘）"北风之神"级战略导弹潜艇进入俄罗斯海军服役，同时服役的还有计划建造7艘的"亚森"级巡航导弹攻击潜艇中的第1艘。在接下来的10年左右时间里，"北风之神"级潜艇将代替"德尔塔"III/IV型潜艇成为俄罗斯海军战略核部队的核心。所谓的"第五代"潜艇的开发工作也已经启动。其中包括新型导弹核潜艇和常规攻击型核潜艇，分别被称为"航空母舰杀手"和"拦截者"。两款新型潜艇可能会在21世纪20年代进入海军服役，替代一些现有的老式潜艇。此外，俄罗斯还将推出不依赖空气推进（AIP）系统的"卡利纳"级（Kalina）第五代柴电潜艇。考虑到重点在于建立海军的非核远程打击能力，那么该型艇是否也会配备垂直发射系统（VLS）值得观察。从677型"拉达"级派生的"阿穆尔"级常规动力潜艇便安装有10具潜射垂发导弹系统。

俄罗斯海军还计划对"奥斯卡"II级潜艇进行现代化改造，用SS-N-26"缟玛瑙"（Strobile）或"口径"导弹系统替换现有的"海难"导弹；1枚"海难"导弹的安装空间可以布置3枚"缟玛瑙"或4枚"口径"导弹。按照契尔科夫上将的说法，现代化的"奥斯卡"II级潜艇很可能会成为海军常规战略威慑力量的重要支柱。如果是这样，潜艇的武器系统将主要用于对陆攻击，因此其装备的应该是"口径"导弹的相应型号。

水面舰艇：对俄罗斯海军水面作战部队未来的发展来说至关重要的两个项目是："戈尔什科夫"级护卫舰和"领袖"级驱逐舰。前者由什瓦诺设计局（Severnoe Design Bureau）设计，排水量接近4500吨，同时引入了信号减弱手段。该级舰配备有采用四面有源相控阵雷达的"多面堡"（Poliment-Redut）防空系统和32个可发射9M96舰空导弹的垂直发射单元，以及另外用于"缟玛瑙"或"口径"导弹的16个垂直发射单元。"戈尔什科夫海军元帅"级护卫舰可执行包括反水面作战、反潜作战、防空和对陆攻击在内的多种任务。俄罗斯海军希望订购至少15艘（可能多达30艘）此种战舰，以取代现有的护卫舰：第一艘"戈尔什科夫"级护卫舰计划在2015年底进入海军服役。具有象征意义的是，"戈尔什科夫海军元帅"级护卫舰是俄罗斯在苏联解体后首个完全自主设计和建造的大型水面舰艇项目。

另一种关键装备"领袖"级驱逐舰目前还处于设计阶段。虽然被称为驱逐舰，且主要打算用来取代现有的"现代"级和"无畏"级驱逐舰，但"领袖"级计划提供类似巡洋舰的能力。这款驱逐舰排水量将近15000吨，核动力推动，装备S-500舰空/反弹道导弹系统，以及正在开发研制的新型反舰、对陆攻击和反潜导弹。总共计划建造12艘，北方舰队和太平洋舰队各配备6艘。"领袖"级的核动力系统的开发也是为装备在未来航空母舰上的推进系统做准备。

俄罗斯海军还打算在可预见的未来保有两艘核动力"基洛夫"级巡洋舰。"纳西莫夫上将"级（Admiral Nakhimov）正在进行大修（其实已经基本相当于重建），并翻新所有舰上系统。在武器系统方面，用80枚"口径"系列导弹（包括对陆攻击和反舰型号）取代目前的20枚"海难"反舰导弹，同时换装"戈尔什科夫海军元帅"级上使用的"棱堡"防空系统。"纳希莫夫海军上将"号计划于2018年重新服役；"彼得大帝"（Pyotr Velikiy）号也将进行类似的大修。

航空母舰和两栖攻击舰：俄罗斯海军仍然致力于发展舰载航空力量，并已多次表示打算建造新的航空母舰取代"库兹涅佐夫上将"号。俄罗斯对未来航空母舰的设想，可与美国海军的"尼米兹"级和"杰拉德·福特"级相媲美，新型航空母舰长度大约330米、排水量超过8.5万吨、配备核动力推进和电磁弹射器系统。舰载机将包括苏霍伊T-50第五代战斗机的海军舰载型，"库兹涅佐夫上将"号上正在使用的米格-29K、直升机、固定翼空中预警机和无人机。近10年来，这一设想始终如一。不过，与2007—2010年相比，俄罗斯海军最终希望获得的航空母舰数量目前尚未公开：目前正力求在2030年先装备一艘。在采购法国"西北风"级直升机航空母舰的交易流产后，俄罗斯海军领导层可能不得不谨慎行事。2015年6月，两个直升机航空母舰的方案在2015年军事论坛上公布。其中一个方案代号"普利博"（Priboy），排水量14000吨，设计搭载8架直升机和600名士兵；另一个方案代号"拉维纳"（Lavina），基本上相当于"西北风"级，排水量24000吨，搭载16架直升机。俄罗斯很可能为海军建造基于或接近这些构想的直升机航空母舰。

## 小结

苏联解体后的20年见证了俄罗斯海军命运的重大变化：从动荡的20世纪90年代，对未来海军长远发展的疑惑，"库尔斯克"号事故的惨痛，再到普京时代（海军和国家）不断增长的信心和宏大的复兴愿景。然而，俄罗斯海军的未来仍然不明朗，而这也可以部分归咎于苏联的遗留问题。因此，俄罗斯想要成为海上强国的雄心能否实现，还有待观察。俄罗斯工业的交付能力，以及经济状况能否承受海军更新潜艇和战舰所需，还存在不确定性。考虑到对西方技术的获取受到限制，以及缺乏深入的经济和工业改革，俄罗斯所面临的困难可能非常艰巨。此外，俄罗斯的周边地源环境、陆地边境的危机和不稳定，东欧紧张局势的升级，都可能导致俄罗斯军事力量的重点再次回到陆军。讽刺的是，"口径"远程巡航导弹与轻型护卫舰和轻型护卫舰的结合，以及该组合所提供的战略覆盖能力，可能会被俄罗斯的一些人用来证明蓝水海军是多余的。例如，有人可能会问，当轻型护卫舰能够以较低的成本打击距离波罗的海、黑海和里海2000千米以外的目标时，如何能证明在"领袖"级驱逐舰上花费高额经费是合理的？

俄罗斯海军在其两栖部队中维持着一支强大的登陆舰部队，其中一些登陆舰在叙利亚内战中，在为政府军提供后勤支持方面发挥了相当大的作用。图中是2015年3月，"亚历山大·奥塔沃斯基"号（Alexander Otravosky）登陆舰穿过博斯普鲁斯海峡。海军是俄罗斯实现"大国"地位的重要支撑。（德夫里姆·亚拉力）

尽管要实现理想中的未来海军需要付出巨大成本、克服重重困难，但只要俄罗斯仍致力于寻求它所渴望的"大国"地位，就不可能减少军事方面的野心。但是，俄罗斯也可能无法实现全部的重整军备计划。"戈尔什科夫海军元帅"级护卫舰研制过程中遇到的困难（尤其是对乌克兰燃气轮机的依赖）以及其他备受关注项目（包括"布拉瓦"战略导弹和为印度进行的"维克拉玛蒂亚"号改装）进行过程中出现的问题，都说明海军在实现计划的路上要克服重重挑战。应当强调的是，有关计划已取得进展：海军正在稳步接收新的战舰和潜艇；其行动频率和活动范围正在增加；在政治上也获得支持。即使不能成为海上大国，俄罗斯海军也仍是21世纪一支举足轻重的海军部队。

## 注释

1. 其中包括：
- 1143.5/6型"库兹涅佐夫海军上将"级航空母舰。
- 1144型"基洛夫"级核动力巡洋舰。
- 1164型"光荣"级巡洋舰。
- 1155型"无畏"级驱逐舰。
- 956/956A型"现代"级驱逐舰。
- 667BDR/BDRM型"德尔塔"III和IV型战略弹道导弹核潜艇。
- 949A型"奥斯卡"II飞航导弹潜艇。
- 971/971U型"阿库拉"级（Akula）攻击型核潜艇。
- 877/636系列"基洛"级潜艇。

2. 皇家海军西蒙·艾雷（Simon E. Airey）中校，"俄罗斯海上力量会有未来吗？"，《英国皇家联合军种研究院学报》（*RUSI Journal*）第140卷，（伦敦：英国皇家联合军种研究院，1995），第15—22页。

3. 米哈伊尔·巴拉巴诺夫（Mikhail Barabanov），"'西北风'的问题"，《莫斯科国防简报》（*Moscow Defense Brief*），第3期，2009年（莫斯科：战略与技术分析中心，2009）。

4. "俄罗斯海上力量会有未来吗？"，同上，第20页，脚注12。

5. "瓦良格"号最终在中国建造完成，被重新命名为"辽宁"号。尼古拉耶夫造船厂还负责建造"光荣"级巡洋舰。已有3艘在俄罗斯海军服役，第4艘——1990年下水的前"罗波夫上将"号（Admiral Lobov）——由于俄罗斯和乌克兰既没有资金也没有意愿继续建造而夭折。

6. 尽管没有乌克兰制造的燃气轮机，后3艘仍在建造之中。

7. "指挥官为俄罗斯的全球海上部署和航空母舰能力辩护"，引自詹姆斯·波斯波蒂斯（James Bosbotinis），《俄罗斯联邦海军：对其战略背景、原则和前景的评估（特别版）》（西文汉姆：英国国防学院，2010），第18页。

8. 瓦伦汀·谢利瓦诺夫海军上将，"海军的工作：俄罗斯海军在海军军备领域的国际安全与合作系统中的作用"，引自"俄罗斯海上力量会有未来吗？"，同上。

9. 有关本段所述时期的进一步讨论，请见米哈伊尔·齐普金（Mikhail Tsypkin），《在暴风雨中无舵航行：俄罗斯海军1992—2002》，（桑德赫斯特：军事冲突研究中心，2002）。

10. "2014—2015年俄罗斯海军演习次数增加20%"，塔斯社，2015年6月，见http://tass.ru/en/ria/801350。

11. 有关这一时期的讨论，参见《俄罗斯联邦海军：对其战略背景、原则和前景的评估（特别版）》，同上。

# 4.3 亚太地区海军

康拉德·沃特斯

当今亚太地区海军力量对比的主要变化无疑是中国人民解放军海军（PLAN）地位和能力的稳步提升。在过去20年的大部分时间里，中国人民解放军海军都在提升其近海防御和A2/AD（反介入/区域拒止）能力。而近些年，中国海军在保持近海防御能力的前提下开始拓展新的能力，向建设"蓝水海军"努力。出于对海上贸易路线[①]的依赖，中国海军的这一转变有充分理由，同时中国在南海等地区也对自身的海洋权利主张持坚定立场。

其他各国应对中国海上力量崛起的反应有多种形式。在外交上，澳大利亚、日本和菲律宾等国出于对当前力量平衡可能被打破的担心而逐步走到一起，而在这些国家中，美国无疑是最重要的一个。美国的"重返亚太"战略既基于加强自身的区域联盟网络，也基于增强其地区军事存在。在亚太地区的海上强国中，澳大利亚和日本正在采取措施提升本国的海军能力，直升机航空母舰、防空驱逐舰和远程巡逻潜艇在两国的采购清单上都名列前茅。同时，两国仍坚定地坚持与美国的长期双边联盟。从历史上看，它们倾向于与美国海军形成互补的能力。不过，最近的动向表明，如果情况需要，他们希望建立自己的能力均衡的海军部队。

亚太地区其他海上强国（如韩国）的舰队发展趋势与澳大利亚海军（RAN）和日本海上自卫队（JMSDF）的发展趋势大体相似。韩国海军预算的大部分都被集中在近海作战能力上。朝鲜的核武器计划是另外一个复杂因素。这已导致日本海上自卫队对其配备宙斯盾的驱逐舰进行改装，以适于执行反弹道导弹（ABM）防御任务，同时也是韩国为可能具备类似改装潜力的战舰进行大力投资的原因。

与此同时，越南正大举投资于俄制潜艇、轻型护卫舰和快速攻击艇。然而，在没有外部力量支持的情况下，越南没有能力将舰队的行动范围扩大到其沿海以外。事实上，正如表4.12中所示，大多数亚洲舰队的装备仍以执行海上警戒与

新加坡海军是亚洲规模较小的海军中较为高效的海军，这是一支由技术先进的舰船组成的力量均衡的海上力量。这张照片展示了2015年7月，"可畏"级（Formidable）护卫舰"至上"号（Supreme）与"无畏"号（Intrepid）同美国海军"拉森"号（Lassen, DDG-82）导弹驱逐舰一起演习。（美国海军）

---

① 比较主流的叫法是海上交通线（SLOC）。

### 表4.12 2015年底亚太地区海军实力对比

| 国家 | 战舰型号 | | | | | | | | | | | | | |
|---|---|---|---|---|---|---|---|---|---|---|---|---|---|---|
| | 航空母舰和两栖舰艇 | | | | 潜艇 | | | 水面舰艇 | | | | 其他（部分舰种）| | |
| | 核动力航空母舰 | 支援航空母舰 | 两栖攻击舰 | 船坞登陆舰 | 弹道导弹核潜艇 | 攻击型核潜艇 | 柴电动力潜艇 | 驱逐舰 | 护卫舰 | 轻型护卫舰 | 快速攻击艇 | O/CPV | 反水雷舰艇 | 补给舰 |
| 澳大利亚 | — | — | 2 | 1 | — | — | 6 | — | 11 | — | — | 15 | 6 | 2 |
| 日本 | — | 3 | — | 3 | — | — | 16(2) | 38(3) | 6 | — | 6 | — | 27 | 5 |
| 韩国 | — | — | 1 | — | — | — | 14 | 12 | 10 | 18 | 17 | 约70 | 9 | 3 |
| 文莱 | — | — | — | — | — | — | — | — | 4 | — | 4 | — | — | — |
| 印度尼西亚 | — | — | — | 5 | — | — | 2 | — | 6 | 26 | 约20 | 50+ | 11 | 3 |
| 马来西亚 | — | — | — | — | — | — | 2 | — | 2 | 12(1) | 8 | 8 | 4 | — |
| 新西兰 | — | — | — | — | — | — | — | — | 2 | — | — | 6 | — | 1 |
| 朝鲜 | — | — | — | — | — | — | 50+ | — | 约10 | 约30 | 约300 | 约30 | — | — |
| 菲律宾 | — | — | — | — | — | — | — | — | 14 | — | 约50 | — | — | — |
| 新加坡 | — | — | — | 4 | — | — | 4 | — | 6 | 6 | — | 11 | 4 | — |
| 泰国 | — | 1 | — | 1 | — | — | — | — | 7 | 11 | 6 | 50+ | 6 | 1 |
| 越南 | — | — | — | — | — | — | 4 | — | 8 | 18 | 15+ | — | 8 | — |

注释：数字来自可用的官方资料、新闻报道、已公布的情报数据和其他适当的"公开"资料。鉴于现有数据有很大差异，表中数字可视为指示性的，特别是关于小型战舰的数字。括号内的数字是指训练艇；在某些情况下，它们可以重返前线。常规动力潜艇的数字不包括小型潜艇。快速攻击艇仅包括装备导弹的舰艇。

本土防御任务为重点，通常只维持少数能够进行高强度作战的军舰。

印度尼西亚海军（Indonesia Angkatan Laut）便是这类海军的一个典型范例，虽然其是名义上东南亚最大规模的海军，大约有65000人和约160艘现役战舰，但这支海军的绝大部分力量都被用于为这个岛屿密布的国家（约有17500个岛屿，人口约2.7亿）提供海上执法。虽然根据所谓的"最低限度基本部队"（Minimum Essential Forces）计划，印尼正在扩充小规模的潜艇舰队，并购置新的轻型护卫舰以补充或取代老旧的舰艇，但在可预见的未来，海上执法任务仍将消耗其大部分资源。菲律宾的情况更糟。迄今为止，菲律宾海军舰队中还没有一艘装备导弹的舰艇，其14艘轻型护卫舰和轻型护卫舰中有9艘可追溯到第二次世界大战后期。

不过，亚洲的舰队正受益于该地区的经济繁荣，这使得一些国家能够建立起拥有较强作战能力的现代化海军。例如，马来西亚以类似于越南的方式，建立起了潜艇舰队：接收了两艘由法国舰艇建造局于2009年建造的"鲉鱼"型（Scorpène）潜艇。第二代巡逻舰（实际上是轻型护卫舰）的计划也在进行中，该型舰也采用法国舰艇建造局的设计，但将在当地组装。值得引起重视的一点是，越来越多的亚洲国家选择自己建造完成需要的战舰（无论是复杂一些的还是相对简单的）。在这些第二梯队舰队中，新加坡脱颖而出，该国拥有最先进的本土造船工业，曾向泰国和阿曼出口过本土设计。实际上，新加坡无疑是所有较小的地区性海军中最高效的，拥有一支由最新型水面作战舰艇、两栖战舰和潜艇组成的功能完备的舰队，其舰艇的作战能力能力与亚洲其他国家的相比都不落下风。

许多亚洲海军部队呈现表中数据未体现的一个特征——作为准军事部队的海岸警卫队舰艇的重要性日益增加。包括日本和韩国在内的一些规模较大的海岸警卫队或类似的海上执法力量，都装备有数以百计的巡逻舰和巡逻艇。其中最大的舰艇虽然武器装备不多，却配备了先进的监视和通信系统，这是许多较小规模海军想做却做不到的。

# 4.3.1 皇家澳大利亚海军（RAN）

大卫·斯蒂文斯

2015年4月，随着"罗盘"计划的公布，澳大利亚海军司令蒂姆·巴雷特（Tim Barrett）中将正力求让他的部下们专注于他余下3年任期内需要实现的目标。[1]巴雷特敏锐地意识到地区和全球安全环境的不确定性，他明确表示，皇家澳大利亚海军（RAN）作为此轮最大规模军事力量重组的受益者，必须发展成为一支更具创新性、更强大和更灵活的部队。海军不能再延续近些年的作战习惯，仅出动单舰进行远海部署，而是要定期组建要素全面的特混编队，既能具备自卫能力，又能持续维持存在，还可以经过专门调整以实现国家所需的行动结果。必要时，特混编队将包括潜艇、支援舰艇、舰载航空兵、反水雷舰，并具备快速环境评估能力。

## 战略背景

当前和未来的海军计划表明，澳大利亚旨在实施更强有力的海上安全战略。这些政策尤其反映出澳大利亚认识到，随着战略重心继续在东西方之间转移，全球力量之间的关系变得更加复杂。印度洋-太平洋地区的经济、贸易和能源独立正在增强，预计到2050年，该地区的经济总量将占全球的近一半。目前，全球30%的贸易和澳大利亚60%的贸易都是通过中国南海进行的。

虽然有识之士希望这些计划不会太少，也不会太迟。但澳大利亚作为一个海洋国家，对世界上最大的海域负有责任，并负有维持其商业和军事海上交通的根本义务，这一点并没有在政界和学术界被广泛接受。20世纪80年代，越南战争刚刚结束，在"保卫澳大利亚"战略背景下，国防政策朝着依靠独立自主的方向演变，并在国内形成一定共识。然而，该战略依然支持对于新出现的威胁直接采取措施。因此，当时澳大利亚的海上战略思维倾向于海上拒止而不是海上控制，同时排斥实施远征行动。正如当时的国防部长在1990年指出的那样，"两栖作战能力本质上的进攻性使其不适合澳大利亚的力量结构"。[2]

随着冷战的结束，这一战略显然已经不合时宜。20世纪90年代初，澳大利亚对战略方针的判断是，超级大国的军事竞争将被一种更复杂、更不确定的结构所取代；在一个存在地区大国且竞争和经济发展水平不匹配的世界里，澳大利亚的重要性将显著提升。[3]澳大利亚海军随后批量定购重要的新装备，如"柯林斯"级（Collins）潜艇和"澳新军团"级（Anzac）护卫舰，但后一种战舰依然被认为是传统水面舰队中的"二等舰艇"，通常被派往澳大利亚附近海域执行任务（只配备近海装备）。同时，澳大利亚政府宣布，采购性能更高的"一等驱逐舰"，并准备建造多达16~17艘主力水面舰艇。[4]然而，资源的限制很快将这一数字降低到更正常的11~12艘。后来成为"霍巴特"级（Hobart）导弹驱逐舰的新型驱逐舰采购计划，直到2007年，即此前服役的3艘"珀斯"（Perth）级[①]导弹驱逐舰的最后一艘退役6年后才启动。由此造成的舰队区域防空能力缺口直至现在才被逐渐填补。

同样令人不安还有，向外国采购逐步成为普遍方式。海军的装备采购与国防开支的实际增长的不匹配，意味着新平台通常会在其他领域付出持续的成本，尤其是人员、维护、

---
[①] 即澳大利亚版本的"查尔斯·F.亚当斯"级导弹驱逐舰。

2015年11月，新投入使用的两栖攻击舰"堪培拉"号（Canberra）在第一次试航中接受"天狼星"号（Sirius）补给舰的海上加油。皇家澳大利亚海军旨在将力量更多用在部署能够自卫和持续运行的独立特遣小组上。（皇家澳大利亚海军）

燃料和弹药的供应方面。因此，尽管从20世纪80年代末，澳大利亚国防军（ADF）就可以在有限范围内参与低级别的海上行动，但一直没能真正拥有在澳大利亚大陆以北的陆上、海上或是空中独立作战所需的持续性和机动性。

虽然如此，但在新的战略态势下，面对周边的政治局势不稳定和自然以及人为灾害，澳大利亚国防军依然成功实施了多次部署。由于皇家澳大利亚海军保留了最低限度的海上补给和两栖能力①，澳大利亚得以参加从南太平洋附近到索马里的许多海上行动。然而，这已经达到了装备及其相对较小的装载能力的极限，在20世纪90年代公众逐渐展开了对于澳大利亚国防军力量结构短板的公开讨论（见表4.13）。

## 东帝汶军事干预及其后果

能力限制最终在1999年达到顶点，当时联合国呼吁澳大利亚在东帝汶人道主义危机期间领导一次国际强制和平行动。这是自越南战争以来澳大利亚国防军投入的最大规模海外行动，也是一次真正的多军种联合行动，要求海军和空军提供保护，同时部署和维持做好战斗准备的地面部队。行动无疑是成功的，然而，在距离澳大利亚大陆仅400英里的地方维系一支小规模的远征军，已经将澳大利亚国防军带到了崩

---

① 包括重型登陆舰"托布鲁克"号，6艘重型登陆艇和一艘由滚装渡轮改造的训练船。

### 表4.13　澳大利亚皇家海军力量结构——2015年底

**主要基地和战舰构成**

东部舰队基地（悉尼）：主要停靠两栖战舰，防空护卫舰，通用护卫舰和反鱼雷艇。
西部舰队基地（罗金厄姆）：主要停靠潜艇，通用护卫舰。
此外，巡逻艇和小型战舰停靠在凯恩斯港和达尔文港。

**人员**

常规人员14000名，预备部队8000人（其中5000人随时可用）。

**主要战舰**

| 类型 | 舰级 | 现役 | 订购 | 服役时间 | 吨位 | 说明 |
|---|---|---|---|---|---|---|
| 主要两栖战舰 | | 3 | （—） | | | |
| 两栖攻击舰（LHD） | 堪培拉（胡安·卡洛斯一世） | 2 | （—） | 2014 | 27100 | 项目代号JP2048，第4A/B期 |
| 船坞登陆舰（LSD） | 乔勒斯（拉格斯湾） | 1 | （—） | 2006 | 16200 | 2011年从英国采购的二手战舰 |
| 主力水面战舰 | | 11 | （3） | | | |
| 导弹驱逐舰（DDG） | 霍巴特（F-100） | — | （3） | （2017） | 6300 | 项目代号SEA 4000，替换保留的阿德莱德级护卫舰 |
| 导弹护卫舰（FFG） | 阿德莱德（FFG-7） | 3 | （—） | 1980 | 4200 | 原名"澳大利亚"级，共引进6艘 |
| 导弹护卫舰（FFG） | 澳新军团（MEKO-200） | 8 | （—） | 1996 | 3600 | 将被项目代号为"SEA 5000"的，大体相当的护卫舰所替代 |
| 潜艇 | | | | | | |
| 巡逻潜艇（SSK） | 柯林斯 | 6 | （—） | 1996 | 3400 | 将被8-12艘项目代号为"SEA 1000"的潜艇所替代 |

**其他战舰**

| 类型 | 近海巡逻舰 | 猎雷舰艇 | 调查船 | 补给舰 |
|---|---|---|---|---|
| 数量 | 13（+2艘租借） | 6 | 6 | 2 |

**海军航空兵**

海军航空队主要驻扎在距离悉尼80英里的纳斯诺瓦拉。没有固定翼飞机。主要机型有：

- MH-60R "海鹰"反潜直升机：正在服役或订购的共24架。正逐步取代现有的S-70B "海鹰"直升机。
- MRH-90 "泰斑蛇"运输直升机：从陆军/海军联合部队47架中分配给海军6架。

澳大利亚陆军的MRH-90和CH-47F "支奴干"运输直升机以及"虎"武装侦察直升机也可以在必要时搭载于海军舰艇上。
到2020年，澳大利亚皇家空军的AP-3C "猎户座"海上巡逻机将被8-12架P-8A "海神"和6-8架MQ-4C "特里同"无人机取代。

---

溃的边缘。如果不是短期租赁了一艘高速双体渡船，以及来自澳大利亚盟友的海上和空中支援，澳大利亚国防军很可能无法完成任务。

这些包括各种额外的海上运输、护送、监视、两栖投送和后勤服务在内的支援，成为表明国际社会决心的一个重要象征，而水面作战舰艇的公开出现，也释放出多国维和部队坚持完成任务的态度。事实上，在澳大利亚陆军的许多人看来，海军在遥远距离上实施近岸行动的能力依然欠缺。在当时奉行的政策中，绝大部分依然强调在本大陆内实施行动，而陆军在远距离投射军事力量方面几乎没有能力，也没有多大兴趣。

提高两栖作战能力的需要随即反映在2000年的《国防白皮书》中，该白皮书介绍了澳大利亚的"先发制人"意图，即尽可能在远离本国海岸的地方与敌对势力交战，以及与此相关的海上战略需要。[5] 短期内，20世纪90年代中期购买的两艘前美国海军"新港"级（Newport）坦克登陆舰经过大量昂贵的改装后终于进入海军服役。在接下来的10年里，两舰在向遥远的斐济和中东实施部署时都发挥了很大作用。但不

1999年,一架"海王"(Sea King)直升机与重型登陆舰"托布鲁克"号(Tobruk)一起执行"维稳"任务。此次行动由澳大利亚牵头,在联合国的支持下在东帝汶进行。这次行动的成功显著延展了澳大利亚的国防能力,并对未来的军备采购产生了重大影响。(皇家澳大利亚海军)

幸的是,维修和人员问题迫使这两艘船在2011年提前退役,这些问题也限制了舰队在其他许多地区的可用性。陈旧的、越来越不可靠的"托布鲁克"(Tobruk)号船坞登陆舰一直被留用至2015年。最令人尴尬的是,2011年初热带气旋"亚思"袭击昆士兰北部时,皇家澳大利亚海军无法提供两栖平台投入救灾。16000吨的船坞登陆舰"乔勒斯"(Choules)号,同年自英国购得。2012年,澳大利亚政府采购了澳大利亚国防船"海洋之盾"号(Ocean Shield),这是一艘由平民船员驾驶的人道主义救援和灾难救助船,将负责执行相关任务,直至专用舰艇建成服役。

## 装备

如今,2000年《国防白皮书》中作出的战略决策开始结出果实,特别是皇家澳大利亚海军的两栖作战能力得到了大大增强。"罗盘"计划中设想的独立特混编队以两艘新的2.7万吨两栖攻击舰"堪培拉"号和"阿德莱德"号为基础组

2014年11月,"澳新军团"级护卫舰"斯图尔特"号(Stuart)和"澳新军团"号与日本海上自卫队驱逐舰"雾雨"号、柯林斯级(Collins)潜艇"兰金"号(Rankin)在参加纪念澳新军团第一支护卫舰编队参加第一次世界大战活动时的合影。20世纪90年代,皇家澳大利亚海军因"澳新军团"级和"柯林斯"级舰艇的加入受益不浅,但预算条件意味着如此大规模的投入是不可能经常有的。(皇家澳大利亚海军)

建。它们将能够在联合行动中扮演重要角色。两舰都配有大型飞行甲板和一个用于装载登陆艇的坞舱,能够将2000多名军人连同他们的武器、弹药、车辆和物资,通过直升机和登陆艇送上岸。此外,"乔勒斯"号有能力装载和运输多达32辆坦克或150辆轻型卡车,在正常情况下,还可搭载356名士兵(在超载情况下可搭载最多700人)。

2018年,澳大利亚海军特混舰队的联合作战和先进网络能力因首批3艘"霍巴特"级(Hobart)导弹驱逐舰的入列而增强。这些驱逐舰以西班牙F-100型导弹护卫舰的设计为基础,在南澳大利亚州建造,具体装备包括"宙斯盾"战斗系统,48单元导弹垂直发射系统(VLS),筒射"鱼叉"导弹,5英寸Mk 45火炮和舰载鱼雷。这些现代化战舰将逐步取代余下的3艘在1984—1993年服役的"阿德莱德"级导弹护卫舰。这3艘护卫舰在过去10年都进行了升级改造,以确保它们在2021年最终退役前还能正常发挥作用。新的导弹驱逐

2015年6月"北方三叉戟"(Northern Trident)行动期间,澳大利亚"澳新军团"号护卫舰正驶离英国朴茨茅斯港。该级的8艘护卫舰在现代化改造中加装了澳大利亚国产有源相控阵雷达,自卫能力得以提高,并可能继续服役到下一个10年。(康拉德·沃特斯)

舰中最后一艘的"悉尼"号①,目前计划在2020年建造完成。

现役的8艘"澳新军团"级护卫舰也能为舰队提供额外的屏护,该级舰从1996年起正式加入舰队。这些战舰在最初建造时主要是为了壮大海军队伍(重数量而不重质量),但随后陆续进行了针对反舰导弹的防空系统升级,其中包括澳大利亚开发的安装在新桅杆上的澳大利亚国产"CEAFAR"有源相控阵雷达,与之配套的还有多通道相控阵导弹照射引导天线。这些系统和其他改进型作战系统提高了近海环境的态势感知能力,使得"澳新军团"级护卫舰可以同时识别、跟踪和应对多个目标,并确保它们在未来10年仍然能够高效服役。

所有大型水面舰艇都将搭载MH-60R"海鹰"(Seahawk)战斗直升机。目前澳大利亚正在从美国采购24架直升机,以取代之前的S-70B-2"海鹰"机队。新一代"海

① 该舰也是第五艘采用此舰名的舰艇。

年的一场火灾中受损,持续的可用性问题导致海军不得不借用两艘澳大利亚边防局的"海角"级(Cape)巡逻艇作为临时补充。近年来,对边界保护的优先考虑也使得皇家澳大利亚海军的反水雷和水文调查舰艇也投入巡逻任务。目前的航道测量任务由2艘"露纹"级(Leeuwin)测量船和4艘"帕鲁玛"级(Paluma)测量艇完成;而6艘"休昂"级(Huon)沿海猎雷艇和2个潜水扫雷队提供了反水雷对抗能力。

## 未来的采购计划

展望未来,澳大利亚联合政府已经宣布了一项为期20年的890亿澳元的投资计划,用于多个新的海军装备系统。其中包括:8~12艘未来常规动力潜艇,取代可能在2026年开始退役的6艘"柯林斯"级潜艇;为反潜作战优化的未来护卫舰;以及比"阿米德尔"级具有更好的航程、适航性和传感器的新型近海巡逻舰。其他准备采购的专业舰艇包括,用于提升战区内运输能力的重型登陆艇和2艘用以保持东西海岸部队远航能力的在航补给舰。

这2艘补给舰将在海外建造,但政府也致力于通过不断建造水面舰艇来改造当地海军造船业。目前的计划是国产化工作从巡逻舰和未来护卫舰开始。尽管新潜艇的建造和采购战略仍在考虑之中,但政府方面都公开表示支持,而且几乎可以肯定澳大利亚国内企业会承担部分建造工作。

包括图中的"马里伯勒"号在内的"阿米戴尔"级巡逻舰为保卫澳大利亚的边境安全做出了重大贡献。(皇家澳大利亚海军)

鹰"装备有低频吊放声呐,Mk 54轻型鱼雷和"地狱火"空对地导弹,它们将为水面部队提供更好的监视、反潜和反水面能力。随着澳大利亚国防军继续努力发展成为一支真正的联合作战部队,两栖舰艇也将完全有能力搭载MRH-90"泰斑蛇"(Taipan)多用途直升机、CH-47F"支奴干"(Chinooks)重型运输直升机或"虎"(Tiger)式武装侦察直升机。

与此同时,皇家澳大利亚海军继续为澳大利亚政府保护边境和离岸资源利益发挥应有作用。14艘"阿米德尔"级(Armidale)巡逻舰在2005年开始服役,但其中一艘在2014

## 小结

一直以来,皇家澳大利亚海军的目标都是在建设并维持一支均衡的舰队,能够在不同的作战频谱内采取有效的行动。根据目前皇家澳大利亚海军的力量结构和未来规划,这一目标似乎又快要实现了;这是自20世纪70年代以来最好的情况。"罗盘"计划表明,皇家澳大利亚海军的领导层了解所面临的挑战(尤其是与训练、人员配备和资产管理相关的挑战),并正在努力解决这些挑战。

皇家澳大利亚海军已经订购了24架MH-60R"海鹰"直升机,该型机将为澳海军提供海上监视,反潜和反水面舰作战能力。图片中的就是停放在"珀斯"号上的该型直升机,该舰是第一艘搭载MH-60R投入实战部署的澳军导弹护卫舰。(皇家澳大利亚海军)

## 注释

1. 参见"罗盘"计划:海军战略2018(堪培拉:皇家澳大利亚海军,2015)

2. 奇斯曼(G Cheeseman)引用比兹利(K C Beazley)在《新澳大利亚军国主义》(莱卡特:布鲁托出版公司,1990),第212页。

3. 《1993年战略评估》(堪培拉:联邦政府,1993)。

4. 这个计划在《1987年澳大利亚防务报告》(堪培拉:澳大利亚政府出版局,1986)中有所说明。

5. 参见《2000年防务报告:我们未来的国防军》(堪培拉:澳大利亚联邦,2000)。这一决定在2006—2016年"国防能力计划"中得到确认,该计划特别提出了购买2艘两栖攻击舰和3艘防空驱逐舰的要求。

# 4.3.2 日本海上自卫队（JMSDF）

阿拉斯泰尔·库珀

日本拥有丰富的海洋资源，并对国际海上运输网络有着重大的利益关系；海洋资源与海上贸易是其安全与繁荣的基础要素。同时，日本拥有复杂、发达的经济体系，高度依赖国际贸易。尽管日本海上自卫队（Japan Maritime Self-Defence Force，JMSDF）目前已经是世界上强大的海军力量之一，但日本海上利益的庞大总量和广袤地理范围仍然超出了海上自卫队的保护能力。因此，日本必须寻求与他国的战略协作，而这也成为日本深化与美国之间的防务同盟关系的重要驱动因素。然而，日本防务挑战的迫近性和复杂性日益增加，可能既需要加大多边合作的努力，也需要提高自身的多军兵种联合舰队的战斗力。这将导致在未来几年中，日本对力量结构调整的相关决策变得困难。所面临的挑战不仅来自于国内民众对于此举是否合乎"和平宪法"的观点，也来自于日本海上自卫队应对战略和技术变革的调整能力是否足够。

## 日本海上自卫队作战能力和战略关系

日本海上自卫队在能力建设上非常注重反潜战（ASW）和反水雷战，近期也在弹道导弹防御（BMD）和两栖作战方面有了较大改进。日本海上自卫队改变了太平洋的作战环境，使美国海军能够充分利用自己的潜艇、两栖舰艇和航空母舰战斗群。两栖作战能力不仅是日本海上自卫队的新重点，也是整个日本自卫队的重点，日本不仅重视对主要岛屿的防卫，也把目光投向近海岛屿。

日本海上自卫队军力结构和能力组合的基调不断调整。

日本自身安全前景的缓慢正常化，以及东亚和东南亚日益增长的经济实力，引发了人们对未来几十年日本和美国战略利益将在多大程度上共存的质疑。这并不是说美日同盟正在削弱，而是两国必须解决的安全问题的数量、地理跨度和复杂性都在增加。因此，不能肯定他们的国家利益是否总是完全一致。现有力量结构仍可发挥巨大作用：水雷战仍是一个被低估的领域，反潜战对资源的消耗非常厉害，亚洲地区日益增加的潜艇数量将带来更大的挑战。而在美日同盟之外，这种能力组合可能无法满足日本领导人的所有需要。更强调两栖和海上航空能力，以及更优先考虑与日本自卫队其他兵种的联合行动，可能是日本领导人希望走的发展道路。2013年版《防卫计划大纲》（Japanese National Defense Program Guidelines）反映了日本的国防规划者对这些问题的思考：虽然战略方向是明确的，但通过部队发展、人员配备、培训以及处理与邻国、合作伙伴和盟友的关系，来实际执行这些战略，仍然需要一个很长的过程。[1]

对于日本海上自卫队来说，与美国海军的关系仍是最重要的。但是，与印度海军和皇家澳大利亚海军的合作也展现巨大潜力。除了一些联合演习，中东的海上安全合作和东南亚的灾害救援为这些尚处于萌芽阶段的合作关系提供了实际演练机会；无论日本是否开始向这两个国家出口军事装备，这些关系都有迅速发展的潜力。在与澳大利亚的合作中，日本有了一个切实的着力点，即日本是澳大利亚下一代潜艇设计和建造（基于日本的"苍龙"级潜艇）竞标的强有力竞争者。虽然目前对印军售尚未出现同样明确的项目，显然两国具有在此方面深化合作的潜力。[2]

近年来,日本海上自卫队一直作为中东"第151联合特混舰队"(Combined Task Force 151)的一方参与打击海盗行动;2015年,日本海上自卫队的一名军官首次指挥了该特混舰队。提供大量战舰和飞机,以及为多国联合特混舰队派出指挥小组,都表明日本海上自卫队已在依照集体防御战略所能接受的最大限度内,尽力投入海上安全协作行动。不论是在多国行动还是独立行动中,自卫队所采取的指挥措施,及其接受上级指挥的能力,都将对他们未来的作战产生重要影响,尤其是在日本自身面临近海挑战之际。此外,日本为安全国际协作提供的联合军事力量也是日本海上自卫队对贸易和能源安全提供的最大程度承诺。虽然维护贸易安全的任务将持续存在,而且与世界各国依赖的全球贸易系统紧密相关,但维护能源安全的任务很有可能会在当前进入日本海上自卫队服役战舰的使用寿命内发生变化。在未来几十年中,日本的能源结构可能会发生变化,对中东能源近乎完全依赖的局面可能不会持续下去,与此同时,日本也有必要参与远海的海上安全事务。随着对与印度关系重要性的认识不断加深,日本可能会同时关注印度洋和太平洋,从而可能导致其

日本海上自卫队的防御战略很大程度上是由美国指导的。这张图片显示了"直升机护卫舰""出云"号(DDH-183)和"伊势"号(DDH-182)在2015年与美国海军"罗纳德·里根"号(Ronald Reagan,CVN-76)航空母舰以及驱护舰一同进行演习。(日本海上自卫队)

2013年10月,摄于悉尼港的日本海上自卫队"高波"级(Takanami)驱逐舰"涟波"号(Makinami)。对于日本海上自卫队而言,虽然与美国海军的关系至关重要,但与其他国家海军——尤其是皇家澳大利亚海军和印度海军的合作也在不断加深。(皇家澳大利亚海军)

作战目标组合发生变化。

对日本海上力量的认识不能局限于日本海上自卫队。海上保安厅(Japan Coast Guard)的规模和能力也不可小觑,它在打击海盗和维护海上安全等问题上已主导了多次与东南亚国家的合作。尽管日本海上自卫队正在努力提高各军种之间的合作水平,但还需要将海岸警卫队引入这一体系,以便在未来可能实施的各类行动中配合无间(见表4.14)。

## 日本的国防预算

日本的国防开支一直非常稳定。过去几年,日本以美元计算的国防开支呈缓慢的、渐进式增长。国防开支的主要变化是给予海上部队更大的优先权,这使日本海上自卫队在资金预算中占有更大的份额。在未来几年,这种情况很可能会继续下去,为潜艇和水面舰队的扩张计划提供支持。这个变化的重要性不应被低估,尤其是日本这样一个拥有成熟复杂防务体系的国家。这意味着,日本防务规划者认为,他们的努力将集中在中长期投入,用于应对最急迫、最艰巨的挑战。

## 日本海上自卫队的采购

关于近期日本海上自卫队采购的讨论集中在"出云"级(Izumo)反潜航空母舰上,该舰在日本被归类为搭载直升机的驱逐舰。虽然它们在日本的分类清楚地反映了它们在日本海上自卫队反潜能力中的位置,同样清楚的是,"出云"级比其所替换的"白根"级(Shirane)级直升机驱逐舰在作战能力上要高出一个数量级。根据其预定用途,以及继承自之前的"日向"级(Hyuga)(在日本也被委婉地称为"直升机护卫舰")的设计,"出云"级的正确分类应当是直升机航空母舰或反潜航空母舰。这些全通甲板型直升机母舰将被看做日本迈向固定翼航空母舰的一步,是不言自明的事实;然而,单纯从海军作战的角度来看,这是一条漫长而复杂的

## 表4.14 日本海上自卫队力量结构——2015年底

### 主要基地和战舰构成

神奈川县横须贺基地：主要停靠第1护卫队群（第1、第5护卫队），第2潜水队群，扫雷舰队，地方队。

长崎县佐世保基地：主要停靠第2护卫队群（第2、第6护卫队），地方队。

京都舞鹤基地：主要停靠第3护卫队群（第3、第7护卫队），地方队。

广岛县吴市基地：主要停靠第4护卫队群（第4、第8护卫队），第1潜水队群，两栖舰队，地方队。

青森县大凑基地：地方队。

4个护卫队群各分成两个护卫队，每队4艘战舰；其中一组由1艘直升机驱逐舰任旗舰，外加1艘防空导弹驱逐舰和两艘通用驱逐舰护航，另一组由1艘防空驱逐舰任旗舰，另有3艘通用驱逐舰。这便是海上自卫队长期以来建设的"八八舰队"，在这种结构下，每个护卫队群都下辖有8艘护卫舰和8架反潜直升机（后者的实际搭载数量可能因新型高载机量的直升机母舰的交付而出现变化）。并不是护航舰队中的所有船只都必须与其指定的舰队位于同一基地。地方队由一个或多个护卫队的较旧或较小的驱逐舰加上反水雷和巡逻船艇组成。

### 人员

除预备部队外，常规人员45000名。

### 主要战舰

| 类型 | 舰级 | 现役 | 订购 | 服役时间 | 吨位 | 说明 |
|---|---|---|---|---|---|---|
| 战斗机和直升机航空母舰 | | 3 | (1) | | | 计划建造4艘 |
| 直升机航空母舰（DDH） | 出云（DDH–183） | 1 | (1) | 2015 | 27000 | 第二艘"加贺"号计划2017年服役 |
| 直升机航空母舰（DDH） | 日向（DDH–181） | 2 | (—) | 2009 | 19000 | |
| 主要两栖战舰 | | 3 | (—) | | | |
| 船坞登陆舰（LPD） | 大隅（LST–4001） | 3 | (—) | 1998 | 14000 | 考虑用新的、更大的战舰将其代替 |
| 主力水面战舰 | | 44 | (3) | | | 计划建造50艘 |
| 导弹驱逐舰（DDG） | 爱宕（DDG–177） | 2 | (1) | 2007 | 10000 | 装备"宙斯盾"系统。计划再建造一艘 |
| 导弹驱逐舰（DDG） | 金刚（DDG–173） | 4 | (—) | 1993 | 9500 | 装备"宙斯盾"系统 |
| 导弹驱逐舰（DDG） | 旗风（DDG–171） | 2 | (—) | 1986 | 6300 | 将被"爱宕"级替代 |
| 直升机驱逐舰（DDH） | 白根（DDH–143） | 1 | (—) | 1980 | 7500 | 将被"加贺"号取代 |
| 导弹驱逐舰（DDG） | 秋月（DD–115） | 4 | (2) | 2012 | 6800 | 正在建造的DD–119为其改进型 |
| 导弹驱逐舰（DDG） | 村雨（DD–101） | 14 | (—) | 1996 | 6200 | 包括5艘自2003年交付的6300吨的"高波"级 |
| 导弹驱逐舰（DDG） | 朝雾（DD–151） | 8 | (—) | 1988 | 4900 | |
| 导弹驱逐舰（DDG） | 初雪（DD–122） | 3 | (—) | 1982 | 3800 | 还有3艘用作训练舰 |
| 导弹护卫舰（FFG） | 阿武隈（DE–229） | 6 | (—) | 1989 | 2500 | 服役于地方队 |
| 潜艇 | | 16 | (5) | | | 计划建造22艘 |
| AIP潜艇（SSK） | 苍龙（SS–501） | 6 | (5) | 2009 | 4200 | 计划进一步建造。在建的SS–511号将安装改进型推进系统 |
| 巡逻潜艇（SSK） | 亲潮（SS–590） | 10 | (—) | 1998 | 4000 | 一艘"亲潮"级和"招潮"号SS–583级被用作训练艇 |

### 其他战舰

| 类型 | 导弹艇 | 猎雷舰艇 | 调查船 | 补给舰 | 其他 |
|---|---|---|---|---|---|
| 数量 | 6 | 27 | 6 | 5 | 外加各种登陆艇，补给舰和训练船 |

### 海军航空兵

海军航空兵主要集中在7个航空兵基地，分别位于鹿屋市（1航空群）、八户市（2航空群）、厚木市（4航空群）、那霸市（5航空群）、立山市（21航空群）、大村市（22航空群）和岩国市（31航空群）。在下总设有训练司令部。另有包括硫黄岛在内的多个航空基地。主要一线飞机型号包括：

- P3–C "猎户座"海上巡逻机：正在服役的有80架，包括部分特种机。正逐步被70架新的川崎P–1海上巡逻机取代。
- SH–60J/K反潜直升机：现役的有95架，其中大约一半舰载部署，还有一半用于近海反潜。
- UH–60J通用直升机：现役20架，大部分用于搜索和营救任务。
- CH/MCH–101直升机：现役或定购的共15架，主要用于扫雷和通用任务。

发展道路，更不用说从外交和历史的角度了。但如果仅将舰船本身结构视作唯一决定因素，轻型航空母舰、直升机航空母舰和两栖攻击舰之间的界限并不那么清楚。在评估战舰时，必须考虑常规人员、武器装备、适航性和能力等情况；从这个方面来看，"日向"级和"出云"级都明显增强了日本海上自卫队的反潜能力，同时具备两栖作战潜力，以及在

2014年9月，日本海上自卫队的"日向"级直升机驱逐舰参与美国海军的两栖作战演习，从照片中可以看到，一架V-22"鱼鹰"倾转旋翼机准备降落在"日向"号的舰部。尽管主要用于反潜战，日本的两艘"日向"级驱逐舰和后续吨位更大的"出云"级直升机驱逐舰都具备非常巨大的两栖作战潜力，并且可以改装为搭载垂直起降固定翼飞机的战舰。（美国海军）

未来搭载各要素齐全的舰载航空联队的可能。

"出云"号于2015年3月25日服役（"白根"级战舰在同一天退役），该舰的出现吸引了很大的注意，而日本海上自卫队将潜艇舰队从16艘扩大到22艘的计划却没有得到太多的公众关注。日本海上自卫队拥有16艘潜艇，尽管构成迥异，但在规模上与俄罗斯太平洋舰队（Russian Pacific fleet）的潜艇部队相当；在拓展到22艘潜艇以后，至少在数量上就超过了俄罗斯。日本海上自卫队拥有世界上能力较强的常规潜艇舰队，同时也是日本除盟友美国之外的最强战略威慑力量。从数量上看，增加6艘潜艇相当于在原来基础上拓展了三分之一，因此潜艇部队的战斗力也迎来了比用4艘"出云"和"日

向"级战舰取代现有4艘直升机驱逐舰更显著的提升。

日本海上自卫队的水雷战能力（其中潜艇发挥重要作用）是另一个没有引起应有关注的领域。与潜艇类似，日本的水雷战能力对周边国家造成很大挑战，尤其增加了在与日本的争端中使用军事力量的难度；如果没有强大的扫雷与猎雷能力，对手的军事行动可能遭遇严重阻碍。

日本之所以能够迅速地扩充潜艇舰队，主要建立在长期推行的采购计划，持续的设计改进和连贯的舰艇建造工作的基础上。

同样，日韩关系是看待同一问题的另一种方式。这两个国家都是海上国家，有着巨大的全球贸易利益和非常相似的安全利益。出于这个原因，它们的海上力量也有许多相似之处，韩国海军也装备有具备弹道导弹防御能力的"宙斯盾"驱逐舰和一支强大的潜艇部队。但两国军方之间的合作并没有人们原本预期的那么密切。

## 技术变革的潜在影响

19世纪末，海军技术处在一个重要和快速演变时期的边

尽管仍在不断投资，日本海上自卫队的潜艇和水雷战能力并没有引起应有的关注。这张图片显示的是2015年11月2日试航的第8艘"苍龙"级潜艇和10月27日试航的第一艘"淡路"级（Awaji）扫雷艇。（日本海上自卫队）

缘①，从而导致水面舰艇设计上的重大变革，大量新的军舰和飞机类型（潜艇、航空母舰、驱逐舰等等）的出现，以及随之发生的海军战术变化。所有这些变化都发生在比许多海军人员职业生涯更短的时间内，所以他们加入时的海军，与他们离开时的海军截然不同。

21世纪初，随着定向能武器（激光和电磁炮）、计算机网络领域影响力的不断扩大，以及无人机、无人水面舰和水下无人潜航器的数量和应用的不断增加，我们在经历一个重要且快速演变的时期。日本海上自卫队在许多方面在迎接这场变革时拥有一些得天独厚的优势：他们与美国海军关系密切，他们拥有强大的工业基础和军舰、飞机设计建造经验，这使得他们既有创新潜力，又可快速跟随他人的创新。日本海上自卫队和所有国家的海军面临的挑战将是，如何让他们的兵员在此前接受的训练基础上成长起来，理解并能够在战术和作战层面上利用这些新技术。因此，日本海上自卫队未来所面临的挑战之一，便是长久以来一直存在的问题：如何同时拥有能克敌制胜的装备和士兵②。

## 注释

1. 参见《2014年度国防计划大纲》和相关的《国家安全保障战略》（2013年12月17日，东京，日本国政府）。上述内容的英文翻译可在日本首相及其内阁的网站上找到，地址为：http://japan.kantei.go.jp/96_abe/documents/2013/index.html

2. 最值得注意的是，有大量报道称，日本和印度政府正在讨论向后者出售新明和（ShinMaywa）US-2两栖搜救飞机。

3. 进一步阅读的来源很多，不过观察家们所撰写的有关日本海上自卫队的英文文章并不多。维基百科是不错的第一步，不仅仅是内容，还包括参考书目，这也是网站最大的优势。国防和国际关系智库和博客，如美国海军学院、国际和战略研究中心、《外交官》杂志、简氏集团、"信息传播"和罗伊国际政策研究所等机构，都发表了一些关于日本海上自卫队的值得一读的文章。

---

① 以"无畏"级战舰为代表的革命、燃油蒸汽轮机推进、无线通信和陀螺仪。
② 包括正确的技术、正确的人员和文化。

# 4.3.3 韩国海军

杰克·麦克卡非

韩国海军（ROKN）成立于1948年，直到最近才成为具有蓝水雄心和能力的主要地区海上力量。[1]在其成立早期的大部分时间里，韩国海军主要依赖前美国海军装备，并专注于本土国防需求。尽管随着本土工业生产能力的增强，韩国海军装备了性能不错的舰船和潜艇，并开始为全球海上安全做出贡献，但本土的安全仍旧需要海军继续得到重视。

## 目标和战略

到20世纪90年代初冷战结束时，韩国海军仍是一支体量相对较小的部队，主要作战重点是领海和近海岛屿防御。韩国经济的扩张和工业化是变革的主要催化剂。制造业的增长产生了对原材料和能源进口，以及对成品出口的依赖。因此，韩国开始依赖海上交通线的安全。值得注意的是，韩国约99.7%的进出口由海上运输，而且所有的石油都是进口的。[2]此外，韩国的工业发展提升了在当地建造军舰的愿望和能力。

因此，从1995年前后开始，韩国海军一直在稳步升级，其目标是培养一支真正的蓝水海军，保护本土水域以外的海上运输安全。这一发展目标最初是在1994—1995年的《国防

在2015年10月举行的演习中，韩国海军水面舰艇以纵队队形列队航行。韩国海军正在发展远征作战能力，同时仍然意识到确保沿海安全，以防止其北方邻国入侵的必要性。排在前面的3艘舰艇分别是KDX-Ⅲ、KDX-Ⅱ和KDX-Ⅰ 3款驱逐舰，都主要用于蓝水部署。第4艘是"仁川"级（Incheon）护卫舰，设计用于沿海作战。（韩国海军）

**表4.15　韩国海军力量发展趋势**

| 类型 | 级 | 1990年现役（订购） | 2015年现役（订购） | 说明 |
|---|---|---|---|---|
| 潜艇 | 209型 | 3(3) | 9 | 潜艇数中不包括微型潜艇 |
| 潜艇 | 214型 | — | 5(4) | |
| 驱逐舰 | 萨姆纳 | 2 | — | |
| 驱逐舰 | 基林 | 7 | — | |
| 驱逐舰 | KDX-I | — | 3 | 计划1990年建造，但当时设计工作没有完成 |
| 驱逐舰 | KDX-II | — | 6 | |
| 驱逐舰 | KDX-III | — | 3(3) | |
| 护卫舰 | 蔚山 | 7(2) | 7 | 原本有9艘，2艘目前已经退役 |
| 护卫舰 | 仁川 | — | 3(4) | 第二批7艘已经定购，计划2015年服役 |
| 护卫舰 | 浦项 | 22(4) | 18 | 1990年的总数中包括4艘类似的"东海"级 |
| 水雷战舰艇 | 前美国海军近海扫雷艇 | 8 | — | |
| 水雷战舰艇 | 燕子 | 3(3) | 6 | |
| 水雷战舰艇 | 襄阳 | — | 3 | |
| 布雷舰 | 元山 | — | 1(1) | |
| 导弹快艇/巡逻艇 | 各种级别 | c.80 | c.90 | 因旧型被替换，数量会有波动 |
| 两栖直升机船坞登陆舰 | 独岛 | — | 1(1) | |
| 两栖坦克登陆舰 | 各种级别 | 8 | 5 | 截至2015年，有两艘前美国海军的坦克登陆艇状况令人生疑 |
| 其他两栖战舰 | 各种级别 | 23 | c.40 | |
| 舰队补给舰 | 天地 | —(1) | 3 | |

白皮书》中提出的，此外，白皮书中还提出了走向"全面安全"（comprehensive security）政策的行动步骤。1993年，韩国第一位民选总统（金泳三）的上任降低了军队对国家事务的影响，这对海军的发展产生了重要推动作用。韩国的贸易模式也使得中韩之间的海上航道、从中东运送石油的海上航道、与美国贸易的海上航道以及与日本的海上航道成为对该国最重要的海上航道。

从2009年派出水面舰艇参与多国联合特混舰队（CTF-151），可以看出韩国海军对蓝水行动的投入及其对海上安全的广阔愿景。CTF-151是一支多国海军部队，在索马里海域执行反海盗任务。韩国海军还开始参加重要的国际演习，例如两年一次的以美国为首的"环太平洋"演习（RIMPAC）。近几十年来力量结构的发展变化也足以证明韩国海军的蓝水雄心。

近年来半岛局势的不稳定，使韩国海军特别关注本土水域。无论韩国海军近年来取得了多么巨大的发展，它都仍然需要在间隔遥远的海域同时实施行动，从而限制了作战的发挥。[3]

## 对力量结构的影响

20世纪90年代初，韩国海军正式开始向着今天的蓝水海军转型。此时该国的第一艘远洋潜艇刚服役不久，"超级山猫"（Super Lynx）反潜直升机已经订购。水面作战部队也在发展，有7艘"蔚山"级（Ulsan）护卫舰和18艘"浦项"级（Po Hang）护卫舰正在服役，其他新型舰艇也在计划中。正在购置还包括新的水雷战舰艇，计划的6艘"燕子"级（Swallow）水雷战舰艇中有3艘已投入使用。[4]

如表4.15所示，许多"老"海军舰艇仍然在服役。水面作战部队的核心是2艘"萨姆纳"级（Sumner）和7艘"基林"级（Gearing）驱逐舰。这些是第二次世界大战时期的

2010年3月,"天安"号(Cheonan)护卫舰沉没,经查是受到一艘不明潜艇的鱼雷攻击,这表明韩国海军在不同区域同时进行作战的能力有限。沉船事件后,一些人已重新将注意力转向沿海作战。图中的是"天安"号的后半段舰体残骸。(韩国海军)

老式战舰,最初属于美国海军。尽管这批老式驱逐舰经过了"大规模修复和现代化升级"(FRAM),优化了反潜能力,但根本没有能力应对当代的空中威胁。

当时的海军航空部队由20架格鲁曼S2A/F"追踪者"(Tracker)反潜机和一些轻型无武装直升机组成。"追踪者"的使用寿命已接近尾声。其他部队包括一些前美国海军登陆艇,总共31艘。最后,早期对沿海安全的关注加之来自朝鲜的威胁,韩国海军还部署了一支由大约80艘巡逻艇组成的部队,其中一些巡逻艇同样转让自美国海军。

## 今日韩国海军

把目光转向当下,韩国海军现在是一支由4万官兵和200艘战舰组成的部队,此外还有一支27000多人的海军陆战队。在海军作战部长的领导下,韩国海军包括海军总部、作战司令部和海军陆战队司令部。根据2020年国防改革计划,海军将在作战方面设立3个舰队司令部,以及1个潜艇司令部、1个海军航空兵司令部和1个机动战团。这3个舰队负责东海、黄海以及朝鲜海峡。因此,到2015年时(见表4.16),韩国海军的编制结构已经体现出了国家的雄心,即建立一支蓝水海军,同时仍有能力维护本土的沿海安全。

潜艇部队的扩大是韩国海军所迎来的重要的发展之一,

### 表4.16　韩国海军力量结构——2015年底

**主要基地和战舰构成**

釜山大都市基地：舰队司令部，第7机动战团（远洋行动）。
庆尚省镇海市基地：韩国海军官校，海军教育培训司令部，海军后勤司令部，第5混成战团（远洋行动）。
江原道省基地：第一舰队（沿海行动，东部海军分部）。
京畿道省平泽市基地：第二舰队（沿海行动，西方海军分部）。
木浦基地：第三舰队（沿海行动，南方海军分部）。
海上特遣队（第7机动战团）在2015年底组建完成后，迁往济州岛的新基地（该基地招致了一些争议）。规模更小一些的军事基地包括仁川（第二舰队，防御首尔的沿海地区）和浦项（主要停靠两栖战舰）。

**人员**

40000名常备海军官兵和27000名海军陆战队员（其中20000人是义务兵）。还有预备役人员。

**主要战舰**

| 类型 | 舰级 | 现役 | 订购 | 服役时间 | 吨位 | 说明 |
| --- | --- | --- | --- | --- | --- | --- |
| 主要两栖战舰 |  | 1 | (1) |  |  |  |
| 两栖攻击舰（LHD） | 独岛 | 1 | (1) | 2007 | 18900 | 至少还计划建造一艘 |
| 水面护卫舰队（蓝水） |  | 12 | (3) |  |  |  |
| 导弹驱逐舰（DDG） | 世宗大王 | 3 | (3) | 2008 | 10000 | KDX–III，装备"宙斯盾"系统，第二批次将接受改进 |
| 导弹驱逐舰（DDG） | 忠武公李舜臣 | 6 | (—) | 2003 | 5500 | KDX–II |
| 导弹驱逐舰（DDG） | 广开土大王 | 3 | (—) | 1998 | 3900 | KDX–I |
| 水面护卫舰队（沿海） |  | 28 | (4) |  |  |  |
| 导弹护卫舰（FFG） | 大邱 | — | (1) | (2016) | 3000 | FFX–II还有7艘计划建造，另外还有一艘大邱–III |
| 导弹护卫舰（FFG） | 仁川 | 3 | (3) | 2013 | 3000 | 大邱–I |
| 导弹护卫舰（FFG） | 蔚山 | 7 | (—) | 1981 | 2300 | 1艘退役，将被仁川级代替 |
| 轻型导弹护卫舰（FSG） | 浦项 | 18 | (—) | 1984 | 1200 | 5艘退役，1艘沉没 |
| 潜艇 |  | 14 | (5) |  |  |  |
| AIP潜艇（SSK） | KSS–III | — | (2) | (2022) | c.3000 | 计划建造9艘，将替代209型潜艇 |
| AIP潜艇（SSK） | 孙元一 | 5 | (4) | 2007 | 1300 | 授权在韩国建造 |
| 巡逻潜艇（SSK） | 张保皋 | 9 | (—) | 1993 | 1300 | 授权在韩国建造 |

**其他战舰**

| 类型 | 导弹艇 | 巡逻艇 | 猎雷艇 | 补给舰 | 其他 |
| --- | --- | --- | --- | --- | --- |
| 数量 | 17 | c.70 | 9 | 3 | 外加各种登陆艇，补给舰和训练船 |

**海军航空兵**

海军航空基地位于镇海、浦项和济州岛。主要现役飞机型号包括：

- P–3C "猎户座"海上巡逻机：正在服役的有15架，其中包括部分特种机。
- 韦斯特兰"山猫"反潜直升机：正在服役的有25架。正逐渐被8架AW159"野猫"直升机取代。
- UH–60 "黑鹰"通用直升机：现役10架，将被国产KUH–1"雄鹰"直升机取代。

目前韩国海军已经装备了世界上最先进的柴电动力潜艇之一的214型潜艇，同时还装备有大量的小型/微型潜艇。214型装备有不依赖空气推进系统（AIP），使它们能在水下航行长达两周而不用浮出水面。

韩国海军成为蓝水海军的目标也清楚地体现在舰队发展的其他3个要素，即水面舰艇，两栖运输和补给能力上。水面舰队的核心数量正在逐步增加的"世宗大王"级（KDX-III型）驱逐舰。这种驱逐舰的排水量甚至大于美国海军的"提康德罗加"级（Ticonderoga）巡洋舰，并采用了同样的"宙斯盾"战斗系统，同时配备有用于应对空中、水面和水下威胁的强大武器。舰上的128个垂直发射单元可以装填多种舰空、反潜和巡航导弹，其他武器装备还包括一门5英寸（1英寸=2.54厘米）火炮、鱼雷发射管和两架反潜直升机。

目前，这些舰艇可以追踪弹道导弹，但不能与之交战。此外还有年代稍早、性能稍逊但仍然装备精良的"KDX-II"和"KDX-I"驱逐舰为新锐的"世宗大王"级提供支援。"仁川"级护卫舰也开始取代久经沙场的"蔚山"级和"浦项"级护卫舰，主要用于沿海作战，并装备一门5英寸火炮和反舰导弹。

目前，韩国海军还有一支值得关注的巡逻艇部队，该部队目前已经拥有近百艘各型快艇，其中一些装备了导弹，全部用于维护近海安全。在韩国海军力量结构中，水雷战的地位并不突出，主要力量是九艘反雷舰艇和一艘（很快会变成

韩国第3艘"世宗大王"级"宙斯盾"驱逐舰"西厓柳成龙"号（Seoae Ryu Seong-ryong），2015年8月摄于独岛海域。目前该型驱逐舰是蓝水水面舰队的顶梁柱，在未来10年内还将有另外3艘改进型舰艇加入它们的序列。（韩国海军）

两艘）布雷舰。⁵ 这似乎有点不合情理，尤其是考虑到韩国海岸附近的浅水区，尽管商船容易受到水雷威胁，世界上仍然很少有海军拥有真正强大的水雷战部队。

随着2007年第一艘"独岛"级（Dokdo）两栖攻击舰的服役，韩国海军两栖作战能力得到拓展。目前已经有至少两艘该级舰在计划中，其中一艘已开始建造。每艘"独岛"级都能携带700名士兵，10架UH-60B直升机和两艘大型登陆艇。另有包括5艘坦克登陆舰在内的47艘各型登陆舰艇，为27000多名海军陆战队员提供支援。凭借"独岛"级两栖攻击舰，韩国海军现在有能力为人道主义援助或救灾行动做出重大贡献，并在军事行动中跨海投送一支强大的地面部队。⁶

最后，通过采购3艘补给舰，韩国海军获得了在不过度依赖其他海军或外国港口后勤支持的情况下，进行远距离水面舰艇部署的能力。这3艘补给舰的存在确保韩国海军能够在任何时候支持一到两支海上特混编队。

## 韩国海军展望

在寻求成为一支蓝水海军的过程中，韩国海军认识到，它面临的最重要的海上安全挑战来自本土。

韩国海军未来的主要挑战将是保持军事能力，反击任何针对韩国的海上活动或行动。

韩国正试图加强与中国的关系，目前两国关系的重点是经济活动。两国建立更深层次军事联系的进展，迄今还没有带来比互访更切实的成果。韩国和日本之间长期存在的紧张关系也将继续阻碍它们建立更紧密的防务关系。例如，日本、韩国和美国最近制定的情报共享协议中，不包括日本和韩国之间的直接共享——任何情报都必须通过美国当局从一国情报机构传递到另一国情报机构。⁷

因此，蓝水和本土安全需求之间的权衡取舍将继续使韩

2014年3月拍摄的韩国海军两栖攻击舰"独岛"号。还有一艘目前正在建造中，至少还有一艘正计划建造。一个悬而未决的问题是，该级舰是否将接受改造，以搭载F-35B联合打击战斗机。（美国海军）

国海军部队未来的发展复杂化，从其装备采购计划就可见一斑。[8] 更重要的是，部署计划将继续反映这一现实。

一些需要解决的力量结构问题包括为"世宗大王"级驱逐舰（包括计划在2020年交付的第二批次舰艇）配备弹道导弹拦截能力。另一个重要的问题是，所有未决的"独岛"级两栖攻击舰是否全部建造，以及F-35联合打击战斗机等固定翼飞机是否搭载在这些两栖攻击舰上，或者装备吨位更大的后继舰。

强有力的反潜部队也将是未来力量结构的重要组成部分，韩国海军还需要保持现有的对能力突出、装备精良的巡逻部队的重视以应对持续存在的潜在海上争端。

## 小结

在过去的30年里，韩国海军已经发展成为一支强大的地区海军，尽管规模上仍比不上中国和日本海军，但在质量上已与邻国不相上下。在此期间，韩国的工业和经济发展促成了其海军向蓝水部队的转型。因此，今天的韩国海军是一支结构平衡的部队，既能保护遥远的海上交通线，又能在沿海水域提供安全保障。

然而，本土海上安全的要求，以及其他本土海事纠纷仍有可能得不到解决的现实情况，表明本土与蓝水之间的权衡将继续下去。因此，韩国海军将努力保持潜艇、水面和空中部队的机动性，以应对挑战。

## 注释

1. 参见日本海上自卫队海军中将香田洋二（Yoji Koda），"新兴的韩国海军：日本视角"，《海军战争学院评论》，2010年春，第63卷，第二期（罗德岛州纽波特：美国海军战争学院，2010），第15页。1945年8月，韩国开始设立海事协会（Maritime Affairs Association），随后发展成为韩国海岸警卫队，1948年8月正式成立韩国海军。

2. 伊恩·鲍尔斯（Ian Bowers），"韩国及其海军：安全观与海权论"，《战略研究期刊》，第37卷第3期（伦敦：劳特利奇出版社，2014），第445页。

3. 参见韩国海军金德基（Duk-ki Kim）上校："韩国的反不对称战略：从的天安舰和延坪岛吸取的教训"，《海军战争学院评论》，2012年冬季，第65卷，第1期（罗德岛州纽波特：美国海军战争学院，2010），第55页。

4. 数据来自理查德·夏普（Richard Sharpe）上校主编的《简氏战斗舰大全1990—1991》（科尔斯登：简氏信息集团，1990）。"燕子"级是意大利"莱里西"级（Lerici）水雷战舰艇的本土改进型号。

5. 另一方面，韩国海岸警卫队确实有37艘海上救援船。

6. 韩国海军已经从它对东南亚海啸缺乏应急反应能力中吸取了教训。参见"新兴的韩国海军：日本视角"，同上，第25页。

7. 参见克林特·沃克（Clint Wark），"韩国与新地区范式"，《外交官》，2015年4月24日，网址如下：http://thediplomat.com/2015/04/korea-and-the-new-regional-paradigm/

8. 参见玄明基（Mingi Hyun），"韩国的蓝水雄心"，《外交官》，2010年11月18日。网址如下：http://thediplomat.com/2010/11/south-koreas-blue-water-ambitions/

9. 本章参考的其他阅读资料包括凯尔·沟上（Kyle Mizokami）的"两个朝鲜，三支海军"，《美国海军学院新闻》，2014年5月8日，网址：http://news.usni.org/2014/04/08/two korea - Three Navies；"2015军事平衡"（伦敦：国际战略研究所，2015）和各种版本的《简氏作战舰艇》。

# 4.4 印度洋、中东和非洲

康拉德·沃特斯

近年来，亚洲海军的总体实力提升幅度最大，但可以说，印度洋和中东的海军活动最为活跃（见表4.17）。在科威特和伊拉克进行的，旨在推翻萨达姆·侯赛因政权的战争，以"阿拉伯之春"为代表的中东地区不稳定问题，索马里中央政府倒台后给非洲之角带来的海盗问题，都曾使该地区像磁铁一样吸引了各国的海军力量。利益争夺的根源在于印度洋的地理位置，它是亚洲和欧洲之间主要海上交通线的一个焦点。中东向不断增长的亚洲经济体提供的重要能源供应，以及亚洲向欧洲消费者出口的制成品的安全，都很容易受到这些重要海上要道中断的影响。

值得注意的是，除印度以外[①]，这一地区的大部分海军活动都是由外部海军力量进行的。其中最重要的必然是美国海军，20世纪60年代，美国海军填补了英国军事存在在该地区逐渐减弱所造成的真空。法国也从未缺席，在该地区深耕

### 表4.17 印度洋、中东和非洲国家的舰队实力（2015年）

| 国家 | 航空母舰和两栖舰艇 | | | | 潜艇 | | | 水面舰艇 | | | | 其他（部分舰种） | | |
|---|---|---|---|---|---|---|---|---|---|---|---|---|---|---|
| | 核动力航空母舰 | 支援航空母舰 | 两栖攻击舰 | 船坞登陆舰 | 弹道导弹核潜艇 | 攻击型核潜艇 | 柴电动力潜艇 | 驱逐舰 | 护卫舰 | 轻型护卫舰 | 快速攻击艇 | 海上巡逻舰 | 反水雷舰艇 | 补给舰 |
| 印度 | 2 | – | – | 1 | – | 1 | 13 | 10 | 14 | 10 | 12 | 10 | 6 | 4 |
| 孟加拉国 | – | – | – | – | – | – | – | – | 1 | 9 | c.10 | c.10 | 5 | – |
| 缅甸 | – | – | – | – | – | – | – | – | 3 | 4 | c.15 | – | – | – |
| 巴基斯坦 | – | – | – | – | – | – | 5 | – | 10 | – | 8 | – | 3 | 2 |
| 埃及 | – | – | – | – | – | – | [4] | – | 7 | 4 | c.30 | – | c.14 | – |
| 伊朗 | – | – | – | – | – | – | 3 | – | – | 8 | c.25 | – | – | 1 |
| 以色列 | – | – | – | – | – | – | 5 | – | – | 3 | 8 | – | – | – |
| 阿曼 | – | – | – | – | – | – | – | – | – | 5 | 4 | 3 | – | – |
| 沙特 | – | – | – | – | – | – | – | – | 7 | 4 | 9 | – | 7 | 2 |
| 阿联酋 | – | – | – | – | – | – | – | – | – | 10 | – | 2 | – | – |
| 阿尔及利亚 | – | – | 1 | – | – | – | 4 | 1 | 6 | c.12 | – | – | – | – |
| 摩洛哥 | – | – | – | – | – | – | – | – | 1 | 6 | 4 | 1 | – | – |
| 尼日利亚 | – | – | – | – | – | – | – | – | [1] | 4 | 3 | 4 | [2] | – |
| 南非 | – | – | – | – | – | – | 3 | – | 4 | – | 3 | – | 4 | 1 |

注：这些数字是根据可以得到的官方消息来源，辅以新闻报道、公布的情报数据和其他恰当的"公开"来源。鉴于现有数据有很大的差异，数字和分类应被视为指示性的，特别是对小型战舰而言。常规动力潜艇的数字不包括袖珍潜艇。快速攻击艇类别只包括携带导弹的舰艇。括号内的数字是指行动能力受限的舰船。

① 印度越来越多地将其海军作为确保印度洋稳定和维护国家利益的关键手段。

多年。不过,英国从未完全放弃其在该地区的利益,自20世纪80年代初以来,英国一直在波斯湾维持着重要的海军力量。这些国家是日益壮大的西方海军联盟的主要成员,该联盟最初致力于保卫霍尔木兹海峡的航行安全,但其作用已稳步扩大到反恐和反海盗。欧盟于2008年底启动的"阿塔兰忒"行动,标志着该组织在军事领域活动的显著扩张。

考虑到该地区对其贸易的重要性,新兴的亚洲国家海军也一直以印度洋为背景进入国际海事舞台。日本、马来西亚、新加坡和韩国等国海军一直在该地区保持存在。海军活动的激增对压制海盗威胁的作用有多大,是一个值得我们思考的问题。虽然该地区的海盗活动已经下降到最低水平,但也有人认为,重建当地政府组织在抑制海盗活动方面至少与海军力量的增强同样具有影响力。许多分析人士认为,打击海盗的必要性就像一件斗篷,掩盖了许多国家借此增强在该地区海军存在的真实意图。

当地海军在该地区相当有限的"野心"可以归结于多种

2005年,南非海军MEKOA-200护卫舰"斯皮温山"号(Spioenkop)与皇家澳大利亚海军一同进行演习。当时该舰尚未完成主要武器系统的安装。南非是撒哈拉以南非洲地区唯一一个拥有真正可部署海军能力的国家。(皇家澳大利亚海军)

因素。其中包括：在中东大部分地区优先考虑陆战，而非洲大部分国家都财力不足。除了印度，一些国家的海军（包括伊朗和巴基斯坦的海军）在面对更强大的海上对手构成的潜在威胁时，已经发展出了不错的反介入/区域拒止（A2/AD）能力。然而，总体情况是，大部分国家的海军部队，其能力只够保护主要港口和主要沿海利益。撒哈拉以南的非洲地区尤其如此。在这方面，只有南非拥有值得一提的可部署海军能力。

然而，值得注意的是，扩大的海上经济区所产生的相互影响，以及对开发经济区所包含的潜在利益的进一步认识，正在促使非洲国家建立更有效的海军警察部队，尽管基础比较薄弱。西非的情况尤其如此，那里已经取代印度洋成为海盗活动的焦点区域。一些项目正在进行中，以提供扩展的海上警务能力，配备的舰船也从相当简单的巡逻艇到非常先进的护卫舰。尼日利亚一直是中国技术援助的重要接受国，目前该国翻新了哈科特港的海军船坞，并希望这座船坞未来既能维护、也能组装轻型护卫舰及以上尺寸的战舰。

北非大部分沿海国家的激烈军备竞赛（其中一些国家的海军已具备相当不错的能力）也不得不谈。阿尔及利亚在这场竞赛中处于领先地位，已经在用新型护卫舰来充实原本主要来自苏联的装备（包括"基洛"级潜艇）。新型船坞登陆舰"卡拉·贝尼·阿贝"号（Kalaat Béni Abbès）更是"锦上添花"，该舰是意大利"圣乔治"级登陆舰的派生型号，通过装备"欧洲多功能相控阵雷达"（EMPAR）和"紫菀"（Aster）舰空导弹导弹，具备了强大的区域防空能力。值得怀疑的是，阿尔及利亚如何将如此五花八门装备整合成一支有凝聚力的海上力量。

阿尔及利亚的投入当然引起了域内其他国家海军的注意，同时，这些国家本身也在发展自身的海军实力。埃及目前主要依靠法国，支持其海军扩张计划，计划包括两艘"西北风"（Mistral）级两栖攻击舰、一艘"欧洲多任务护卫舰"（FREMM）和一艘"追风"（Gowind）轻型护卫舰。德国也提供了209型潜艇。摩洛哥的海军装备包括"欧洲多任务护卫舰"，三艘达曼"西格玛"系列轻型护卫舰和现代化的海上巡逻舰。对于不存在对这种先进舰船的任何直接需求的摩洛哥来说，如此巨额的装备投入是否值得，将是一个问题。

# 4.4.1 印度洋海军

米里提卓尔·马宗达

自1947年以来，印度历届政府一贯拒绝与其他大国结成正式同盟。这种不结盟政策对印度海军的发展产生了重大影响，印度海军无法专注于任何特定任务（如英国皇家海军在后期集中精力于反潜战），也无法通过盟友满足其他方面的作战需求。退役的印度海军上将普拉蒂普·乔汉（Pradeep Chauhan）认为，这导致了在许多领域需要努力保持平衡，特别是在水面、水下、航空和新兴方面的网络能力的投入，以及在"蓝水"和"褐水"（brown-water）海军力量结构之间。这种维持平衡的需要还进一步扩展到海上和陆地作战能力的后勤支持等方面。

印度海军发展的另一个值得注意的方面是，要与陆军和空军争夺资源，以满足发展的需要。但印度海军也逐渐成长为在该地区占主导地位的舰队，具有了显著的"蓝水"潜力。1990年印度海军部队战舰达到150多艘，其中包括两艘轻型航空母舰、19艘潜艇和16艘前线水面护卫舰，同时还有可靠的海军航空兵部队支援。

印度对马尔代夫和斯里兰卡的军事干预——尽管得到了相关政府的支持，却进一步引发了其他国家对其意图在该地区建立长期霸权的担忧。从20世纪90年代起，随着印度在后冷战时代瞬息万变的多极世界新秩序中重新评估其地缘政治关系，印度海军才从相对孤立中走出来，其国内对海军的看法也才开始改变。最终，这种重新评估也将加强印度海军的国家价值，因为海事问题对印度的整体安全越来越重要。乔汉上将再次指出，这一过程的一个关键点便是印度海军需要提出一个认知和理论基础，然后再在这个基础上建设印度海军未来的力量结构。

## 冷战后的发展

冷战刚刚结束后的10年，印度海军出现了几项重要的进展，但并非都是积极的。更具体地说，印度海军面临的问题如下。

- 力量规模降至1990年峰值水平的80%左右的低点，原因是亚洲金融危机导致的订单减少，与此同时，在前一次扩充期间装备的舰船开始批量退役。
- 维持苏联提供的作战平台正常运转存在重大困难。中央控制但分布于各加盟共和国的苏联军事供应链的崩溃，对所有印度武装部队造成了灾难性的后果，不过印军还是努力获得备件供应，逐渐恢复一些订单。
- 20世纪90年代初，由于市场开放程度的提高改善了印度的经济状况，资金短缺的问题慢慢得到解决。在财政困难时期，印度海军专注于采购军事装备，并试图用比以前更少但作战能力更强的平台来"调整"其力量结构。
- 印度国内对印度海军对印度安全与繁荣重要性的政治观点逐渐（甚至可以称得上缓慢）地趋于一致。在政治上，人们也越来越认识到印度海军作为一种外交工具的潜力。
- 从1991年开始，通过更多参与海军外交，印度海军摆脱了相对封闭的状态，推动纠正了早期的误解。至关重要的是，印度海军与美国海军进行了试探性的低级别"接触"。这促成了"马拉巴尔演习"（Malabar Exercises），这次演习是印度海军参与的有史以来最复杂的外国海军演习。

从20世纪90年代末开始——特别是进入新千年后,在有力的资金支持下,印度海军稳步发展。近年来,印度国内对海洋重要性的共识也进一步强化。造成这一局面的根本原因包括,印度经济对国际贸易的依赖日益加深,印度国内也因此更加意识到保护其海上交通线的重要性。孟买恐怖袭击暴露出了印度沿海安全体系的脆弱性,也对印度海军的未来发展产生了重要影响。最近,亚洲新兴国家海军在印度洋日益频繁的活动也引起了印度引起越来越多的关注。当然,印度的经济增长起到了催化剂的作用,释放了充足的资金,使海军扩张成为可能。自20世纪90年代中期以来,按实际购买力计算,印度海军的预算大幅增加,而且印度海军在整个国防预算中所占的比例也越来越高。

实际上,更高的资金水平已经中止了之前的舰队规模缩水(当然,质量也得到了显著改善)。与此同时,印度海军还大幅提升了航空能力,改善了基础设施,例如在2013年8月发射了海军专用"通信"和监视卫星GSAT-7。尽管140艘左

2015年9月,经过现代化改造的61ME型"卡辛"级驱逐舰"兰维杰"号(Ranvijay)在印度东部海军司令部总维萨卡帕特南海港外执行任务。冷战后半期,印度海军在苏联转让装备的协助下,在数量和质量方面迅速扩张。(皇家澳大利亚海军)

右的军舰水平已趋于稳定，但印度海军仍有雄心在未来10年内将军舰数量增加至200艘。

印度海军继续专注于海军外交；定期与20多个国家举行海军人员会谈，与10多个国家联合举行双边或多边演习。随着印度海军继续在海外架设"友谊之桥"，这些数字还在不断增加。这项工作取得成功的一个例子是与缅甸日益改进的关系，缅甸在2006年向印度发起的一次军事演习中派出了一艘护卫舰，标志着双方终于摆脱了近40年的相互隔绝。

2005年3月，俄罗斯建造的印度海军"塔尔瓦"级（Talwar）护卫舰"塔巴尔"号（Tabar）在与皇家澳大利亚海军的"澳新军团"级护卫舰一起演习。尽管印度一直拒绝与其他大国结成正式联盟，但与志趣相投的海军在印度洋地区的合作正在增加。（皇家澳大利亚海军）

印度海军的行动范围也在不断扩大，向欧洲、俄罗斯、地中海和太平洋部署力量。在过去10年中，印度海军还参与了黎巴嫩（2006年）、利比亚（2011年）、伊拉克（2014年）、科威特（2014年）和也门（2015年）的非战斗人员撤离行动，以及若干人道主义援助和救灾行动，其中最值得关注的是飓风救灾行动。自2008年下半年以来，在非洲之角和印度专属经济区的反海盗行动的范围和频率也进一步提升。

## 印度海军理论与战略

面对印度陆军和空军在陆地方向上的现实需求，印度海军为避免成为"灰姑娘"，特别重视从战略层面加强设计，因此也被认为是印度三军中战略思维最强的军种。[1] 早在新千年

2014年1月,印度海军航空母舰"维拉特"号(Viraat)和"维克拉玛蒂亚"号(Vikramaditya)在后者首次抵达印度水域时,与随行的驱护舰一起拍摄的照片。这两艘航空母舰构成了印度海军水面舰队的核心,不过"维拉特"号会在2016年退役。(印度海军)

之初,印度海军理论和战略的发展就在"战略概念和转型理事会"(Directorate of Strategy Concepts and Transformation)以及准官方智库"国家海事基金会"(National Maritime Foundation)的协助下启动。大约在同一时间(2004年),印度海军发表了第一份官方理论解读文件《印度海事理论》,其中的措辞与美国海军和北约类似文件中的阐述基本相同。随后,《自由使用海洋:印度的海上军事战略》于2006年出台,这份文件最初处于保密状态,于次年正式对外公布。

这两份文件从地缘政治的角度考虑海军的角色、任务、目标、作战态度和采购政策,随后又进行了修订。最新版本的印度海事理论于2009年发布,后来在2015版《印度海上军事战略》中,²又将战略方针更新为确保海域安全。最新的战略方针是为了补充印度总理纳伦德拉·莫迪(Narendra Modi)提出的"印度洋四部分框架"。在2015年初提出时,其中明确包括的内容有:(1)保卫印度的领海和利益;(2)加强与海上邻国的经济和安全合作;(3)促进共同和平与安全;(4)为未来的海事发展建立一个综合性合作框架。

总而言之,海事理论为预期使用海上军事力量设定了基本原则,具体包括印度海军可能会执行的四个方面基本任务:军事、外交、海上警戒和援助。该战略为在中期时间范围内使用海上力量提供了背景框架,并可能更能反映当前的关切。

最新的战略文件与之前的文件一样,概述了印度海上利益涵盖的主要领域。2008年孟买恐怖袭击后,印度海军预期将在确保濒海区域安全方面发挥更大的核心作用,同时,也在处理濒海和近海防卫方面承担更大责任。此外,长期关注印度海军事务的评论员拉胡尔·罗伊·乔杜里(Rahul Roy-Chaudhury)认为,有五个关键因素值得特别注意³。

- 以前的理论和战略文件所界定的印度海上利益的范围已经被拓展,目前的主要利益涵盖范围包括红海和莫桑比克海峡等地区。
- 印度作为印度洋岛国"地区安全提供者"的角色再次得到强调。这在一定程度上反映出印度有意推动形成一个所谓的"有利和积极的海洋环境"。
- 官方证实,海军计划发展三个航空母舰战斗群,从而能够同时部署两个航空母舰特混编队(以1:1或1:2的方式部署航空母舰)。
- 官方强调了惩罚性核报复能力的重要性,"歼敌者"级(Arihant)战略核潜艇就是为实现这种能力而研制的。
- 特别强调加强国际海事法律体系,特别是《联合国海洋法公约》(UNCLOS)。

印度国防部长马诺哈尔·巴里卡(Manohar Parrikar)

亲自公布了这个新战略，表明了对该战略的政治支持程度。随后，莫迪总理在新采购的"维克拉玛蒂亚"号（Vikramaditya）航空母舰上举行的联合指挥官会议上讨论了这份文件。当然，随着时间的推移，实现该战略目标所需的持续投资和其他变革能否实现，仍是一个悬而未决的问题。

## 当前的力量结构和组织

印度海军目前的结构见表4.18。目前总计有约140艘现役战舰和潜艇，其中约50艘为主要作战力量。舰队的平均舰龄接近19年，大约五分之一的舰艇已经超过了30年的预期使用寿命上限。这些战舰由大约100艘拖船和勤务船艇提供支援，同时"海上哨兵"（Sagar Prahari Bal）部队还有近百艘快速截击艇。

舰队的核心是两艘航空母舰："维拉特"号（Viraat，原皇家海军"竞技神"号）和"维克拉玛蒂亚"号（Vikramaditya，原俄罗斯海军"戈尔什科夫海军元帅"号）。前者即将完成服役，并将在2016年退役——连同该舰搭载的几架现役的"海鹞"战斗机。而"维克拉玛蒂亚"号是2013年在俄罗斯经过长时间整修后才被移交的。第一艘本土航空母舰"维克兰特"号（Vikrant）的延迟完工意味着，

15A型首舰"加尔各答"号（Kolkata），期待已久的新型驱逐舰（15A型）和护卫舰（17型）的登场，使得印度海军可以退役一些老旧战舰。（印度海军）

### 表4.18　2015年底印度海军构成

**主要基地和战舰构成**

舰队被划分为：

西部海军司令部：最大的司令部。总部设在孟买，另一个主要基地在加尔瓦尔，在果阿，奥哈和博尔本德尔有重要的支持设施。

东部海军司令部：另一个主要作战司令部。总部设在维萨卡帕特南，在金奈和加尔各答设有支持设施。另计划在拉姆比里附近建设一个主要基地。

南部海军司令部：主要的训练司令部。总部设在科奇，主要支持设施设在拉克沙群岛等地。

一般来说，航空站和支持设施往往集中在主要基地周围，而其他的支持设施则用作前方作战基地。在安达曼和尼科巴群岛还有一个三军战区司令部，其中包括重要的海军部队。

**人员**

60000名常备军人员，其中包括不到1000名海军陆战队特种部队人员。还有50000名平民雇员。

**主要战舰**

| 类型 | 舰级 | 现役 | 订购 | 服役时间 | 吨位 | 说明 |
|---|---|---|---|---|---|---|
| 航空母舰 | | 2 | (1) | | | |
| 航空母舰（CV） | 维克兰特 | — | (1) | (大致2018) | 40000 | 国产航空母舰，首次交付时间可能会延迟。后续建造已经开始计划 |
| 航空母舰（CV） | 维克拉玛蒂亚 | 1 | (—) | 1987 | 45000 | 苏联垂直起落航空母舰。2013年改为短距起飞/拦阻着舰构型 |
| 航空母舰（CV） | 维拉特 | 1 | (—) | 1959 | 29000 | 1986年自英国皇家海军处购得。2016年退役 |
| 主要两栖战舰 | | 1 | (1) | | | |
| 船坞登陆舰（LPD） | 加拉西瓦 | 1 | (—) | 1971 | 17000 | 2007年从美国海军取得。计划新增4艘新型两栖战舰 |
| 主力驱护舰 | | 12 | (3) | | | |
| 导弹驱逐舰（DDG） | 维萨卡帕特南（15B型） | — | (4) | (大致2018) | 约7500 | 15A型的发展型 |
| 导弹驱逐舰（DDG） | 加尔各答（15A型） | 2 | (1) | 2014 | 7400 | 建造严重延迟的15型发展型 |
| 导弹驱逐舰（DDG） | 德里（15型） | 3 | (—) | 1997 | 6700 | 第一级本土建造的驱逐舰 |
| 导弹驱逐舰（DDG） | 拉其普特（61ME型） | 5 | (—) | 1980 | 5000 | 苏联出口的"卡辛"级。最后两艘接收了现代化改造 |
| 导弹护卫舰（FFG） | 17A型 | — | (7) | (大致2023) | 约6500 | 17型的发展型号。2017年开始建造 |
| 导弹护卫舰（FFG） | 什瓦里克（17型） | 3 | (—) | 2010 | 6200 | 长期延迟交付的本土产通用目的护卫舰 |
| 导弹护卫舰（FFG） | 塔瓦尔（1135.6型） | 6 | (—) | 2003 | 4000 | 分两批在俄罗斯建造了6艘。计划在本土建造更多 |
| 导弹护卫舰（FFG） | 布拉马普特拉（16A型） | 3 | (—) | 2000 | 4000 | 改进版的16A |
| 导弹护卫舰（FFG） | 戈达瓦里（16型） | 2 | (—) | 1983 | 3850 | 2015年第三艘退役。首款本土设计的护卫舰 |

在这个10年结束之前，印度海军很可能无法恢复双航空母舰阵容。

水面舰队有10艘驱逐舰和14艘护卫舰在役，随着新的国产战舰陆续交付（项目代号为15A型和17型），一些老式的蒸汽轮机动力护卫舰将退出历史舞台。[4]同时，第二批3艘俄制"塔尔瓦"级护卫舰在2012—2013年的交付，加速了这一进程。印度未来的海军造舰将主要照顾在国内船厂，将精力集中在后续项目代号为15B和17A新型战舰上。鉴于印度本土造船厂以往的表现，如果这两款新舰能在本世纪20年代中期之前对印度海军的舰队规模做出有意义的贡献，那就相当不错了。建造延期也影响了第一批"卡莫尔塔"级（Kamorta）轻型护卫舰。到目前为止，首批4艘仅交付了2艘。

印度海军目前的潜艇计划集中在法国"鲉鱼"（Scorpène）级潜艇的按许可证建造上。到目前印度已经订购了6艘该级艇，并可能订购第二批次。现役的9艘"基洛"级舰艇——"辛杜拉克沙克"号（Sindhurakshak）在2013年因事故毁坏——构成了目前水下舰队的核心，这些潜艇已经经过延寿改装，但急需更换。2012年从俄罗斯订购的"阿库

续表

**海军航空兵**

印度海军航空兵总部设在印度果阿邦的汉萨，一线固定翼飞行中队目前驻扎在那里。在孟买（用于直升机）和科奇（用于直升机、反潜机和无人机）也有重要的航空基地，在维斯卡帕特南（用于教练机、直升机和反潜机），阿尔科南、拉马纳塔普拉姆和安达曼群岛的布莱尔港（用于反潜机）也有航空基地。主要舰载飞机包括：

- 米格-29K"支点D"舰载战斗机：定购了45架，"维拉特"号退役后，将彻底取代现役的"海鹞"。
- 卡-28/卡-31"螺旋"直升机：10架卡-28用于反潜战，另有14架卡-31预警直升机目前在服役。
- 西科斯基/韦斯特兰"海王"直升机：17架用于反潜和运输。未来将被美国的"海鹰"直升机替代。
- 印度斯坦航空公司"猎豹"（Chetak）通用直升机：现役约有34架。少量更先进的"北极星"（Dhruv）直升机将投入使用。

至少有8架波音P-8I"海神"（Poseidon）反潜机正在交付流程中，将取代现役的俄制"熊"和可能的"五月"反潜机。还有25架用于执行二线任务的多尼尔Do-228反潜机（还有更多已经订购）。

| 类型 | 舰级 | 现役 | 订购 | 服役时间 | 吨位 | 说明 |
|---|---|---|---|---|---|---|
| 二线护卫舰 | | 10 | (2) | | | |
| 轻型护卫舰 | 卡莫尔塔（代号28） | 2 | (2) | 2015 | 3,400 | 最后2艘将进行结构调整。用于反潜战。未来可能继续订购 |
| 轻型护卫舰 | 科拉（代号25A） | 4 | (—) | 1998 | 1,400 | 主要用于反舰任务。本土建造 |
| 轻型护卫舰护卫舰 | 库卡里（代号25） | 4 | (—) | 1989 | | 1400主要用于反舰任务。本土建造 |
| 战略潜艇 | | — | (3+) | | | |
| 战略弹道导弹核潜艇（SSBN） | 歼敌者 | — | (3+) | (2016) | 6000 | 具体细节不详。至少有3艘正在建造，后续建造工作正在规划中 |
| 攻击潜艇 | | 1 | (—) | | | |
| 攻击型核潜艇 | "阿库拉II"（代号971U） | 1 | (—) | 2012 | 9,500 | 前苏联时代建造完成并租给印度 |
| 巡逻潜艇 | | 13 | (6) | | | |
| 潜艇 | "虎鲨"（75型，法制"鲉鱼"型） | | (6) | (2016) | 约2000 | 最后两艘潜艇据说装有AIP装置。可能还会建造更多 |
| 潜艇 | "海之吼"（877 EKM型） | 9 | (—) | 1986 | 3,000 | 2013年第10艘毁于事故 |
| 潜艇 | "西舒玛"（209型） | 4 | (—) | 1986 | 1,900 | 德国建造。最后两艘在印度组装 |

**其他战舰**

| 类型 | 快速攻击艇 | 大型巡逻艇 | 轻型巡逻舰 | 猎雷艇 | 补给舰 | 其他 |
|---|---|---|---|---|---|---|
| 数量 | 12 | 10 | 4 | 6 | 4 | 外加各种巡逻艇、登陆艇和支援舰艇 |

拉II"级（Akula II）攻击型核潜艇"查克拉"号（Chakra）的到来，让印度海军重新获得了操作核潜艇的经验，并为目前正在建造的新型战略核潜艇铺平了道路。

从结构上讲，印度海军分为两个作战司令部：西部海军司令部（Western Naval Command），其西部舰队（Western Fleet）总部设在孟买；东部海军司令部（Eastern Naval Command），其东部舰队（Eastern Fleet）总部设在维萨卡帕特南（Visakhapatnam）。两支舰队的作战资源分配较为均衡，不过西方舰队规模稍大。以科奇为基地的南方司令部是所有训练部队的司令部，同时指挥着一些航空部队和次要舰艇。

西海岸的主要军事基地在孟买，在果阿附近的卡尔瓦尔有一个新基地。后一个基地——建造工程代号为"海鸟计划"（Project Seabird）——已经可以容纳大约20艘战舰，并有比较好的维修设施和升船机。该基地正在稳步扩大，以增加更多的泊位、武器装备和存储能力，以及一个海军航空站。决定这一重大投资计划的一个主要原因是，通过建造专用海军设施，以避免孟买作为繁忙商港所面临的安全和拥堵问题。维萨卡帕特南是东部舰队的主要基地，驻泊有30多艘军舰和潜艇，包括两艘核动力潜艇。据报道，印度正在维萨卡帕特南南部的拉姆比里（Rambili），为新生的战略核潜艇舰队和航空母舰建造一座带有地下设施的大型基地，不过具体细节还很少。据印度海军高级官员称，该基地预计将在21世纪20年代初建成。

除科奇外，在印度次大陆的加尔各答、金奈、果阿和奥哈等地也有一些规模较小但很重要的基地。主要的岛屿基地位于安达曼岛和尼科巴群岛的布莱尔港，两处目前有大约15艘巡逻船和登陆艇，而且预计将进行大规模扩建。布莱尔港也是安达曼和尼科巴司令部（印度唯一的三军司令部）的总部所在地。

近年来，印度海军的进步突出体现在最近交付的"维拉玛蒂亚"号和该舰的舰载机部队，以及期待已久的国产水面驱护舰（项目代号分别为15A型、17型和28型）的入列。网络中心等方面也有一些进展，而即将服役，且装备弹道导弹的"歼敌者"号核潜艇也将是一项重大战略发展。印度海军目前需要克服的主要弱点包括常规潜艇舰队的衰退和反水雷作战能力的类似下降。此外，还严重缺乏舰载制海和通用直升机，尽管最近有所改善，但现有的补给舰艇不足以维持较远距离的部署。近来印度海军还曝出了一连串的人为失误，最引人注目的一次发生在2013年，"辛杜拉克沙克"号（Sindhurakshak）潜艇因艇内发生爆炸而损失，这些失误表明，印度海军在培训和规程方面仍存在缺陷，需要加以纠正。

## 未来发展规划

正如本章开头概述的，实现力量均衡的重要性，印度海军发展计划的目标是扩大"蓝水"和"褐水"能力。实际采购决策的主要指导方针是基于未来15年发展愿景制定的，这个愿景每五年更新一次。《2012—2027年海事能力展望计划》（*Maritime Capability Perspective Plan 2012—2027*）列出了目前略多于200艘舰艇的目标兵力水平。虽然细节是保密的，但据相关报告显示，力量结构的关键要素包括3艘航空母舰，大约40艘主力驱护舰和大约30艘二线护卫舰。可能还会有多达6艘战略核潜艇和6艘攻击型核潜艇，外加数量相当的柴电潜艇。其他重要的装备投资计划还包括4艘新的两栖登陆舰艇、5艘补给舰、12艘反水雷舰艇和用于沿海反潜任务的新式轻型舰艇。

尽管这些计划的实现将推动印度海军成为一支强大的力量，对确保印度在印度洋的关键海上利益安全大有裨益，但有迹象表明，愿景和现实之间很可能存在相当大的差距。具体表现在以下方面。

当前舰队的老龄化：按照当前能力展望计划的时间尺度，现役舰队中大约60艘军舰和潜艇可能已经接近使用寿命的极限。虽然目前大约有50艘船在建造或订购中，但这甚至不足以抵消老舰退役造成的数量缺口。

合同执行拖拉：虽然另外约60艘军舰和潜艇的建造已经被"批准"，但是考虑到信息和细节的要求，以及实际订单的执行，通常会有相当长的延迟。许多关键项目似乎都陷入了长达数年的官僚主义泥潭。

交付记录不佳：由于长期存在的风险消减策略不佳和项目管理能力薄弱等因素，军舰建造项目仍然在严重拖延。与此同时，最初的成本估算在现实中很难保证，一些项目需要以原价的数倍来完成。首艘国产航空母舰"维克兰特"号就是一个很好的例子。该舰最初的预算是5亿美元，后来追加到25亿美元，交付日期也推迟了8年。人们曾希望，私营造船厂更多地参与军舰建造，可能会改善建造效率，但迄今为止，在与私营造船厂的试探性接触中分配的每一份合同似乎都出现了延误。

注重国产化：尽管每一个国产项目都一再推迟，但印度海军一直努力坚持到底，尽可能通过国内渠道获得新的作战平台。此外，随着莫迪政府将重点放在"印度制造"上，未来印度的所有海军项目都可能在印度本土自行生产。然而，产能限制、决策缓慢、缺乏某些技术技能和可怕的过往记录表明，这种国产化将带来相当大的挑战。过去印度海军通过进口来确保获得某些关键能力，但这条迂回路线似乎走不通了。

乔汉上将表示，尽管存在这些问题，但总体发展轨迹表明，印度海军成功地维持了一直以来追求的力量均衡。他解释说，从蓝水的角度来看，"航空母舰战斗群"（以航空母舰为核心，高度合成，相互支援的舰队结构）显然仍是印度海军的核心作战理念。"合成"（synergistic）这个词可谓恰如其分，因为整个战斗群（主要由驱逐舰和护卫舰组成）的作战能力几乎总是大于其各部分的总和。因此，重要的是要认识到，在评估其价值时需要分析的是该战斗群的效力，而不仅仅是航空母舰本身。对于旨在增强海上控制能力的印度海军来说，越来越多的相对先进的驱护舰的加入，与增强航空母舰自身能力几乎同样重要。然而，一个均衡的海军发展计划或行动并非都在蓝水之内。事实上，有许多作战任务必须在褐水（brown water）环境中执行。为此，印度海军正从规模和质量两个方向出发，获取大量攻防兼备的褐水力量，以及充分发挥其能力所需的监视链（surveillance chains）。

## 其他印度洋海军

虽然印度海军是印度洋上占主导地位的本土海上力量，但该地区也有许多值得简要分析的重要舰队。

巴基斯坦：长期以来，由于无法跟上印度海军的发展速度，巴基斯坦海军一直奉行提高海上拒止能力，且未来将继续使用该策略。该国的潜艇部队目前由5艘"阿戈斯塔"（Agosta）和"阿戈斯塔90B"潜艇组成，同时计划再采购8艘中国制造的新潜艇（据报道这些潜艇装有AIP装置），从而大幅度提升潜艇部队的规模。一些分析人士认为，巴基斯坦海军可能会在时机成熟时采购具备弹道导弹能力的核动力潜艇。

中国曾帮助巴基斯坦对过时的水面部队进行现代化改造，这支水面舰艇部队包括5艘前英国皇家海军21型护卫舰和唯一一艘来自美国海军的FFG-7级导弹护卫舰。从2009年开始，中国向巴基斯坦提供了4艘F22P"佐勒菲卡尔"级（Zulfiqar）护卫舰，其中一艘是在当地组装的，并且正在帮助卡拉奇船舶工程公司（Karachi Shipyard & Engineering Works）建造"阿兹马特"级（Azmat）快速攻击艇。

孟加拉国：孟加拉国和印度海军之间的合作正在加强。根据2009年制定的《2030年远期军力目标》，孟加拉国海军正从规模上和质量上对其舰队进行扩充，包括替换水面舰艇、完善海军航空和潜艇能力，目标是打造一支三维立体舰队。

目前的前线水面舰队由6艘护卫舰组成，此外还辅以轻型护卫舰、巡逻舰和快速攻击艇，以及有两艘035G型"明"级（Ming）潜艇。尽管与缅甸和印度解决了一度有争议的海上边界问题，但孟加拉国仍将大量资金用于建设海上防御力量。

缅甸：缅甸因与中国和印度接壤，而从这两个新兴大国的援助中获益匪浅，且印度的援助也越来越多。与此同时，缅甸以国产为核心的水面舰艇建造计划已经交付了5艘导弹护卫舰和2艘轻型护卫舰，这支舰队还有越来越多的导弹艇部队提供支援。

印度洋群岛：斯里兰卡海军成功击败了"泰米尔海上猛虎组织"，并受益于来自多国的军事援助。目前的斯里兰卡海军主要是为不对称的濒海和近海作战而设计的，拥有大量装备精良的小型快艇和少量大型舰艇，其中包括两艘前印度海上巡逻舰。斯里兰卡现在正寻求依靠更多的大型舰艇和将在2017—2018年期间交付的两艘印度制造的105米近海巡逻舰来增强濒海和近海作战能力。

此外，印度海军在毛里求斯、塞舌尔和马尔代夫这些有大量印度族裔人口的小而重要的岛国具有相当大的影响力。近年来，印度致力于建立一个沿海监视雷达网络，该网络将在这三个国家以及斯里兰卡和印度设有监测站。分析人士表示，该项目一旦完成，将使印度能够通过其盟友监控所有途经印度洋的船只的动向。

还应提及的是法国的影响力,它在留尼汪岛的海外地区仍保留有相当的还尚存在,并自1993年以来与印度一起参加了"瓦鲁纳"(Varuna)联合海军演习。英国在英属印度洋领地也有重要的军事设施,但主要供美军使用。

南非:南非海军是唯一一支在印度洋非洲海岸提供超越当地影响力的海军。在与巴西的合作中,除了维护双边关系,南非海军还定期与印度海军在"印度—巴西—南非海上演习"(IBSAMAR)中进行互动。尽管其通过1999年完成的"战略防御一揽子计划"装备了3艘209型潜艇和4艘A-200护卫舰,拥有不错的战斗能力,但其海上巡逻执法力量——少数几艘经过改装的快艇——不足以防御其漫长的海岸线和相当重要的海上经济区。此外,南非位于开普敦附近西蒙镇的主要海军基地离印度洋太远,无法支持有效的武力部署。

南非海军希望通过在其东部海岸德班重新建立一个完整的海军基地,并根据"比罗计划"(Project Biro)建立一支由3艘海上巡逻舰和3艘近岸巡逻艇组成的新舰队来弥补这一不足。进一步的计划还包括装备一艘新的水文调查船。所有这些舰艇都将在本国建造,订单将在未来几年内下达。这些新舰船

2015年2月,搭载米格-29K攻击战斗机的印度海军旗舰"维克拉马蒂亚"号在航行时的照片。尽管面临着众所周知的挑战,但印度海军在建立一支能够保障该国在印度洋地区海洋利益的均衡海上力量方面,还是取得了相当大的进步。(印度国防部)

将使得南非在莫桑比克海峡这条大西洋和中东之间的重要航运路线上拥有更大的影响力,这条航道以前曾引起海盗的注意,现在也越来越受到印度海军的关注。印、南两国海军都在不断地与小规模的莫桑比克海军进行互动,而法国诺曼底造船厂建造的几艘巡逻艇的到来将加强莫桑比克海军的力量。

2014年,巴基斯坦海军的中国产补给油轮"纳斯尔"号(Nasr)和F??P型护卫舰"赛义夫"号(Saif)在与皇家澳大利亚海军一起演习。尽管中国提供了大量援助,但巴基斯坦海军的实力仍被规模更大的印度海军甩在后面。巴基斯坦海军的主要潜力在于包括其潜艇在内的非对称力量。(皇家澳大利亚海军)

## 小结

尽管面临着许多广为人知的挑战,但印度海军在实现其建立一支均衡部队的目标方面取得了相当大的进展,这支海军有能力为确保印度的海上利益做出贡献。在继续拒绝正式加入某个联盟的同时,印度在建立更广泛的跨印度洋海上合作安全架构方面取得积极进展,这将有助于实现印度成为该地区安全防御网络提供者的目标。观察这一进程在多大程度上扩大了与印度洋上其他有共同利益的海军力量(如澳大利

亚、南非、美国）的合作，将是一件有趣的事情。

与此同时，海军必须继续投入精力，确保其力量结构的宏伟目标与实际交付的具体目标之间更好地协调一致。要实现雄心壮志，必须进一步改进本国军用造船工业的表现，在国产化能力的提升与舰队的迫切需要之间寻求平衡，并确保继续获得足够的资金。尽管如此，为制订一套务实明确的海军战略所做的努力，以及莫迪政府任内得到了进一步的推动，海军和政界在如何利用海上力量方面的思想一致，都使得印度海上力量前途可期。

## 注释

1. 伊斯坎德·拉赫曼（Iskander Rehman）所著的"印度海军理论手册"对印度海军理论发展的有一套有趣的分析，文章收录于哈什·潘特（Harsh V Pant）编辑的《印度海军的崛起》一书，（法纳姆：阿什盖特出版公司，2012），第55~79页。文章中强调，鉴于海军在印度过去的冲突中基本上处于边缘地位，它有必要制定一套令人信服的学说。此外，文章还对西方（英国皇家海军）和苏联在印度造成的几乎是精神分裂的影响做了有趣的评论，这种分裂产生于20世纪60年代以后印度与苏联的联系。

2. 参见《印度海事理论》（新德里：海军联合司令部，2009年）和尚未彻底解除阅览限制的《确保海域安全：印度的海上军事战略》（新德里：海军联合司令部，2015年）。

3. 拉胡尔·罗伊·乔杜里（Rahul Roy-Chaudhury）的分析被收录在印度网络新闻出版物《世界需要关注印度新海上安全战略的五个理由》中，网址为：http://thewire.in/。

4. 15型和17型系列已经由作者在2011年出版的《世界海军评论》和2013年出版的《世界海军评论》（巴恩斯利：锡福斯出版集团，2010/2012）中已有详细分析。

5. 作者在此感谢印度海军退役海军中将普拉迪普·乔汉（Pradeep Chauhan）对本章的早期草稿所提供的慷慨帮助。所有的评论仅代表作者本人观点。

# 4.4.2 中东海军

理查德·彼得奥尔

本章将对2015年底中东国家海军的现状和能力进行深入评估。

中东国家在国防上的高开支——通常超过GDP的10%——并没有导致相称的海军发展。尽管该地区局势动荡不安，但与美国保持友好关系的国家大多选择在很大程度上依赖美国保障海上安全，而不是花费高昂代价建设本国海军。[1] 实际上，该区域几乎所有国家的舰队的主要任务是保护其港口和近海设施的安全，并防止在其水域发生的，包括走私和恐怖主义在内的非法和危险活动。[2] 完成此类任务只需要中型巡逻舰和足够胜任的舰员即可，而不需要昂贵的大型作战舰艇和训练有素的舰员。因此，该地区国家的国防开支大部分用在了其他军种上。

2013年5月，美国海军海岸巡逻艇"火弩箭"（Firebolt，PC-10）号与英国皇家海军"龙"号（Dragon）驱逐舰在海湾地区进行反水雷演习。总的来说，中东国家倾向于依靠美国海军及其盟友来确保该地区的海上安全。（美国海军）

以色列海军拥有一支由德国制造的"海豚"级潜艇组成的小规模潜艇部队,这使其相对于本地区其它海军具有显著优势。据报道,这些潜艇装备了可携带核弹头的巡航导弹,使其成为一项关键的战略威慑资产。以军总共计划装备6艘潜艇,图中的是第5艘,"拉哈伯"号(Rahav),本图摄于2015年6月,该艇在前往以色列交付前,于德国基尔进行维护期间。(利奥·范·金德恩)

埃及和土耳其都计划在未来大幅增加其海军的规模和能力,但该地区的其他国家过去也曾有过类似、却未实现的雄心。俄罗斯在2015年底介入叙利亚冲突之后,是否会寻求在该地区维持大规模的海军存在,仍有待观察。

## 埃及

埃及海军总部位于地中海沿岸的亚历山大港,现有18500名官兵。但是,这总数中包括1万名征召的,服1~3年义务役的士兵和大约2000名海岸警卫队人员。

2014—2015年,埃及海军与法国签订了一系列大单,有望提升在世界海军中的排名。这些合同包括购买法国最初为俄罗斯建造的2艘"西北风"级(Mistral)两栖攻击舰、1艘欧洲多任务护卫舰(FREMM)和4艘"追风2500"(Gowind 2500)护卫舰。由于埃及方面急于求购FREMM,所以在2015年7月,原本为法国海军建造的"诺曼底"号(Normandie)在新近完成后交付埃方,更名为"埃及万岁"号(Tahya Misr)。该国最近还接收了4艘装备精良的美国制造"使节"Ⅳ(Ambassador IV)级快速攻击艇,对外宣称是为了保卫苏伊士运河。

与此同时,埃及也在着手复兴潜艇部队。4艘德制209/1400型潜艇是一个耗资巨大的采购项目。尽管有报道称以色列试图阻止该交易,但第一艘新潜艇还是在2015年12月被正式命名为S41。

即使有法国的帮助,埃及海军还是面临着重大挑战,即应当如何发展相应能力以维护并有效操作突然大量涌入的现代化、先进、昂贵的战舰。目前还不清楚这些先进装备将扮演什么角色。"埃及万岁"号和两栖攻击舰尤其如此,它们是为世界范围的军事行动而设计建造的,而埃及海军没有执行此类任务的经验。令人费解的是,埃及为什么要优先发展昂贵的高端海军能力,而不是改善其在红海和地中海的反恐和反海盗等海上安全能力。

## 以色列

以色列海军规模很小,只有9500人(其中还包括2000名义务兵),但可能是中东地区最高效的海军。如果爆发地区冲突,海法海军基地的5艘(外加一艘正在建造中)德国制造的"海豚1"型(Dolphin 1)和"海豚2"型潜艇(Dolphin 2,"海豚2"装备有AIP装置),可以迅速清除东地中海任何敌对船只。此外,这些潜艇几乎可以肯定装备有能够携带核弹头的远程巡航导弹。

以色列海军也有相当数量的重武装轻型护卫舰和导弹巡逻艇。最大的是3艘美国制造的1075吨级"萨尔5"级(Sa'ar V)型导弹护卫舰,其武器装备包括8枚"鱼叉"(Harpoon)反舰导弹和32枚"巴拉克1"(Barak 1)舰空导弹。后者可能很快被更先进的"巴拉克8"型导弹取代,同时以色列海军也在考虑在舰艇上安装"铁穹"(Iron Dome)导弹防御系统,以帮助保护该国的海上采气平台。

2014年,德国蒂森克虏伯海事系统公司从以色列收到一份订单,订购4艘1800吨的"萨尔6"级轻型护卫舰,据报道该级舰将以MEKO A-100的设计为基础,第一艘预计在2019年进入海军服役。虽然主要是为了保护本国的专属经济区,

伊朗在20世纪90年代初装备了3艘俄罗斯制造的"基洛"级潜艇——图中的是第2艘,"努尔"号(Noor),照片摄于该舰驶往伊朗进行交付途中。实际上,伊朗在维护并确保其可操作性方面遇到的重重困难,意味着该级潜艇很难发挥预想中的巨大威力。(美国海军)

但"萨尔6"型更大的吨位将使得该级舰拥有比此前其他以色列海军舰艇(除潜艇外)更远的续航距离。

为了确保沿海安全,以色列还在本土建造了相当数量的"毒蜂/超级毒蜂"(Dvora/Super Dvora)和"翠鸟"级(Shaldag)快速巡逻艇,这类巡逻艇在出口方面也获得了相当大的成功。

## 其他中东和地中海地区海军

在地中海的其他国家,叙利亚从来没有一支强大的海军,2011年开始的内战可能已经摧毁了它作为有效军事力量存在的地位。苏联在20世纪70—80年代移交给叙利亚的两艘"别佳III"型(Petya III)护卫舰和其他小型舰艇不太可能派上用场。叙利亚海军至多可从塔尔图斯的海军基地(俄罗斯海军也使用这个基地),调动少量的"黄蜂"级导弹艇,以及一些小型巡逻艇。

黎巴嫩的小规模海军驻扎在贝鲁特。它实质上是一支海岸警卫队,拥有一支由巡逻船和海上巡逻舰组成的部队,排水量均不超过130吨。

## 伊朗

伊朗海军约有21000名海军人员(包括2800名海军陆战队员),其舰队总部和主要海军工厂位于波斯湾的阿巴斯港。让人颇为费解的是,伊朗还有第二支实力不俗的海上

阿联酋的6艘"拜努纳"(Baynunah)级护卫舰——目前正在交付中——将成为其舰队的核心。这款护卫舰非常紧凑,武器装备精良,图中展示的是"拜努纳"级首舰,摄于2010年进行初步海上试航期间。(法国诺曼底造船厂)

力量——伊斯兰革命卫队海军（Islamic Revolutionary Guard Corps Navy），这支海军有20000人（包括5000名海军陆战队员）。一般来说，伊朗海军负责阿拉伯海和里海的远程和长期的海军行动，而革命卫队负责波斯湾的行动。

在20世纪70年代，伊朗海军渴望成为地区霸权力量，但1979年的革命使这一雄心壮志化为泡影。20世纪80年代与伊拉克的战争，加上数十年来自美国和联合国的制裁，严重阻碍了伊朗海军的现代化。水面舰队的顶梁柱仍然是3艘排水量较小的沃斯珀"阿勒万德"级（Vosper Mk 5 Alvand）护卫舰，该级舰是英国在20世纪70年代早期建造的。[3] 近期有3艘"莫威"级（Mowj）护卫舰加入伊朗海军，这些伊朗国产护卫舰基本可以看做是"阿勒万德"级的翻版。

在20世纪90年代初期，伊朗海军装备了3艘俄制"基洛"级潜艇，引起了美国海军的高度关注。然而，后来的情况表明，伊朗正在为了操作、维护和改装这些潜艇而焦头烂额。例如，在采用国产电池换掉原装电池的尝试失败后，新的电池必须从印度采购。2005年，俄罗斯签署了在阿巴斯港对这些潜艇进行现代化改造的合同，改造后的潜艇在2012年重新投入使用。

与此同时，伊朗正在自主建造微型潜艇，目前可能已经有13艘或更多的"查蒂尔"级（Chadir）潜艇在伊朗海军服役，还有一些改进型潜艇正在建造中。[4] 这些潜艇的设计可能是基于朝鲜的"鲑鱼"级（Yono）。据推测，伊朗潜艇可能装备有先进的武器，如"暴风"（VA-111 Shkval）鱼雷或俄罗斯的"口径"（3M-54E Klub）反舰导弹。

在海军作战能力方面，伊朗非常重视装有反舰导弹（最常见的是中国设计的C-802和更小的C-704）的导弹艇。通常认为，伊朗海军共有50多艘此类快艇，许多是按照法国、中国和朝鲜的设计在当地建造的。此外，革命卫队还有200~300艘小型作战船、特种部队舰船和各类巡逻艇——同样主要是在当地建造的。这些舰艇往往只装备机枪和火箭发射器。这些廉价船只的"蜂群"战术（swarm tactics）已被证明是非常有效的，并对阿拉伯湾其他海军，包括美国海军及其盟友的行动产生了重大影响。

最后，伊朗海军拥有比大多数中东国家海军更强大的两栖作战能力。这在很大程度上是为了支持该国对位于阿拉伯湾东端的霍尔木兹海峡的许多小岛的主权要求。

## 沙特阿拉伯

石油资源丰富的沙特阿拉伯是世界上国防预算最高的国家之一。然而，这些开支从未转化为大规模的海军，雄心勃勃的海军扩张计划经常被提及，但迄今从未真正实现。

沙特阿拉伯是一个控制阿拉伯半岛的大国，在红海和阿拉伯湾都有相当长的海岸线。因此，沙特海军面临的一个重大问题是，需要将其军舰分别部署在红海（基地位于吉达的西部舰队）和阿拉伯湾（基地位于朱拜勒的东部舰队）。此外，虽然拥有大约15500名海军人员（其中包括3000名海军陆战队员），但实际上，它严重依赖来自亚洲次大陆的外来移民维护其舰队。有人怀疑，保持其战舰表面上的美观，有时可能被认为比保持其战斗力更重要。

西方国家对沙特阿拉伯海军未能为海上安全做出实质性贡献（如未能在红海南部和亚丁湾地区打击海盗），私下表示了一些失望。然而，沙特海军一直在改善与西方军舰之间的通信与协同能力。

沙特海军的核心目前包括3艘现代化"利雅得"（Al Riyadh）级护卫舰（源自"拉菲特"级护卫舰的设计，在法国建造），以及4艘较老和较小的"麦地那"（Madina）级护卫舰（也是法国建造）。这些护卫舰连同两艘补给舰和其他较小的船只，都部署在红海上。部署在阿拉伯湾的部队由各种轻型护卫舰、导弹艇和其他军舰组成，这些军舰主要来自20世纪70年代的"沙特海军扩张计划"（Saudi Naval Expansion Program）。所有军舰都由美国提供，目前服役已超过20年，有的超过30年，作战能力非常有限。

沙特阿拉伯与伊朗之间的敌对关系导致对东部舰队进行大规模升级，其形式很可能是通过美国支持下的"第二次沙

阿曼皇家海军是一支高效的现代化力量,拥有5艘护卫舰和多艘巡逻舰。图中的是"阿尔·沙米克"级护卫舰的第3艘也是最后一艘"阿尔·拉斯克"号(Al Rasikh),摄于2013年的试航期间。

特海军扩张计划"(SNEP II)。这个计划的一个重要部分应该是由洛克希德·马丁公司以"自由"级(Freedom)濒海战斗舰设计为基础,为沙特海军建造的4艘深度改进型号。不过,沙特的采购计划从2008年就开始讨论,由于油价下跌和国防开支的其他优先事项,到2015年底还没有对外宣布正式签订合同。

## 其他海湾地区海军

阿拉伯联合酋长国是由七个小国组成的联盟,拥有统一的武装力量。在海军方面,阿布扎比拥有主要的海军基地。阿联酋海军规模较小,包括2400名海军人员和1200名海岸警卫队人员,但装备精良,主要职责是巡逻和监视阿联酋领海和专属经济区。

舰队的核心将由6艘850吨"拜努纳"级导弹护卫舰组成,目前正在交付当中。相对于其较小的吨位,这些导弹护卫舰装备非常精良:它们的武器包括"飞鱼"(Exocet)反舰导弹和"改进型海麻雀"(ESSM)舰空导弹。首舰船是由法国诺曼底造船厂(CMN)建造的,另外5艘船正在阿联酋由阿布扎比造船公司(Abu Dhabi Shipbuilding)建造,其中3艘将在2015年底前完成。

最近的另一项装备采购是1650吨"阿布扎比"号(Abu-Dhabi)反潜轻型护卫舰;该舰将由意大利的芬坎蒂尼造船集团(Fincantieri)建造,并于2012年交付。芬坎蒂尼造船集团

2010年,土耳其海军的FFG-7和MEKO 200型导弹护卫舰共同参加一次军事演习。横跨欧洲和中东的土耳其海军影响力逐渐增强,并有雄心拓展其"蓝水"存在。(土耳其海军)

与阿联酋的另一家主要造船厂埃萨德（Eithad）达成合作，建造并交付了两艘携带导弹的巡逻舰，再加上德国造船厂交付的10艘快速攻击艇，阿联酋舰队的实力进一步增强。展望未来，阿联酋有望从这两个主要船厂购买更多的国产舰艇，并提高其两栖作战和水雷作战能力。

在海湾北部，卡塔尔、巴林和科威特的舰队都将注意力集中在以导弹艇（使用寿命和性能各不相同）为核心的舰队上，同时辅之以更小的巡逻艇；后者通常由海岸警卫队或警察操控。巴林也保留它的旗舰FFG-7级导弹护卫舰"萨巴"号（Sabha），这艘护卫舰实际上是在1996年由美国海军转让的"杰克·威廉姆斯"号（Jack Williams, FFG-24）改装的。在随后的多年中，该舰定期与该地区的其他海军一起训练，但目前已经很少离开泊位。考虑到这艘护卫舰的年龄、相对复杂的装备，以及需要200多名船员（几乎占巴林海军人员的四分之一）这一现实，该舰可能已无法完全投入使用。事实上，巴林的主要海军意义是作为美国海军的主要区域基地，这个基地位于米纳苏尔曼港，巴林海军的基地也在此地。[5]

2003年，国际军事行动导致伊拉克萨达姆·侯赛因政权被推翻后，伊拉克开始缓慢恢复其海军。到冲突结束时，伊拉克海军基本上已不复存在，而重建海军并不是当务之急。伊拉克海岸防卫部队最终于2004年成立，并于2005年1月更名为伊拉克海军。该部队目前共有大约2000名人员，另外还有1500名海军陆战队员，大部分驻扎在巴士拉东南的乌姆盖斯尔海军基地。伊拉克海军的主要任务是保卫巴士拉（Al Basra）和豪尔·玛雅（Khawr Al Amaya）近海石油设施，以及维持阿拉伯河（Shatt al-Arab）和阿布杜拉湾（Khawr Abd Allah）水道南端的治安。出于这个目的，伊拉克海军装备了约21艘巡逻艇——最大的是四艘排水量达400吨的"法塔赫"（Fateh）级，于2006—2009年在意大利建造。

阿曼皇家海军的总部设在马斯喀特以西、波斯湾河口附近的乌达姆斯·阿·萨希尔（Wudam As Sahil），规模相对较小，大约只有4200人，但无疑是该地区最专业、最有效的海军之一。与许多邻国不同的是，它避开了对外国人员的依赖，而且它的舰艇完全由阿曼国民操控。这个国家传统上与英国皇家海军有着密切的联系，许多军舰也是在英国造船厂建造的。其中包括两艘在1990年建造的"卡希尔"（Qahir）级护卫舰和3艘在2013—2014年交付的2750吨级"阿尔·沙米克"（Al Shamikh）级护卫舰。然而，阿曼对后一个项目的表现感到失望——该护卫舰的设计存在缺陷，同时存在交货延迟——随后选择向新加坡的科技海事公司（ST Marine）公司订购了4艘新型"阿尔·奥富凯"（Al-Ofouq）海上巡逻舰。4艘中的2艘已经交付，并且将替代1980年建造的老式"佐法尔"（Dhofar）级快速攻击艇。对大型舰艇的青睐可能反映了阿曼对管辖专属经济区的重视程度的提高，该专属经济区一直延伸到了印度洋深处。

## 其他在本地区有重要影响力的海军

尽管美国不是中东国家，但它却是在该地区占主导地位的海军力量，美国海军在地中海和印度洋都部署了强大的军事力量。总的来说，美国海军在中东的战斗力甚至要比域内国家海军的战斗力总和还要强。美国的一些盟友也一直在该地区维持武力存在，法国和英国都在波斯湾设有基地。

如果从更大的范围看，土耳其的海军横跨欧洲和亚洲，是这一地区规模最大的，兵员5.5万人（其中3万人为义务役的，服役期限为15个月），包括3000名海军陆战队员。土耳其海军总部位于首都安卡拉，同时还有许多基地和遍布全国的造船厂，作战方面可分为一个驻扎在主要海军基地格尔居克（Gölcük）的舰队总司令部和两个地区司令部：基地位于伊斯坦布尔的北部地区司令部（覆盖黑海和马尔马拉海）和基地位于伊兹密尔的南部地区司令部（负责爱琴海和更大范围的地中海）。

土耳其海军有一支规模不小的舰队，装备的是德国设计的209型"普雷弗"（Preveze）级和"阿蒂雷"（Atlilay）级潜艇，后者将被新的214型AIP潜艇取代。还有16艘主力水面舰艇——德国MEKO 200型和美国海军FFG-7型各占一半，[8]

艘轻型护卫舰和20多艘装备导弹的快速攻击艇。此外，还有强大的反水雷部队、水陆两栖作战部队和海上支援部队。土耳其正在实施的"国家舰"（Milgem）轻型护卫舰计划验证了该国日益强调的国产化策略，随后可能还会继续建造吨位更大的TF-2000防空护卫舰。

除了发展国产化能力，土耳其海军还打算拓展其蓝水存在。2012年3月，时任土耳其海军司令的穆拉特·比尔格尔上将（Admiral Murat Bilgel）概述了土耳其的战略目标，称"不仅要在沿海作战，还要在公海作战"。他还表示，未来10年的中期目标是"加强海上防御、前方存在和有限的力量投送能力……"。6 土耳其最新的国家安全政策文件于2010年更新，这份文件出人意料地将以色列与希腊和俄罗斯等传统对手一道被列为主要威胁。这表明在地中海东部的海军行动可能特别重要。此外，土耳其海军还频繁参与北约在印度洋的军事部署，这从一个侧面展现了其愈发增长的野心。

2013年12月，为了获取在远离本土的海岸部署部队的能力，土耳其宣布选定西班牙那凡蒂亚造船厂（Navantia）建造的胡安·卡洛斯一世（Juan Carlos I）级（已经在西班牙海军和皇家澳大利亚海军服役）作为其新型主力两栖舰艇的设计基础。2015年5月7日，本地的塞德夫造船厂（SEDEF）拿到了订单。土耳其国家安全委员会已经决定，两栖攻击舰（或者土耳其媒体口中的"航空母舰"）应该能够像"胡安·卡洛斯一世"那样搭载垂直起降战斗机。同时，土耳其还为其空军选定了洛克希德·马丁公司生产的F-35A型联合攻击战斗机。

## 注释

1. 伊朗是中东地区少数几个发展本国海军能力的国家之一。然而，随着对伊朗制裁的放松，伊朗的对于国产化的优先考虑可能会发生变化。

2. 2014年10月，海湾合作委员会①（Gulf Co-operation Council）在卡塔尔举行的一次会议上宣布，决定建立一支联合海上安全部队，并在海军作战方面加强合作以应对日益增加的地区海上威胁。如果能够顺利执行，这支部队将很可能专注于沿海封锁和反恐行动。

3. 第4艘，"萨哈德"（Sahand）号，在1988年4月"螳螂"行动（Operation Praying Mantis）中被美国海军击沉。

4. 在公开的资料中，有关伊朗建造的潜艇和其他船只数目存在很大差异。

5. 自世纪之交以来，英国利用美国海军和巴林的支持设施，在巴林的米纳苏尔曼（Mina Sulman）部署了大量军舰。2014年，英国最终决定在该港口建立属于自己的永久性基地，该基地将于2016年开放。

6. 美国海军学院2012年3月会议记录中引用了海军上将比戈尔（Bigel）的话。（安纳波利斯，海军学院出版社，2012）

7. 中东地区海军参考信息的主要来源是每年出版的《简氏作战舰艇》（Janes Fighting Ships）（科尔斯登：简氏信息集团）和不太经常更新的《世界战斗舰队》（安纳波利斯，海军学院出版社）。应该指出的是，这些书中包含的表面上准确的信息往往是不准确的和/或过时的。《简氏海军国际》杂志（科尔斯登：简氏信息集团）和《海军部队》杂志（巴特诺因阿尔-阿尔魏勒：蒙奇出版集团）偶尔发表对中东海军的地区评论，以及更频繁的新闻报道。

---

① 其成员包括巴林、科威特、阿曼、卡塔尔、沙特阿拉伯和阿联酋。

# 5
## 海军造船术

# 5.0 军舰设计和建造的全球趋势

哈特穆特·埃勒斯

自1990年[①]以来的25年里，世界政治版图发生了巨大变化。冷战已经成为历史，大多数国家海军的规划部门都在憧憬着"和平红利"的到来。

然而，各国海军很快发现自己面临着新的挑战，而这种挑战将对海军造船产生重大影响。新的"全球玩家"和地区海上强国出现在地缘政治舞台上。海军的设计者和规划者们也看到新的变化。其中包括：新的战略和战术，不断变化的任务和海事要求，全新的船体和整体设计概念，先进的技术，以及在战斗系统、舰上住宿和舰船勤务性能等领域的新要求。

## 历史背景

当然，地缘政治和技术发展带来的挑战，以及流行趋势甚至设计潮流，对造船业来说都不是什么新鲜事。19世纪，舰船革命性地迎来了蒸汽机，蒸汽机与现代后膛炮和装甲的结合，带来了新的战术、理念和造船趋势。但也不是没有反例，在1866年的利萨海战中，奥地利海军成功通过撞击击沉了一艘意大利战列舰，之后，这种古老的战术在相当长的一段时间内变得流行起来，很多大型战舰都安装了舰艏冲角。

不久之后，以法国海军上将奥布（Aube）为首的"新学派"（Jeune École）提出了一种新的海军战略，主张使用小

这张照片是2015年12月拍摄的正在试航的美国海军新型驱逐舰"朱姆沃尔特"（Zumwalt）号。该舰的巨大吨位、隐身设计、综合电力推进技术的运用以及搭载新型武器的潜力都预示着现代战舰设计的趋势。（美国海军）

---

[①] 1991年，华沙条约组织（Warsaw Pact）解散，苏联解体，德国重新统一。

瑞典"维斯比"级（Visby）轻型护卫舰"哈诺桑德"号（Härnösand）参加了2012年的"寒冷反应"演习，从图中可以看出，该舰的迷彩融入挪威峡湾的背景。尽管与"朱姆沃尔特"级护卫舰显著不同，"维斯比"级战舰也反映了目前很多影响海军造船和设计的理念，包括隐身和舰艇生存力等方面的技术发展，多用途能力的发展趋势和越来越多地采用无人系统（如进行反水雷作战）。（挪威武装部队）

而强大的舰队来对抗规模更大的舰队，通过破交作战来限制敌人的贸易。新的舰艇类型（如鱼雷船和潜艇）开始出现，针对这些武器而研制的驱逐舰和反潜武器等新装备也随之诞生。就在世纪之交，英国的"全大口径主炮"（all-big-gun）的"无畏"级战列舰使老式的"混合口径主炮"战列舰变得过时。在航空母舰出现后，类似的命运最终也降临在战列舰上。

在某种程度上为改进外观，商船和战舰上开始使用倾斜的桅杆和烟囱。类似地，安装最大数量的烟囱在一段时间内非常流行。班轮上的乘客往往认为这是一种更高水平的表现和地位，有人甚至认为殖民地的土著民族是通过战舰上烟囱的数量衡量该国海军的实力。1900年试航的俄国巡洋舰"阿斯科尔德"号（Askold），将烟囱时尚推向新的高度，该舰的平甲板舰型和5座高耸的窄烟囱使其具有了一种独特的外观，甚至有一定程度的误导。例如，在许多大型的四烟囱远洋客轮中，第四个烟囱是假的，只起辅助作用，例如作为通风管道。

一个更基础且具有持久趋势的例子是，军官的生活舱位从船艉——这一安排源于古老的木制帆船战舰的布局——向船的前部转移。这可以被看作是对可居住性和居住标准的重视程度稳步增长的一部分，而舒适性和居住标准现在已经成为军舰设计的一个关键部分。

美国海岸警卫队的国家安全舰"詹姆斯"号（James，WMSL-754）便是"高端"海上巡逻舰的典型，海上巡逻舰也是海军舰艇市场增长最快的部分。这种增长既反映了《联合国海洋法公约》所确立的海洋权利的扩大，也反映了冷战后在濒海区域打击海盗、恐怖主义和其他危险活动的需求的增加。（亨廷顿-英格尔斯工业公司）

## 当前情况概述

预计在2016—2035年的20年间，全球造船业在新战舰和潜艇建造方面投资近1万亿美元。有趣的是，在这笔投资投入的同时，民船建造业却可能走上下坡路。2015年，来自中国的订单下降70%，导致韩国三大造船厂两次大裁员，一些评论员将这一状况看作一次新的民用造船危机的前奏。

在为重塑海军能力做准备的阶段，许多国家一直在分析其海军造船工业的长处和弱点。专家们已经着手研究，从战略角度寻找建造军舰的最高效方式，包括检验可以从以前的方案中吸取的教训，并探讨可以用来纠正所查明的缺点的各种备选办法。

这一分析的基础是影响未来几十年海军造船的一些基本因素。

- 地缘政治/地缘战略趋势及其对全球海事需求的影响。
- 技术发展及其对船舶设计和系统的影响。

法国"拉斐特"级(La Fayette)护卫舰是最早的现代隐身水面舰艇之一。(摄于2007年)

- 全球和国家标准、规则和条例领域的发展。
- 加强舰艇多用途能力的趋势。
- 系统和装备模块化的相关趋势。
- 无人系统越来越受到关注。
- 工业趋势影响海军造船业,尤其是市场影响力从传统海军强国转向新兴和发展中经济体。

## 地缘政治趋势

冷战的结束大大改变了防御理论和许多武装部队关注的地理重点。例如,从欧洲人的观点来看,从1990年起,领土防卫(保护欧盟领土的安全)不再是主要的关切事项。相反,新的威胁(恐怖主义、海盗)出现了,需要新的作战理念。国际社会对边境安全和人道主义干预等领域的兴趣日益浓厚。这些变化不可避免地影响到对海军任务能力和舰队组成的要求,从而影响到船舶的设计和建造。与此同时,海军仍然是在世界各国力量投送的重要手段:美国、俄罗斯和一些亚洲新兴大国已经充分认识到这一事实。

2008年夏天，刚完工的美国海军濒海战斗舰"自由"号在进行试航。新型濒海战斗舰可搭载多种任务专用模块，能够执行多类任务已经成为新型舰艇发展的一个普遍趋势。（洛克希德·马丁公司）

对于世界上大多数其他海军来说，远离冷战时代作战需求的趋势——特别是与之相关的舰队资产的减少——已经越来越明显，即使是外行也能看出来。这种影响是国防预算减少和现代战舰单位成本稳步上升的共同结果。然而，至少有两种舰艇类型已经从新的作战需求中受益。它们是海上巡逻舰（OPV）和能够在海上，尤其是濒海执行军事和海上安全任务的多任务平台。

在不断演变的《联合国海洋法公约》（UNCLOS）体系所确立的国家海洋权利扩大的推动下，海上巡逻舰成为海军舰艇市场中增长最快的部分。[1]据悉已有大约25个国家订购了135艘海上巡逻舰，30个国家计划再增加大约275艘。此外，截至2014年，全球现役的海上巡逻舰总数已超过770艘。或许并不令人意外的是，亚洲海军在巡逻舰的现有舰队和订单总数中所占比例最大（约45%）。日本和印度海军加起来拥有大约一半的亚洲海上巡逻舰，而仅印度就拥有全球四分之一的海上巡逻舰订单。这类舰艇数量的增加并不局限于新建造。例如，为了尽快获得海上巡逻舰，孟加拉国在2015年初授予芬坎蒂尼公司一份合同，将意大利海军退役的四艘"密涅瓦"级（Minerva）护卫舰升级改造成巡逻舰。

海上巡逻舰大致可分为两种类型，即配备昂贵武器系统和电子装备的高端作战舰艇，以及更基础的巡逻用舰艇，设计用于执行低强度任务，仅配备基本的武器和标准导航传感器，并按商船标准建造。一个国家选择哪一种类型巡逻舰，取决于其特定的海军需求，而地理位置、政治抱负和海军预期执行的任务也决定了这一需求。不过，大多数的海上巡逻舰项目都是低成本的，以海上执法行动为主要任务。低端巡逻舰的适用范围愈发广泛，已经能够执行包括渔业保护、污染控制、救火、打捞/搜索和搜救、缉毒，以及在专属经济区全面巡逻范围内的人道主义行动在内的各类任务。

与此同时，最能代表海上多任务平台发展趋势的应当是美国海军的两种濒海战斗舰（LCS），它们主要用于沿海水域，对抗"非对称"威胁。这两种获选型号在设计中采用了许多降低信号特征的设计，因此具备优良的自卫能力，可执行情报、监视和侦察行动，以及拦截敌方舰艇或不明船只。LCS还有一个突出的设计特点是舰体内设有一个大型模块化任务舱，以及从船尾或侧面吊放或回收硬式充气艇（RIB）、小艇和无人水面艇/水下潜航器的能力。这些设计使得该型舰能够胜任反水面、反潜和反水雷等特定任务。高速度和相对较大的体形有助于全球快速部署，以维护美国在全球濒海水域的利益。

## 军舰设计方面的技术发展

近年来，船舶设计方面有了重大的进展，其中许多始于20世纪70年代中期前后。这些设计方面的发展有的是基于实战经验和舰队规划，而另一些则是由于行政干预，例如增加严格的环境规则和条例。通用化技术的进步、新发明和船厂生产工艺的改进所引起的技术变化也起了作用。

隐身：舰船设计中最明显的变化之一就是对隐身性能的强调，这一点可以从引入倾斜的纵向和横向侧壁以及更为平滑简洁的上层建筑可以看出。这些设计的目的是减少雷达信号，笔者可以作证，通过对20世纪80年代初交付的阿根廷MEKO 360型护卫舰进行实际测试，这些手段的效果已经得到检验（见表5.1）。此外，还可以通过削减圆钝结构（甚至取消栏杆支柱）、在船体和上层建筑中取消或隐藏开口，以及在暴露于雷达照射范围内的子结构来避免形成直角，来进一步减少雷达信号特征。这些措施应用的范围包括舰桥及其两翼，甲板突出物，武器和传感器基座，以及舷墙外安装的附加设备。

通过对火炮外罩、天线元件进行适当的整形，并最终将传感器完全隐藏在所谓的"集成桅杆模块"中，还可以实现显著的雷达信号削减。隐藏诸如救生设备和导弹发射架等暴露装置也很重要。不过这带来的一个副作用是，新战舰外观设计，就像现代汽车的情况一样，有

### 表5.1 MEKO战舰的成功出口

| 战舰型号 | 国家 | 数量 | 舰级 | 服役时间 | 建造地 |
|---|---|---|---|---|---|
| MEKO 360H1 | 尼日利亚 | 1 | 雷 | 1982 | 德国 |
| MEKO 360H2 | 阿根廷 | 4 | 艾米兰特·布朗 | 1983—1984 | 德国 |
| MEKO 140 A16 | 阿根廷 | 6 | 埃斯波拉 | 1985—2001 | 阿根廷 |
| MEKO 200 TN | 土耳其 | 4 | 亚武兹 | 1987—1989 | 德国(2)，土耳其(2) |
| MEKO 200 PN | 葡萄牙 | 3 | 瓦斯科·达·伽马 | 1991—1992 | 德国 |
| MEKO 200 HN | 希腊 | 4 | 海德拉 | 1992—1998 | 德国(1)，希腊(3) |
| MEKO 200 ANZ | 澳大利亚/新西兰 | 8/2 | 澳新军团 | 1996—2006 | 澳大利亚 |
| MEKO 200 TN-IIA | 土耳其 | 2 | 巴尔巴罗斯 | 1997 | 德国(1)，土耳其(1) |
| MEKO 200 TN-IIB | 土耳其 | 2 | 萨里黑斯 | 1998—2000 | 德国(1)，土耳其(1) |
| MEKO 100 RMN | 马来西亚 | 6 | 吉打 | 2006—2010 | 德国(2)，马来西亚(4) |
| MEKO A-200 SAN | 南非 | 4 | 阿马托拉 | 2006—2007 | 德国 |
| MEKO 100A | 波兰 | 1 | 斯拉扎克 | [2016] | 波兰 |
| MEKO A-200 AN | 阿尔及利亚 | 2 | — | [2016—2017] | 德国 |
| 总数 | | 49 | | | 德国(21)，海外(28) |

注：
1. 除了海军出口，MEKO概念的主要元素也被德国海军的F-123级（四艘）、F-124级（三艘）和F-125级（四艘）战舰所采用，另外F-125级目前正在建造中。
2. 超过一半的MEKO级战舰在海外建造，这一事实清楚地表明了技术转移和本地建造的趋势。此外，一些在德国建造的战舰也在本国船厂进行了大量的最后舾装工作。

土耳其海军的MEKO 200 TN型护卫舰2号舰"图古泰斯"号(Turgutreis)于1988年由德国哈德威造船厂在基尔建造完成。德国布洛姆福斯模块化理念对舰艇设计产生了重大影响,并取得了重大的出口成功。(德夫里姆·雅依拉里)

些千篇一律。

20世纪90年代中期法国建造的"拉斐特"(La Fayette)级护卫舰,是最早大量采用隐身设计的战舰之一。这种设计理念随后在新加坡建造的"可畏"级(Formidable)和法国-意大利建造的"欧洲多任务护卫舰"(FREMM)中得到应用。其他隐身设计的例子包括瑞典建造的"维斯比"和阿联酋的"法拉吉2"级(Falaj 2)的小型舰艇,以及排水量更大的美国海军"朱姆沃尔特"级导弹驱逐舰。不过,值得注意的是,一些处于领先地位的海军在建造真正隐身的战舰方面相对较晚,如中国、印度、俄罗斯和日本等国在这一方面便落后于潮流。

模块化:将装备模块化以提高执行任务的灵活性,是另一个设计趋势。人们普遍认为,模块化战舰设计理念最早出现于德国布洛姆&福斯(Blohm & Voss)造船厂提出的MEKO型护卫舰设计,这也使得MEKO型在过去的30年间成为了世界上最为畅销的水面作战舰艇之一。

模块化即采用灵活的方法,以标准化模块和通用接口的形式安装武器、传感器、其他电子和主要船舶服务系统组件。这些被称为武器功能单元(weapon functional units)和电子功能单元(electronic functional units)的模块被配置为集装箱、货盘或网格货盘,甚至桅杆模块。它们可以容纳武器,

印度尼西亚海军西格玛型护卫舰"伊斯坎德尔·穆达"(Iskandar Muda)与美国海岸警卫队进行联合演习。西格玛系列是模块化趋势的一个生动实例,它将模块化从设备系统延伸到了舰艇平台本身。(美国海军)

电子系统及其子系统,空调等服务系统,甚至是完整的功能舱室。在后一种情况下,舱室由单个集装箱,或是两个甚至更多集装箱拼接而成。除了与船舶数据总线接口,集装箱模块还具有舰上设施的标准化接口(如电力和空调/通风)。

这种模块化的舾装技术使得舰体建造工作于模块组装测试工作同时进行。这样就减少了战舰的建造时间和成本,以及与后续维护和现代化改造相关的成本。例如,武器模块的安装通常是通过将模块放置在一个标准尺寸的甲板模块安装基座上来实现的。后续步骤包括临时固定模块,在规定的负载条件下进行静态校准,用快速硬化密封的方式填充基座,并用螺栓将模块与基座固定在一起。最后的动态校准是在武器试验期间完成的。武器功能模块的标准甲板基座有4种尺寸。

丹麦皇家海军很快就跟上了模块化的新趋势,他们的"标准化+灵活性"概念深受德国MEKO设计原则的影响。首批7艘"Stanflex"300型或"飞鱼"(Flyvefisken)级可转换巡逻艇(玻璃纤维舰体型)在1985年7月签订合同,1989—1996年期间,总共有14艘最终进入海军服役。Stanflex模块可装在四个不同位置,可以在反水面战、反潜战、反水雷战、水文测量等多种角色之间的快速切换。虽然现在这些战舰大部分已经从丹麦海军退役,但是随后的大多数丹麦军舰都有一个或多个Stanflex模块安装位置。

模块化的影响现在已经从设备扩展到船舶平台本身，荷兰达门斯海尔德（Damen Schelde）造船集团的"西格玛"（Ship Integrated Geometrical Modularity Approach, SIGMA, 舰艇综合几何模块化方法）模块化概念便是一个典型案例。该集团已经接受订购或提议建造的西格玛海上作战平台有很多，其中包括"西格玛"10513和10514、"西格玛"9813和9814、"西格玛"9113、"西格玛"8313和"西格玛"7513等设计。上述不同设计中，数字代表的是舰体的长度和宽度。例如，"西格玛"10513舰的长度为105米，宽度为13米。从本质上讲，所有平台都是基于几何相似的西格玛船体外形的战舰系列，该系列根据船舶所需的长度、横梁和吃水量进行调整。

"西格玛"系列的基本舰体结构由多个7.2米的水密舱组成。舰体内部、中心部分的是由相同的结构组成的，但分段中心到两舷的距离可以在0.5米的宽度以内进行调整。因此，如在摩洛哥皇家海军服役的"西格玛"9813和"西格玛"10513级战舰在结构、推进和辅助系统上基本相同，唯一的区别是在10513型舰上增加了一截7.2米舰体分段。这个额外的水密隔舱提供了额外的功能舱室和一些住舱位置。类似地，"西格玛"10514也使用了同样的7.2米的模块分段，但型宽更宽。印度尼西亚海军就订购了这种型号。[2]

舰体容积增加：近年来另一个较为普遍的发展是舰体越来越大，因此，大多数军舰的排水量也越来越大。这不可避免地对建造成本产生了影响。舰体变大的原因一方面是对战舰执行任务能力的需求不断增加，另一方面是管理因素，如住宿标准、建造规程和装备和设备细则等。

有一些设计特点和趋势对这种舰体体积的增长产生了特别的影响。其中最突出的是住宿设施。这不仅包括分配给船员的生活空间，还涉及如家具的尺寸，大多数海军放弃三层铺位、减少分配到每个船舱船员的数量等，还有一些常见的变化如降低楼梯的坡度——增加每个楼梯脚踏的长度，以及提升舰员平均可用洁具数量。甚至分配给军舰的救生设备数量也在增加。值得注意的是，尽管舰员数量已经开始出现减少，但居住设施以及其他舰员生活设施的增幅却不减反增。

某些已经提到的技术发展的影响不应被忽视。例如已经提到过的，为了减少雷达信号特征而采用的隐身设计，也是舰体空间增大的一个重要因素。老式战舰——如MEKO 360，在设计时上层建筑内倾角通常是5.5°，而最近设计的战舰——如在智利和哥伦比亚海军服役的、德国法斯莫尔（Fassmer）船厂设计的新式80米近海高速巡逻舰，内侧倾斜角度已经到了8°（外侧斜角为5°）。显然，垂直舱壁更适合容纳诸如方正的标准住舱在内的设施。垂直舱壁的舱室内，在布置标准的双层床，锁柜和其他家具后，不会留下无法利用的三角形空间。因此，采用隐身设计也导致了舰船需要具备更大的内部容积。相比直接在舱室中安装同样设备，在模块中安装电子设备和在船舶舱室中安装相关容器时，也会遇到同样的问题。因此，集装箱化设备也导致了对舰体内部容积需求的提高。

任务舱/灵活甲板：前面提到的多任务能力和模块化的趋势在另一个方向上也有明显发展，即"任务舱"（mission bay），美国海军的濒海战斗舰就采用了这种设计。根据Stanflex设计理念建造的丹麦"阿布萨隆"级（Absalon）战斗支援舰，2004—2005年相继进入海军服役，这款战斗支援舰上留有一个巨大甲板空间，作为"多用途甲板"（multipurpose deck），而在德国新式的MKS-180战舰上该设计被称为"灵活甲板"（flex deck）。虽然这进一步增加了战舰的体积，但这样的甲板使得战舰具备了一些优势。如果设计得当，这块甲板可以方便快捷地安装由各种各样功能单元（任务模块）组成的任务包中的一种，安装方式具体取决于任务需求。理论上，这块甲板还可以容纳所需的任务所需舰员的住舱，以及搭载尺寸合适的小型船艇或无人载具。由此可见，任务舱理念不仅天生具有模块化所带来的灵活性，同时也避免了任务模块与舰艇其余部分之间相互干扰。

本章插图中展现了新型的MKS-180水面战斗舰在设计发展阶段提出的多种"灵活甲板"布局。应该指出的是，图

英国皇家海军45型驱逐舰"勇敢"号(Daring)带领新西兰皇家海军MEKO200AN型护卫舰"特玛那"号(Te Mana)和印度海军"希亚德里"号(Sahyadri)护卫舰进入悉尼港,参加2013年国际舰队检阅式。这3艘战舰中,"勇敢"号是最新型设计,从该舰的体型可以一定程度上看出,现代战舰体积增大的趋势。(皇家澳大利亚海军)

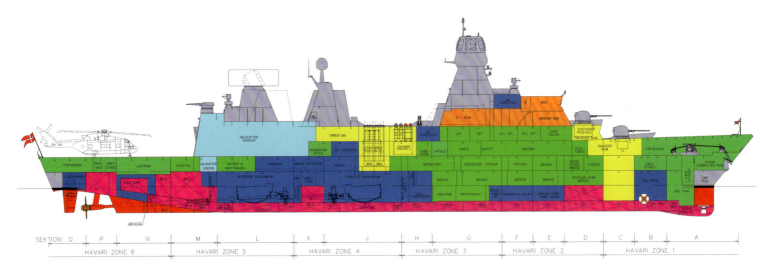

这张图展示了丹麦"伊万·休特菲尔德"级（Iver Huitfeldt）护卫舰的内部布局，包括模块化Stanflex武器舱占据的区域。舰员生活设施占据了大量的内部空间，这是战舰大型化发展趋势的一个重要影响因素。（丹麦国防采购和后勤组织）

中只显示了露天甲板部分，反水雷任务包中还包括大量无人操纵组件。在MKS设计期间（将于2015年7月随着采购程序的开始而结束），MTG海事技术咨询公司（MTG Marinetechnik GmbH）总共设计了24种不同的迭代设计方案。由此生成的被用作投标的基础的设计，是一个性能强大、功能多样的平台，具有相当好的灵活性。它还被设计用来应对长时间的海外部署（最长两年，每年5000小时的海上作业）。预计德国海军将为计划建造的4艘舰艇提供8组舰员。

新的舰体设计：新型舰艇通常被认为是一个独立的设计趋势，也经常被整合到海军舰艇上。一个著名的例子是由荷兰达门集团开发的"海斧"（Sea Axe）舰艏设计。这种设计显著地改善了舰体的耐波性能，降低了航行阻力，从而降低燃料消耗。

另一种现代单体船设计以法国"C剑90"（C Sword 90）轻型护卫舰为代表，该舰是法国诺曼底机械制造公司（Construction Mecanique de Normandie）至今为止设计的最大战舰。这款轻型护卫舰柔和了创新的舰体和舰艏设计与隐身上层建筑。该舰的舰体线型经过了精心设计，以达到最佳的机动性、性能和阻力。舰体的流体力学设计将良好的耐波性、速度性能与续航能力有机融合起来。纤长的舰艏与尖锐的折线，在速度方面形成独特的性能优势。上层建筑设计兼顾了美学和隐身性。不过，诺曼底机械制造公司强调，这款绝对的现代轻型护卫舰不会向现今潮流或设计趋势作出任何让步。

2015年8月，英国皇家海军公布了一款未来战舰的设计概念，该平台的设计理念的确充满未来感。这款被称为"无畏2050"（Dreadnought 2050）的概念战舰，是在起点防务公司（Startpoint）的支持下提出的，作为一项新的海上任务系统方案，在2015年9月的伦敦防务与安全设备国际展览（London Defence and Security Equipment International）上得到了大力推广。该方案的特点是其丙烯酸材质舰体可转为透明，让战舰几乎肉眼不可见，同时装备有激光和电磁武器，并且能够指挥无人舰艇集团作战。舰上还将设有一个任务舱。设计中还将包括一间配有3D全息指挥桌的作战室，以提高舰员的环境感知能力。虽然大多数这种该吨位战舰需要200名舰员，但"无畏2050"只需要50名舰员。

## 舰艇推进系统的演变趋势

在船舶推进的历史上，至少有两个重要的基石：（1）蒸汽机的出现，结束了帆船的时代；（2）在过去的几十年里，除了必须采用蒸汽轮机的"核生态位"（nuclear niche），蒸汽动力逐渐被淘汰。[3]目前，蒸汽轮机仍然是核动力航空母舰、核潜艇以及一些俄罗斯核动力破冰船的主要动力。

蒸汽轮机动力系统在常规动力战舰上的稳步退出可以归因于其各种各样的缺点。从操作的角度来看，蒸汽推进需要在启航前提前很长时间生成蒸汽。从设计者的角度来看，无论是活塞式还是涡轮式的蒸汽动力装置，一般都具有需要大量人力、占据巨大空间和工作时需要三种不同液体的问题。更具体地说，军舰上的蒸汽动力装置需要一座或多座蒸汽发生器（锅炉）和一部或多部推进发动机，通常会被分隔在两个水密舱内。每座锅炉舱和机舱都需要一组操作人员。此外，燃料、蒸汽用水和滑油需要占用大量空间，同时还需排出废液。

水面舰艇推进系统：涡轮机本身并没有从常规动力战舰上消失，它在20世纪下半叶被重新发明为燃气轮机，并被安装在许多类型的快速攻击艇、水面护航舰和大型船舶上，作为唯一的原动机或与其他类型相结合。这导致了一系列动力装置的出现。[4]燃气轮机和柴油动力，不管是单独使用还是联合使用，都代表了目前舰船动力的主流。

随着设计的不断改进，在两种主要推进系统的功率输出和功率密度在不断增加。这样就可以在尺寸和吨位固定的情况下，减少舰艇所需的原动机总数。最近出现的另一个趋势是舍弃机械推进——如从通过齿轮箱连接轴系的柴油发动机，转向柴油电力和综合全电推进（IFEP）。在IFEP动力系统中，柴油或燃气轮机将被用作发电机，用来驱动电动机。虽然需要更多的组件，但电力推进可以无级调节螺旋桨转速——没有间隙和换挡，不需要复杂的变速箱便能从低速调节至最高速。这也意味着动力系统和"其他用途"可以共用电源，而不再需要单独的发电机为后者供电。最后一项值得提及的发展是，先进的（自动化）平台管理系统的广泛使用节省了大量的人力，从而降低了战舰所需的人员配置。

排气路径和红外信号抑制：除了推进类型的发展，另一个有趣的趋势是越来越多地使用水线排气口。这种设计可以在许多小型、专用舰艇上看到，这些舰艇出于对尺寸、轮廓

这张照片显示的是2011年由西班牙那凡蒂亚造船厂交付给委内瑞拉的"专属经济区海上巡逻舰"（POVZEE）"瓜伊客伊"号（Guaiqueri）上的一个住舱。舱室和其他舰员设施的改善使得战舰体型变大；虽然装备较轻，但"瓜伊客伊"号的排水量依然达到了2500吨左右。（那凡蒂亚造船厂）

或其他使用上的限制而取消了主排烟管和烟囱。例如，这种设计经常用于第二次世界大战时期的坦克登陆舰上，以此简化建造，避免干扰车辆甲板的布局。而在快艇的设计中，本来会被排气管和烟囱占据的空间和甲板区域，也可以挪作他用，或直接省去。在航速更慢，排水量更大，废气流速也更慢的舰艇上，水线排气管可能会造成严重的内外排气污染问题。[5]更常见的问题是，排放的废气会在舰体侧面留下碳沉积的痕迹，不过只要把受影响的舰体部分涂成黑色就可以掩盖这些痕迹。

使用水线排气出口也有助于冷却散热，从而减少红外信号。因此，这种设计被用于体型较大的水面舰艇，并不是因为大型战舰上对排气出口的大小或轮廓有严格要求。更传统的排气装置也广泛安装了冷却装置。[6]红外信号也可以通过其他措施来控制，其中包括对烟囱的布局进行精心设计，以及对排气口进行修形和屏蔽。例如，将两个烟囱的排气流合二为一将大大减弱红外信号。其他国家的海军采取了不同的解

正在规划中的德国MKS-180水面舰艇的两种"灵活甲板"布局概念设想图，可以看出不同的集装箱化任务包、小艇和其他设备是如何组合到一起的。目前许多水面舰艇的设计都包括所谓的任务舱或灵活甲板。（MTG海事技术咨询公司）

决方案；这些方案都是精心设计的，从外观上很难察觉，但都很有效。通过小心隔离各个房间和水密舱室，并避免外部结构产生热点，舰艇的红外信号可以显著降低。

潜艇推进系统：潜艇推进系统分为常规动力和核动力两种。就成本而言，这两种型号的差别约为五倍。从这点上可以解释为什么只有少数海军拥有核潜艇。

世界上大多数常规潜艇都采用柴电推进。其中一些，如德国曾装备的206/206A型，采用电池电力推进，电力推进发动机完全由电池供电。在该型潜艇上，柴油只用于为电池充电，柴油机和螺旋桨之间没有机械连接。然而，与核动力潜艇相比，所有传统的柴油动力潜艇仍然依赖外部空气。这在实际使用中是一个重大的弱点。

不依赖空气推进（AIP）这一解决方案是在第二次世界大战后期、核动力出现前10年首次提出的。随后，美国、俄罗斯和英国的海军都测试了德国沃尔特涡轮推进装置（walter turbine propulsion plant）利用过氧化氢的技术，但在这些国家成功开发了用于水下核动力的小型反应堆后，就放弃了这项技术。德国还开发了循环动力（kreislauf-motor）或称闭环发动机，用以替代沃尔特涡轮机，这项技术后来被用于俄罗斯的"魁北克"级（Quebec）潜艇，这款潜艇由两台传统的柴油发动机和一台闭环发动机提供动力。同样，核动力技术的发展也意味着这条技术路线走入了死胡同。然而，由于核动力潜艇超出大多数海军的预算，其他一些不依赖空气推进技术又出现了。迄今为止，其中有三种已经被海军采用。

■ "斯特林"AIP系统（Stirling AIP System）：斯特林发动机是一种外燃式活塞发动机。工作介质是氦，它与液氧和柴一起一同燃烧。斯特林发动机用于驱动75千瓦的发电机，之后再用于推进或为电池充电。与目前其他装备有不依赖空气推进系统的潜艇一样，采用斯特林发动机的潜艇依然采用混合动力，因为斯特林系统发电能力有限，还需要辅以额外的推进动力。瑞典"哥特兰"级（Gotland）潜艇是第一批采用斯特林系统的潜艇，日本和新加坡也使用了这项技术。

■ MESMA AIP系统：法国的"船舰用自主动力系统模块"（Module d'Energie Sous-Marine Autonome，MESMA）是一种封闭循环的汽轮机不依赖空气推进系统，在此系统内，传统的汽轮机动力装置由在60个大气压的压力下燃烧的乙醇和预储存的氧气产生的蒸汽提供动力。迄今为止，只有"鲉鱼"（Scorpène）型和巴基斯坦的"阿戈斯塔90B"

（Agosta 90B）型潜艇采用了这种系统。

■ 燃料电池AIP系统：20世纪80年代，德国西门子集团开发出燃料电池的原型，并在205型潜艇U1号上进行了测试。为此，一个包含燃料电池组和所需反应介质——氢和氧——的长3.8米的新分段被插入艇体。这些介质在燃料电池中的"冷燃烧"会产生直流电和水。后者的一个受欢迎的副作用是，在储存的液氢和液氧被消耗的同时，潜艇的重量不会改变。德国6艘212A型燃料电池潜艇中的第一艘——U31，在2005年10进入海军服役。该技术已被证明是成功的，迄今为止，212A型、214型、218型和其他型号的燃料电池潜艇已被出口到7个国家。

## 武器系统和装备的发展

在船舶设计技术发展的同时，武器系统和其他设备也发生了重大变化。其中最重要的潜在趋势包括新概念武器技术和无人系统的推广运用。

武器系统：磁轨炮（EMRG）和激光曾经被认为是乌托邦式的幻想，但现在已经不再是科幻小说里的东西了。不出所料，美国海军再一次走在发展的前沿。然而，即使常规武器已经达到其最后的发展阶段，这些新的尝试是否能够确实引领新一轮的潮流，还有待观察。

磁轨炮是一种远程武器，使用电力而不是化学能推进剂来发射炮弹。强电流产生的磁场会加速两个轨道之间滑动的金属导体或电枢，从而以高达4500英里/时的速度发射炮弹。考虑到其高初速和极远射程，磁轨炮可用于执行多种任务。它同样可以对陆地目标进行远程打击，提供精确的海军水面火力支援，打击水面舰艇或提供船舶防御。美国海军计划在2016年夏天在"特伦顿"（Trenton, T-EPF-5）号上首次测试其新型磁轨炮。

与此同时，美军的固体激光武器系统（LaWS）原型机于2014年9月至11月，安装在浮动前进补给基地船"庞塞"号（Ponce, AFSB(I)-15）号上，于波斯湾部署期间成功完成对水面和空中目标的测试。与传统的射弹武器相比，激光武器的每发成本要低得多，此外，固体激光武器系统采用可调功率级别，可以调整强度以实现非致命或致命的打击。

与这些未来武器相关的一个潜在问题是能源需求。例如，据报道，美国海军目前的磁轨炮需要大约25兆瓦的能量才能达到最大性能。"朱姆沃尔特"级是水面舰队中唯一能够满足这一需求的战舰。[7]

无人系统：另一个值得注意的趋势是水面、水下和空中无人系统的发展。早在20世纪50年代后期，第一款无人操控水面系统就被开发出来，用于反水雷作战，它的外壳长度超过20米。这个小艇可以在载人或无人遥控模式下运行；丹麦、德国和俄罗斯的海军都曾用过。大约在同一时间，美国海军装备了一种无人飞行系统——QH-50 DASH "遥控反潜直升机"（Drone Anti-Submarine Helicopter），主要用于反潜任务。

从那时起，体积更小的、用途更广的无人系统陆续出现，大多是以模块化无人操控任务包的形式搭载在舰艇上。这些无人系统名称各异，例如自主水面艇（ASV）或无人水面艇（USV）；自主水下潜航器（AUV）或无人水下潜航器（UUV）；无人机（UAV）等，它们可以执行包括反水雷、水文测量、侦察和威胁识别/分类、基地防御、部队保护和反潜战在内的多种任务。这些系统既可以通过主力战舰控制，也可以在岸上站点操作。而如果主舰设有上文提到的"任务舱"或"灵活甲板"，将利于完成发射和回收。

2015年3月，英法海上反水雷（Anglo-French Maritime Mine Countermeasures）演示计划开发了一种新的所谓"系统之系统"（system of systems）的概念，这是展示无人系统在未来如何被使用的一个很好的例子。该"系统之系统"包括一个便携式操作中心、一艘拖曳式声波定位无人水面艇、一套远程遥控的延迟水雷处理系统和多艘无人水下航行器，该方案展现了作战支援用无人系统的广阔需求前景。

同时值得注意的是，在民用造船领域，无人系统的发展甚至可能引领无人商船投入实用。例如，2015年，中国海事局就完成了2012年在武汉理工大学设立的"无人多功能海运

两张"无畏2050"的设计概念图,该设计是在起点防务公司(Startpoint)的支持下提出的,是2015年提出的一个新的海上任务系统方案。该设计整合了亚克力材料、三体船船型、任务舱、无人舰队指挥等能力,呈现了当前领先的军舰设计理念。设计中还包括带有3D全息指挥桌的作战室。(图片版权属于起点防务公司,2015)

船研发项目"。在英国,罗尔斯·罗伊斯集团也承担了无人货船的开发工作。据估计,通过移除舰员、舰桥和其他支持舰员生活所需的设备,船只可以减轻5%的重量,并可能减少12%~15%的燃料消耗。由于一艘大型集装箱货船的舰员人力成本通常占到运营总成本的将近一半,使用无人驾驶船舶似乎可以大幅度压缩成本。

## 全球造船工业发展趋势

造船业是世界上最古老、竞争最激烈的市场之一。直到20世纪中叶,它一直由欧洲国家主导。在民用造船方面,日本通过经济的快速增长和确立使造船成为战略性产业的计划,赢得了市场领导地位。20世纪70年代,韩国效仿日本的战略,开始取得领先地位。随后,中国在2006年超过了日本,在2009年超过了韩国。对欧洲造船商来说,更糟糕的是,印度、俄罗斯、土耳其和越南等新的竞争对手也出现了,它们的订单总量已接近欧洲的数字。

技术转让:类似的发展趋势在海军造船市场也很明显,欧洲、俄罗斯和美国是传统的世界海军舰艇的主要供应国。然而,从20世纪70年代起,当许多国家开始寻求替换老式舰艇[1]时,一些已经具备有限军用造船能力的国家采取了一种新的采购策略,通过技术和专门知识的转让,在本土的新造船工厂自行建造,或是由第三方在本国造船设施进行建造。这一策略最终导致全球军用造船业出现了新的参与者,造船业以及相关的设备和武器供应商的结构发生了重大变化。

可以通过几个例子进一步了解这一发展趋势。阿根廷的头4艘MEKO型护卫舰是根据1979年批准的合同在德国建造的。然而,后续的6艘MEKO 140型轻型护卫舰则是由德国布洛姆福斯造船厂提供材料和完整的设计文件,在阿根廷建造。土耳其的情况是,在德国建造了两艘MEKO 200TN型和MEKO200 TN-II型护卫舰,在土耳其各建造了两艘。4艘MEKO 200HN护卫舰中的3艘在希腊建造,6艘MEKO100RMN护卫舰中的4艘在马来西亚建造。10艘MEKO200型"澳新军团"护卫舰也都是在当地设计人员在德国接受设计培训后,在澳大利亚建造的。在德国潜艇出口业

---

[1] 其中许多是在第二次世界大战后从主要大国获得的剩余舰艇。

务方面也达成了相当类似的安排,从而为各个国家提供了潜在的潜艇出口能力。

全球造船集团:拥有新兴海军造船工业的其他国家通过自己的努力,包括从民船部门进行的技术转让,掌握了专有技术。与此同时,其他一些国家受益于外国公司利用本国设施展开业务。事实上,一些欧洲造船企业已经在海外发展生产,以维持自己的企业生存。例如,德国乐顺(Fr. Lurssen)集团早在20世纪70年代就在马来西亚巴特沃斯建立了洪昂(Hong Leong)造船厂。采用这种方法的比较成功的集团之一是著名的荷兰达门造船集团(Damen),它起源于1927年的一个小船厂。第二次世界大战后,达门生产的船只在许多国外市场逐渐获得了良好的声誉,达门也因此看到了扩大出口的潜力。达门最终收购了许多专注于细分市场的小船厂,并与世界各地的船厂建立了合作伙伴关系和业务合作关系。最近的进展包括收购越南下龙造船有限公司49%的股份。2014年底,达门又接管了土耳其安塔利亚的塞勒斯造船厂(Cyrus),成为其在安塔利亚的船厂。意大利的芬坎蒂尼(Fincantieri)是采用这种战略的另一个造船集团,它在威斯康星州拥有马里内特(Marinette)船舶公司,该公司目前正在为美国海军建造LCS-1型濒海战斗舰。

从最近的表现看,被外国投资者收购的欧洲船厂的情况正好相反。这方面最显著的例子是,总部位于阿布扎比的投资者收购了德国蒂森克虏伯海事系统公司(ThyssenKrupp Marine Systems)旗下的位于基尔和伦茨堡的霍瓦特德意志造船公司(HDW)的水面舰艇业务。该公司曾一度改名为阿布扎比马尔基尔(ADMK),直到2015年3月31日,该厂才被重新命名为德国海军造船厂。

中国和印度:回到全球市场,尤其是亚洲市场的发展,值得注意的是,中国已成为欧洲老牌船厂的新兴竞争对手。这与亚洲另一个大国印度形成了有趣的对比,印度在军舰出口市场的份额非常有限。这可能是由于印度海军造船厂的

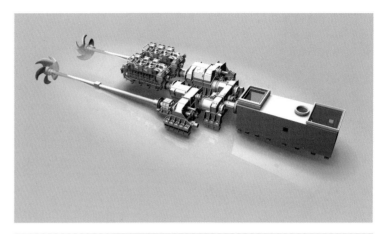

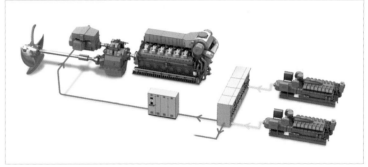

不管是联合使用还是单独使用,燃气轮机和柴油机目前都已经成为了军用舰艇上的主要动力。但目前又出现了一个新潮流——取消传统的机械传动机构。上方左图是一部柴/燃联合动力(CODAG)系统的结构图,该系统内的柴油机和燃气轮机通过一部齿轮箱将动力传输至桨轴。除此之外,由柴油发电机生成的电力除了供应舰上系统外,还有一部分将被用于驱动电动机,作为舰船的备份动力。下方图片则是一部柴-电动力装置——这套系统包括一部由柴油发电机供电,驱动主轴的电动机,以及一部经由变速箱与传动轴直接连接的柴油机。(罗尔斯·罗伊斯公司)

能力不足,面对本国不断扩张的海军建造计划就已经疲于应付。事实上,印度海军近年来已经向俄罗斯发出了舰艇订单以弥补建造能力的不足。不过,印度渴望解决长期拖延的问题[1],同时进一步推进政府倡导的"印度制造"运动。最近的一项积极进展与印度总理莫迪2015年访问韩国期间宣布的计划有关,印度造船有限公司(Hindustan shipbuilding Limited)与韩国的现代重工(Hyundai Heavy Industries)准备合作建造

---

[1] 许多主力舰建造项目都经历了这一问题。

包括潜艇和驱逐舰在内军舰。这也是两个亚洲国家间技术转让交易的生动实例。

造船质量：对于许多新兴国家而言，提高建造质量是提高产品竞争力的关键。仅在30多年前，亚洲的船厂还很难满足欧洲船厂制定的标准。例如，1989年11月，在对科威特海岸警卫队进行商务访问期间，作者有机会考察印度16型护卫舰"戈默蒂"（Gomati）号，该舰在舒瓦克港（Al Shuwaik）与补给舰"沙克蒂"（Shakti）一起停靠。由孟买马扎冈船厂（Mazagon）建造的"戈默蒂"号，于1981年开始建造，1988年4月16日投入使用。焊接质量方面，不管是机器还是人工完成的，都是不合格的。此外，舰体和上层建筑镀层的外观也让人感觉非常不好。印度建造的"戈默蒂"号和德国建造的"沙克蒂"号在质量上有显著的不同。

2015年3月，作者在马来西亚兰卡威的马莱港（Porto Malai）考察了印度新型护卫舰"卡莫尔塔"号（Kamorta）的舰体焊接质量。该船由加尔各答的加登里奇造船工程有限公司（GRSE）建造，于2006年下水，2014年8月投入使用。在这艘船上，焊接技术符合最近的欧洲标准。

## 小结

在过去的两个世纪里，军舰建造经历了惊人的发展，远远超出了同时代人的想象力。读者可以想象一下，如果1905年10月下水的"无畏"级战列舰出现在1805年特拉法尔加海战中，当时的水手们会作何反应。21世纪初，国际海军的情况反映了军舰建造的进展速度。今天，一艘1905年的战列舰将在博物馆展出。此外，世界政治版图发生了巨大变化，来自技术发展也在此之中发挥了作用。

总而言之，持续的地缘政治变化、战略和作战需要的变化、技术的进步发展和一般趋势将对军舰建造产生什么影响，仍有待观察。但有一件事应该是可以肯定的，虽然具体程度不容易评估，但到21世纪末，技术的变化程度会更加明显。在极端情况下，2105年战舰与2005年战舰之间的差异，可能会像"无畏"级战列舰与在特拉法尔加角作战的帆船之间的差异一样大。

一位艺术家想象的美国海军联合高速运输舰上的磁轨炮。这种新型武器系统的测试计划于2016年夏天在佛罗里达海岸的特伦顿进行。（美国海军）

## 注释

1. 第三届联合国海洋法大会（UNCLOS III）于1982年闭幕，但直到1994年11月，《国际海洋法公约》才正式生效。此版公约中最重要的是，规定了各国对距其海岸线200海里以内的海洋资源享有专有权。《公约》还规定在严格地符合一定条件的情况下，可以将专属经济区范围扩大到350海里。

2. 值得一提的是，德国布洛姆福斯船厂也有一个类似的专利："采用相同的舰艏和舰艉分段，以及相同的舯部延长分段建造的，长度不同的系列舰艇"（专利号：No. DE 4108122 A1）。该专利在1991年注册，但因为没有支付年费，于2011年1月失效。本章作者是该专利的共同发明人之一。

3. 蒸汽推进本身有一段相当有趣的发展历史。轮船上的第一批蒸汽机出现在19世纪初期。它们基本上是往复式的，通常根据采用的气缸技术来分类。在20世纪，往复式蒸汽机逐渐被蒸汽轮机和柴油发动机所取代。

4. 常见的组合动力系统缩写包括COSAG（蒸/燃联合），COGAG（燃/燃联合），CODAG（柴/燃联合）和CODLAG（柴-电/燃联合）。此外也有不同动力系统交替工作，而非联合工作的，例如CODOG（柴/燃交替）。

5. 作者对这个问题有实际经验，当时作者在为MTG海事技术咨询公司工作，要求针对阿曼皇家海军后勤登陆艇"纳斯尔·巴尔"号出现的严重内部排烟污染提供解决方案，这艘登陆艇由英国洛斯托夫特的布鲁克海事公司于1985年1月交付。通过船上检查和一天的海上航行，最终采用了一个解决方案，包括加装一部烟囱。

6. 率先采取相应措施的是荷兰皇家海军，他们在20世纪70年代后期为他们的6艘"范·斯佩克"级（Van Speijk）护卫舰安装了红外信号抑制烟囱帽。

7. 据报道，如果磁轨炮的初步实验取得成功，美军将在第3艘"朱姆沃尔特"级驱逐舰"林登·约翰逊"号（Lyndon B. Johnson, DDG-1002）上安装一门轨道炮，用以代替之前的155毫米炮。

2015年3月，印度海军轻型反潜护卫舰"卡莫尔塔"号。根据本章作者的亲身体验，印度本土造船商加登里奇造船工程公司（GRSE）的工作质量与欧洲标准相当；已经与印度25年前建造的军舰大不相同。（哈特穆特·埃勒斯）

# 6
## 21世纪军舰设计

## 6.1 航空母舰和两栖舰船

康拉德·沃特斯

自冷战结束后剧变的作战环境让可搭载舰载机的作战舰艇得到了青睐。对于美国和法国海军而言,一艘"完全体"的航空母舰几乎可在世界任何地方提供灵活、及时的武力支持,以应对各种各样的目标,这种能力是任何其他武器系统都无法比拟的。这种能力特别适用于濒海区域的行动,该区域目标数量繁多,且变化多端,需要采取多种手段才能确保摧毁这些目标。自20世纪90年代末以来,美国海军规模虽遭到大幅缩减,但对航空母舰舰队的影响远远小于其他类型的军舰。无论如何,运营航空母舰固有的巨大财政和技术挑战意味着,除了财力雄厚的海军外,其他国家的海军仍然负担不起。

在这样的背景下,许多二线国家海军尝试用相对"廉价"的手段获得航空母舰。这一趋势可以追溯到20世纪70年代,当时具备短距起飞/垂直降落(STOVL)能力的"鹞"战斗机的出现似乎为"航空母舰俱乐部"提供了一种新的、更便宜的"门票"。短距起飞/垂直降落技术不仅让西班牙、意大利和俄罗斯等国的海军可以在海上部署喷气战机。同样重要的是,它还让一些舰队,特别是英国皇家海军,有了一种负担得起的选择,以应对维持传统航空母舰日益增加的成本和复杂性。然而,在实践中,发展新航空母舰能力的国家数量与放弃舰载固定翼飞机能力的国家数量大体相当。[1] 除了同样相当可观的费用外,一些国家对STOVL飞机有限的性能是否具备相应的效费比表示怀疑。然而,这种情况可能正在改变。商船标准在军舰设计上的大量使用,更先进的F-35B联合打击战斗机的出现,以及许多国家(尤其是亚洲国家)财富的增加,可能会使快速喷气机的舰上部署变得更加普遍。

即使对于那些没有能力或没有野心装备固定翼舰载机的国家来说,濒海区域日益增长的重要性也使得人们更加关注两栖作战能力的发展。这越来越需要有能力支持相当数量的直升机执行任务。这催生了许多同时具备直升机搭载能力和坞舱的两栖攻击舰(LHD)的发展计划,通过采用"全通式甲板"(through-deck)构型,最大限度地增加飞行甲板的总面积。[2] 由荷兰皇家海军引领的另一种潮流是将两栖作战和后勤保障能力结合到一艘形似加长版两栖船坞运输舰(LPD)的多用途平台上。

本章将探讨一些重要舰艇的设计特征,并以小见大,管窥更大范围内的发展趋势。

### 航空母舰发展

美国海军继续引领传统弹射起飞/拦阻着舰(CATOBAR)航空母舰的发展,在世界上使用这种技术的12艘航空母舰中有10艘在美国海军服役。这10艘都是10万吨级核动力"尼米兹"级(CVN-68)航空母舰。该级航空母舰通常搭载约70架战斗机和直升机。"尼米兹"级的初步设计工作在1964年开始,首舰根据1967财年的海军计划授权建造。其基本设计可以追溯到20世纪50年代常规动力的"福雷斯特"(Forrestal)级;后者是第二次世界大战后的第一款"超级航空母舰",也是最早的专门用于搭载喷气式舰载机的航空母舰。

"尼米兹"号于1975年5月服役,而"乔治·布什"

号——第10艘也是最后一艘——在2009年5月进入海军。该级舰因此成为现代战舰中建造周期最长的战舰型号。在建造项目的过程中，该级舰的设计已经接受了程度不同的改进。"西奥多·罗斯福"号（CVN-71）和后续的航空母舰都有更好的弹药库防护，而最后两艘航空母舰则采用了球鼻艏、更高的甲板和一座经过改进的舰岛。尽管做了这些改进，但越来越明显的是，这个已有50年历史的设计已无法满足当前的作战需求。特别是，更多可用的精确打击武器意味着，对一个主要目标进行的"全甲板突击"（Alpha Strike），已不像冷战时期那样真的需要使用一整甲板战斗机来完成。现在更需要考虑的是，在一段持续期间内对不同的目标实施多次打击的能力。此外，"尼米兹"级所需的大量人员——每艘航空母舰需要3200名核心舰员——以及老旧系统使得维持其运转成本较为高。

"杰拉德·福特"（Gerald R. Ford）级：美国海军着手列装"杰拉德·福特"级（CVN-78）航空母舰，该级舰的设计源自CVX和CVN-21发展计划。"杰拉德·福特"级首舰从2009年开始建造，不过准备工作在几年前就开始了。该级舰舰体外形与前一级航空母舰极为相似，但采用了许多创新技术来提升出动率（SGR）、降低运转成本。

为了达到这些目标，最明显的可见变化是对飞行甲板布局重新设计，以为飞行提供更多的甲板空间，改善舰载机的

2013年11月9日，美国海军为首艘新一代核动力航空母舰"杰拉德·福特"号举行了命名仪式。该级舰是在考虑了21世纪海军航空要求的基础上对"尼米兹"级航空母舰进行重新设计的结果。（亨廷顿–英格尔斯工业公司）

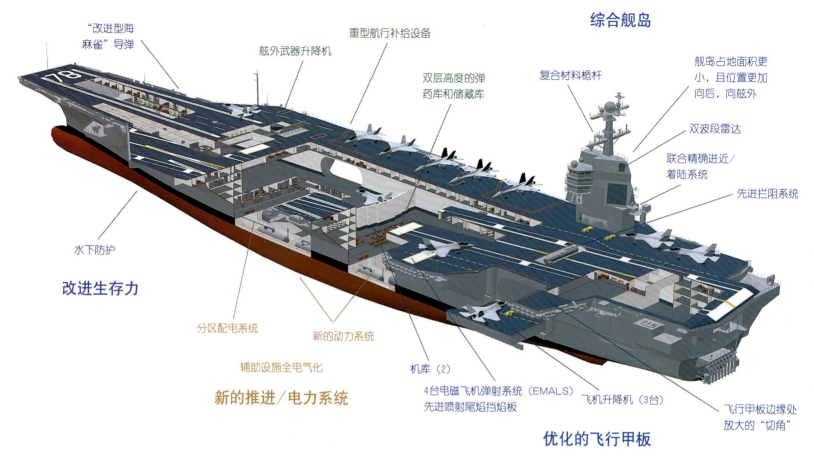

"杰拉德·福特"号的设计示意图,从图中可看出这款航空母舰相比之前"尼米兹"级有哪些改进之处。除了改善操作性能外,这些改造还将在该航空母舰的使用寿命内节省40亿至50亿美元的运行成本。(美国海军)

运转流程。这些改进包括将飞机升降机的数量从4个减少到3个,并将更小、更隐身的舰岛向后方布置。与此同时,"杰拉德·福特"级还重新对内部布局进行了设计,以改善舰载机加油和补弹的流程。

同样重要(尽管视觉效果不那么明显)的是,该级舰首次使用两种新技术来提升弹射起飞和拦阻着舰的效率。这两种技术分别是"电磁飞机弹射系统"(EMALS)和"先进拦阻装置"(AAG)。其中前者取代了传统的蒸汽弹射器,

利用线性感应电动机产生一个移动的磁场,推动拖曳飞机的飞梭快速沿轨道加速,直到达到起飞速度。后者采用吸能水力涡轮机代替现有的Mk 7拦阻系统中精度较低的液压吸能油缸。这两种系统都能提供比它们所取代的上一代系统更高的可靠性和精确性,进一步加快舰载机的甲板运作速度。采用新系统还有一个特别的好处——它们更适用于新一代的轻型无人机,这些无人机可能会在新型航空母舰的使用寿命内投入使用。电力驱动的电磁弹射系统也摆脱了现有航空母舰对蒸汽发生器的依赖,使得弹射起飞/拦阻着舰构型在非核动力航空母舰上的应用成为可能。[3]

福特级航空母舰增强的飞行甲板设计以及采用性能卓越的电磁弹射系统、先进拦阻装置,最终目的都是在较长时间

内维持每天至少160架次的出动率,同时有能力在24小时内出动多至270架次飞机。尽管有些人怀疑这些目标能否实现,但与"尼米兹"级120/240架次的最大出动率相比,这些目标已经很能说明问题。

安装在"杰拉德·福特"级航空母舰上的新系统(还包括一个更先进的大型雷达),导致舰上的用电需求增加。[4] 两台新型的克尔特尔(Bechtel)A1B核反应堆可满足这一需求,它提供的发电能力大约是以前航空母舰的2.5倍。此外,"杰拉德·福特"级航空母舰上还重新设计了一套分区配电系统,该系统比传统老式航空母舰的辐射状布局配电系统更轻、更耐用。美国海军利用这个机会将航空母舰上的厨房和洗衣房等"住宿"设施也换成了电力系统,这有助于减少舰员人数。

已经有两艘"福特"级航空母舰——"杰拉德·福特"号和"约翰·肯尼迪"号——目前正在建造中,第三艘的准备工作也在进行中。该级首舰应该可在2016年交付。与最初

印度第一艘自主建造的"维克兰特"号航空母舰采用了俄式的STOBAR构型,这种构型是由滑越甲板短距起飞与常规拦阻着舰结合而成的。本图拍摄于2015年6月,当时该舰在建造期间完成水下作业后最后一次出坞。如果想要按计划的2018年(修改后的)交付,还有很多工作要做。(印度海军)

计划相比，该舰的建造时间更长，成本也更高——总开支已达129亿美元（不包括用于整级舰的47亿美元研发成本）。这导致后续航空母舰进行了设计调整以降低造价。不过，减少500名左右的核心人员和其他方面的效率改进将大大降低运转成本。在计划的50年使用期内，预计可节省40亿至50亿美元——每年最高可省1亿美元。

"维克兰特"级：虽然法国和巴西也有CTOBAR构型航空母舰，但目前没有其他国家建造这种配置的航空母舰。自冷战结束以来，所有其他航空母舰计划都已采用某种形式的短距起飞技术。这些航空母舰搭载的战斗机要么使用与"鹞"式类似的短距起飞/垂直降落（STOVL）型舰载机，要么使用短距起飞/拦阻着舰（STOBAR）构型。STOBAR航空母舰的舰载机通过自身动力滑跑起飞（通常借助滑跃跳板），使用传统的拦阻装置着舰（见表6.1）。

STOBAR技术起源于冷战末期的苏联。首先使用这种技术的是1991年1月服役的1143.5/6型"重型载机巡洋舰""库兹涅佐夫海军上将"号。中国海军的"辽宁"号——前身是"库兹涅佐夫海军上将"号的姊妹舰"瓦良格"号——使用的也是这种技术。正在大连建造的中国国产航空母舰可能依旧采用STOBAR技术。然而，到目前为止，冷战后唯一已经

### 表6.1  21世纪航空母舰的设计

| 舰级 | 杰拉德·福特 | 维克兰特 | 伊丽莎白女王 | 加富尔 |
|---|---|---|---|---|
| 建造商 | 纽波特纽斯造船厂<br>弗吉尼亚 | 科钦造船厂有限公司<br>科钦，喀拉拉邦 | 航空母舰联盟<br>罗赛斯，苏格兰[1] | 芬坎蒂尼<br>穆吉亚诺和里瓦特里戈索，利古里亚 |
| 国家 | 美国 | 印度 | 英国 | 意大利 |
| 数量[2] | 0+2+[1] | 0+1+[0] | 0+2+[0] | 1+0+[0] |
| 铺设龙骨[3] | 2009年11月14日 | 2009年2月28日 | 2009年7月7日[4] | 2001年7月17日[4] |
| 首次下水[3] | 2013年11月9日 | 2013年8月12日 | 2014年7月4日 | 2004年7月20日 |
| 服役[3] | [2016] | [2018之后] | [2017] | 2008年3月27日 |
| 满载排水量 | 100000吨以上 | 40000吨以上 | 65000吨 | 27500吨 |
| 主要规格 | 317米×41米×12米<br>飞行甲板：333米×78米 | 262米×62米×8米<br>飞行甲板：262米×62米 | 263米×39米×10米<br>飞行甲板：284米×73米 | 244米×40米×8米<br>飞行甲板：234米×35米 |
| 推动力 | 核动力，30节以上<br>无限动力 | 全燃联合动力，28节<br>最大扭矩8000牛·米 | 综合全电推进25节以上<br>最大扭矩10000牛·米 | 全燃联合动力，28节<br>最大扭矩7000牛·米 |
| 飞机起降 | 弹射起飞与拦阻式降落<br>（4套电磁弹射系统）<br>（3部升降机）<br>70架战机 | 短距起飞与拦阻式降落<br>（2部升降机，6个着陆点）<br>30架战机 | 短距起飞与垂直降落（有助飞斜坡）<br>（2部升降机，10个着陆点）<br>40架战机 | 短距起飞与垂直降落（有助飞斜坡）<br>（2部升降机，6个着陆点）<br>20架战机 |
| 武器装备 | Mk 29 "海麻雀"舰空导弹<br>Mk 49 "拉姆"短程防空导弹<br>Mk 15 "密集阵"近防系统 | "巴拉克"8舰空导弹<br>4×76毫米口径奥托-梅莱拉舰炮<br>2×Mk 15 "密集阵"近防系统 | 3× "密集阵"近防系统<br>4×30毫米机关炮<br>3×25毫米机关炮 | 4×8单元"紫苑-15"舰空导弹<br>2×76毫米口径奥托-梅莱拉舰炮 |
| 人员 | 约2800人，外加航空大队 | 1500，包括航空部队 | 约700人，外加航空大队 | 约450人，外加航空部队<br>另可搭载400余名两栖部队 |

注：
1. 两舰是在航空母舰联合体成员巴布科克的罗赛斯船厂组装的，建造所需各个组件在英国各地的造船厂完成。
2. 指已完工或正在建造的航空母舰，其编号填在已确定建造的航空母舰的括号内。
3. 均指首舰。首次下水日期可能与实际的下水日期有很大的不同。
4. 日期为第一个主要分段开工日期。
5. 数据主要来自官方新闻稿和其他官方来源。公开报道的数据有一定程度的差异，表中的数据仅供参考。

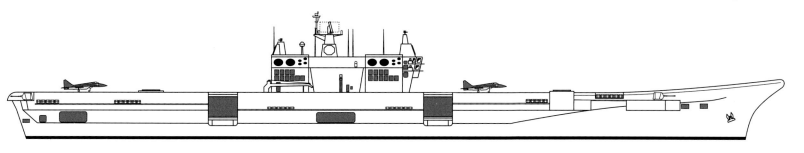

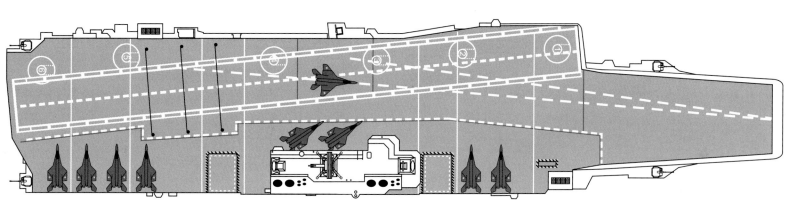

下水的新建STOBAR航空母舰，是印度的第一艘国产航空母舰"维克兰特"号（Vikrant）。该航空母舰于2013年8月12日从印度科钦造船厂有限公司下水，如果印度工业界能够克服以往严重的逾期交付记录，该舰将于2018年交付。

印度之所以采用STOBAR构型，也是受俄罗斯影响的结果。STOBAR构型避免了弹射操作的复杂性，但要求飞机在没有弹射辅助的情况下，具有足够高的推重比完成起飞。印度最近在将前俄罗斯的STOVL航空母舰1143.4型"戈尔什科夫海军元帅"号改造为STOBAR配置后，将其命名为"维克拉玛蒂亚"号，同时为两艘航空母舰配备了米格-29K攻击战斗机。与短距起飞垂直降落型航空母舰相比，STOBAR型航空母舰必须足够大，以便有足够的起飞距离，而且还需要一条斜角甲板，以确保在错过阻拦索的状态下的着舰作业安全。因此，"维克兰特"号的满载排水量超过40000吨，飞行甲板总长度约260米。即便如此，两个偏离舰体轴线的飞机起飞点中的一个还是被设置在靠近舰艉的位置，以帮助满载的飞机安全起飞。

完工状态的"维克兰特"号航空母舰的设想图。图中充分展示了一艘STOBAR航空母舰的主要设计特点。飞机通过滑跃跳板从两个起飞点上起飞，靠近舰艉的起飞点允许舰载机以最大重量起飞。着舰是通过安装有拦阻装置的斜角甲板。此外甲板上还有舰载机停放场地和6个直升机起降点。（图片由约翰·乔丹提供）

虽然"维克兰特"号的STOBAR构型明显是俄式风格，但该航空母舰的设计也深受西方设计和技术的影响，这也是近年来许多印度军舰采取的"混搭"方式的典型例证。其中，意大利的芬坎蒂尼公司提供了相当多的设计支持，推进系统主要参照意大利海军的"加富尔"号（Cavour）航空母舰。雷达和防空系统融合了意大利和以色列的技术。该舰总共将搭载30架舰载机，其中包括约12架米格-29K。

"维克兰特"号的交付日期（2018年）已经比原计划晚了8年。据报道，它的建造成本很可能达到最初预算的326亿印度卢比（折合5亿美元）造价的6倍。就此而论，借建造航空母舰发展本国工业的愿望付出的代价实在高昂。此外，值得讨论的一个问题是，与俄罗斯的历史关系导致选择的STOBAR技术是否符合印度海军的长远发展需求。考虑到与

216 | 21世纪的海军

"伊丽莎白女王"级航空母舰的剖面图。它的一个有趣的特征是两个独立的舰岛——前部舰岛用于航行，后方舰岛用于飞行控制。综合全电推进系统的使用使得航空母舰的燃气轮机可以直接布置在舰岛下方，这样可以缩短废气排放管路长度，便于维护。大型升降机能够同时提升两架F-35B或一架旋翼展开的"支奴干"直升机。飞机库与航空母舰的总尺寸相比并不大，但也足够停放大部分战斗机。（航空母舰联合体）

美国日益紧密的合作，印度第二艘国产航空母舰可能会采用"杰拉德·福特"级上的电磁弹射系统和先进拦阻装置。

"伊丽莎白女王"级：我们再转到更传统的短距起飞/垂直降落（STOVL）构型，该构型在冷战后最重要的代表非英国海军的"伊丽莎白女王"级（Queen Elizabeth）航空母舰莫属。20世纪90年代初，英国开始研制新的航空母舰用以取代"无敌"级（Invincible）STOVL支援航空母舰，并决定建造两艘，在1998年的《战略国防评估报告》中决定建造更多航空母舰。然而，围绕弹射起飞与拦阻式降落、STOBAR和STOVL等技术优缺点展开了各种讨论，加上巨大的财政压力，到2008年7月正式合同签订时，已经过去了整整10年。

虽然"伊丽莎白女王"级航空母舰采用的是STOVL构型，但最终的设计在名义上可以在需要时改装为其他起降方式。不过，在2010年《战略防御与安全评估》中，详细分析了这一技术选择后，人们发现，如果真的进行改装，高昂的成本将使得效费比极低。不过可改装型设计还是使人对该级舰的设计留下了极为深刻的影响，包括但不限于让该级舰拥有仅次于美国海军核动力航空母舰的65000吨排水量。[5]

除了拥有STOVL构型航空母舰的丰富使用经验外，英军决定该级航空母舰采用这一构型的另一个关键因素是STOVL飞机具有更高的出动率。与弹射起飞和拦阻式降落航空母舰带来的更低的飞机采购成本、更远的航程和与盟国（美国）的CATOBAR舰载机更好的可互换操作性等优势相比，这一因素更为重要。"伊丽莎白女王"级的舰载机分队将由36架快速喷气机和4架预警直升机组成，以这些战机为核心组成的空中力量将显著提高英军航空母舰的远征打击能力。虽然在早期的计划中，在搭载上述舰载机队的情况下，该级航空母舰的单日出动率应达到150架次。然而据报道称，这一数字已下降到24小时最多108架次（即每架舰载机单日出动三次），在随后正式订购该型航空母舰时，这一数字已下降到每天72架次（每架每日出击两次）。

和美国海军的"杰拉德·福特"级航空母舰一样，出动率的要求对"伊丽莎白女王"级的总体设计也产生了重大

2014年7月,英国第一艘"伊丽莎白女王"级航空母舰从它所在的建造船坞下水。将完工时的该舰与"维克兰特"号航空母舰相比较很有意思。(英国航宇系统公司)

影响。例如,创新的双舰岛安排有助于将飞行甲板面积最大化。[6] "一站式"(pit stop)加油挂弹有助于加快飞机的周转速度,而自动货物处理系统可迅速将弹药从弹药库运送至机库及飞行甲板。这也有助于显著减少舰员规模——舰上的核心舰员人数仅680人,与之前的"无敌"级航空母舰相当。

在飞机起降方面,STOVL构型比传统的CTOBAR构型对飞机操作的限制更大。"伊丽莎白女王"级的280米长飞行甲板和滑跃跳板可供F-35B在满载武器的情况下起飞。然而,让未耗尽有效载荷的飞机降落仍然存在问题,特别是在喷气发动机工作效率较低的高温条件下。目前英军正在开发一种"舰上滑行垂直降落"(SRVL)技术以放宽着舰载荷限制,这种技术使用一种新的辅助着舰系统——贝德福德阵列(Bedford Array,新型目视甲板灯阵引导)。然而,在缺少斜角甲板的情况下,STOVL构型在降落时可能比STOBAR构型更有风险。

核动力的巨额开支意味着成本有限的"伊丽莎白女王"级航空母舰难以承受。因此,这款航空母舰采用了"正流行"的综合全电推进(IFEP)动力。舰上的燃气轮机和柴油发电机为配电网络提供电力,也为驱动航空母舰的电动机提供电力,能同时满足从雷达到内部照明的其他电力设备需求。不过,这两艘航空母舰并不便宜,一系列的成本增加导致总预算高达62亿英镑(约合100亿美元)。事实上,在建造过程中整个项目曾出现被取消的风险。然而,随着第一艘航空母舰按计划在2016年底开始试航,该型航空母舰获得了更多的认同。在某种程度上,这款航空母舰的任务重点已经超出了最初的设计,在"依托航空母舰的武力投射"(Carrier Enabled Power Projection)概念的引导下,"伊丽莎白女王"级航空母舰可搭载各种类型的舰载机大队,以完成不同的任务。

"加富尔"号:除上述的"伊丽莎白女王"级之外,意大利的"加富尔"号是自冷战结束以来订购的另一款"纯"STOVL航空母舰。该舰经历了漫长的设计过程。早在20世纪80年代后期,设计工作就已开始,当时意大利准备建造第二艘主战航空母舰来补充新的"朱塞佩·加里波第"号航空母舰,并取代即将退役的直升机航空母舰"维托里奥·维内托"号。新型航空母舰的设计方案最初准备在"加里波第"号

意大利的"加富尔"级STOVL航空母舰是近年来"纯"航空母舰中体型最小的,在保持有意义的航空能力的同时,该舰的设计最大限度地压低了航空母舰的规模(和成本)。本图摄于该舰于2008年试航期间。(意大利海军)

的基础上做些改进，但后来海军方面针对新航空母舰在何种程度上优化两栖作战能力进行了反复讨论，设计方案也经过多次迭代。预留设置坞舱所需的空间，是导致该舰吨位大幅度增加的一个重要因素。但最终，该级航空母舰的设计还是主要考虑舰载航空能力，支持搭载下一代F-35B垂直起降攻击战斗机，并可使用直升机进行两栖力量投送，同时还在一定程度上考虑了两栖运输能力。这与冷战后更为常见的将两栖攻击舰设计成可用作次等航空母舰的趋势恰好相反。

1999年，意大利芬坎蒂尼集团接受了已经完成设计方案的该级舰的订单，并于2008年3月27日交付。该舰的满载排水量约为27500吨，比本章讨论的其他新型航空母舰略小一些，但比之前的"加里波第"号大得多。这对可搭载的战斗机数量产生了影响——可搭载18到20架飞机，其中12架可以容纳于机库。这也反映出意大利不太可能部署一支与其他较大规模海军相当的舰载机部队——尤其是快速喷气式舰载机。

"加富尔"级航空母舰的设计主要强调灵活性。例如，飞机库可以用作军用车辆的车库，也可以用来存放飞机。机库可以通过侧面和尾部坡道进入，并能够承受单车最多60吨的重量。虽然核心舰员约有450人，但该舰可为1200多人提供足够的住宿空间，足够舰载航空人员、舰队司令部人员使

2015年，澳大利亚的"胡安·卡洛斯一世"型两栖攻击舰"堪培拉"号和"阿德莱德"号在悉尼的合影，当时"阿德莱德"号刚刚交付。土耳其也正在建造一艘同型舰，该舰将两栖和航空能力非常实用地组合在一起。（皇家澳大利亚海军）

2013年3月,法国"西北风"级两栖攻击舰与英国皇家海军的"阿盖尔"号(Argyll)护卫舰并肩航行。与西班牙的"胡安·卡洛斯一世"型两栖攻击舰不同,"西北风"级不具备部署STOVL飞机的能力。(王冠版权社,2013)

用。"加富尔"级航空母舰的自卫火力也比其他西方国家的航空母舰要强,可部署到具有较高威胁的地区。特别是配备了整合有欧洲多功能相控阵雷达(EMPAR)和"紫苑-15"舰空导弹的SAAM-IT防空系统,从而拥有了强大的防空能力。[7]此外,舰上还有一套综合指挥与控制系统。"加富尔"号的推进系统是常规的全燃联合动力,最大航速28节。

总之,"加富尔"级航空母舰使得意大利在可承受的成本范围内具备了相对先进的舰载航空能力——据报道,按2001年币值计算,意大利在该方面的总开支仅为约13亿欧元(合15亿美元)。主要的局限是,它相对较小的尺寸可能会对未来的作战产生影响。虽然在未来的设计中已经考虑了下一代F-35B战机的要求,但是234米的总飞行甲板长度可能不足以充分发挥新型战斗机的性能。

## 两栖攻击舰和直升机航空母舰

从以上概述中可以明显看出,专门建造航空母舰的海军仍然是少数资金相对充裕的海军的"专属业务"。然而,发展海上航空能力又是许多国家的海军的追求。这促使一些战舰除了完成主要任务外,努力支持一系列海军空中行动。两栖战舰的情况尤其如此。

胡安·卡洛斯一世(Juan Carlos I):西班牙的"胡安·卡洛斯一世"型两栖攻击舰为无力购买类似意大利"加富尔"号航空母舰的海军提供了另一种解决方案。2003年9

月，西班牙批准了"胡安·卡洛斯一世"号战略力量投送舰的建造，以满足冷战后西班牙日益增长的远征作战需求。第二年，"胡安·卡洛斯一世"号正式订购，并于2010年秋季交付。外销方面，两艘几乎与"胡安·卡洛斯一世"号相同的"堪培拉"级两栖攻击舰已经交付皇家澳大利亚海军。此外，土耳其还订购了在其基础上设计的派生型号，以满足本国的两栖作战需求。

"胡安·卡洛斯一世"在概念上与美国海军更大的"塔拉瓦"（Tarawa, LHA-1）、"黄蜂"（LHD-1）和"美国"级（LHA-6）两栖攻击舰相似，但更小，更便宜，虽然它是为执行两栖突击任务进行了专门优化，但也具有在远距离上执行远征任务的潜力。为了执行两栖登陆任务，舰内需要有充裕的空间以搭载至多900名士兵和大量的补给与装备，还需要宽敞的飞行甲板，以便有足够的直升机实施空中突击。在缺乏更多专业船舶的情况下，内部坞舱对于后续重型设备和车辆的上岸部署也很重要。同时，为了能够搭载STOVL快速

**表6.2　21世纪两栖攻击舰和直升机航空母舰的设计**

| 舰级 | 胡安·卡洛斯一世 | 西北风 | 独岛 | 日向 | 美国 |
|---|---|---|---|---|---|
| 建造商[1] | 努曼提亚造船厂<br>费罗尔，加利西亚 | 法国舰艇建造局<br>布雷斯特，布列塔尼[2] | 韩国韩进重工<br>釜山 | 日本石川岛船舶联合公司<br>横滨，神奈川 | 亨廷顿-英格尔斯造船厂<br>帕斯卡古拉，密西西比 |
| 国家 | 西班牙 | 法国 | 韩国 | 日本 | 美国 |
| 数量[3] | 3+1+[0] | 5+0+[0] | 1+1+[0] | 2+0+[0] | 1+1+[0] |
| 铺设龙骨[4] | 2005年5月20日 | 2002年7月9日 | 2003年 | 2006年5月11日 | 2009年7月17日 |
| 首次下水[4] | 2008年3月10日 | 2004年10月6日 | 2005年7月12日 | 2007年8月23日 | 2012年10月20日 |
| 服役[4] | 2010年9月30日 | 2006年2月27日 | 2007年7月3日 | 2009年3月18日 | 2014年10月11日 |
| 满载排水量 | 27100吨 | 21500吨 | 18900吨 | 19000吨 | 45000吨 |
| 主要规格 | 231米×32米×7米<br>飞行甲板：202米×32米 | 199米×32米×6米<br>飞行甲板：199米×32米 | 200米×31米×7米<br>飞行甲板：200米×30米 | 197米×33米×7米<br>飞行甲板：195米×33米 | 237米×32米×9米<br>飞行甲板：249米×36米 |
| 动力 | 综合全电推进（吊舱），21节<br>续航力9000海里 | 柴-电动力，19节<br>续航力11000海里 | 柴油机22节<br>续航力6000海里 | 全燃联合动力，30节<br>续航力8000海里 | 混合电力推进，24节 |
| 航空能力 | STOVL（有滑跃跳板）<br>（6个起降点）<br>30架战机 | 直升机（没有滑跃跳板）<br>（6个起降点）<br>16架直升机 | 直升机<br>（5个起降点）<br>10架直升机 | 直升机<br>（4个起降点）<br>10架直升机 | STOVL<br>（9个起降点）<br>35架战机 |
| 武器装备 | 4×20毫米火炮 | 2×"辛巴达"防空导弹 | 1×Mk 49舰空导弹<br>2×"守门员"近防系统 | 2×8单元Mk 41（舰空导弹/反潜导弹）<br>2×"密集阵"近防系统<br>2×三联324毫米鱼雷 | 2×Mk 29八联舰空导弹<br>2×Mk 49舰空导弹<br>2×"密集阵"近防系统 |
| 搭载人数 | 约1200部队，船员加航空部队<br>2375平方米下方车辆甲板<br>2045平方米上层甲板/机库<br>69米×17米坞舱 | 约900士兵和航空部队<br>2650平方米车辆甲板<br>1800平方米机库<br>58米×15米坞舱 | 约700士兵加航空部队<br>机库和坞舱 | 仅有机库 | 约1850名士兵<br>强大的货物搭载能力<br>没有坞舱 |
| 核心舰员 | 260人 | 160人 | 约300人 | 约350人（包括航空人员） | 约1050人（包括航空人员） |

注：
1. 建造商为首舰建造方。
2. "西北风"级两栖攻击舰分两部分建造；前半部分在圣纳泽尔的大西洋造船厂（Chantiers de l'Atlantique）建造，后半部分在布雷斯特完成。两部分在布雷斯特完成合龙与后续舾装。
3. 指已完工或正在建造的战舰，其编号填在已确定建造的战舰的括号内。"胡安卡洛斯一世"包括为澳大利亚建造的两艘（当地组装）和土耳其订购的一艘（当地建造）。"西北风"包括两艘为俄罗斯建造现在被埃及买下的舰船。
4. 为首舰服役日期。首次下水日期可能与实际的下水日期有很大的不同。"西北风"级的服役日期为交付日期；该舰于2006年12月15日正式服役。

# 航空支援舰艇

**两栖攻击舰（西班牙）：**
**"胡安·卡洛斯一世"号（L 61）**

**两栖攻击舰（法国）：**
**"雷鸣"号（L 9014）**

**载机驱逐舰（日本）：**
**"日向"号（DDH-181）**

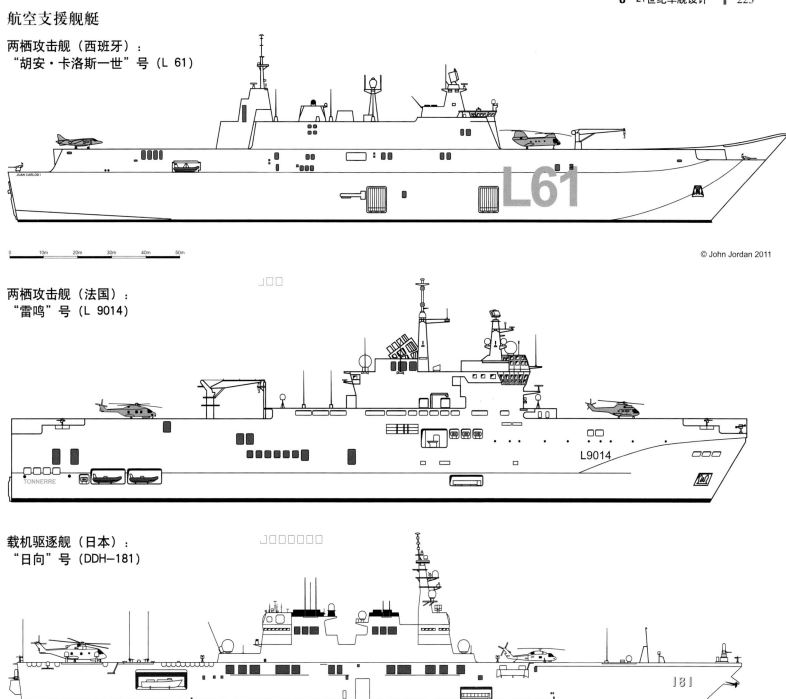

图中呈现了两种主要的欧洲两栖攻击舰的设计概况：西班牙的"胡安·卡洛斯一世"和法国的"西北风"级（图中是二号舰"雷鸣"号），图中还有日本海上自卫队的"日向"级直升机驱逐舰。西班牙战舰的设计为STOVL战机配备了滑跃跳板，以配合长飞行甲板。法国的这艘战舰被设计成一艘纯粹的直升机航空母舰，除了在较短的飞行甲板上提供额外的降落空间外，省略了滑跃跳板。"日向"级的长度和宽度与"雷鸣"号大致相同，也是一艘纯粹的直升机航空母舰。然而，它的主要任务是反潜行动，不需要与法国军舰有相同的内部体积。

喷气式飞机，这款两栖攻击舰还安装了滑跃跳板和相对较长的飞行甲板，还有可供车辆和飞机使用的机库/车库。整个机库和车库面积约为4400平方米，几乎是"加富尔"级航空母舰2800平方米机库的两倍。先进的指挥和通信能力使得这款两栖攻击舰可执行各种不同的任务。

各项要求的叠加导致该型舰的体型相对较大——满载排水量已经与"加富尔"号相当——如果不进行相当程度的妥协，许多二线舰队很难负担得起。其中，折中措施之一就是广泛采用民船建造和设计标准，军事规格只在一些关键部位（如飞行甲板和弹药库）使用。另一个措施则是只装备非常轻的自卫武器，而原本非常先进的综合全电推进（IFEP）系统被限制在最大约21节的航速。这些节约措施使得在西班牙建造的首舰成本被控制在3.75亿欧元（约合4.5亿美元），远低于一艘现代化防空护卫舰。未来的全寿命成本节约，则通过将核心团队控制在略多于250人来实现。

"西北风"级：当然，并不是所有的舰队都需要"胡安·卡洛斯一世"设计理念中强调的灵活性。一个例子是法国"西北风"级两栖攻击的设计，其中三艘从2006年起交付给法国海军。此外，在克里米亚和乌克兰事件使得最初的协议无效后，埃及接手之前的订单，买下了两艘原为俄罗斯建造的、设计经过轻微调整的"西北风"舰。

法国之所以用"西北风"级投送和指挥舰（Batiments de Projection et de Commandement）取代现有的20世纪60年代的两栖船坞登陆舰/运输舰（LPD/LSD），是因为两栖部队提供更强的航空能力。然而，法国海军继续专注于传统的CATOBAR航空母舰，并且缺乏STOVL飞机，固定翼航空能力在两栖登陆舰上毫无用武之地，因此"西北风"级并没有配备STOVL型航空母舰通常会有的滑跃跳板，而且飞行甲板也只有199米。不设置滑跃跳板可以为直升机操作释放更多甲板空间：整条飞行甲板可以同时供6架直升机使用，在直升机运作能力

韩国的"独岛"号是迄今为止唯一一艘亚洲设计的两栖攻击舰。该舰的设计深受美国海军大型两栖攻击舰的影响，但实际尺寸与"西北风"级两栖攻击舰大致相当。尽管有传言称该舰可能会接受改造以搭载F-35B战机，但该舰可能因为尺寸过小而无法有效运用战机。（韩国海军）

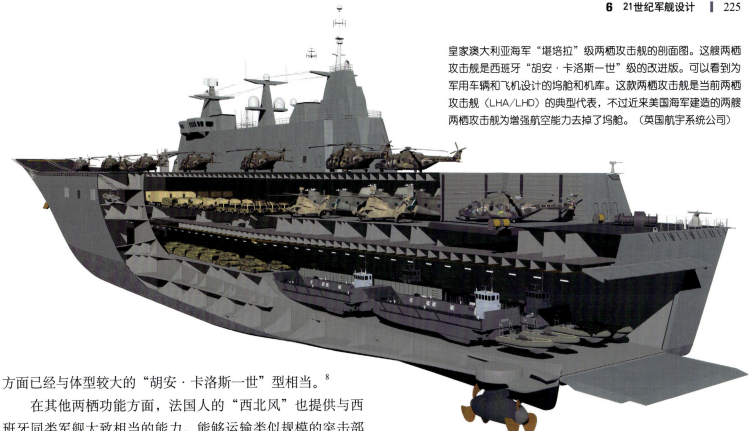

皇家澳大利亚海军"堪培拉"级两栖攻击舰的剖面图。这艘两栖攻击舰是西班牙"胡安·卡洛斯一世"级的改进版。可以看到为军用车辆和飞机设计的坞舱和机库。这款两栖攻击舰是当前两栖攻击舰（LHA/LHD）的典型代表，不过近来美国海军建造的两艘两栖攻击舰为增强航空能力去掉了坞舱。（英国航宇系统公司）

方面已经与体型较大的"胡安·卡洛斯一世"型相当。[8]

在其他两栖功能方面，法国人的"西北风"也提供与西班牙同类军舰大致相当的能力，能够运输类似规模的突击部队，而坞舱尺寸则略小。同样，"西北风"级对指挥和控制设施的投资优先于防御武器，并接受了较低的最大航速。这两种设计都采用了商船标准，以降低整体建造和运营成本。[9]据公开的信息来源，第3艘"西北风"舰"迪克斯梅德"号（Dixmude）的采购成本仅为3亿欧元（合3.6亿美元）。

亚洲设计：虽然欧洲在开发创新航空作战平台方面处于领先地位，但2007年7月服役的韩国"独岛"号两栖攻击舰也有参考价值。第二艘正在建造中。相比已经讨论过的欧洲战舰，"独岛"号的设计很大程度上借鉴美国海军体型较大的两栖攻击舰。尽管外形不同，它的整体尺寸和排水量与"西北风"级非常相似。它的飞行甲板最多同时可以操作5架直升机，同时坞舱上还可装载两艘气垫登陆艇。尽管不断有报告说正在考虑在舰上操作F-35B飞机，但目前还没有为STOVL飞机做任何准备。

日本在发展海上航空能力方面采取了略微不同的路线。该国已经建造了两级新型全通式甲板"直升机护卫舰（DDH）"[①]来取代采用常规布局的反潜直升机驱逐舰。率先建成的两艘"日向"级舰艇主要用于反潜战。尽管外形很像航空母舰，但相对较小的机库和飞行甲板只有4个直升机起降点，很难支撑在更广范围内实施行动。而随后的"出云"（Izumo）级则另当别论，它的总长度248米，满载排水量约2.7万吨。第一艘"出云"级自2015年3月开始服役，第二艘在2017年交付。

作为放大版设计，"出云"级牺牲了机载武器和传感器，以容纳更多的航空设施。值得注意的是，该级舰甲板上有5个大型直升机起降点，每一个都足以运作一架重型直升机。直升机的整体搭载能力也得到了提高，同时机库的通

---

① 为了体现"防御性"色彩，日本海上自卫队将驱逐舰（DD/DDG）和护卫舰（DE/FFG）均称为"护卫舰"。——译者注

道布局也进行了改进,可以让重型车辆驶入车库。这些改进明显增加了两栖作战能力。日本地面自卫队正打算装备V-22"鱼鹰"倾转旋翼机,以提高其防御南部岛链的能力,并有可能在"出云"级上搭载V-22。和韩国一样,外界对于日本是否会装备F-35B联合打击战斗机型抱有广泛猜测。如果日本迈出这一步,将具有非常巨大的政治意义。[10]

"美国"级:与此同时,美国海军也经历了从CATOBAR航空母舰到冷战后两栖攻击舰的演进过程。拥有巨大甲板的美国海军舰队两栖攻击舰(LHA/LHD)甚至比其他许多国家的航空母舰还要大,并可和"胡安·卡洛斯一世"一样,基于STOVL飞机具备固定翼航空能力。美军两栖攻击舰的最新迭代产物便是"美国"级(America)。虽然在

美国海军的"美国"级两栖攻击舰可以视作对此前两栖攻击舰的增量改进型号。该级舰特别强调航空能力。尽管为了使直升机的飞行甲板面积最大化而省略了滑跃跳板,但较大的尺寸使其非常适合操作F-35B垂直起降战斗机。这张照片摄于该舰在最终交付前进行试航期间。(亨廷顿-英格尔斯工业公司)

外形上它与此前型号非常相似，但该级舰在设计上体现了最近两栖作战和舰船动力方面的发展趋势。

具体来说，两栖作战的发展趋势是对航空设施的重视远超之前的战舰。该级舰的设计构想认为，在现代登陆作战中，绝大部分舰载两栖部队的部署（至少在最初阶段），都是由舰载机而不是登陆艇来完成的。因此，"美国"级取消了原有的坞舱，腾出空间用于扩大机库，同时增加了航空燃料和备件的存储能力。这种设计是为了更有效地使用如MV-22B"鱼鹰"倾转旋翼机和F-35B攻击战斗机等美国海军陆战队正在换装的新型舰载机。然而，由于用户对去除登陆艇设施有相当大的反对意见，"美国"级可能从第三艘开始恢复坞舱。[11]

"美国"级的推进系统也紧跟潮流，采用全新的混合电力驱动系统，将燃气轮机和柴-电推进相结合，取代大部分"黄蜂"级两栖攻击舰上使用的早已过时的蒸汽轮机。混合电力驱动系统在巡航时主要使用从船上电网供电的辅助电动机来维持低速航行，最高航速为12节，当需要更快的速度时，燃气轮机推进将被启用。这种动力布局在最后一艘"黄蜂"级两栖登陆舰"马金岛"号（Makin, LHD-8）上进行了试验，表现出不错的运转经济性。同时，"美国"级还采用了与"福特"级类似的分区配电系统。"美国"号在2014年10月服役，同年6月，该级舰的第二艘"的黎波里"号（Tripoli, LHA-7）下水。

## 其他两栖战舰

对拓展航空能力的日益关注推动了对两栖攻击舰的投资，但其他类型的两栖战舰的采购并没有按同等程度增加。有更多的资源可以用于专用型战舰的美国海军目前继续采购两栖船坞运输舰，以便在老一代船坞运输舰退役后维持两栖作战能力。目前，已经有不少于12艘"圣安东尼奥"（San Antonio）级两栖船坞登陆舰被获批建造，这款在设计时曾遭遇不少困难的战舰现在被指定用于替换现有的船坞登陆舰。为更新其两栖舰队，英国海军用现有的"阿尔比恩"型两栖船坞运输舰一比一替换了此前的"无惧"（Fearless）级登陆舰，同时采购了直升机航空母舰"海洋"号和后来的"海湾"（Bay）级两栖船坞登陆舰。包括亚洲的中国、新加坡和泰国，以及欧洲的荷兰和西班牙在内的，新近装备船坞登陆舰的海军，都很可能是考虑到大型两栖攻击舰的巨额开销而退而求其次。那些能够负担大量资源开支的国家似乎选择了可提供最大航空潜力的战舰；其他海军要么二手收购他国的船坞登陆舰（例如智利），要么将有限的资源投入到尺寸更小的坦克登陆舰上。

荷兰提供了一种有趣的替代方法。该国的联合支援舰（JSS）概念将两栖和后勤支援需求整合到一艘战舰上。荷兰海军的"卡雷尔·多尔曼"号（Karel Doorman）就是按照这样的设计建造的。该舰酷似一艘两栖船坞运输舰。传统的前部结构为舰员和小规模的搭载部队提供住舱，还有一个大的直升机机库。海上补给门架位于上层建筑的后部。战舰的其余部分表面用作大型飞行甲板，能够同时支持两架重型直升机起降，飞行甲板下方是一个车辆和补给仓库。虽然没有传统的坞舱，但通用登陆艇可以在舰艉的靠泊点停泊和转运物资，人员登陆艇可以挂在吊艇柱上。舰上配备的由武器和传感器组成的防御系统（包括泰利斯（Thales）集成桅杆），配置与"荷兰"级海上巡逻舰类似，但还包括"守门员"（Goalkeeper）近防系统。[12]

考虑到海上支援、战略海上运输和海上基地任务之间明显的协同效应，荷兰的整体组合设计理念是合乎逻辑的。事实可能会证明，这种设计对那些不希望通过两栖路线发展更强航空能力的海军是具有吸引力的。皇家加拿大海军在为自己的联合支援舰项目选择更传统的德国"柏林"级补给舰设计之前，似乎已经考虑过类似的方案。这款设计也可能影响新一代英国后勤支援船。

荷兰联合支援舰的一个潜在弱点由于这种定制设计而导致的较高成本。据报道，以2009年的价格计算，"卡雷尔·多尔曼"号已经花费了约3.6亿欧元（合4.3亿美元），造价甚至高于"西北风"级两栖攻击舰。在解决成本问题这一方面，一个较为可行的解决方案是使用商船标准的舰艇执行二线任务。就像在其他许多领域一样，美国海军在这方面走在了前面，他们将战区内运输交给由商用快速轮渡船改装的联合高速运输舰（JHSV）。不过"矛头"（Spearhead）级JHSV仍然不是特别便宜，每艘花费约1.8亿美元。该级舰将直升机甲板和滚装坡道安装到了现有的双体船设计上，最多可搭载400名士兵和大量装备，以约35节的航速投送至1000海里的作战范围内。这种联合支援舰可用于低强度作战，但在较高的海况下适航性能不足，并且由于几乎完全没有防御武器，在没有支援的情况下无法在威胁较大的区域生存。美国用商船设计的船只执行两栖作战任务，特别是巨大的"蒙特福德角"（Montford Point, T-ESD-1）号移动登陆平台。这种船只由阿拉斯加油轮改造而成，可作为两栖部队的浮动转运点和前方作战基地。

## 注释

1. 截至2015年底，巴西、中国、法国、印度、意大利、俄罗斯、西班牙和美国都已经拥有舰载固定翼飞机及其载舰。此外，英国正在建造新的"伊丽莎白女王"级，计划在2020年左右恢复航空母舰的行动。自第二次世界大战结束以来，阿根廷、澳大利亚、加拿大、荷兰和泰国都一度发展但又在后来又放弃了固定翼舰载航空部队。

2. 当然，对于那些想要使用两栖舰艇来发展基本的航空母舰能力的海军来说，全通式甲板也是一个关键要素。

3. 英国曾考虑在第二艘"伊丽莎白女王"级航空母舰——"威尔士亲王"号（Prince of Wales）——上安装电磁弹射系统，但由于改装成本过高而放弃了这一计划。据报道，印度海军也对下一代国产航空母舰安装这种系统感兴趣。

4. "杰拉德·福特"级航空母舰将装备新的双波段雷达（DBR）。该系统通过单一接口将两个不同频段的雷达集成到作战管理系统之中。然而，这个复杂的系统被认为太过昂贵，后续的航空母舰将安装一种更简单的相控阵雷达。

5. 更准确地说，预想搭载更大规模的航空部队促使战舰的尺寸不

2015年3月服役的日本"搭载直升机的驱逐舰""出云"号，是两艘放大的"日向"级战舰中的一艘。这两艘"日向"级战舰主要用于反潜战，但新型战舰有更大的潜力执行各种不同的任务。（日本海上自卫队）

断增加，从而考虑修改设计布局。随后决定采用可改装设计，这又对战舰的尺寸产生了进一步的影响。

6. 这种布局还使得航海部门（位于前舰岛）和飞行控制（部门位于后舰岛）位于最佳位置，并在遭受战损时有一定程度的冗余。

7. 该系统类似于法-意联合研制的"地平线"（Horizon）级防空驱逐舰上安装的"主要防空导弹系统"（PAAMS）。不过，驱逐舰可以配备射程更远的"紫菀-30"导弹（Aster 30），并且还装备有S1850M三坐标搜索雷达。

8. 不过，"胡安·卡洛斯一世"的设计具有更大的灵活性，所有的起降点都可以供重型直升机起降。

9. 前两艘"西北风"级两栖攻击舰的建造实际上分成了两部分。前半部分是在圣纳泽尔的大西洋造船厂建造的——现在是法国圣纳泽尔造船公司（STX France SA），该造船厂之前主要建造游轮等客轮。主要的居住舱室在前半部分。后半部分的建造——具有更多军事特征——是在主承包商法国舰艇建造局的领导下进行的。整体组装是在法国舰艇建造局位于布雷斯特的船厂完成的。3号舰——"迪克斯梅德"号——完全是在圣纳泽尔建造的。不过，俄罗斯订购的两艘战舰又是分开建造的，前半部分在法国制造，舰艉部分在俄罗斯制造。这些舰艇被特别调整以适应俄国的要求，而且它们比法国的版本要贵得多。

10. 日本宪法禁止日本拥有武装部队——而实际中被解释为禁止拥有发动侵略战争的手段——经常被用来排除采购航空母舰的可能性。因此，日本在海上部署具备攻击能力的飞机将引起巨大争议。

美国海军的"马萨·韦德"（Masa Verde, LPD-19）号和英国皇家海军的"阿尔比恩"号（分别是左图和下图）都是两栖船坞运输舰中相对较新的型号。航空能力在两栖作战中的重要性与日俱增，这也导致船坞登陆舰的数量并不如想象中的那么多。（图片分别来自美国海军/王冠版权社，2008）

11. 舰艇的其他方面,包括舰岛,将被重新设计,以为航空能力提供空间。

12. "荷兰"级将在第6.3章详述。另一个采用有趣的混合设计的是阿尔及利亚的新两栖船坞运输舰"卡拉特·贝尼·阿贝斯"(Kalaat Béni Abbès)号。该舰以意大利的"圣乔治"级舰为基础,将小型两栖战舰的运输和部署设施与驱逐舰的防空能力结合起来。这一组合符合阿尔及利亚的特殊要求,但未来不太可能出现更多这样的组合。

13. 本章在撰写时参考了以下主要来源,其中有更详细的分析:

大卫·阿基泰尔(David Architzel),"美国CVN 21核动力航空母舰项目:能力要求、概念和设计",英国皇家联合军种研究所《国防体系》杂志,2006年夏季刊,(伦敦:皇家联合军种研究所,2006年),第44-46页。

米歇尔·科森蒂诺(Michele Cosentino),"'加富尔号':意大利海军的多用途航空母舰",摘自约翰·乔丹(John Jordan)所编2014年版《战舰》,(伦敦:康威出版集团,2014),第93-111页。

克里斯蒂安·赫鲁(Christian Herrou),"登上"西北风"战舰",《海军陆战队和海军部队》,第108期(法国雷恩出版社:海事分部,2007年),第18-39页。

查尔斯·奥尔德姆(Charles Oldham,首席编辑),《"伊丽莎白女王"级航空母舰》,(坦帕,佛罗里达州:费尔康特出版公司,2014)。

罗纳德·欧洛克(Ronald O'Rourke),《国会RS20643报告:海军"福特"级航空母舰计划:背景和问题》(华盛顿特区:国会研究服务处)。

此外,本节中提到的许多战舰都曾在过去的《世界海军评论》(巴恩斯利:锡福斯出版集团)中出现过,或在《战舰》年刊中被作者讨论过(伦敦:康威出版集团)。

2014年,"卡雷尔·多尔曼"号正在海上为"七省"级防空护卫舰"特龙普"号补给。将后勤和两栖支援需求整合到一艘联合战舰上是荷兰皇家海军在海军设计创新方面的又一大成果。(荷兰皇家海军)

# 6.2 主力水面舰艇

康拉德·沃特斯

在过去的25年里，全球海军主力作战舰艇的数量显著减少。但与此同时，水面舰体在尺寸和复杂程度上大幅度提高。数量下降的原因不难理解，是因为冷战的结束和主要国家采购这些舰艇意愿的急剧下降，但建造更大、更复杂舰艇的趋势值得进一步解释。就舰艇尺寸而言，设计的影响，如改善住宿和其他舰员需要的设施，隐身技术带来的额外空间，甚至更多使用模块化设备的影响已经在第5章中详细解释过。对远离本土基地的远征行动的日益关注，也进一步突出了舰艇体积放大对住宿、燃料和物资储备的好处。

与此同时，舰艇所面对的威胁的持续提升，以及由于消费电子产业的发展，高威胁装备的逐渐泛滥，都促使舰艇为了有效应对威胁而愈发复杂。这些威胁中，来自反舰导弹的饱和攻击（saturation attack）通常被视为冷战后期最严重的威胁。在此期间，装备了远程空舰导弹的苏联海军轰炸机部队的扩张，尤其让美国海军的规划者感到担忧。阿根廷在1982年马岛战争中利用法制"飞鱼"（Exocet）反舰导弹对"谢菲尔德"（Sheffieldand）号和"大西洋运送者"（Atlantic Conveyor）号的成功袭击生动地证明了反舰导弹的威力。然而，到了这个阶段，美国海军已经准备部署新的"提康德罗加"（Ticonderoga, CG-47）级巡洋舰，能够有力应对这类威胁。[1]

由于在防空作战中，防空导弹需要专用火控雷达引导才能飞向被搜索监视雷达识别的目标。基本上，当时的防空作战中，每一场交战都必须有一部火控雷达全程参与，而战舰往往只能配备少数火控雷达，因此，当时的海军战舰在面对大规模空袭时非常脆弱。"提康德罗加"级是第一款装备"宙斯盾"武器系统（包括配套的AN/SPY-1电扫[①]雷达）的巡洋舰。相控阵更好的灵活性和精确性——使用电子设备来形成和引导他们的雷达波束——使得"宙斯盾"系统可以通过中段指令修正引导改进型"标准"系列导弹（如标准SM-2）应对威胁，从而无需火控雷达在交战过程中全程负责引导。在拦截末段，"从动"（slaved）式的照射天线将负责引导半主动雷达制导的"标准"导弹对准相关目标。[2]这种交战模式使得导弹可对付比之前多得多的目标。该系统的精确性和高度自动化也使得反应速度极快。这在对付"弹出式"（pop-up）导弹（比如从水下潜艇发射的导弹）时非常有效，在冷战后的海军作战场景中，这是一种很可能出现的威胁。

几年之后，其他国家的海军才研制出类似"宙斯盾"的系统。美国国会不愿其他国家出口这项技术，导致直到1993年诞生的日本的"金刚"（DDG-173）号配备了宙斯盾成为该系统的首个海外用户时，"宙斯盾"系统已经投入使用10年，而且至今只有少数国家海军获得了该系统。此外，由于"宙斯盾"极高先进程度，以至于又过了10年，欧洲主要国家才在2002年的七省级（De Zeven Provinciën）防空护卫舰上配备欧洲版的"宙斯盾"系统。"宙斯盾"部署之初主要安装在专用的防空舰艇上，但如今，相控阵雷达及其控制系统已经在所有类型的新型水面舰艇上普遍采用，相关技术的成本也变得更可承受。一些新兴国家的海军也在开发类似的系统，而不是依赖从美国或欧洲进口。其中值得注意的包括中国的346型系列有源相控阵雷达和以色列的EL/M-2248"多

---

[①] 即相控阵技术。

将SPY-1相控阵雷达与达到空前自动化水平的指挥和控制相结合的"宙斯盾"武器系统的部署,彻底改变了美国海军在冷战末期的防空能力。该系统首先部署在"提康德罗加"级巡洋舰上;图中是该级巡洋舰的第三艘,"文森斯"号(Vincennes, CG-49),后方的两组SPY-1相控阵雷达的天线清晰可见。1988年7月,"文森斯"号击落了一架伊朗空客客机,造成300人死亡,这一事件表明,即使是最先进的系统也可能出现人为失误。(美国海军)

功能搜索和目标捕获雷达"。[3]后者以及配套的"巴拉克8"(Barak 8)舰空导弹系统正被用于印度-以色列合作建造的"加尔各答"级驱逐舰上。

虽然军舰建造和相关海上技术产业向新兴国家的扩散是21世纪军舰建造的趋势之一,但需要注意的是,该趋势对大型水面舰艇设计的影响仍然相当有限。除了中国(可能还有印度)以外,大多数新兴国家海军的主力舰艇在设计上仍然深受原型舰的影响,同时还配备着美国和欧洲等传统海军中心开发的武器和系统。尽管随着新兴经济体继续增强他们的技术水平,这种情况在未来可能会改变,但在21世纪初期,主力水面舰艇设计大部分来自西方或俄罗斯仍然是一个事实。

## 美国

自冷战结束以来,美国海军主力水面舰艇的建造一直以"阿利·伯克"（Arleigh Burke）级驱逐舰的量产为主。设计之初，这款驱逐舰的排水量接近9000吨，可执行多种任务，以防空战为重点。"阿利·伯克"级的初步设计研究开始于20世纪70年代末，是老旧驱护舰换代计划的一部分。该计划一个重要的目标，就是开发一种经济可承受的"提康德罗加"级巡洋舰的补充舰，目标成本是巡洋舰的四分之三。为了实现这一目标，所做的主要牺牲包括将火控照射雷达（用于在交战时实施末段引导）从4个减少到3个，省略了直升机机库和防空指挥中心，以及将Mk 41垂直发射系统的单元数从122个减少到90个。另外，得益于是专门考虑了搭载"宙斯盾系统"的全新设计①，因此该舰具有更宽、更稳定的舰体，生存力大为提高，雷达反射截面积也大大降低。该级舰的推进系统是传统的全燃联合动力装置。"阿利·伯克"级首舰于1985财年建造计划中采购，1989年9月下水，1991年7月4日服役。

1991年到1999年之间，最初的"阿利·伯克"级"Flight I"（批次1）和接受略微改进的"Flight II"（批次2）共建造了28艘，之后美军转为建造经过较大改进的"Flight IIA"。Flight IIA型比早期型的排水量增加约500吨，设置了可容纳两架直升机的机库，从而弥补了最初设计中的一个重大缺陷。此外该级舰还增加了6个可用的垂发单元②。从2000年到2012年，在停止建造之前，共交付了34艘这种升级型号，且该型舰在建造期间一直在接受渐进性的设计改进，随后美军开始转而订购"朱姆沃尔特"级驱逐舰。然而随后不久，美军便决定终止"朱姆沃尔特"项目（主要是出于成本考虑），这也导致从2010财年开始，Flight IIA型又开始获得追加订单，并将从2016年开始交付。美军将继续订购11艘Flight IIA型，然后转向改进的Flight III，后者换装雷声公司（Raytheon）生产的"防空和反导雷达"（AMDR），以代替SPY-1雷达。已经获得军方编号AN/SPY-6的AMDR雷达将大大提高"阿利·伯克"级对抗弹道导弹威胁的能力。随着第一代战术导弹系统——如俄罗斯的"飞毛腿"（Scud）导弹——的扩散，弹道导弹防御（BMD）已成为"宙斯盾"在21世纪的一个重要附加任务。更先进的弹道导弹所拥有的更大潜力，使得在设计未来的防空系统时必须高度重视其可能造成的威胁。

得益于其最初设计中的内在灵活性，"阿利·伯克"级战舰拥有了令人称赞的使用寿命，它现在是第二次世界大战后美国海军水面舰艇中持续建造周期最长的战舰。长期批量建造带来的规模效益因此显现，目前"阿利·伯克"级的成本约为16亿至17亿美元。然而，有迹象表明，由于内部体积和发电配电能力等方面的限制，目前的设计很难再有进一步提高的空间。例如，虽然"Flight III"（批次3）型战舰的发电和冷却能力已经得到提高，但是该舰仍无法安装预先设想尺寸的AMDR雷达，只能采用尺寸更小、性能更差的型号。尽管已经在努力减少人员规模，但与自动化程度更高、人员配备更优化的舰艇设计相比，"阿利·伯克"级的操作成本还是太高。例如目前Flight I型需要配备300余名舰员，而英国的45型防空驱逐舰仅需要190人。

面对"阿利·伯克"级的潜力被挖掘殆尽的情况，美国海军通过"朱姆沃尔特"（Zumwalt）级驱逐舰对这些问题给出了回答，在这艘人员极尽精简（仅有150名舰员）、满载排水高达量15500吨的战舰上，引入了一系列创新，包括舰体构型（使用了船舷内倾的舰体）、推进系统（综合全电推进）、信号控制、武器系统和传感器等。武器装备包括两套为对岸炮击优化的155毫米"先进舰炮系统"（AGS）和20套分布在船舷边缘的4单元Mk 57垂直发射装置，分散布置垂发系统也能提升舰艇的生存能力。该级舰最初计划配备一款与"杰拉德·福特"号航空母舰的"双波段雷达"（DBR）相似的雷达系统，但作为该级舰所采取的若干压缩成本措施之一，随后还是换用了雷声公司的改进型AN/SPY-3相控阵雷达，该雷达几乎拥有DBR雷达的所有功能。[4]然而，该级舰

---

① "提康德罗加"级是在当时已经服役的"斯普鲁恩斯"（Spruance）级舰体基础上进行改造的。
② 取消了此前型号上装备的、占据前后甲板垂发装置各3单元空间的装填吊车。

### 表6.3　21世纪美国海军主要水面战舰

| 舰级 | 提康德罗加<br>自CG-52后的垂直发射系统型 | 阿利·伯克<br>Flight I | 阿利·伯克<br>Fligt IIA：从DDG-79起 | 朱姆沃尔特 |
|---|---|---|---|---|
| 建造商 | 亨廷顿-英格尔斯造船厂，密西西比<br>巴斯钢铁造船厂，缅因 | 巴斯钢铁造船厂，缅因<br>亨廷顿-英格尔斯造船厂，密西西比 | 巴斯钢铁造船厂，缅因<br>亨廷顿-英格尔斯造船厂，密西西比 | 巴斯钢铁造船厂，缅因 |
| 数量 | 22(+5非垂直发射系统，现在已退役) | 28 | 34+11[1] | 0+3 |
| 铺设龙骨[2] | 1984年1月11日 | 1983年12月6日 | 1997年10月9日 | 2011年11月17日 |
| 首次下水[2] | 1985年3月11日 | 1989年9月16日 | 1998年11月7日 | 2013年10月28日 |
| 服役[2] | 1986年9月20日 | 1991年7月4日 | 2000年8月19日 | [2016] |
| 满载排水量 | 9900吨 | 8900吨 | 9400吨 | 15500吨 |
| 主要规格 | 173米×17米×7米 | 154米×20米×7米 | 155米×20米×7米 | 183米×25米×8米 |
| 推动力 | 全燃联合动力<br>30海里/小时<br>续航力6000海里 | 全燃联合动力<br>30海里/小时<br>续航力4400海里 | 全燃联合动力<br>30海里/小时<br>续航力4400海里 | 综合全电推进<br>30海里/小时<br>续航力4500海里 |
| 武器装备 | 122单元垂直发射系统<br>("标准"舰空导弹/"改进海麻雀"点防御导弹/"阿斯洛克"反潜导弹/"战斧"对地导弹)<br>2×四联"鱼叉"反舰导弹<br>2×127毫米口径火炮<br>2×三联324毫米鱼雷发射管<br>2×"密集阵"近防系统<br>2架直升机 | 90单元垂直发射系统<br>("标准"舰空导弹/"改进海麻雀"点防御导弹/"阿斯洛克"反潜导弹/"战斧"对地导弹)<br>2×四联"鱼叉"反舰导弹<br>1×127毫米口径火炮<br>2×三联324毫米鱼雷发射管<br>2×"密集阵"近防系统<br>直升机甲板 | 96单元垂直发射系统<br>("标准"舰空导弹/"改进海麻雀"点防御导弹/"阿斯洛克"反潜导弹/"战斧"对地导弹)<br>1×127毫米口径火炮<br>2×三联324毫米鱼雷发射管<br>1/2×"密集阵"近程防御系统[4]<br>2架直升机 | 80单元垂直发射系统<br>("标准"舰空导弹/"改进海麻雀"点防御导弹/"阿斯洛克"反潜导弹/"战斧"对地导弹)<br>2×155毫米口径火炮<br>2×30毫米口径火炮<br>2架直升机 |
| 人员[5] | 约350人 | 约300人 | 约330人 | 约150人 |

注：
1. 根据2015年底的计划。Flight IIA建造计划完成后，将转为建造Flight III型。
2. 首舰的数据。
3. 一些消息来源表明，开始建造的时间要早得多。
4. 仅有部分该型舰装备。
5. 由于改装过程中提升了自动化程度，自建造以来，有关船员规模的公开数据都有大幅下降。所有数据只作参考用途。

最初计划从2005财年开始订购24艘，但由于成本不断上升，最终只有3艘实际投产。目前的估计显示，DDG-1000项目总成本已经超过120亿美元，每艘战舰的成本超过40亿美元。总而言之，美国海军似乎过于雄心勃勃，试图在一艘军舰上同时采用太多的创新。与此同时，如果美国海军不想失去技术上的领先地位，就必须抛弃已有的"伯克"级舰体，另起炉灶。

同时，"阿利·伯克"级驱逐舰的设计也成为日本"金刚"型和"爱宕"型，以及吨位稍大一些的韩国"世宗大王"级驱逐舰的设计基础。"宙斯盾"/SPY-1的组合也被用于西班牙的"阿尔瓦罗·巴赞"级"护卫舰"由之派生的澳大利亚"霍巴特"级驱逐舰。最后，在挪威的"南森"级（Nansen）反潜护卫舰上使用了"简化"版的"宙斯盾"系统，配备的SPY1-F相控阵尺寸更小，每面天线的辐射单元数量只有标准型的一半。

## 西欧

如前所述，尽管苏联的反舰导弹造成了极为现实的威胁，但欧洲国家还是在研制具有与"宙斯盾"相当的防空舰

2015年,在一次补充燃料演习中,"阿利·伯克" Flight IIA型驱逐舰"查菲"号(Chafee,DDG-90)与"乔治·华盛顿"号航空母舰并肩航行。该型舰的固定式SPY-1雷达通过电子设备引导雷达波束,能覆盖360度范围,从而无须像机械式扫描一样旋转。Mk41垂直发射装置主要用于发射"标准"和"改进型海麻雀"舰空导弹,但也能发射其他类型的导弹。(美国海军)

艇上花了相当长的时间。在某种程度上而言,这意味着北约护卫舰换代计划(NFR-90计划)的失败。讽刺的是,该计划最初是由美国在20世纪80年代中期推动的,目的是说服北约盟国配备拥有类似"宙斯盾"防空能力的舰艇。不过美军耗资高昂的"全面宙斯盾"化的成功,很大程度上还是因为建造多达60余艘"阿利·伯克"级所带来的规模效应。1989年至1990年期间,由于8个伙伴成员国在需求和工业利益方面的巨大差异,该项目宣告失败。

不过,NFR-90计划还是留下了有益的遗产,确定了当时对抗反舰导弹作战所需的舰艇和设备类型,反舰导弹在冷战后仍被认为是一种威胁。随后欧洲国家各自结成了更小规模的联盟,最终成功研制了下一代欧洲水面舰艇。法国、意大利、英国、德国、荷兰和西班牙组成了新一代通用护卫舰(CNGF)建造联盟(也被称为"地平线"计划)。

装备有源相控阵雷达(APAR)的防空舰艇:在这两个联盟中,德国、荷兰和西班牙更灵活的伙伴关系较快地取得了成果。西班牙很快确定"宙斯盾"系统足以满足需要;于

美国海军已经有62艘"阿利·伯克"级驱逐舰在役。早期型的该级舰，如上图的"阿利·伯克"号，没有搭载直升机的能力，但是后期的Flight IIA型，如下图中的"格雷夫利"号，就增设了机库，并增加了数个垂直发射单元。Mk 41用于发射包括"标准"和"改进型海麻雀"舰空导弹、"战斧"巡航导弹和"阿斯洛克"反潜导弹在内的多种导弹武器。（亨廷顿－英格尔斯工业公司，美国海军）

是转为研制"F-100"级护卫舰。德国和荷兰海军之间的合作更加持久，两国最终都建造了装备荷兰泰勒斯公司研制的APAR有源相控阵雷达和SMART L远程多任务监视雷达的战舰。二者中后者用于探测和跟踪远程目标（探测距离超过300海里），随后移交给探测距离较近的APAR用于后期跟踪和火力控制。APAR雷达有四面固定天线，布局类似于宙斯盾SPY-1，设置在一个独特的金字塔状桅杆中。然而，使用有源技术意味着APAR比"宙斯盾"更灵活，而且精度较高，能够独立完成跟踪和火控功能，不需要像美国海军CG-47和DDG-51级战舰那样装备独立的"从动"火控照射天线。

与装备宙斯盾的舰艇一样，APAR雷达/SMART L雷达组合通常与"标准SM-2"导弹和射程更近的"改进型海麻雀"（ESSM）导弹配合使用。到目前为止，已经有3级共10艘战舰配备该雷达组合的战舰建成。

"七省"级：该级舰也被称为"防空和指挥护卫舰"（luchtverdedigings en commandofregat或LCF），1995年6月和1997年2月，该级的4艘护卫舰被成对订购。首舰在2002年建成，随后续3艘，以每年一艘的速度陆续交付。虽然被称为护卫舰，但该级舰的满载排水量超过6000吨——几乎是荷兰海军此前装备"卡雷尔·多尔曼"或"M"级护卫舰的两倍，因此完全可以将其归类为驱逐舰。整个建造计划的总成本约为19亿欧元（合22亿美元），即每艘成本在5亿美元以上。

"七省"级护卫舰将APAR雷达和SMART L雷达提供的防空能力，与"鱼叉"反舰导弹、中型口径火炮和海上控制直升机等多种通用能力相结合。该级舰有足够的空间容纳6组8单元Mk 41垂直发射系统模块，但通常只安装其中的5个，因此总导弹搭载量不足"阿利·伯克"级的一半，此外后者还可以配备更多种类的垂发导弹，如"战斧"巡航导弹和"阿斯洛克"反潜导弹。荷兰曾考虑为该级舰配备"战斧"导弹，但最终由于政治原因被取消。然而，SMART L雷达已经被证明在跟踪弹道导弹方面是有效的，而且该级舰有可能在适当的时候经过改造，具备完全的弹道导弹防御能力。

"七省"级的设计比美国海军同类战舰更能体现新的技术发展。该级舰采用了最新的信号减弱技术，并通过自动化技术将人数降低到约200人。柴燃交替动力（CODOG）的最高速度为30节，航程约为5000海里。该级舰还极为重视提升生存力，这也是冷战后新型战舰的设计特点之一。[5] 总之，"七省"级代表了一种先进、高效费比和高生存力的设计，在过去十年中为荷兰皇家海军提供了"高端"作战能力。

"萨克森"级（Sachsen）：3艘"萨克森"级，或称F-124级护卫舰在1997年6月被订购，经过长时间的海上测试后，从2004年11月开始陆续服役。该级舰满载排水量为5600吨，也可归入驱逐舰级别。据报道，该级舰建造成本约为20亿欧元（合24亿美元），每艘成本为8亿美元。与荷兰的护卫舰相比，这款战舰的建造成本更高，这可能是出于支持该国工业发展的需要，而将建造工作在3个造船厂之间分配导致的。

"萨克森"级在设计理念上与"七省"级非常相似。不过，不同的外观反映了不同国家在设计方式、设备选择和作战优先级方面的差异。从结构上看，"萨克森"级在很大程度上借鉴了之前的F-123"勃兰登堡"级（Brandenburg），而后者则受到德国MEKO模块化设计的巨大影响。如第5章所述，这种模块化布局使得舰艇能够在不修改舰体结构的情况下安装和更换主要的武器和传感器模块。推进系统是柴/燃联合（CODAG）动力装置，仅使用一台燃气轮机，而以前的德国护卫舰通常使用两台。与之前的设计相比，该级舰所采用的隐身技术的使用也得到改进，X形截面设计，在这种设计下，战舰的舰体和上层建筑以不同方向倾斜，从而减少雷达横截面。不过，该级舰的总舰员人数仍然相对较多，约250人。考虑到该级舰是同代欧洲防空舰设计中最小的一款，这使得该级舰比其他战舰稍微拥挤一些。

与"七省"级相比，"萨克森"级主要集中在防空任务上，但也装备了一系列通用武器，其中包括一门76毫米火炮和最多两架直升机。主要防空系统只有32个发射单元（4个8单元模块）。不过，还有两套21单元Mk 49点防御导弹发射系统作为补充，该发射器用于发射德国与美国联合研制的滚转体点防御导弹（RAM）。在与APAR雷达控制的标准SM-2导弹和改进版"海麻雀"导弹结合起来后，它们形成了能力强大的多层防空体系，非常适合在包括德国海军的传统作战区域和当前强调的远征任务环境中的高威胁的沿海水域行动。

"伊万·休特菲尔德"（Iver Huitfeldt）级：2006年，APAR/SMART L组合被选中用于丹麦的3艘"伊万·休特菲尔德"级护卫舰，这是其出口取得的重大成功。该级舰是此前的两艘"阿布萨隆"（Absalon）级灵活支援舰（2005年服役）完成后的后继项目，"阿布萨隆"（Absalon）级将通用护卫舰与多用途甲板有效结合，可以用来运输车辆和小

### 表6.4　21世纪欧洲防空战舰

| 舰级 | 七省 | 萨克森 | 休特菲尔 | 福尔宾[1] | 达林 | 阿尔瓦罗·巴赞 |
|---|---|---|---|---|---|---|
| 建造商 | 皇家斯海尔德造船厂 弗利辛根市 | ARGE-F124联合体[2] | 欧登塞钢铁船厂 | 法国舰艇建造局 洛里昂[1] | 英国BAE系统公司 克莱德河造船厂[3] | 努曼提亚造船厂 费罗尔 |
| 国家 | 荷兰 | 德国 | 丹麦 | 法国/意大利 | 英国 | 西班牙/澳大利亚[4] |
| 数量 | 4 | 3 | 3 | 41 | 6 | 5/(3)[4] |
| 铺设龙骨[5] | 1998年9月1日 | 1999年2月1日 | 2008年6月2日 | 2002年4月4日 | 2003年3月28日 | 1999年6月14日 |
| 首次下水[5] | 2000年4月8日 | 2001年1月20日 | 2010年3月11日 | 2005年3月10日 | 2006年2月1日 | 2000年10月31日 |
| 服役[5] | 2002年4月26日 | 2004年11月4日 | 2011年1月11日[6] | 2010年10月14日[7] | 2009年7月23日 | 2002年9月19日 |
| 满载排水量 | 6100吨 | 5600吨 | 6600吨 | 7100吨 | 7500吨 | 6300吨 |
| 主要规格 | 144米×19米×5米 | 143米×17米×5米 | 139米×20米×5米 | 153米×20米×5米 | 152米×21米×5米 | 147米×19米×5米 |
| 推动力 | 柴/燃联合动力 30海里/小时 续航力5000海里 | 柴/燃联合动力 29海里/小时 续航力4000海里 | 柴/柴联合动力 28+海里/小时 续航力9000海里 | 柴/燃联合动力 29+海里/小时 续航力7000海里 | 综合全电推进 30+海里/小时 续航力7000海里 | 柴/燃联合动力 28海里/小时 续航力4500海里 |
| 武器装备 | 40单元垂发系统（"标准"/"改进型海麻雀"舰空导弹） 2×四联"鱼叉"反舰导弹 1×127毫米口径火炮 2×两联324毫米鱼雷发射管 1/2"守门员"近防系统 1架直升机 | 32单元垂发系统（"标准"/"改进型海麻雀"舰空导弹） 2×四联"鱼叉"反舰导弹 1×76毫米口径火炮 2×三联324毫米鱼雷发射管 2×"拉姆"点防空导弹系统 2架直升机 | 32单元垂发系统（"标准"/"改进型海麻雀"舰空导弹） 24单元垂发系统[8]（仅用于发射ESSM导弹） 2×四联"鱼叉"反舰导弹 2×76毫米口径火炮 2×两联324毫米鱼雷发射管 1×35毫米近防系统 1架直升机 | 48单元垂发系统（紫菀15/紫菀30） 2×四联"飞鱼"反舰导弹 2×76毫米口径火炮 2×324毫米鱼雷发射管 2架直升机 | 48单元垂发系统（紫菀15/紫菀30） 2×四联"鱼叉"反舰导弹 1×115毫米口径火炮 2×密集阵近防系统 2架直升机 | 48单元垂发系统（"标准"/"改进型海麻雀"舰空导弹） 2×四联"鱼叉"反舰导弹 1×127毫米口径火炮 2×两联324毫米鱼雷发射管 1架直升机 |
| 主要传感器 | APAR/SMART-L | APAR/SMART-L | APAR/SMART-L | EMPAR/S-1850M | 桑普森/S-1850M | SPY-1/SPG-52 |
| 人员 | 约200人 | 约250人 | 100人以上 | 约195人 | 约190人 | 200人以上 |

注：
1. "地平线"计划中意大利和法国各建造了两艘；意大利型由芬坎蒂尼船厂在里瓦特里格索和穆贾诺建造。意大利版与法国版有许多细小差别，其中最为引人注目的便是加装了第三门76毫米炮。
2. 由布洛姆与福斯船厂、德国哈德威造船厂蒂森北海船厂组成的联盟，每一个船厂都完成了一艘船的总装工作。布洛姆和福斯船厂建造了首舰。
3. 首舰是在克莱德的雅罗船厂组装而成的，所用组件来自雅罗、戈万（也在克莱德）和朴次茅斯的船厂。随后的船只在戈万组装。
4. 第5艘西班牙型和3艘正在为皇家澳大利亚海军建造的"霍巴特"级战舰有轻微的改动。澳大利亚的3艘舰将从2017年起交付。
5. 日期与首舰有关。
6. 交付后的进一步工作计划意味着该舰在这个日期还不能投入使用。
7. 该舰于2008年12月交付。
8. 丹麦的"标准化+灵活性"（Stanflex）系统在武器装载方面有相当大的选择性。本表是该舰在配齐所有武器后的状态。

规模地面部队及其物资。还为此目的设置了超过200张额外的铺位。"伊万·休特菲尔德"级的设计源于基本"阿布萨隆"级。然而,该级舰取消了多用途甲板,并对舰体做了修改以适应两倍于后者的装机功率。"伊万·休特菲尔德"级采用柴/柴联合动力(CODAD)装置,配备4台MTU柴油机。像所有同时代防空舰艇一样,该级舰尺寸较大,排水量超过6600吨。这一情况可以部分归因于主要采用商船标准而使用了较重的钢材。为了控制成本,许多模块的建造分包给了外国船厂。

"伊万·休特菲尔德"级护卫舰充分利用丹麦的"标准化+灵活性"模块化系统,同时按照德国MEKO设计原则将已集装箱化的武器和系统模块装入预先准备好的位置。同样,虽然防空系统的主要组件——例如传感器和Mk41垂直发射系统——是为其专门采购的,但是其他大部分武器系统,包括Stanflex模块都是此前使用过,在经过翻新后重新利用的。据悉,除开武器系统,舰艇本身和防空系统传感器的总成本仅略高于10亿美元,相当于每艘舰艇3.5亿美元左右。该级舰的核心舰员约100人,为此有些人对其是否足以胜任远征任务持保留意见。然而,总的来说,"伊万·休特菲尔德"级护卫舰让人印象深刻,它说明了在有限的预算下可以实现怎样的性能指标。

"地平线"计划(Project Horizon)和"45型驱逐舰计划":"地平线"计划最初是一个三边联盟,在1999年4月,英国决定退出该伙伴关系,专注于本国的"45型驱逐舰计划"(Type 45 Destroyer Programmes)后,

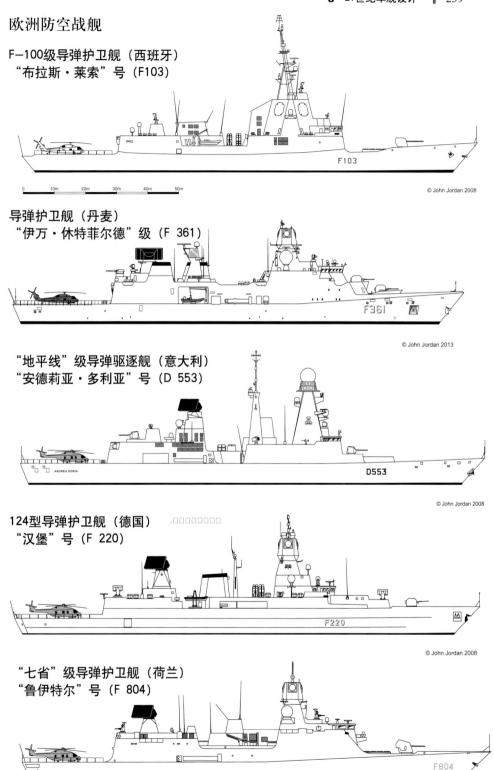

### 欧洲防空战舰

F-100级导弹护卫舰(西班牙)
"布拉斯·莱索"号(F103)

导弹护卫舰(丹麦)
"伊万·休特菲尔德"级(F 361)

"地平线"级导弹驱逐舰(意大利)
"安德莉亚·多利亚"号(D 553)

124型导弹护卫舰(德国)
"汉堡"号(F 220)

"七省"级导弹护卫舰(荷兰)
"鲁伊特尔"号(F 804)

另外两个合作伙伴——法国和意大利继续推进该项目。尽管英国中途退出，但其"45型驱逐舰"的设计也受到以前多国协作的很大影响，并且使用与"地平线"驱逐舰相同的导弹系统（尽管由不同的雷达控制）。

图中是2011年拍摄的荷兰皇家海军"七省"级护卫舰"特龙普"（Tromp）号，该舰是第一批使用相控阵技术的欧洲防空舰艇。该级舰首舰于2002年服役，此时距离"提康德罗加"级战舰交付已经过了将近20年。在此期间，技术进一步发展，前樯上金字塔状的雷达阵列是采用独立收发单元的有源相控阵雷达。（荷兰皇家海军）

2000年10月，法国和意大利各订购了两艘"地平线"级驱逐舰。4舰均于2007年至2009年间服役。"地平线"级的防空能力主要依靠与英国合作开发的"主要防空导弹系统"（PAAMS, Principal Anti-Air Missile System）。这套系统包括采用无源原理的"欧洲多功能相控阵雷达"（EMPAR）和装填于"席尔瓦"垂直发射系统中的"紫菀-15"（短程）和"紫菀-30"（中程）舰空导弹。与装备APAR雷达的舰艇类似，装备PAAMS的两级舰同时还配备有S-1850M型和SMART L雷达，以执行远程搜索任务。EMPAR是一种与SPY-1类似的

APAR雷达也被用于德国海军的3艘"萨克森"级防空护卫舰上；图中是该级的第2艘战舰"汉堡"号。该雷达系统通常与主桅上的SMART L远程搜索雷达结合使用，这是因为APAR雷达被优化用于短程精确跟踪和制导，牺牲了远程搜索功能。（德国海军）

无源相控阵雷达，但使用旋转阵列实现360度覆盖，而SPY-1则使用四面固定天线。这种更便宜且更轻的方案使得雷达可以安置在战舰的更高位置，但也增加了机械故障的风险，同时降低了整体性能。但单面相控阵雷达的劣势一定程度上被"紫苑"导弹的先进性能所平衡。该型导弹采用了与SM-2导弹类似的，由相控阵雷达提供指令修正的中段制导体制，同时采用了主动雷达引导头，可以自主追踪和攻击目标。因此，在交战的最后阶段不需要火控雷达照射。"紫苑-15"和"紫苑-30"采用相同的上级弹体，不过远射程的"紫苑-30"型安装了更大的助推器。

"地平线"级驱逐舰在其他方面与先前描述的防空舰艇相似，也配备一系列的次要武器以执行除防空外的次要任务，不过该级舰并未安装中口径舰炮，从而降低了其在支援两栖作战等任务中的效能。"地平线"级的法国和意大利型之间有一些细微的区别（如各自选择了国产反舰导弹）——但它们在大多数关键方面基本相同。该级舰的满载排水量略高于7000吨，是欧洲同类战舰中最大的，原因之一是采用了法国的综合隐身技术（这种技术首先用在"拉斐特"级轻型护卫舰上）。推进系统采用传统的柴/燃联合（CODOG）动力装置，但较高的自动化程度，使得舰员人数保持在200人以内。据报道,法国的这个建造计划耗资22亿欧元(合26亿美元),每艘战舰13亿美元。

在退出"地平线"计划后,英国的45型计划在2000年12月订购了3艘,在2002年2月又订购了3艘。首舰"勇敢"号在2009年7月服役,最后一艘"邓肯"号(Duncan)在2013年9月服役。尽管生产周期较长,但英国的战舰是新一代欧洲防空舰艇中最昂贵的。项目总成本约为60亿英镑,即每艘船15亿美元左右。在某种程度上,这反映了45型与其他舰艇相比更加先进,特别是在设计中使用了"主要防空导弹系统"[PAAMS(S)]和综合全电推进系统(IFEP)。45型也是欧洲驱逐舰中最大的,满载排水量接近7500吨。

PAAMS(S)的架构类似于"地平线"战舰上的PAAMS(E),其中最大的区别是,采用英国设计制造的"桑普森"雷达替换了法国和意大利战舰上的EMPAR系统。"桑普森"雷达是一种主动相控阵雷达,在45型驱逐舰上采用背对背的可旋转双面雷达阵列。该系统的性能比EMPAR的更加强大,尤其是在为舰队提供区域防空掩护的能力上,这是英国因马岛战争的惨痛教训而提出的实用需求。就其性能而论,"桑普森"雷达可能是当今世界上正在使用的最先进的防空系统之一。除了先进的防空系统外,45型驱逐舰也是第一批装备综合全电推进(IEP)系统的水面舰艇,不过由于持续出现的可靠性问题,IEP系统反而成了这款战舰的一个致命

2012年,3艘处于不同完工状态的荷兰"伊万·休特菲尔德"级防空舰艇在海上拍摄的照片。结合民用设计标准并使用现有的"标准化+灵活性"(Stanflex)模块装备大部分武器使得这些战舰拥有极高的效费比。(丹麦国防采购和后勤组织)

弱点。由于使用了创新技术而价格高昂,英军甚至没有足够的经费为该级舰配齐除防空系统以外的作战装备。推进系统的问题将通过《2015年战略安全与防御评估》中批准的改装计划来解决,同时将通过一系列增量升级来逐步加装辅助装备。目前英军还在展开研究,探讨该级舰是否能够具备弹道导弹防御能力。

多用途护卫舰:随着20世纪90年代启动的防空舰艇项目的完成,欧洲主要国家海军开始考虑更新其多用途水面作战舰艇舰队,目前现役的多用途水面舰艇,建造时间大多可以追溯到冷战时期。目前,大多数新项目仍然尚未投产,特别是英国的26型全球战斗舰,西班牙的F-110护卫舰,以及荷兰和比利时联合研制,以替换两国现役的"M"级多用途护卫舰的项目。德国在这方面已经取得一定程度的领先,正在建造4艘满载排水量达7500吨的F-125大型"护卫舰"。该级舰专门被设计用于在远离欧洲的水域执行长时间的安全维稳任务,但鉴于欧洲边境重新出现的紧张局势,这种"专业维稳"舰艇似乎已经变成一种奢侈。德国接下来计划建造的MKS-180型战舰将更侧重于正规作战。

迄今为止,已交付的多用途护卫舰项目中最重要的是"地平线"之后法国-意大利合作建造的欧洲多任务护卫舰(FREMM)。同时,这款护卫舰也达到了驱逐舰级别的尺

2013年,法国"地平线"级防空驱逐舰"舍瓦利耶·保罗"号(Chevalier Paul)与美国海军航空母舰"约翰·斯坦尼斯"号(John C. Stennis)并肩航行。像所有的现代防空舰艇一样,"舍瓦利耶·保罗"号的主要任务是保护关键舰艇免遭飞机和导弹攻击。不过,该级舰也装备有大量适用于其他任务的武器系统。(美国海军)

寸,满载排水量为6000~6500吨。但与"地平线"项目不同的是,由于参与国在调整设计以满足国家军事和工业需要方面具有相当大的灵活性,虽然基本设计大致相同,两国的型号各自外观却区别明显。此外,FREMM沿用了许多"地平线"级上采用过的系统,如"紫菀"导弹,以压缩成本。不过两国型号的装备配置却有很大的不同,例如,意大利型使用的是升级版的EMPAR雷达,而法国型装备的则是性能较差的"武仙座"(Herakles)雷达——该雷达此前曾出口给新加坡,用于其"可畏"级护卫舰。虽然根据最初的计划,该型舰将建造不少于10艘意大利型和17艘法国型。不过由于计划调整,意大利型的建造数量保持不变,但法国型被逐步削减至8艘。但与此同时,法国已向摩洛哥和埃及各出口了一艘。[7]

用于出口的战舰:法国版FREMM护卫舰在出口市场的成功,反映欧洲的军舰建造业一如既往地超出了自身舰队的需求。与冷战时期相比,欧洲国家的军用舰艇出口在冷战刚结束时并不多,因为当时

英国皇家海军45型驱逐舰"勇敢"号主桅的照片,球状天线罩内就是"桑普森"雷达系统。该雷达采用背对背的旋转天线阵列,与固定阵列相比,这种布局降低了成本和重量。这也使得雷达系统可以安装在船的更高位置,扩展雷达的水天线探测范围。(皇家澳大利亚海军)

尚有大量可用的"过剩"军舰,其中大部分都是北约国家海军裁减的舰艇。不过,近年来市场有所改善,在没有国内订单的情况下,这无疑有助于保住部分造船设施。

除了最近在FREMM护卫舰的销售上取得成功之外,在此之前,法国也因"拉斐特"级隐身护卫舰的设计而获得不少出口订单。20世纪90年代中期,法国签订一份建造合同,为沙特阿拉伯设计并建造更大一些的"利雅得"(Al Riyadh)级护卫舰,虽然这笔交易又是一次出口成功,项目执行时间延宕日久。3艘"利雅得"级中的第一艘于1999年9月才正式安放龙骨。第二年,新加坡订购了6艘"可畏"级护卫舰,其中5艘将在当地组装。这些3500吨级护卫舰类似于法国"阿基坦"级护卫舰的缩小版,采用更简单的柴油机动力系统,垂发系统载弹量也更低。

尽管英国也通过1999年交付的马来西亚皇家海军两艘"莱丘"级(Lekiu)护卫舰实现了主力水面舰艇的出口,但德国的模块化MEKO系列战舰才是法国在21世纪主要的出口竞争对手。MEKO系列已经在第5章中进行了详细介绍。MEKO系列的早期型号都与第一艘MEKO舰[1992年在尼日利亚服役的"阿拉杜"号(Aradu)]非常相似,但最新的A-200系列已经具有明显的隐身特性。 其中有4艘是在2006年至2007年期间由南非委托建造的"勇猛"级(Valour)。另有两艘A-200系列护卫舰将在不久后交付给阿尔及利亚。

法国型FREMM护卫舰"诺曼底"号(Normandie)于2014年试航时的照片。当新一代防空舰艇设计完成后,欧洲主要国家的海军转向更新通用护卫舰舰队,法国–意大利合作建造的FREMM是到2014年为止其中吨位最大的。2015年,"诺曼底"号在进入法国海军服役前被卖给了埃及。(法国舰艇建造局)

英国造船工业在冷战结束后在主力水面作战舰艇出口方面也取得了一些成功，例如向马来西亚出售两艘"叻古"（Lekiu）级导弹护卫舰。（皇家澳大利亚海军）

## 俄罗斯和亚洲

冷战的结束与苏联的解体，使得俄罗斯在随后多年没有建造新的主力水面舰艇。除了严重缺乏资金外，另一大主要原因是，苏联的海军造船设施分散在各个加盟共和国内。这些加盟共和国独立后，造船业遭遇了严重的混乱。这一苏联时期埋下的隐患如今依旧在给俄罗斯造成麻烦，尤其是在俄罗斯占领克里米亚并介入顿巴斯地区之后，来自乌克兰的舰用燃气轮机供应被中断。

"戈尔什科夫海军元帅"级：冷战后的俄罗斯拥有多家苏联时期建立的研究机构和设计局，从而保留了非常强的军舰设计能力。这一情况产生了两个重大影响。其一，随着社会稳定和经济复苏，俄罗斯重新开始了主力作战舰艇的建造。其中最重要的便是22350型"戈尔什科夫海军元帅"级护卫舰，该级首舰在2006年2月铺设龙骨，并随后进行最后的试验。这款新型的4500吨级通用护卫舰比以前的俄罗斯舰艇更强调隐身性能，但保留了苏联式的重火力风格。该级舰配备的武器系统包括"涂金胶料-多面堡"（Poliment-Redut）防空系统，由"涂金胶料"四面相控阵雷达和32单元垂直发射系统组成,后者用于发射演化自S400"凯旋"(北约编号SA-21,绰号"咆哮者")地对空导弹系统的9M36舰空导弹。此外还有16个用于远程反舰/对地导弹的大深度垂直发射系统,反潜鱼雷,以及用于Ka-27"蜗牛"(Helix)海上控制直升机的飞行甲板和机库。目前该级战舰共有4艘正在建造中,并计划进一步批量建造。不过,从该级首舰的建造工作历时长达10年来看,在失去所需专业技能后,俄罗斯的重启作战舰艇建造之路依旧困难重重。

印度:以印度为例,在2003年至2013年期间,共有6艘"塔尔瓦"级——即冷战时期的"克里瓦克III"(Krivak III)型导弹护卫舰的升级版——进入印度海军服役。[8] 印度购买该级舰,主要是为了弥补20世纪90年代现代化军舰的数量不足。但与此同时,装备现代化战舰所获得的经验也对主战舰艇国产化提供了帮助。目前印度海军的主力舰艇建造主

2013年,新加坡共和国海军的"可畏"号护卫舰与皇家澳大利亚海军和马来西亚皇家海军共同举行联合演练。该舰由法国舰艇建造局建造,与法国版FREMM护卫舰有许多相似之处,两者都受到20世纪90年代的隐身护卫舰"拉斐特"级的影响。(皇家澳大利亚海军)

要集中在两个系列：15型驱逐舰及其后继型号以及17型护卫舰。这两个系列在基本设计上都显示出受到了俄罗斯设计风格的重大影响，但同时又将俄罗斯和西方设备凌乱地拼凑在一起。对俄罗斯的依赖同时还产生了一个副作用：俄罗斯舰队的设备供应中断同时也影响印度的造船厂。这也是印度舰艇发生建造工期拖延的一个重要因素，从而导致印度战舰的平均建造周期长达9年。

目前印度海军现役的最现代化舰艇是6200吨的"什瓦里克"级（Shivalik）通用护卫舰和更大的7400吨"加尔各答"级（Kolkata）驱逐舰，后者着重于防空作战。这两级战舰各有3艘已经（或即将）进入海军服役，同时正在规划建造改进型。"什瓦里克"级在20世纪90年度末订购并且在2010—2012年服役。该级舰采用了部分隐身特征和西方的动力系统。在搭载一架直升机的状态下，舰员规模为270人左右，并没有充分体现出该级舰自动化水平的提升。"什瓦里克"级

印度海军"塔尔瓦"级护卫舰的两张图片——"特里坎德"号（Trikand）的侧面图和"塔卡什"号（Tarkash）正面的武器装备细节。它们是在俄罗斯建造的6艘该级舰（项目代号1135.6）中的两艘。印度和中国的水面舰艇设计都深受俄罗斯技术的影响。（康拉德·沃特斯）

的主要武器系统均来自俄罗斯。虽然SS-N-27"口径"巡航导弹的外销型"俱乐部"(Club)飞航导弹提供了强大的反水面打击能力,但是该级舰的"施基利"(Shtil-1)中程防空导弹系统仅配备一部单臂式发射架,不具备如西方先进导弹一样的抗饱和打击能力。从印军为该级舰配备垂直发射的以色列"巴拉克1"型舰空导弹系统进行点防御可能反映出了该级舰防空火力上的局限。与EL/M-2248和MF-STAR两套主动相控阵雷达共同装备在"加尔各答"级战舰上的印度-以色列联合研制的"巴拉克8"中程防空导弹,防空能力比前者更为强大。同时,"加尔各答"级也配备有印度-俄罗斯联合研制的"布拉莫斯"超音速巡航导弹,未来还可能换装其他型号的导弹。

日本:日本拥有多年积累的战舰设计和建造能力。而日本最先进的水面舰艇——尤其是配备"宙斯盾"驱逐舰深受海外设计的影响,不过日本也建造了一系列反映当地作战需求的、专门为反潜任务进行优化的护卫舰。这些护卫舰往往混合采用西方的武器和推进系统[①],将其整合到日本国产的舰体上,同时得益于日本发达的电子工业,这些舰艇往往配备有先进的国产电子系统。日本特意将主力舰采购维持在每年一到两艘的固定"节奏"。这保护了本国的工业基础,也有利于渐进式改进。

最新的水面护航舰是"秋月"级,4艘该级舰在2012年至2014年间投入使用。"秋月"级在满载状态下排水量约6800吨,设计上传承了的"高波"(DD-110)和"村雨"(DD-

**表6.5 21世纪典型多任务水面战舰**

| 舰级 | 南森 | 卡罗尔·贝尔加米尼 | 什瓦里克 | 秋月 |
|---|---|---|---|---|
| 建造商 | 努曼提亚造船厂<br>费罗尔,加利西亚 | 芬坎蒂尼造船厂<br>利古利亚[1] | 马扎冈船厂<br>孟买 | 三菱重工 |
| 国家 | 挪威 | 意大利 | 印度 | 日本 |
| 数量 | 5 | 4+4+[2][2] | 3[3] | 4[3] |
| 铺设龙骨[4] | 2003年4月9日 | 2008年2月4日 | 2001年7月11日 | 2009年7月17日 |
| 首次下水[4] | 2004年6月3日 | 2011年7月16日 | 2003年4月18日 | 2010年10月13日 |
| 服役[4] | 2006年4月5日 | 2013年5月29日 | 2010年4月29日 | 2012年3月14日 |
| 满载排水量 | 5200吨 | 6700吨 | 6200吨 | 6800吨 |
| 主要规格 | 133米×17米×5米 | 144米×20米×5米 | 143米×17米×5米 | 151米×18米×5米 |
| 推动力 | 柴/燃联合动力<br>27节<br>最大扭矩4500牛·米 | 柴-电/燃联合动力<br>27节<br>最大扭矩4500牛·米 | 柴/燃联合动力<br>30+节<br>最大扭矩5000牛·米 | 全/燃联合动力<br>30节<br>未公布 |
| 武器装备 | 16单元垂发系统<br>("改进型海麻雀"防空导弹)<br>2×四联康斯伯格海军打击导弹<br>1×76毫米口径火炮<br>2×两联324毫米口径鱼雷发射管<br>1架直升机 | 16单元垂发系统<br>("紫苑-15"/"紫苑-30")<br>4×两联泰西欧反舰导弹<br>1×127毫米口径火炮<br>1×76毫米口径火炮<br>2×三联324毫米口径鱼雷发射管<br>2架直升机 | 1×S3-90发射器<br>("施基利"防空导弹)<br>4×八联"巴拉克"短程防空导弹<br>8×"俱乐部"导弹垂发单元<br>1×76毫米口径火炮<br>2×12管反潜火箭发射器<br>2×两联533毫米口径火炮 | 32单元垂发系统<br>("改进型海麻雀"防空导弹)<br>2×四联三菱反舰导弹<br>1×127毫米口径火炮<br>2×三联324毫米口径鱼雷发射管<br>2×密集阵近防系统<br>2架直升机 |
| 人员 | 约120人 | 150人以上 | 约260人 | 约200人 |

注:
1. 战舰的建造分别在里瓦特里戈索和穆吉亚诺船厂进行。
2. 意大利型目前正在建造的有通用型和反潜型;本表中的是通用型。法国共有8艘与通用型相当相似的法国型已经或正在建造,同时法国还向摩洛哥和埃及各出售了一艘。
3. 已经订购改进型。
4. 均指首舰时间。

### 现代通用水面作战舰艇

护卫舰（意大利）
卡罗尔·贝尔加米尼（F 590）

护卫舰（印度）
什瓦里克（F 47）

"南森"级护卫舰（挪威）
"奥托·斯维德鲁普"号（F 312）

导弹驱逐舰（日本）
秋月（115）

101）级，但大大提升了隐身性能，并换用升级版的动力系统。最值得注意的是，该级战舰依托日本产的三菱电子FC-3相控阵雷达，防空能力得到了极大增强。该型雷达最先安装于直升机驱逐舰"日向"号上，并吸收了APAR雷达的一些技术元素。换装更先进的防空设备反映了该级多用途护卫舰的主要任务是为直升机航空母舰和配备"宙斯盾"系统的驱逐舰护航，特别是当后者执行弹道导弹防御任务时。

韩国同样是一个造船业大国，该国的KDX-I和KDX-II系列驱逐舰也是亚洲自行设计的水面作战舰艇的重要代表。随后装备宙斯盾的KDX-III型的设计主要受到"阿利·伯克"级的影响。不过，计划建造的第二批次KDX-III型可能会应用更多本土化设计。韩国本国造船工业正在大力投入建造新的FFX"仁川"级濒海战斗舰。该型舰在吨位和作战能力方面已经接近主力舰艇。

## 注释

1. "提康德罗加"号是27艘CG-47级巡洋舰中的第一艘，于1983年1月22日进入海军服役。

2. 在雷达半主动制导模式下，导弹通过搜寻从目标反射的照射天线信号扑向目标。新一代"标准SM-2"导弹还加装了一个用于对付掠海目标和低雷达截面目标的红外引导头。

3. 最初的相控阵——如SPY-1——是无源的，天线的各辐射元件共用一部发射机。数字控制的移相器用于生成和引导雷达波束。而新一代的有源相控阵中的每一个发射/接收（T/R）单元均具备收发能力，因此可以在不同的频率范围内工作。有源阵列比无源阵列更灵活，能够同时形成多个波束，且具备更高的可靠性。

4. 开发双波段雷达是为了利用雷达频率的不同属性。一般而言，在天线尺寸固定的情况下，高频雷达会产生更锐利、更精确的波束，但探测距离较短，不太适合进行立体搜索。双波段雷达旨在通过将8~12千兆赫频率的X波段（北约称为I/J波段）AN/SPY-3天线与频率较低的2~4千兆赫S波段（北约称为E/F波段）AN/SPY-4天线结合起来，集二者之长。但"朱姆沃尔特"级战舰取消AN/SPY-4，意味着AN/SPY-3将不得不承担其并不擅长的立体搜索功能。

5. 冷战期间设想的迅速、全面的冲突意味着抢修战损舰艇是一个低优先级的任务——这些舰艇不太可能在战斗结束前修复。然而，从马岛战争以及1987年伊拉克对美国海军"斯塔克"号护卫舰实施的"飞鱼"导弹攻击中总结的教训，使得各国开始更加强调舰艇的生存能力。当今时代不同的作战环境，尤其是非对称攻击造成的损害形成一种特殊风险，加速了这一趋势。

6. 45型驱逐舰最初计划建造12艘，但是数量逐渐减少到8艘，最后只获批6艘。"地平线"级的订单也减少了，法国最初计划建造4艘，意大利则打算订购6艘。

7. 该舰最初作为法国的"诺曼底"号开始试航，但在几乎已经做好进入法国海军的准备时，为满足埃及对这艘战舰的紧急需求而被转交给了埃及。

8. 俄罗斯海军随后也订购了6艘同型舰，自用版被称为"格里戈洛维奇海军上将"级（Admiral Grigorovich），这反映了苏联解体后暂停建造带来的俄国海军对现代舰艇的实际需要。然而，该级的后3艘目前命运未卜，因为3舰无法获得乌克兰制造的燃气轮机。

9. 本章写作过程中引用的主要文献中提供了更详细的分析：

诺曼·弗里德曼，《海军学院世界海军武器系统指南》（第五版）（安纳波利斯，马里兰州：海军学院出版社，2006）。

哈特穆特·曼塞克，"'萨克森'级护卫舰"，《海军部队》，第25卷，第1期（波恩：蒙克出版集团，2004年）。

简·莫林，《"骑士保罗"级护卫舰和"地平线"项目》，《海军陆战队和海军部队》，2009年，第120页，第8-27页，第121页，第14-33页。

诺曼·波尔马，《美国海军舰队舰艇和飞机指南》（第十九版）（安纳波利斯，马里兰州：海军学院出版社，2013）。

罗纳德·欧洛克，《国会研究报告RL32109：海军DDG-51和DDG-1000驱逐舰项目：背景和问题》，华盛顿，国会研究处。

此外，本节中提到的许多舰艇都曾在过去的《世界海军评论》（巴恩斯利：锡福斯出版集团）中出现过，或者作者在年刊《战舰》（伦敦：康威出版集团）中讨论过。

---

① 主要是美国海军的同类系统，但也有一些欧洲系统。

日本的"秋月"级驱逐舰级是由此前的护航驱逐舰发展而来的,但更强调"僚舰防空"能力;以前自卫队大多数的驱逐舰主要关注反潜作战。这张绝佳的鸟瞰图显示出FCS-3相控阵雷达的固定阵列安装在前后上层建筑上。每对固定阵列中的一个用于搜索和跟踪功能,另一个用于火控。(日本海上自卫队)

# 6.3 小型作战舰艇和辅助舰船

康拉德·沃特斯

有关海军军舰设计的评论难免多数集中在航空母舰、两栖舰艇和主力作战舰艇上,如上一章讨论的。然而,对世界上大多数海军来说,小型水面舰艇,如轻型护卫舰、快速攻击艇、反水雷舰艇和巡逻舰构成其舰队的主体。这些舰艇通常在沿海水域活动,而这些水域日益主导着21世纪的海军行动,因此理应得到更多的关注。小型水面舰艇一类以正规作战为主要任务,另一类以海上执法巡逻为主要任务。有时两者之间的区别可能会比较模糊。

首先探讨的是作战舰艇,在冷战后期,装备反舰导弹的快速攻击艇越来越受欢迎。当时,人们认为这些战舰提供了一种快速和相对廉价的手段,能够有机会与装备更好、资金更充足的蓝水海军较量。就像军事领域的此类"颠覆性技

2005年,德国143A型快速攻击艇的首舰"猎豹"号(Gepard)与她的姊妹舰"白貂"号(Nerz)和其他北约战舰一起在苏格兰沿海参加演习。导弹艇的脆弱性和其他固有的局限性意味着它们在21世纪已经不再受欢迎,不过它们在某些特定战场环境下依然相当实用。(皇家澳大利亚海军)

术"经常出现的情况一样,这种想法在一定程度上未能实现。特别是1990—1991年海湾战争的经验,揭示了这些舰艇在其有限的防空范围外非常容易受到空中和直升机攻击这一致命弱点。尽管如此,快速攻击艇仍然是实用的濒海作战舰艇,而且在如群岛等特定海域环境非常适合其发挥威力,特别是在防空需求得到保障的情况下,作为"系统之系统"(system of systems)的一部分参与作战时。

另一种在21世纪早期受欢迎程度有所下降的小型战舰是经典的反水雷舰艇。这一趋势在一定程度上是对冷战后水雷战威胁减少的一种自然反应,但也反映了水下遥控潜航器,以及运用愈发广泛的自主式无人潜航器的发展,第7章将对此作进一步的描述。这一方面意味着在反水雷作战中使用昂贵的非磁性舰体战舰的必要性比以前有所降低,另一方面,也使得新一代近海作战舰艇可以通过调整构型承担扫雷等多种传统濒海作战任务。这一趋势在瑞典的"维斯比"级(Visby)舰艇上得到了证明。这一趋势最有意思的方向是发展和部署这种专用的濒海作战舰艇,以攻击濒海海区的反介入部队。美国海军的两类濒海战斗舰设计是这种类型战舰最典型代表。

而在海上执法和巡逻舰艇方面,第5章已经讨论了为响应日益增长的海洋领土主

2015年,哥伦比亚的OPV-80型近海巡逻舰"八月七日"号参与欧盟和北约在印度洋进行的反海盗行动,这是当时它的两张照片。它能够被部署到地球另一端,也展现出了大多数战舰设计的内在灵活性;而一些建造中的巡逻舰已经考虑到了执行远征和维稳任务。(欧盟海军索马里部队,北约)

张而兴起的专业海上巡逻舰。过去,各国海军往往由即将到达使用寿命或已经过时的一线作战舰艇降级执行此类任务。在一定程度上,这种做法仍在继续。然而,除了可用于执行这类任务的老旧舰艇数量比过去有所减少之外,让舰艇去执行"本职"之外的任务可能是低效和不经济的。通常而言,建造巡逻舰艇也可以帮助发展中国家发展本国的军舰建造能力。例如智利和哥伦比亚就在本地建造德国法斯莫OPV-80(Fassmer OPV-80)型海上巡逻舰。

值得注意的是,与小型作战舰艇一样,海上巡逻舰也发展到了能够执行维和或反海盗等远征任务。这一定程度上证明了大多数战舰设计都具有的灵活性。例如,2015年下半年,哥伦比亚的一艘OPV-80型巡逻舰——"八月七日"号(7 de Agosto),被部署到半个地球之外的印度洋,参与欧盟的"阿塔兰忒"行动和北约的"海上盾牌"反海盗行动。而一些巡逻舰——特别是西班牙的"流星"(Meteoro)和荷兰的"荷兰"级——在设计时就专门考虑到了这种远距离部署行动。德国F-125"巴登-符腾堡"级维稳护卫舰和荷兰"卡雷尔·多尔曼"联合支援舰也反映出海军对远征维稳任务的关注。[1]

后一类战舰的出现表明,舰队和后勤支持的作用虽不起眼,但至关重要,对于越来越多寻求远程部署的海军来说,这一点正变得越来越重要。

## 濒海作战舰艇

目前服役的近海战舰众多,而且由于不同国家实施濒海作战的手段各异,因此我们只能对21世纪的设计趋势进行简要概括。

显然,大多数近海战舰都是以防御目的设计的。最常见的方法似乎仍然是为特定的作战任务设计特定的战舰。这些战舰通常作为一个更广泛、综合性防御体系的一部分。其中常见的做法是使用导弹艇配合更大的反潜护卫舰作战。韩国海军似乎采取了类似的策略,在建造"仁川"级濒海作战护卫舰的同时建造PKX系列导弹艇。印度的新项目"卡莫尔

2012年10月,韩国海军的轻型护卫舰和快速攻击艇在韩国近海进行演习。韩国海军是众多偏好使用快速攻击艇的国家之一,这些快艇专注于反水面任务,与大型护卫舰协同作战,而大型护卫舰往往具有更强的反潜作战能力,用于濒海作战。(韩国海军)

塔"级轻型反潜护卫舰的用途也相似，印度海军长期以来都使用为同时执行反舰和反潜任务而优化的轻型作战舰艇执行濒海防御任务。[2]

"盾牌"级（Skjold）：总体而言，近年来，各国近海舰队的单舰作战能力也有了长足进步。挪威的"南森"级"宙斯盾"护卫舰和"盾牌"级导弹艇便是一个典型，它们比此前的型号有了质的飞跃。这两级舰艇都源于冷战结束前后的研究，旨在取代当时服役的舰艇，俄罗斯北方舰队这个近邻也是影响两型战舰发展的主要因素。除了主要的反潜防御任务外，"南森"的吨位和作战能力也足以作为主力通用水面舰艇进行远海部署。同时，作为挪威的濒海高速反水面作战的平台，"盾牌"级采用一种气垫双体船/水面效应船（ACC/SES）艇体和一种纤维增强塑料结构。[3] "盾牌"级在生存能力上相当依赖隐身性能，并采用了一种特殊的艇体迷彩来融入挪威的地形。该型艇实现了速度、隐身能力和火力的结合——可以携带8枚康斯博格NSM"海军打击导弹"，使得其极为适合专注于反水面舰艇作战。但也因此该型艇在其他方面的作战能力非常有限，需要其他部队支援以应对空中和水下威胁。

"维斯比"级：像"盾牌"这样性能先进但专注于单一任务的舰艇的局限性，以及本章开篇所述的其他因素，部分国家产生了研制多用途小型水面舰艇的想法。如前所述，瑞典的"维斯比"级濒海轻型护卫舰便是其中的典型。该级舰与挪威的新一代战舰基本上

### 表6.6　21世纪典型近海作战舰艇

| 舰级 | 盾牌 | 维斯比 | 自由 | 独立 |
|---|---|---|---|---|
| 类型 | 导弹艇/轻型护卫舰 | 轻型护卫舰 | 濒海战斗舰 | 濒海战斗舰 |
| 建造商 | 乌莫·曼达尔船厂<br>西阿格德 | 萨博柯肯船厂<br>卡尔斯克鲁纳 | 马里内特海事公司[1]<br>马里内特，威斯康辛 | 奥斯塔公司[2]<br>亚拉巴马 |
| 国家 | 挪威 | 瑞典 | 美国 | 美国 |
| 数量 | 6 | 5 | 3+11[3] | 3+11[3] |
| 铺设龙骨[4] | 1997年8月4日 | 1996年12月17日 | 2005年6月2日 | 2006年1月19日 |
| 首次下水[4] | 1998年9月22日 | 2000年6月8日 | 2006年9月23日 | 2008年4月26日 |
| 服役[4] | 1999年4月17日[5] | 2002年6月10日[6] | 2008年11月8日 | 2010年1月16日 |
| 满载排水量 | 275吨 | 650吨 | 3500吨 | 3000吨 |
| 主要规格 | 48米×14米×2米[7] | 73米×10米×3米 | 118米×18米×4米 | 128米×32米×4米 |
| 动力 | 全燃联合动力+喷水<br>60节<br>续航力800海里 | 柴/燃交替动力+喷水<br>35+节<br>续航力2500海里 | 柴/燃交替动力+喷水<br>40节以上<br>续航力3500海里以上 | 柴/燃交替动力+喷水<br>40节以上<br>续航力4300海里 |
| 武器装备 | 2×四联NSM反舰导弹<br>1×76毫米口径火炮 | 2×四联RBS-15反舰导弹<br>未来加装防空导弹模块<br>1×57毫米口径火炮<br>4×400毫米鱼雷发射管<br>1个直升机平台 | 1×57毫米口径火炮<br>1×"拉姆"点防空导弹<br>2架直升机<br>特殊任务模块[8] | 1×57毫米口径火炮<br>1×"拉姆"点防空导弹<br>2架直升机<br>特殊任务模块[8] |
| 主要传感器 | 泰勒斯MRR 3D-NG搜索雷达 | 萨博"海上长颈鹿"搜索雷达<br>"海德拉"多用途声呐 | EADS TRS-3D搜索雷达<br>任务模块内配置有声呐 | 萨博"海上长颈鹿"搜索雷达<br>任务模块内配备有声呐 |
| 人员 | 约21人 | 约43人<br>约53个床位 | 40余名任务人员<br>约75个床位 | 40余名任务人员<br>约75个床位 |

注：
1. 该型号的主承包商是洛克希德·马丁公司。
2. 该型号原型舰的主承包商是通用动力公司。
3. 目前计划建造40艘濒海战斗舰，其中8艘将会配备重武装的护卫舰型号。目前还不知道最终如何在这两种类型之间分配。
4. 这些日期为根据现有信息推出的首舰相关时间。部分铺设龙骨日期实为开工日期。
5. 首舰以原型舰的形式于当天交付。随后该舰被改造为可完全执行战斗的配置，并在2013年4月重新作为该级一艘"完全规格"的型号服役。
6. 为交付给瑞典国防物资组织的时间。正式交付瑞典海军的日期被推迟到了2012年。
7. 气垫启动时吃水不到1米。
8. LCS可以装备任务专用模块，模块包括额外的武器、传感器和船员。目前有反水面、反潜和反水雷模块。

同时启动研制,同时进入服役。作为上一代导弹艇的换代型号,"维斯比"级与"盾牌"级一样强调隐身,且具有非常优秀的反水面作战能力。不过,可能由于瑞典以前使用快速攻击艇执行反潜任务,"维斯比"在设计时也具备反潜和反水雷潜力。为满足任务需要,该级舰配备有一套综合战斗管理系统,可以很方便地集成需要执行各种任务的武器和传感器,同时还有足够的空间,以容纳执行各种任务所需的设备。飞行甲板下方的一个宽敞的设备甲板为反潜鱼雷、水雷、深水炸弹和反潜声呐提供了空间,并连接到一个用于部署无人船艇的工作区。但由于该级舰迟迟无法进入实际服役阶段,我们尚不清楚其设计取得了多大程度的成功。然而,对大型舰艇的研究表明,650吨的排水量尚不足以满足真正的多功能作战舰艇的需求。

濒海战斗舰:目前在公众眼中最能代表多任务濒海战舰的无疑是美国海军的濒海战斗舰(LCS)。如前所述,该型舰艇从某种程度上打破了小型作战舰艇的常规,该型舰的主要设计目的是在远离美国的濒海实施进攻性、远征性部署,而非单纯执行防御任务。这项基本需求对总体设计产生了重大影响,特别是为全球部署所需而强调了吨位和速度。同时,全球部署也要求在舰体设计和动力布局方面进行创新,但这也导致了该级舰的单舰成本相对较高,甚至接近大型水面作战舰艇。[4]

濒海战斗舰项目源起于20世纪90年代的"街头斗士"(Streetfighter)等概念研究,并于2001年正式启动。洛克希

挪威"盾牌"级导弹艇(也被称为"濒海轻型导弹护卫舰")是传统导弹艇的放大和现代化版本。该型艇的高航速、隐身性能和强大的反舰导弹使它们成为海上防御体系中的反水面力量的理想选择。然而,该型舰并不适合独立作战。图中是2013年6月的"斯泰尔"号。(佩德·拓普·马蒂森/挪威武装部队)

德·马丁公司的"自由"型(Freedom)采用钢制单体半滑行舰体和铝合金上层建筑。战舰推进是柴/燃联合动力系统,包括连接到四部劳斯莱斯卡梅瓦喷水推进器上的两台劳斯莱斯MT-30燃气轮机和两台柯尔特-皮尔斯蒂克(Colt-Pielstick)柴油发动机。另一种设计,即通用动力/奥斯塔建造的"独立"型(Independence)是基于全铝三体船舰型设计的。在类似的排水量下,这种设计比传统的单体船提供了更大的舰体容积和甲板面积。舰体布局也降低了航行阻力,从而使得"独立"型仅需使用功率更低的GE燃气轮机和MTU柴油发动机便能满足动力需求。与"自由"型一样,该型舰也使用全喷水推进。尽管存在差异,两种濒海战斗舰的排水量都在3000~3500吨,并且能达到大约45节的航速。

不过,两型濒海战斗舰设计上最大的共性,还是都可以使用通用的模块化任务包。这些系统与前几章讨论的丹麦"标准化+灵活性"(Stanflex)系统有相似之处,同时配有一个大型任务舱,可以搭载各类常规载人小艇和无人船艇。根据美国海军的作战理念,每个任务包也配有相应的操作人员。濒海战斗舰计划最初包括三种任务模块——反潜战、水雷战和水面战模块,以应对濒海区域普遍存在的威胁。但不幸的是,这些任务模块研制进度要慢于濒海战斗舰的列装速度,因此招致了对模块化任务系统的猛烈批评。同时,这两款舰艇的研制进度、建造问题、成本超支、人员配备和支持问题也遭到了许多诟病。同样重要的是,濒海战斗舰的整体

瑞典的"维斯比"级设计用于在与"盾牌"级类似的濒海环境中行动,但由于舰体更大,具有更强的多任务部署能力。例如,该型舰有一块宽敞的设备甲板和配套设备用于搭载无人载具,无人水面和水下载具在未来的反潜和反水雷战中都有巨大的潜力。这张"海讷桑德"号(Härnösand)的照片摄于2012年3月。(托布·乔伍德/挪威武装部队)

概念也遭到指责，认为其生存能力不足以在高威胁环境下执行任务。这种批评相当程度上误解了美国海军的部署方式，美军通常会将作战舰艇配属到一个能够相互支援的作战网络中。这样，濒海战斗舰的行动可能会在主要水面舰艇的保护下进行。此外，令人担忧的是，后期型濒海战斗舰将被改造成轻型护卫舰，装备额外的武器，但由此失去一些模块化任务能力，建造数量也将限制在40艘，而不是最初计划的52艘。

美国海军的濒海战斗舰并不是唯一考虑到远征部署的小型战舰。德国的K-130"布伦瑞克"（Braunschweig）级在某种程度上，试图完成冷战时期的装备导弹的攻击快艇向适于在海外的濒海水域执行任务的战舰的转型。同样，从土耳其的"国家舰"计划中演化来的"雷贝里岛"（Heybeliada）级轻型护卫舰也被用于支持国际部署。后者与"自由"级濒海战斗群有不少相似之处。然而，这些战舰都没有能力在不同的次要战斗任务之间切换，也没有快速全球部署的能力，而这些正是濒海战斗舰从一开始便要求具备的。

## 巡逻舰艇

就像作战舰艇一样，世界各国巡逻艇的服役范围也因地理环境、财力和各国的具体需求而有很大差异。它们的尺寸和吨位差异巨大，从最小的不足100吨的小型近岸巡逻艇到排

2015年8月，美国海军"独立"级濒海战斗舰"科罗纳多"号（Coronado, LCS-4）。从这张照片中可以看出该级舰采用的三体船形为其提供了极为宽敞的甲板空间和舰体容积。大型作业区域可容纳各类的任务模块，这些模块都是濒海战斗舰的关键。（美国海军）

水量超过1万吨的巨型远洋巡逻舰。当然,大多数巡逻舰艇都介于这两个极端之间。在众多类型的巡逻舰艇中,海上巡逻舰(OPV)在21世纪变得越来越重要,尤其是在各国更关注海洋领土权的大背景下。下面将对现有的一些OPV型号做进一步讨论。尽管各国情况有所不同,但都会涉及航程、续航力、可居住性、通信系统和成功执行远洋海上执法任务所需的登船作业能力等方面的内容。

"伯索夫"级:"伯索夫"(Bertholf)级国家安全巡逻舰——也被称为"传奇"级(Legend)——是美国海岸警卫队巡逻舰部队中最先进的舰艇。从2008年起,这款4500吨级的舰艇已有5艘投入使用,计划将有8艘进入巡逻舰队服役。他们将取代12艘20世纪60年代建造的"汉密尔顿"(Hamilton)级巡逻舰。由于该型舰将作为包括载人和无人飞行器在内的"系统之系统"的一部分参与作战,因此所需数量要比上一代巡逻舰少。这些新舰艇被认为是美国本土纵深防御的第一道防线,在阿拉斯加和夏威夷等美国领海执行长距离巡逻任务。该型舰还经常与盟国一同参加能力建设演习。为了方便与美国海军的一线舰艇配合行动,该型舰的许多武器和其他系统都可与濒海战斗舰的某个子型号通用。此外该型舰还部分运用了隐身设计;例如,桅杆就是基于"阿利·伯克"级驱逐舰使用的隐身设计的。

舰艇远程部署能力要求,使得国家安全舰的续航力不小于12000海里。与美国海军的军用舰艇一样,"伯索夫"级

美国海军濒海战斗舰有两种不同的设计。这张图片显示了2015年10月部署到印度洋的"自由"级濒海战斗舰"沃斯堡"号(Fort Worth, LCS-3)。(美国海军)

人员配备相对较多。典型的舰员数量大约110人,但设有150个住宿铺位。艉部有封闭式舰艉滑道,有助于装载快速拦截艇进行登船行动,还可搭载两架中型直升机。军用级通信系统使其可以在遭遇紧急状况后承担指挥任务,如在一个繁忙的港口或水道遭遇重大恐怖袭击时。

"荷兰"级:荷兰设计建造的"荷兰"级(Holland)巡逻舰和"伯索夫"级形成了有趣的对比。该级舰最早可追溯到2005年,为实现未来荷兰海军舰艇结构最优化而进行的研究。随后,荷兰海军在2007年12月订购了4艘[5],这四艘巡逻舰在2013年年底服役。该级舰的吨位与"传奇"级大致相当,是专门为"低端武力"行动设计的。"荷兰"级的舰体大部分以民用标准建造,防护性能能够对在濒海区域行动时可能遇到的不对称威胁(如轻度武装的恐怖分子或海盗的攻击)提供较为优良的防护。不过,该舰的火力——一门76毫米口径的火炮和轻型武器,使得其作战

美国海岸警卫队的"伯索夫"级(或"传奇"级)国家安全巡逻舰是当前最先进的海上执法巡逻舰。该型舰目前已经订购了8艘;这张图片显示的是2015年春天第5艘"詹姆斯"号(James,WMSL-754)正在接受测试。该级的柴/燃联合推进系统动力充足,可与海军特混舰队一起行动,而且该型舰的许多装备与美国海军一线作战舰艇是通用的。(亨廷顿-英格尔斯工业公司)

2014年11月,"荷兰"级近海巡逻舰"泽兰"号(Zeeland)离开普茨茅斯港。该级巡逻舰独特的金字塔状综合桅杆使它们具有卓越的监视能力。但该型舰并非用于一线作战行动,而是为荷兰在欧洲和加勒比海的领海提供海上警察职能,并在海外执行更广泛的维稳任务。(康拉德·沃特斯)

能力略逊于美国海军的同类装备,明显不适合在没有支援的情况下部署在高威胁地区。[6]

然而,"荷兰"级巡逻舰在三个方面表现出众。首先,它配备了综合传感器,这些传感器被整合到了位于舰艇最显眼的位置——舰桥正后方的金字塔状泰勒斯综合桅杆内。这是一个独立的、密封的模块,整合了船上所有的主要传感器和通信设备。该桅杆与舰体的其他部分不同,是单独制造的,在舰体完成后通过螺栓便能与舰体便捷地结合在一起。这种设计的重要优点是避免了传感器之间的干扰,且制造效率更高,维护更加方便。其次,舰上安装的荷兰泰勒斯公司设备包括有源相控阵雷达和光电监视设备,这套组合的态势监视能力甚至强于不少一线作战用护卫舰。凭借先进的设备,以及自动化的广泛使用,这款巡逻舰的核心舰员人数被控制在50人左右,大大节省了运行开销。最后,4艘巡逻舰4.68亿欧元(约合5.65亿美元)的总成本相对来说是可以承受的,仅略高于一艘"伯索夫"级巡逻舰的采购成本。

"流星"级:西班牙海军的"流星"级同样是欧洲新近研制的海上巡逻舰,在西班牙也被称为"海上行动船"

（Buque de Acción Maritima，BAM）。该级首批4艘舰的合同在2006年签订，从2011年开始服役。西班牙海军最初打算订购更多该型巡逻舰以执行包括水文测量和潜艇救援在内的各类任务。然而由于西班牙遭遇经济危机，订购计划被大幅缩减，直到2014年才下达了仅订购两艘船的新订单。

"流星"级巡逻舰比"荷兰"级小，满载排水量约2600吨，但与"荷兰"级在设计概念上非常相似。最初设计目的就是用于在低风险环境中对抗非对称威胁，并执行监视和更广泛的海上执法任务，替代从轻型护卫舰到沿海巡逻舰的一系列舰艇。和"荷兰"级巡逻舰一样，"流星"级通过将民用建造标准与轻武器装备、大量通信和控制设备结合起来实现这一目的。柴/电交替动力装置（CODOE）提供了与"荷兰"级巡逻舰上推进系统相当的动力水平。该级舰在执行任务时首先依靠柴油动力抵达巡逻海区，随后切换为低功率但更节能的电动机进行低速巡逻。与"荷兰"级的另一个相似之处是通过使用自动化系统来减少舰员人数。BAM级巡逻舰通常只搭载45名舰员，不过在更远距离的部署中往往需要更

西班牙海军的"流星"级近海巡逻舰与荷兰的"荷兰"级的功能大致相似，但没有如此复杂的传感器套件。不过，其舰体基本设计在建造时考虑到了灵活性，可以适应多种类型的任务。（那凡蒂亚造船厂）

多的人员。

"塞缪尔·贝克特"级：与上述舰艇相比，爱尔兰国防军海上部队的"塞缪尔·贝克特"级（Samuel Beckett）巡逻舰在性能上稍弱一些。该级的两艘舰艇是在2000年前后交付的"罗伊辛"（Róisín）级巡逻舰基础上的放大版，在2014—2015年进入海军服役。这款巡逻舰的设计是由STX加拿大分公司（现在是芬坎蒂尼公司的子公司）完成的，由英国巴布科克集团在德文郡的阿普尔多尔船厂完成建造。这些新型巡逻舰经过优化，可在北大西洋低威胁但气候恶劣的环境下执行海上执法任务。为了满足在恶劣天气下的有效部署这一关键需求，该级舰在原有的79米舰体基础上加长了约11米，同时也增强了续航性能。该级舰使用的柴/电交替动力系统与"荷兰"级和"流星"级类相当。武器装备也是76毫米奥托-梅莱拉火炮，但没有装备先进的军用级指挥和通信系统，同时也没有搭载直升机。有失必有得，相比同类舰艇，已经交付的两艘"塞缪尔·贝克特"级的单舰成本仅为5000

爱尔兰海上部队的"塞缪尔·贝克特"级巡逻舰的作战能力低于同时代的一些舰艇，但却非常适合在海况恶劣的北大西洋海域进行巡逻，爱尔兰在该区域拥有面积广阔的领海。图中是2015年7月拍摄的该级2号舰"詹姆斯·乔伊斯"号（James Joyce）。（爱尔兰国防军）

万欧元（合6000万美元）多一点。

墨西哥的"瓦哈卡"级巡逻舰比"贝克特"级略小一些，这可能是由于其行动范围更加有限、海况也没有那么严峻。该级舰是墨西哥国产的一系列"炮舰"中的最新型号，该系列炮舰可以追溯到20世纪90年代初的"霍尔茨英格尔"级（Holzinger）。"瓦哈卡"级巡逻舰是这款已经派生出四个型号的基本设计的最新一代。该级舰的主要的武器装备是一门76毫米的奥托-梅莱拉火炮，但是由于作战环境不同——且更可能遭遇敌对行动，该级舰配有一个直升机甲板，同时还有可装载快速拦截艇的坞舱。[7] 该设计再次体现了本地特定作战环境对舰艇设计的影响。

近海巡逻战斗舰：以英国在21世纪初建造的"河流"级海上巡逻舰为基础衍生的许多型号都是此类舰艇的典型代表。"河流"级最初的3艘"泰恩河"型（Tyne）主要用于英国本土水域的渔业保护和执行其他海上警务任务。因此，该级舰为实现最高的效费比而采用了80米长的舰体，仅配备最基本的武器。但随后，为了满足在福克兰（马岛）群岛巡航的需要而诞生的"克莱德河"（Clyde）级装备有远程搜索雷达、基本的战斗管理系统和直升机飞行甲板。在"克莱德河"级之后的下一代设计进行了显著放大，采用90米舰体，

2012年9月，墨西哥海军的"瓦哈卡"级（Oaxaca）近海巡逻舰"独立"号（Independencia）与美国海岸警卫队和英国皇家海军舰艇在加勒比海进行演习。墨西哥海军已经成功地为本国的海上执法任务任务建造了一系列装备简单但成功的"炮舰"（gunships）。（美国海军）

在沿用此前舰艇的许多核心系统的基础上换用新舰体和新动力装置,以达到更高的最大航速。新一代的三艘舰最初是为特立尼达和多巴哥建造的,被定名为"西班牙港"级(Port of Spain),但后来卖给了巴西。为泰国皇家海军设计的型号则装备了泰勒斯TACTICOS战斗管理系统,Variant搜索雷达和76毫米舰炮。[8] 简而言之,根据不同客户的需要,通过对原有舰艇进行不断的改造,"河流"级最终派生出了从基本巡逻舰到轻型护卫舰的多种型号舰艇。

还有一些巡逻舰通过升级具备了相当于轻型护卫舰的作战能力。阿曼的"阿尔夏米赫"级是其中的典型,该级舰虽然最初被划定为海上巡逻舰,但配备有包括反舰和舰空导弹,以及舰炮和一架直升机在内的全套作战装备,应当被明确划分为轻型护卫舰。类似的巡逻舰还包括马来西亚的"吉打"级(Kedah)近海巡逻舰和中国056型导弹护卫舰的出口巡逻舰型(已出口到孟加拉国和尼日利亚)。上述两型近海巡逻舰的基本设计原本就是作战舰艇,但根据客户需求只采用执法任务所需的配置。

**近岸巡逻艇**:让我们将目光转向更小的舰体,目前服役的小型近岸巡逻艇的种类甚至比更大型的巡逻舰艇还要多。

英国建造的"河流"级(River)海上巡逻舰经过了一系列迭代,以满足从巴西到泰国的客户需求。这张图片显示的是巴西海军的"阿拉瓜里"号(Araguari),该舰最初是由特立尼达和多巴哥订购的。本图摄于2013年该舰在普茨茅斯港试航期间。英国皇家海军的"福斯"级(见第61页)是该设计的进一步发展。(康拉德·沃特斯)

此外，荷兰达门集团的"标准巡逻"（Stan Patrol）系列在冷战结束后取得的成功也展现了一种趋势。从20世纪70年代开始，该公司开发了一系列标准化、模块化的工作船和拖船。该公司声称，迄今为止已经交付了大约500艘标准化巡逻艇。目前该公司的推广的设计从"标准巡逻"1204——一种小型铝合金海港巡逻艇，到"标准巡逻"6011——一种大型海上巡逻舰。在该系列的命名中，前两位数字为舰体长度，后两位为宽度。中型的"标准"4207型尤其成功，已经向10家海军和海岸警卫队售出了60多艘。稍大一些的4708型是美国海岸警卫队"伯纳德·韦伯"（Bernard C. Webber）（或称"哨兵"）级快速响应巡逻舰的原型。到目前为止，该型艇已经交付了15艘，而计划建造的总数将近60艘。"标准巡逻"型的模块化理念也被运用在了达门集团的更大型舰艇上，例如西格玛轻型护卫舰（已经在第5章详述）。

阿曼皇家海军的护卫舰"阿尔夏米赫"（Al Shamikh）级也是一款典型的，通过升级获得轻型护卫舰相当性能的近海巡逻舰。其基本设计与上图的"河流"级巡逻舰非常相似。（康拉德·沃特斯）

近海巡逻舰（西班牙）
"流星"号(P41)

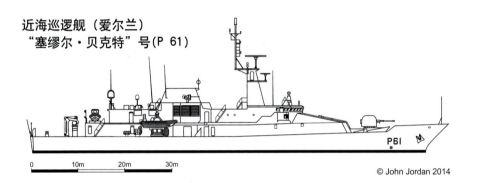

近海巡逻舰（爱尔兰）
"塞缪尔·贝克特"号(P 61)

近海巡逻舰（荷兰）
"荷兰"号(P840)

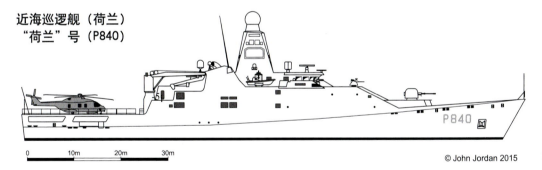

海岸警卫队缉私船（美国）
"伯索夫"（750）

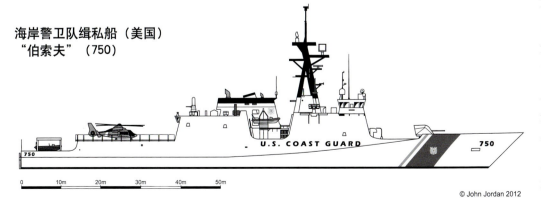

## 辅助和支援舰艇

与海上执法巡逻舰艇市场显著增长形成对比的是，最近各国后勤支援船的采购数量相当有限。在很大程度上，这反映了许多海军决定将有限的资源投入一线作战舰艇。这样做的一个后果是，许多仍在使用的后勤资产越来越陈旧。例如，英国皇家辅助舰队仍然在使用20世纪70年代的油船和补给舰，而法国的"迪朗斯河"（Durance）级的早期成员也服役多年。西方主要国家的海军也在实施辅助船的换代计划。美国海军在2006年至2012年期间接收了14艘"刘易斯和克拉克"（Lewis and Clark）级弹药与干货补给舰，而英国皇家辅助船队的两艘"海浪"级（Wave）油轮交付时间更早。其他订单则来自有发展蓝水海军意愿的海军。

这些新建造的支援舰大多数都有特定的用途。正在进行的一个较大的建造项目就是这种情况：韩国大宇造船株式会社正在为英国皇家辅助船队建造四艘"潮流"级（Tide）油轮。这款新的37000吨级舰艇主要设计用于在海上进行战舰和航空燃料补给，同时具备一定的干货存储能力。次要任务包括人道主义和警务行动。就这一点而言，搭载和维持一架直升飞机的能力——也用于垂直补给——是实现这些功能的关键手段。英国《2015年国防评论》中批准建造的另一类支援舰将用于提供弹药和其他干货补给。

展望未来，有迹象表明，对后勤船只的需求正在增长，而且转向多功能趋势。前一种趋势受到对远征作战日益重视的影响，但也是许多现有船只已过时的实际情况所致。这就带来一个特别的问题，由于大量的单壳海军油船仍在服役，就与《防止船舶污染国际公约》（MARPOL）所要求的建造双壳油轮的标准相悖。9 与此同时，2001年到2013年之间交付的，被德军官方定级为"特混舰队供应舰"的德国702型"柏林"（Berlin）级补给舰就很好说明了多用途舰艇这一发展趋势。除了巨大的燃料容量，该级舰还可以装载大约600吨的各类干货，以及近80个标准的20英尺集装箱。这些船只有大量多余的舱位，可用于搭载额外的部队或支持人道主义行动。

而在执行后一种任务时则可以在舰上设置一间有45个床位的集装箱医院用于救治伤员。该型舰也能够搭载和支持两架中型直升飞机，并且配备有"拉姆"点防空导弹系统。

预定在2016年交付的挪威"莫德"号（Maud）与3艘"波恩"级（Bonn）舰艇在概念上大体相似。像"潮汐"级一样，该舰也是由英国BMT集团设计"埃吉尔"系列油船的衍生品，也同样是在韩国建造，但具备更强的多用途能力。该舰可提供各种各样的液体和干货存储能力，并设置有8张床位的常设医院，如果需要，医疗设施可以扩展到容纳多达48名患者。该舰有足够的灵活性来承担广泛的次要任务，特别是为其他挪威作战单位——如潜艇或特种部队——提供类似

### 表6.7　21世纪近海巡逻舰设计

| 舰级 | 伯索夫 | 荷兰 | 流星 | 塞缪尔·贝克特 |
|---|---|---|---|---|
| 建造商 | 英格尔斯船厂<br>帕斯卡古拉，密西西比 | 达门造船集团<br>弗利辛根[3] | 纳凡提亚造船厂<br>圣菲纳多/亚雷尔港，加的斯 | 巴布科克海事集团，德文郡<br>阿普尔多尔造船厂 |
| 国家 | 美国 | 荷兰 | 西班牙 | 英国（爱尔兰） |
| 数量[1] | 5+3 | 4+0 | 4+2 | 2+1 |
| 铺设龙骨[2] | 2005年3月29日 | 2008年12月8日 | 2009年3月13日 | 2012年5月18日 |
| 首次下水[2] | 2006年9月29日 | 2010年2月2日 | 2009年10月16日 | 2013年11月3日 |
| 服役[2] | 2008年8月4日 | 2012年7月6日 | 2011年7月28日 | 2014年5月17日 |
| 满载排水量 | 4500吨 | 3750吨 | 2600吨 | 2250吨 |
| 主要规格 | 127米×17米×7米 | 108米×16米×5米 | 94米×14米×4米 | 90米×14米×4米 |
| 推动力 | 柴/燃联合动力<br>30节<br>续航力12000海里 | 柴/电交替动力<br>22节<br>续航力5000海里 | 柴/电交替动力<br>21节<br>续航力3500+海里 | 柴/电交替动力<br>23节<br>续航力4300海里 |
| 武器装备 | 1×57毫米口径火炮<br>1×"密集阵"近防系统<br>2架直升机 | 1×76毫米口径火炮<br>1×30毫米口径火炮<br>1架直升机 | 1×76毫米口径火炮<br>2×25毫米口径火炮<br>1架直升机 | 1×76毫米口径火炮<br>2×20毫米口径火炮 |
| 装载能力 | 舰艇收放坡道<br>1×11米和2×7米硬壳充气艇 | 舰艇收放坡道<br>2×12米硬壳充气艇，1×救援船 | 2×硬壳充气艇 | 3×8米硬壳充气艇 |
| 主要传感器 | EADS TRS-3D搜索雷达<br>SPQ-9B对海搜索/火控雷达 | 泰勒斯IM-400桅杆 | 因陀罗-埃雷斯搜索雷达 | 凯文休斯搜索雷达 |
| 舰员 | 110人<br>148个床位 | 50人<br>90个床位<br>100个难民临时设施 | 45[4]人<br>70个床位 | 44人<br>54个床位 |

注：
1. 指已完成的船舶、正在建造或已订购的船舶。
2. 均为首舰时间。
3. 其中两艘是在罗马尼亚加拉茨的达门船厂建造的，最后的系统集成工作在荷兰完成。
4. 最初设计时舰员只有35名，但在使用过程中增加了舰员。

前沿基地"母舰"的支持能力。其他可能执行的任务包括支持海上救助和修理活动,甚至作为一个基于网络的防御系统的海上指挥所。

荷兰"卡雷尔·多尔曼"级联合支援舰已经在第6.1章中讨论过,它印证了将多用途支持的范畴进一步扩展到两栖作战的潜质。另一个可能的发展方向则是新建多功能通用辅助船只,这种船只将以现有的民用远洋船只为设计基础,但同时为满足海军作战需求而进一步优化。这种舰艇的用途将不仅限于传统的修理和维护,而是可能具备部署无人载具、实施潜艇救援、运载部队给养等更多功能。联合多功能后勤支援舰艇发展的终极目的将是减少船级和船型的数量,以实现资本和周期的节约。

后冷战时代建造的补给舰往往侧重于一种特定的任务,通常用于补充或替代前一型舰艇。这张图片显示了2011年 "刘易斯和克拉克"(Lewis and Clark,T-AKE-1)级弹药和干货补给舰首舰为两栖攻击舰"奇尔沙治"号(Kearsarge,LHD-3)补充弹药。"刘易斯和克拉克"级可以携带2.5万桶燃料,但它们的主要任务是储存和补充干货。(美国海军)

## 注释

1. F-125级采用了相当独特的理念,与传统的大型和小型水面作战舰艇都有所区别。该级舰的排水量达到7500吨,相当于第二次世界大战中巡洋舰的大小,并把重点放在提高生存能力。为实现这一目的,该级舰的大量设备采用双重冗余备份布置,以及双舰桥布局,并将关键设备安置在两层分别独立的甲板室内。然而,该级舰的武器装备仅适用于低/中等强度的维稳行动,不足以在高威胁的环境中生存。从这方面看,该型舰更像是一艘大型的、装备齐全的巡逻舰。

通过使用改装的民用近海支援船,海军获得了非常实用的前线阵地维护能力。图中是2010年英国皇家辅助船队在中东海域准备为23型护卫舰"康沃尔"号(Cornwall)提供后勤支援。展望未来,专用后勤支援舰艇将能够协助更广泛的海军行动。(王冠版权社,2010)

2. 这反映了俄罗斯在冷战期间对仅执行单一任务反水面/反舰近海水面舰艇的大量投资,以确保其核心海上"堡垒"的安全。当前正在批量生产的2038.0的"守护"级轻型护卫舰继承了这类任务,但是像"卡莫尔塔"级一样,具有更强的通用能力。

3. 表面效应船将气垫船的气垫与双体船的双舰体结合起来。当气垫关闭时,舰艇依靠双船体的浮力支撑;当气垫打开时,抬升气流将使得舰体的浸水体积大幅度降低。"盾牌"级可以以气垫模式在不到1米深的水域航行。

4. 在第一轮多年批量采购中订购的濒海战斗舰LCS-5至LCS-24号的平均成本为4.5亿美元,不过这一数字并未算入政府部门提供的设备的价格。

5. 该项研究的结论是,在冷战后海上执法和维稳任务日益重要的环境

下,荷兰海军过于关注作战舰艇。"荷兰"级被认为更适合在北海和加勒比海水域的荷兰专属经济区巡逻。它们还将用来执行国际维和任务。

6. 这个判断有点主观。然而,就目前装备而言,"荷兰"级除了对抗装备相对较轻的敌人外,几乎没有其他作战能力,特别是76毫米口径的火炮还不能用于对抗飞机。相比之下,美国海岸警卫队"伯索夫"级的57毫米舰炮和"密集阵"近防系统可提供一定的防空能力。

7. 墨西哥海军一直积极参与打击毒品走私和其他形式的有组织犯罪活动。其海上巡逻舰需要精良的装备,以应对来自犯罪团伙(其中一些装备精良)的任何抵抗。

8. 随后,英国皇家海军还订购了另外三艘第二批次"河流"级巡逻舰,并计划增购2艘。

9. 单层船壳的民用油轮现已被淘汰,尽管海军油轮不受《防止船舶污染国际公约》的限制,但效仿的压力正在加大。在2015年伦敦国际防务展上,BMT防务服务公司的业务主管罗伯·斯蒂尔(Rob Steel)和首席海军造船工程师安迪·金伯(Andy Kimber)所做的一份报告指出,全球市场大约需要70艘新的补给舰来取代现有的船只。这是一个重要的市场驱动因素。据估计,未来10年,这个市场的规模将达到200亿美元左右。

10. 本章写作过程中引用的主要文献中提供了更详细的分析。

巴里·克拉克(Barry Clarke),于尔根·菲尔茨(Jurgen Fielitz)和马尔科姆·托钦(Malcolm Touchin)(编辑G.蒂尔教授),《近岸部

一些较新的补给舰设计可以执行多种类型的任务,例如人道主义支援、海上救助和舰艇修理,甚至作为前方海上指挥所。其中一个例子是挪威新的后勤支援舰"莫德"号,该舰由英国BMT防务服务公司设计,并由韩国大宇造船株式会社在韩国建造。(BMT防务服务公司)

队》(伦敦:英国布拉西有限公司,1994年)。

蒂姆·菲什(Tim Fish),《巡航:海上巡逻舰简报》,《简氏防务周刊》,2010年3月17日,第22~27页。

哈特穆特·曼塞克(Hartmut Manseck),"特殊的舰船:'荷兰'级",《海军部队》,2011年第三期(波恩:蒙克出版集团,2011年),第75-80页。

罗纳德·欧洛克(Ronald O'Rourke),《国会研究报告RL33741:海军濒海战斗舰/护卫舰项目:背景和问题》(华盛顿特区,国会研究服务处)。

斯图尔特·斯莱德(Stuart Slade),《快速攻击艇》,摘自《康威船史,核时代的海军》(伦敦:康威出版集团,1993年)。第98-109页。

此外,本节中提到的许多舰艇都曾在过去的《世界海军评论》(巴恩斯利:锡福斯出版集团)中出现过,或者作者在年刊《战舰》(伦敦:康威出版集团)中讨论过。

# 6.4 潜艇

康拉德·沃特斯

如果说潜艇是最能代表冷战时期海军作战的武器,那么对峙结束的直接后果就是它的迅速消亡。1992至1998财年期间,美国没有批准建造任何潜艇;这是自潜艇首次服役美国没有批准新建的最长的一段时间。苏联潜艇生产的崩溃更加明显。[1]一些国家,例如丹麦,则决定完全放弃水下作战能力。

尽管在进入21世纪之前,各国潜艇的技术水平参差不齐,但它仍然是海战的关键工具。潜艇在深海水域几乎无懈可击,并且具有巨大的报复能力,这意味着,弹道导弹潜艇对于那些想要部署战略核威慑力量的国家仍是首选武器。同样,攻击型核潜艇能够担负从侦察到对陆攻击在内的多种职责,且拥有超长的航程、自持力,对于那些希望拥有远洋力量投射能力的海军来说至关重要。事实上,一些国家甚至不

美国海军的"海狼"级(Seawolf)攻击型核潜艇"康涅狄格"号(Connecticut)摄于2009年11月的照片。作为冷战时期专注于搜寻苏联潜艇行踪的装备,"海狼"级在冷战后被认为过于庞大和昂贵,最终只完成了3艘。然而,在21世纪,潜艇仍然是重要的海军资产,许多潜艇建造计划都正在推进中。(美国海军)

惜以牺牲其他水下能力来维持核潜艇力量。在西方主要海军强国中，美国海军在冷战即将结束之际，退役了其最后一艘柴电潜艇。[2]英国和法国随后也决心打造一支完全核动力化的水下力量。

虽然能够在水下长时间作战，但许多国家难以担负起核动力潜艇高昂的成本和开销。然而，这并不意味着没有其他选择，不依赖空气推进系统（AIP）领域取得的进展使得常规动力潜艇的水下续航能力大为提升。因此成为许多次等海军强国的选择。此外，即使是传统的柴电动力潜艇（需要定期浮出水面获取空气），也能提供不错的隐身和火力组合，尤其是在靠近水面通气时被发现的风险较小的海域。与冷战刚刚结束后的时期相比，拥有潜艇的国家数量再次增加。不出所料，这一趋势在东南亚尤为明显，马来西亚和越南加入了潜艇俱乐部。

与主要水面战斗舰相比更明显的是，潜艇的设计和建造能力仍然是少数几个国家所独有的——即使是常规动力潜艇也是如此。虽然许多国家都进行了潜艇的组装，但关键部件，如鱼雷和其他武器处理系统、推进装置，甚至部分耐压艇体都常常来自海外。这也导致新型号的潜艇设计数量相当有限，下文将对此进行概述。

## 战略导弹潜艇

目前已知有五个国家即美国、俄罗斯、英国、法国和中国，拥有可投入实战且配备核弹头的弹道导弹潜艇。此外，印度将很快将其第一艘战略核潜艇"歼敌者"号投入使用，而以色列据信已为其"海豚"级潜艇研制了一种可以配备核弹头的巡航导弹。

自冷战结束以来，新型战略核潜艇的设计和建造几乎

美国海军战略核潜艇"内华达"号（Nevada，SSBN-733）在2013年6月的照片。美国海军和英国皇家海军装备"三叉戟"导弹的战略核潜艇如今都"年事已高"。美英都计划替换核潜艇，但保留导弹，这些导弹已被纳入延寿计划。

没有什么进展,至少在西方是这样。冷战结束后,美国、英国和法国等西方核大国都在进行替代战略核潜艇计划。这些项目虽然数量较少,但一旦完成,就足以满足新时代的较少需要。实际上,《削减战略武器条约》(START II)的要求甚至导致美国海军将其目前装备的配备"三叉戟"潜射洲际弹道导弹的"俄亥俄"级潜艇从18艘减少到14艘。该条约于1993年签署,但双方一直没有完全履约。被裁减的4艘核潜艇则被改装为了专门携带巡航导弹的导弹核潜艇(SSGN)。[3]

然而,应该指出的是,在此期间,依然执行核威慑的"俄亥俄"级也接受了一些改进。例如,在2000年到2005年期间,美国海军用改进型的"三叉戟"D-5导弹替换了一些早期服役的"俄亥俄"级配备的"三叉戟"C-4导弹。类似地,法国"凯旋"级(Triomphant)中的前几艘也正在换装M51弹道导弹,该导弹在2010年首次在"可怖"号上服役。西方弹道导弹核潜艇的延寿工作也在进行;"俄亥俄"级最初设计的使用寿命为30年,但这已延长到40年以上。

从21世纪20年代初起,美国和英国皇家海军的战略核潜艇就需要开始替换。确保新潜艇在时间表内准备就绪的建造工作现在正在顺利进行。这两项计划——包括为美国海军更换12艘"俄亥俄"级的新型弹道导弹核潜艇和为皇家海军

2013年4月,英国"前卫"级(Vanguard)核潜艇2号艇"胜利"号(Victorious)在克莱德河河口航渡过程中。到本世纪30年代初,该级潜艇将开始走向寿命的尽头,负责换代的"继承者"级计划正在顺利进行。"继承者"的设计图片见第4.2.1章。(王冠版权社,2013)

2014年6月,美国海军"俄亥俄"级弹道导弹战略核潜艇"西弗吉尼亚"号(West Virginia, SSBN-736)试射了一枚"三叉戟"D5导弹。尽管"三叉戟"导弹系统计划一直服役到21世纪40年代,但携带该系统的美国和英国潜艇在此之前需要更换。(美国海军)

更换4艘"继承者"级潜艇——正在分别进行,且两个项目有一定程度的重叠。其中最显著的就是两型潜艇都会采用通用的导弹发射分段。英国的新一代战略核潜艇将采用全新的PWR3型压水堆,该反应堆中将运用美国的先进技术。虽然公开提供的细节很少,但两国的方案似乎都会通过沿用冷战后开始研制的现役攻击型核潜艇的部分技术来节约成本,同时运用新技术来提升性能,提高效益比。[4] 根据现有的消息,这两级新潜艇都将采用X形控制舵面,这种舵面布局同时也被运用于较新的常规动力潜艇上,而且新型战略核潜艇很可能采用综合全电推进系统。这将整体改善作为关键设计指标的静音性能。美英都没有在近期替换"三叉戟"潜射洲际导弹的计划,因此新型战略核潜艇将和现役潜艇一样沿用这款导弹。"三叉戟"导弹目前正在接受延寿翻新,预计将服役至21世纪40年代。

至于俄罗斯,其海军一直在努力部署"北风之神"级战略核潜艇,据报道,该级艇的研制工作始于20世纪80年代。俄军急切地希望该型艇能够尽快取代现役的,苏联时期设计建造(且大多为20世纪80年代建成)的老式战略核潜艇。"北风之神"级首艇,"尤里·多尔戈鲁基"号(Yuri Dolgoruky)于1996年下水。然而,该艇的建造因放弃了原来为其准备的弹道导弹而被严重拖延。用来替代的"布拉瓦"级潜射弹道导弹也经历了漫长且问题频出的研发历程,在测试中多次遭遇故障和失败。因此,尽管"尤里·多尔戈鲁基"号最终在2009年开始海上试航,但直到2014年才完全投入使用。关于这级潜艇在多大程度上比以前的设计有进步的信息不多,但据报道称该艇安装了泵喷推进系统,艇体线型也得到优化。据公开的资料显示,"尤里·多尔戈鲁基"号使用了未完成的苏联潜艇的部件。第一批3艘555型现在已经服役,改进型555A潜艇中至少有四艘正在建造中,且至少将建造5艘。

2010年11月,"弗吉尼亚"级潜艇"加利福尼亚"号(SSN-781)在弗吉尼亚州纽波特纽斯造船厂下水。该级潜艇的建造被分别安排在亨廷顿-英格尔斯工业公司和康涅狄格州格罗顿市的通用电力电船公司,以此维持美国的潜艇工业基地。(亨廷顿-英格尔斯工业公司)

关于印度更为隐秘的战略核潜艇计划,几乎没有什么有意义的信息。然而,这个国家似乎受益于来自俄罗斯的技术和专门知识,这些技术和专门知识为其国内军事计划打下很好的基础。印度海军尚未将其相对较短射程的K-15弹道导弹与新型潜艇"歼敌者"(Arihant)进行整合,而较长射程的K-4潜射弹道导弹仍在研发中。

## 攻击型核潜艇

尽管冷战结束后,战略核潜艇的建造出现了很长一段时间的停顿,但攻击型核潜艇项目一直较为活跃。目前只有已经拥有战略弹道导弹核潜艇的国家才在建造攻击型核潜艇,不过印度从俄罗斯租借了核动力"查克拉"号(Chakra),并计划建造自己的生产线。巴西也有一个正在推进的核潜艇建造计划,并打算生产包括核动力系统在内的核心零部件。

"弗吉尼亚"级:"弗吉尼亚"级潜艇建造计划源于冷战末期,当时美军对于最新锐的"海狼"(Seawolf)级攻击核潜艇高昂的成本忧心忡忡,于是决定研制一款价格更低的潜艇补充艇队以维持数量。"海狼"被设计用于在反潜作战中对抗可能具备极佳静音性能的新一代苏联核潜艇。而新型潜艇——最初被暂定为"百夫长"(Centurion)级——旨在提供更为均衡的性能,且能够承担包括对陆攻击在内的更广泛的任务。除了成本大大低于"海狼"级,"百夫长"的设计也能够更好地兼容新技术。[5]

第一艘"弗吉尼亚"级潜艇在1998年订购。首艇在1999年9月铺设龙骨,并在2004年10月23日服役。早期的建造目标是在2005财年将单位成本采购降低到20亿美元,从而能够每财年度购买两艘潜艇。事实上,这个目标直到2012财年才得以实现,自2011财年以来,每年两艘船的"节奏"一直在稳步推进。该级潜艇是根据多年合同安排订购的,因此也能够通过规模效应降低成本。为了维持美国的工业基础,潜艇的建造被分为在康涅狄格州的格罗顿完成电气化部分,在弗吉尼亚州的纽波特纽斯完成舰体建造。每个船厂建造每艘潜艇相同的部分,反应堆模块的建造和最后的全艇总装则轮流进行。

"弗吉尼亚"级潜艇的水下排水量为8000吨,具有类似"洛杉矶"级潜艇(20世纪70年代开始服役)相对纤长的线型。该级艇使用与"海狼"级潜艇一

俄罗斯一直在努力替换仍然构成其战略核威慑力量的海基组成部分的苏联时代老旧战略核潜艇。弥补新一代潜射战略导弹缺陷的不懈努力已经取得了成果。上图中的941型"台风"级战略核潜艇"迪米特里·顿斯科伊"(Dimitry Donskoy)号,是新一代RSM56"布拉瓦"(Bulava)弹道导弹的试验台。该型导弹随后在"北风之神"级(Borei)潜艇上进行了验收试射;下图中的是该级2号艇"亚历山大·涅夫斯基"(Aleksandr Nevsky)号。(俄罗斯国防部)

样的升级版HY-100钢，从而具备更大的下潜深度，还采用了英国攻击型核潜艇率先使用的泵喷式推进器。除此之外，该级艇还在一些方面首开美国核潜艇建造的先河，其主要目的是提升型号的经济可承受性。这些创新包括堆芯寿命与舰体寿命相当的新型核反应堆（从而无须进行耗资巨大的换料大修），以及使用开放系统架构（方便软件和硬件的定期升级）的声呐系统。该级艇也是美国海军第一批用非穿透艇体光电桅杆代替传统潜望镜的潜艇。该设计的内在灵活性已经通过一系列的升级（不同的模块或系列被订购）得到证明。例如，"BlockIII"（意为第3批次）型潜艇采用一种新的声呐——"大孔径艇艏阵列"（LAB）——代替美国海军传统的球形声呐，还用两个大口径导弹发射筒代替过去潜艇上使用的较小直径的垂直发射系统。计划建造的"Block V"型潜艇在潜艇舯部插入"弗吉尼亚载荷模块"（VPM），以便能够装载更多"战斧"巡航导弹或其他有效载荷。

到目前为止，已有12艘"弗吉尼亚"级潜艇服役，另有16艘的订单也已下达，并计划建造更多。目前每艘潜艇的采购成本为28亿美元，造价不菲，但该项目已实现了其目标，即建造一种成本相对低廉的潜艇，并且可以逐步升级。

"机敏"级：英国皇家海军的"机敏"级（Astute）攻击型核潜艇与"弗吉尼亚"级性能相当，[6]3艘已经交付，另外4艘正在不同的建造阶段。"机敏"级是在冷战结束后不久便开始了设计工作，作为之前计划的"W"或SSN-20项目的一个更便宜的替代选择。与全新的"W"级设计相比，"机敏"级是在以前"特拉法加尔"（Trafalgar）级潜艇的基础上的改进型号，改进内容包括增大的艇体来容纳为更大的"前卫"级战略核潜艇开发的PWR-2压水堆。因此，"机敏"级的艇体结构与美国海军的同类潜艇差别很大，其长宽

### 表6.8　21世纪攻击型核潜艇[1]

| 舰级 | 弗吉尼亚 | 机敏 | 絮弗伦（梭鱼） | 北德文斯克（亚森） |
|---|---|---|---|---|
| 建造商 | 通用电力电船公司<br>格罗顿，纽波特纽斯造船厂<br>瑟堡 | 英国航空航天系统公司<br>巴罗，弗内斯 | 法国舰艇建造局 | 北德文斯克船厂 |
| 国家 | 美国 | 英国 | 法国 | 俄罗斯 |
| 数量[2] | 12+16+[10+] | 3+4 | 0+4+[2] | 1+4+[2] |
| 铺设龙骨[3] | 1999年9月2日 | 2001年1月31日 | 2007年12月19日 | 1993年12月21日 |
| 首次下水[3] | 2003年8月16日 | 2007年6月8日 | 2016年 | 2010年6月15日 |
| 服役[3] | 2004年10月23日 | 2010年8月27日 | 2018年 | 2013年12月30日 |
| 水下排水量 | 8000吨 | 7800吨 | 5100吨 | 13500吨以上 |
| 主要规格 | 115米×10米×9米 | 97米×11米×10米 | 99米×9米×7米 | 120米×14米×9米 |
| 推动力 | 核动力，直接驱动<br>35+海里/小时 | 核动力，直接驱动<br>30海里/小时 | 核动力，直接驱动<br>25+海里/小时 | 核动力，直接驱动<br>35+海里/小时 |
| 下潜深度（试验） | 400～450米 | 超过300米 | 超过350米 | 600米 |
| 武器 | 武器装备4×533毫米口径鱼雷发射管<br>12个垂直发射单元<br>38件武器 | 6×533毫米口径鱼雷发射管<br>38件武器 | 4×533毫米口径鱼雷发射管<br>24件武器 | 4×630毫米口径鱼雷发射管<br>4×533毫米口径鱼雷发射管<br>24个垂直发射单元<br>50余件武器 |
| 人员 | 135人 | 100人 | 60人 | 90人 |

注：
1. 与其他类型的军舰相比，潜艇作战信息的披露要少得多，而且可能存在大量的虚假信息。因此，上述数据中部分为推测的信息，特别是关于潜水深度。
2. 是指已完工或正在建造的船舶，括号内的数字是确定建造的。
3. 时间是指该级首艇。铺设龙骨的部分时间是指开始建造的时间。

比约为8.5∶1，而"弗吉尼亚"级潜艇的长宽比为11.5∶1，这使得它们看起来比美国的潜艇更"矮胖"。不过，二者的排水量类似，"机敏"级的水下排水量为7800吨左右。

第一批3艘"机敏"级潜艇的订单在1997年3月下达，总成本为20亿英镑（合30亿美元）。当时预计第一艘将在2005年6月进入服役。然而，由于之前的"前卫"级在完成后英国潜艇工业的相关建造技能已经退化殆尽，该项目面临着极大的困难。面对极为严峻的形势，英方采取了大量的补救措施，甚至包括向"弗吉尼亚"级潜艇建造商——美国通用电船公司的建造师们寻求帮助。"机敏"号直到2010年8月才最终服役，前3艘潜艇的成本（约35亿英镑）比最初设想的高出50%以上。[7]然而，该计划现在似乎已经走上正轨，据报道，所有关键的设计要求都得到了满足，最后3艘船的建造也如期完成。这些潜艇的平均采购单价（以当前价格计算）为15亿英镑（合23亿美元），略低于"弗吉尼亚"级。

据报道，"机敏"级在技术上与"弗吉尼亚"级潜艇大致相当。例如，在PWR-2压水堆采用的"H"型堆芯（Core H）提供了与美国海军同类潜艇类似的"全船寿命"，而且也使用了类似的非穿透艇体光电桅杆。据报道，泰勒斯2076型声呐（可以看做全艇最重要的作战系统）在针对美国海军的演习中表现良好。不过，"机敏"级缺少美国海军同类潜艇所安装的垂直发射系统，而是通过传统的533毫米鱼雷发射管发射鱼雷和巡航导弹。然而，该型潜艇可携带38件武器，与目前的"弗吉尼亚"级不相上下。

"絮弗伦"级：法国是第3个拥有核动力潜艇的西方大国，其潜艇设计在传统上与美国海军和英国皇家海军不同。现有的"红宝石"（Rubis）级水下排水量仅2700吨，比同时代的潜艇紧凑得多。与美国和英国采用的直接蒸汽动力驱动相比，该型艇采用的是核动力蒸汽轮机发电电力推进。虽然这种动力布局可能有利于提高静音性能，但由于该级艇设计上的缺陷，其噪声水平仍比预期的高得多，直到后来才得到改进。

用于替代"红宝石"级的"梭鱼"或"絮弗伦"级的设计研究于20世纪90年代后期开始。然而，冷战后的预算限制导致第一艘潜艇的订单直到2006年12月才下达。该型艇将以一比一的比例替换"红宝石"级。"絮弗伦"级首艇将于2016年下水，并于2018年交付，比之前的计划略有延迟。6艘该级艇计划在2029年底全部投入使用。

虽然体型大于上一代潜艇，下潜排水量提高到5100吨，"絮弗伦"级仍然比上文讨论过的其他型号攻击潜艇小得多。这不仅有利于降低建造成本，也使得法军能够继续使用为"红宝石"级建设的支援基础设施。据报道，截至2013年，该型艇的单艇价格为13亿欧元（合16亿美元）。代价是武器装载能力下降，24套武器的总装载量不到英国皇家海军

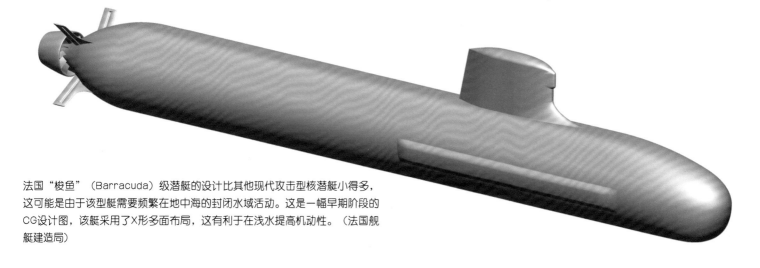

法国"梭鱼"（Barracuda）级潜艇的设计比其他现代攻击型核潜艇小得多，这可能是由于该型艇需要频繁在地中海的封闭水域活动。这是一幅早期阶段的CG设计图，该艇采用了X形多面布局，这有利于在浅水提高机动性。（法国舰艇建造局）

## 攻击型核潜艇（英国）
## 英国皇家海军"机敏"级

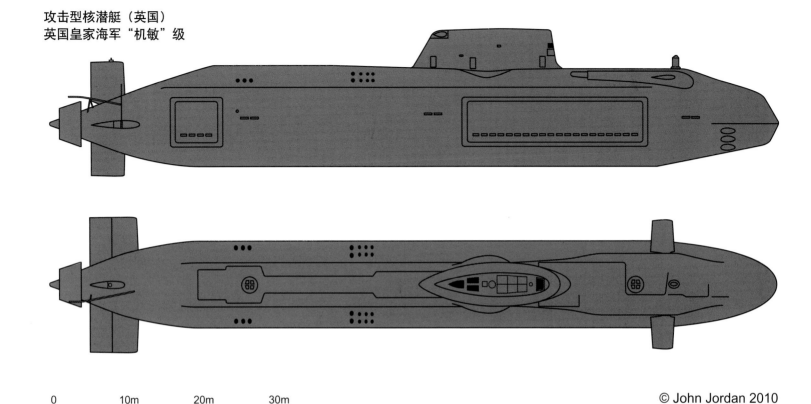

这些英国皇家海军攻击型核潜艇的内部和外部图纸显示了现代攻击型核潜艇的典型布局。潜艇的前部大部分被武器系统、住宿和储藏空间占据，整个后部区域给了推进系统。这是潜艇总体尺寸的一个主要决定因素。复杂的声呐系统的也很清楚。（图纸来自约翰·乔丹，2010）

和美国海军攻击型核潜艇的三分之二。

有趣的是，"梭鱼"级潜艇的推进采用的是新型混合系统。保留的涡轮电力驱动用于低速运行，但在高速运行时转为变速箱直连蒸汽轮机。该型潜艇继续沿用了K-15核反应堆，该反应堆也为"戴高乐"号航空母舰提供动力。由于K-15使用的是低浓缩的民用燃料，这意味着，尽管10年的堆芯使用寿命比"红宝石"级要长，但在潜艇的寿命周期内，仍然需要进行换料大修。不过更重要的是，K-15充分利用了法国大量民用核基础设施的经验和技术，从而降低了整体维护成本。

巴西的常规潜艇计划严重依赖法国舰艇建造局，其本土组装的潜艇基本上是以法国舰艇建造局生产的"鲉鱼"级潜艇为模板，而且计划中的攻击型核潜艇似乎也受法国影响。不过，据报道，巴西国产核潜艇的反应堆将完全由巴西设计。

俄罗斯的潜艇：正如海军建设的其他领域一样，俄罗斯攻击型核潜艇的建造工作在冷战结束后实际上停止了。当时，孔雀石设计局（Malakhit）正在推进以971型"梭子鱼"（Pike，北约代号"阿库拉"）级潜艇为基础的新型攻击型核潜艇项目，而这是当时俄罗斯正在推进的多个潜艇项目之一。该项目的成果便是885型"亚森"级攻击型潜艇，"亚森"级首艇于1993年底在北德文斯克船厂开工。与当时俄罗斯的许多项目一样，"亚森"级的建造也遭遇了严重的财政困难，同时必须为"北风之神"级战略核潜艇让路。因此，首艇的研制工作被严重拖延，直到2011年才开始海试。此时项目名称改为885M的改进型二号艇也已经开建。随后俄军

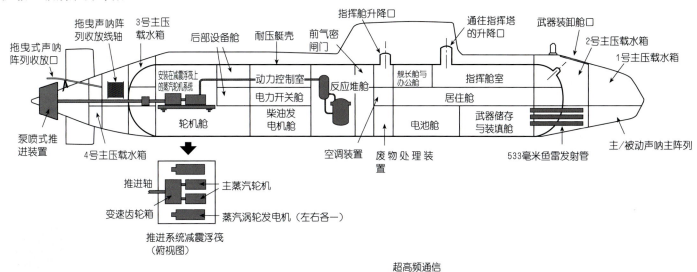

**"机敏"级潜艇内部概况**

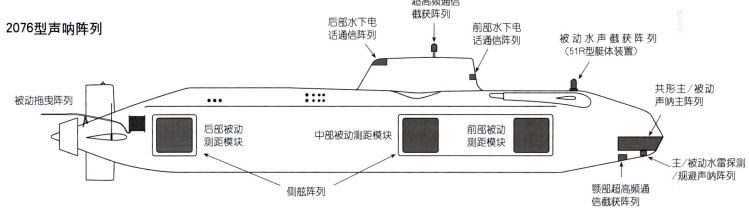

**2076型声呐阵列**

又订购了4艘885M潜艇，预计将至少建造7艘。据报道，该级潜艇耗资不菲，可能比美国海军"弗吉尼亚"级潜艇还要昂贵。俄罗斯正在研究"第五代"核潜艇，很可能就是为"亚森"级寻求一款更具效费比的替代品。

外界关于该级潜艇的细节信息大多都是推测而来的，而且常常相互矛盾。按照苏联时代潜艇的惯例，"亚森"级应当是一款大型潜艇，据报道排水量达13800吨。而且该艇将运用苏联在冷战后期在降噪技术取得的进步。然而，该型艇的噪声水平可能无法达到西方新型潜艇的水准。该型艇的反应堆也和美英新型核潜艇一样终生无需更换，而且考虑到苏联时期就已经达到的技术水平，"亚森"级很可能拥有水下高速航行能力。该型艇非常强调反水面火力，8个垂直发射管可以装载至少24枚潜射巡航导弹，另外还有8个鱼雷发射管可以发射30枚其他武器。一些报告表明，该型潜艇可能配备了某种自卫用的舰空导弹。

## 装备不依赖空气推进（AIP）系统的潜艇

考虑到核动力潜艇的巨大采购成本，更不用说使用期间，以及最终处置退役核潜艇的高昂开支，很少有国家能够负担得起核动力潜艇。然而，随着冷战的发展，以及以探测上浮（或是通气状态）的潜艇为主的反潜对抗手段日益成

图中是2015年在法国舰艇建造局瑟堡基地建造中的第一艘新型"梭鱼"级潜艇。该艇定于2016年开始试航,预计于2018年交付。(法国舰艇建造局)

熟,一些二线国家海军寻求让潜艇能够在水下长时间行动的非核动力方案。[8]不出所料的是,展开此类研究的,大部分是在封闭的敌对水域活动有丰富经验的海军。在这种封闭的狭窄水域内,潜艇被探测到的风险最大。这项研究的最终成果,就是新一代装备不依赖空气推进(AIP)系统的潜艇的诞生。AIP系统通常是用一种低功率的推进装置作为潜艇主要的柴电动力的补充,从而可以在水下低速航行数周。

212A型和214型潜艇:正如在第5章中提到的,到目前为止,已有3种不同类型的不依赖空气推进系统投入使用,包括"斯特林"发动机、模块化船舰用自主动力系统(MESMA)和燃料电池技术。[9]其中,德国设计的燃料电池系统是较为成功的。该技术源于20世纪80年代使用碱基燃料电池工厂的原型试验,随后发展成基于西门子聚合物电解质膜(PEM)技术的使用系统。德国的212A型潜艇是第一种采用这款新系统的潜艇,且被意大利引进,于德国本土建造。1994年7月,由德意志造船公司和蒂森北海船厂(Thyssen Nordseewerke)与吕贝克工程设计所(IKL)共同设计的212A型潜艇获得了最初的四艘订单。首艇U31号在2005年10

月服役。如果加上第二批两艘德国改进版潜艇和两艘意大利潜艇的建造合同，该型艇的订单总计已经达到10艘。

212A型是一款体型轻小且隐蔽性能极佳的潜艇，水下排水量仅1800吨，这主要是受冷战时期在波罗的海浅水区域行动的需求影响。该型艇外形短粗，长宽比大约是8∶1，艇体采用不常见的一层半甲板布局，前部的双层耐压艇体在指挥塔后方收窄，动力舱仅设有一层甲板。推进系统包括一台MTU 16V 396柴油机和皮勒发电机，铅酸蓄电池，AIP系统包括9组西门子BZM34燃料电池模块，还有一台永磁同步电机。212A型的水下最大航速约20节，使用AIP系统的最大航速约为8节。除了强调声学隐蔽性之外，该型艇艇体还广泛采用非磁性钢，同时采用轻巧的玻璃钢材料制作外层整流壳和指挥塔。由于总体尺寸的限制，该型艇只能装载12枚鱼雷或同等大小武器，而高度的自动化艇员人数减少到了30名以下。X形方向舵布局有助于在浅水中操作，并减少水下阻力。

在212A型设计中使用的大部分技术已经被运用到了艇体更长更窄的214型上。该型艇被视作在已经成为一代传奇的209型设计的发展型号，同时吸纳了212A型中的一些创新技

2008年，法国攻击型核潜艇"紫水晶"号（Améthyste）访问美国时的照片。该艇是现役的"红宝石"级潜艇之一，"红宝石"级在10年后被新型"梭鱼"级潜艇取代。（美国海军）

术。采用的新技术包括类似于212型，但更紧凑的燃料电池系统（装备数量更少但功率更强大的模块），以及永磁同步电机。然而，214不像212A型那样适合浅水作战，也没有使用非磁性钢。214型潜艇目前已有20多艘出口到希腊、葡萄牙（209PN型）、韩国和土耳其，大部分在当地组装。值得注意的是，以色列"海豚"级（Dolphin）潜艇的后期版本，以及新加坡的218新型潜艇，也使用的是燃料电池AIP系统。

在U32号潜艇于2006年4月11日至25日期间，仅依靠AIP系统就完成了从德国湾到加的斯湾的水下航行后，这款新一代装备燃料电池潜艇的潜力很快得到证明。同时，该级潜艇还具备远程部署能力，最好的证明是意大利的"萨尔瓦托·多达罗"（Salvatore Todaro）号和"斯西勒"（Sciré）号在2008年和2009年期间被派遣到北美与美国海军进行演习。"多达罗"号的部署也是第二次世界大战以来意大利潜艇首次横渡大西洋。

其他配备AIP系统的潜艇：其他的AIP系统大多在商业上不太成功，如法国的MESMA系统到目前为止只安装在巴基斯坦的"阿戈斯塔90B"（Agosta 90B）级潜艇上。俄罗斯也打算在设计出现问题的677型"圣彼得堡"潜艇的改进型上配备AIP系统。与此同时，西班牙的那凡蒂亚公司在完成新的S-80"艾萨克·培拉尔"级（Isaac Peral）潜艇时遇到了重大困难，这款潜艇采用了新的以乙醇为燃料的AIP动力装置。但一个设计错误导致4艘潜艇明显超重，需要进行大量的重新

德国的以聚合物电解质膜燃料电池为基础的AIP系统在军事和商业上都取得了成功。该型艇首先用于212A型潜艇，而212A型潜艇最初主要是为了在狭窄的波罗的海水下使用而设计的。AIP系统特别适合这种环境。图中的是U-35号潜艇，也是第二批两艘212A潜艇中的第一艘，属于该级潜艇改进型号。本图摄于该艇2013年进行首次海试期间。（蒂森克虏伯海事系统公司）

设计工作，这严重推迟了项目的交付。

目前瑞典的斯特林系统是西门子PEM系统的唯一主要竞争对手。这项技术是在冷战末期发展起来的，在1987—1988年瑞典A14"那肯"号（Näcken）潜艇通过插入一段8米长的艇体安装了该系统。1990年3月，瑞典订购的3艘 A-19"戈特兰"级（Gotland）潜艇也安装了该系统，新一代斯特林系统也将被安装在新的A-26型潜艇上。后者的排水量似乎与德国212A型大致相当，但舰体更长、更窄，并能够携带更多的武器。斯特林AIP系统还被销往海外，安装在瑞典出售给新加坡的"射手"级（Archer）潜艇，以及日本的"苍龙"级潜艇上。10

与日本的新一代水面舰艇一样，"苍龙"级是日本在此前型号潜艇基础上进一步迭代优化的成果。其艇体基于"亲潮"级（Oyashio）发展而来，后者在1998年到2008年之间建造完成了11艘。目前，日本海上自卫队已列装6艘"苍龙"级，另有5艘已经订购。为满足在广袤的太平洋上作战的需要，"苍龙"级的水下排水量达到约4200吨。该级艇拥有相当强大的武器携带能力——据报道，该级艇可携带30枚鱼雷和"鱼叉"导弹，同时还配备有一套复杂的声呐系统。日本有意将设计出售给地区盟友，皇家澳大利亚海军已经表示了相当大的兴趣，打算以该艇取代现有的"柯林斯"级。

## 常规动力潜艇

虽然新兴的AIP技术风头正盛，但需要强调的是，它本质上是一种辅助动力系统，在水下航速和航程方面都远不及核动力。AIP系统的主要优势是让常规动力潜艇更加隐蔽，当潜艇在一个相对封闭的高威胁海区航行时，采用通气管航

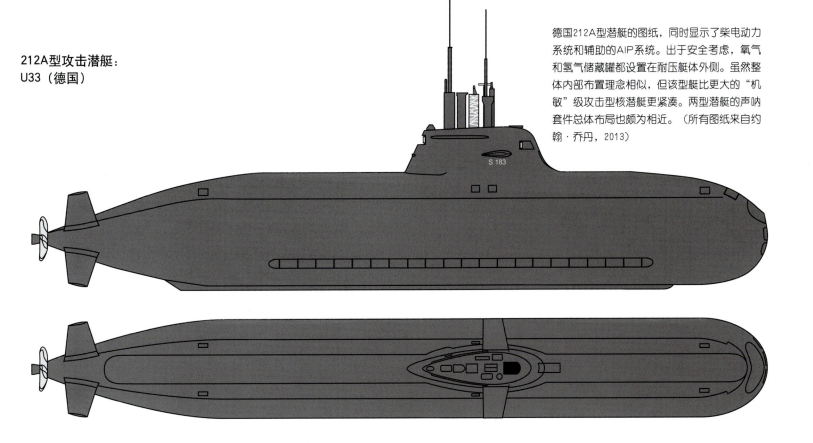

212A型攻击潜艇：
U33（德国）

德国212A型潜艇的图纸，同时显示了柴电动力系统和辅助的AIP系统。出于安全考虑，氧气和氢气储藏罐都设置在耐压艇体外侧。虽然整体内部布置理念相似，但该艇比更大的"机敏"级攻击型核潜艇更紧凑。两型潜艇的声呐套件总体布局也颇为相近。（所有图纸来自约翰·乔丹，2013）

## 212A型潜艇第1批次：总布置

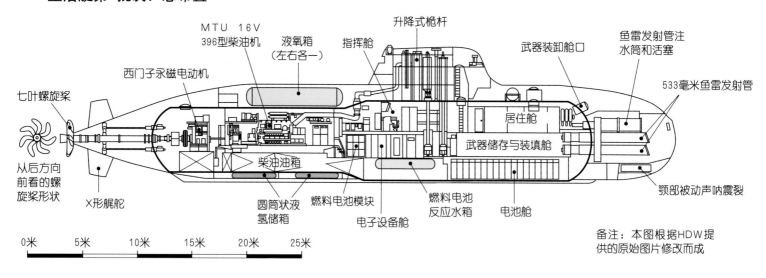

## 212A型潜艇第1批次：传感器布局

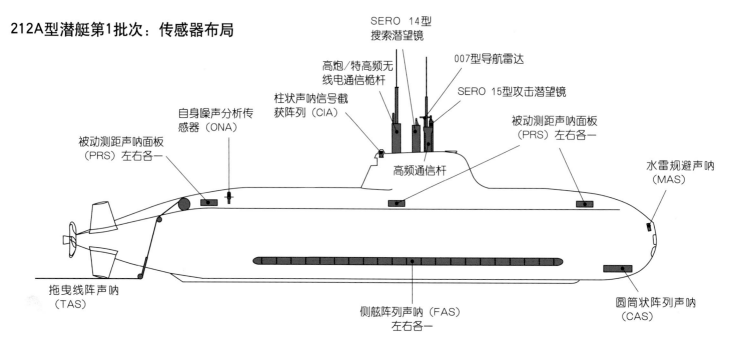

行会带来不必要的风险。因此，对于在大洋和其他开放海区使用的潜艇来说，这种技术的价值并没有那么大。这也说明了为什么许多海军仍在继续购买仅装备常规柴电动力系统的潜艇。

法国的潜艇建造工业对此类环境得心应手，尽管MESMA系统不太受欢迎，但法国潜艇建造部门推出的"鲉鱼"型潜艇在智利和巴西获得了出口成功。迄今为止，所有出售的"鲉鱼"型潜艇都没有装备AIP系统。[11] "鲉鱼"也被印度和马来西亚订购，该型艇最初是法国与西班牙的纳凡蒂亚公司合作建造的，但在西班牙方面决定独立研制S-80后两国便分道扬镳。

### 表6.9 21世纪柴电动力潜艇典型代表

| 舰级 | 212A型 | 214型 | 鲉鱼 | 基洛 636型 | A-26型 | 苍龙 |
|---|---|---|---|---|---|---|
| 主要建造商[1] | 蒂森克虏伯海事系统公司 | 蒂森克虏伯海事系统公司 | 法国舰艇建造局 | 圣彼得堡海军船厂[2] | 萨博考库姆公司 | 三菱重工 |
| 国家 | 德国 | 德国 | 法国 | 俄罗斯 | 瑞典 | 日本 |
| 数量[3] | 德国5+1<br>意大利2+2 | 希腊3+1<br>葡萄牙2+0<br>韩国5+4<br>土耳其订购6 | 巴西0+4<br>智利2+0<br>印度0+6<br>马来西亚2+0 | 阿尔及利亚2+2<br>中国10+0<br>俄罗斯4+2<br>越南4+2 | 订购2 | 6+5 |
| 铺设龙骨[4] | 1998年7月1日 | 2005年3月7日 | 1999年11月18日 | 1996年7月16日 | 2016/2017年 | 2005年3月31日 |
| 首次下水[4] | 2002年3月20日 | 2008年7月15日 | 2003年11月1日 | 1997年4月26日 | 2021年 | 2007年12月5日 |
| 服役[4] | 2005年10月19日 | 2010年6月17日 | 2005年9月8日 | 1997年8月26日 | 2022年 | 2009年3月30日 |
| 下潜排水量 | 1800吨 | 1900吨 | 1700吨[5] | 3000+吨 | 1900吨 | 4200吨 |
| 主要规格 | 56米×7米×6米 | 65米×6米×6米 | 66米×6米×6米[5] | 73米×10米×7米 | 62米×7米×6米 | 84米×9米×9米 |
| 动力 | 柴电动力<br>燃料电池AIP<br>20节 | 柴电动力<br>燃料电池AIP<br>20节 | 柴电动力<br>20节 | 柴电动力<br>超过17节 | 柴电动力<br>斯特林发动机<br>超过12节 | 柴电动力<br>斯特林发动机<br>20节 |
| 下潜深度（试验） | 超过250米 | 超过250米 | 超过300米 | 约300米 | 超过200米 | 超过300米 |
| 武器装备 | 6×533毫米鱼雷发射管<br>12件武器 | 8×533毫米鱼雷发射管<br>16件武器 | 6×533毫米鱼雷发射管<br>18件武器 | 6×533毫米鱼雷发射管<br>18件武器 | 4×533毫米鱼雷发射管<br>15件武器 | 6×533毫米鱼雷发射管<br>30件武器 |
| 人员 | 30人 | 30人 | 30人 | 50人 | 25人 | 70人 |

注：
1. 为该型号当前的主要船厂。一些潜艇的建造工作被分散在本国的不同造船厂，许多出口的潜艇已经在当地组装。
2. 共青城（Komsomolsk）造船厂是877型"基洛"级最早的主船厂，其他造船厂也参与了该项目。然而，建造工作似乎主要集中在圣彼得堡。
3. 前后数字分别是已经建成的和正在建造/已经正式订购的。
4. 为首艇服役时间。214型的服役日期采用葡萄牙的209（PN）型的日期，后者与214型基本相同。
5. 采用的智利和马来西亚型号的数据。
6. 与其他类型的军舰相比，潜艇作战信息的披露要少得多，而且可能存在大量的虚假信息。因此，上述的一些数据应被视为推测性的，特别是潜水深度。

"鲉鱼"的主要竞争对手是经典的德国209型和稍新一些的俄罗斯"基洛"型。[12] 这两型潜艇都在进行逐步升级，以提供高效费比的水下作战能力，并继续吸引订单。目前，德国正在为埃及建造新型209型潜艇，而阿尔及利亚和越南则订购了俄罗斯的"基洛"级潜艇。

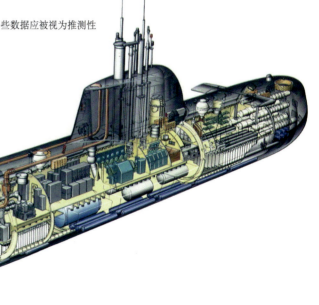

德国214型设计将率先用于212A型潜艇的动力系统安装到了改进型的209型艇体中，从而诞生了一款适合出口的AIP潜艇。214型潜艇比212A型更长更窄，携带的武器数量更多，但没有前者那么适合浅水作战。（蒂森克虏伯海事系统公司）

日本的"苍龙"级(Soryu)潜艇是在此前各级潜艇的基础上进一步改进的产物,其中安装斯特林AIP系统是一个主要的改进。图中是2013年该级潜艇的第3艘"白龙"号(Hakuryu)访问珍珠港。(美国海军)

意大利的212型AIP潜艇"萨尔瓦托·多达罗"号被部署参加美国海军演习时的照片。该级潜艇很快就证明了自己具有远程部署的能力。(美国海军)

## 注释

1. 参见诺曼·波尔马（Norman Polmar）和肯尼斯·摩尔（Kenneth J. Moore）：《冷战中的潜艇：美国和苏联潜艇的设计与建造》（华盛顿特区：波托马克图书公司，2004），第331—332页。这一情况与冷战时期形成了对比，1945年8月至1991年底交付的潜艇不少于936艘。其中401艘是核动力潜艇。

2. "白鱼"级（Barbel）潜艇"蓝背鱼"号（Blueback）是美国海军最后一艘作战用柴电潜艇，于1990年10月退役。研究型潜艇"海豚"号（Dolphin）在2007年1月退役除名。

3. 有关"三叉戟"导弹载艇换代计划的更多细节，请参见罗纳德·奥洛克（Ronald O'Rourke）的《国会研究报告RS21007：海军"三叉戟"载艇换代计划：背景和问题》（华盛顿特区：国会研究服务处）。

4. 根据美国"'俄亥俄'级换代型潜艇项目办公室"（PSM 937）2014年9月发布的一份简报，美国海军的新型战略潜艇将采用"弗吉尼亚"级潜艇上使用的船控系统、泵喷式推进器和模块化建造方式，同时保留"俄亥俄"级潜艇上现有的武器和火控系统。使用全寿命反应堆也反映了美国和英国攻击型核潜艇最近的实践经验。除了电力驱动和X形艉舵，该型艇将采用的其他技术创新还包括对工作站、通信网络和网络安全的增强。

5. 有关"弗吉尼亚"级的详细背景知识，请参见诺曼·波尔马（Norman Polmar），《美国海军学院舰船和飞机指南》（第十九版）（安纳波利斯，马里兰州：海军学院出版社，2013年）。罗纳德·欧洛克（Ronald O'Rourke）定期更新的《国会研究报告RL32418：海军"弗吉尼亚"级潜艇采购：背景和问题》（华盛顿特区：国会研究服务处），这是关于当前计划的一个很好的信息来源。

6. "机敏"级的详细设计和服役参见理查德·比德尔（Richard Beedall）的"'机敏'级潜艇：'沉默舰队'的巨大能力跃升"，《2011年世界海军评论》（巴恩斯利，锡福斯出版集团，2010）。

法国"鲉鱼"型潜艇很受那些不需要潜艇配备AIP系统的海军欢迎，该型潜艇目前已经向南美和亚洲国家出售了14艘。智利是第一个客户；本图摄于2005年11月智利海军的"卡雷拉"（Carrera）号在海上试航期间。（纳凡蒂亚公司）

德国的209型潜艇设计已有近50年的历史，不过在冷战结束后依然在获得新的出口订单。图中是南非在2005年和2008年间接收的"女英雄"级（Heroine）潜艇中的一艘。（蒂森克虏伯海事系统公司）

俄罗斯的"基洛"级潜艇。（美国海军）

7. 英国国家审计署的年度报告是关于各种武器系统的成本、进度和性能的极好信息来源。关于"机敏"级潜艇的最新报告参见《2015年重大项目报告》和《2015至2025年设备计划：附录和项目摘要表》（伦敦：国家审计署，2015），第26—53页。

8. 正如在第5章中详细阐述的，AIP技术的研究工作可以追溯到德国在第二次世界大战期间研制的一种旨在替代现有柴油/电力电池组合的技术。最初的重点是增加水下航行速度，而不是消除柴油动力潜艇需要频繁换气的固有弱点。在战争结束后，同盟国在缴获的德国技术基础上继续展开研究，但该技术最终因核动力的成功而被束之高阁。

9. 对当前AIP技术的详细发展和基本原理的更详细描述载于《战舰》2012年号（伦敦：康韦出版集团，2012）中收录的"装备AIP系统的现代潜艇"，第65—80页。《2014年世界海军评论》（巴恩斯利，锡福斯出版集团，2013），第136—152页的"德国的212A型潜艇"一文还讨论了212A型潜艇的起源和设计。

10. 德国蒂森克虏伯船舶系统公司（212A型和214型的建造商）收购瑞典军舰建造商考库姆公司（Kockums）一事，似乎对斯特林系统的海外推广产生了一些影响。在瑞典政府的积极支持下，萨博发起的收购可能会使所有权重归瑞典。

11. "鲉鱼"可以装备MESMA系统，但到目前为止该系统还没有外销成功过。据报道，印度建造的"鲉鱼"型潜艇将配备基于磷酸燃料电池的国产AIP系统。

12. 第一艘209型潜艇，希腊海军的"格拉夫科斯"（Glavkos）号，在1971年服役。第一艘"基洛"级潜艇——最初的877型，在1980年交付苏联海军。尽管俄罗斯海军打算将新的柴电潜艇的建造集中在677型项目上，但因其原型船出现问题而在2010年重新开始建造"基洛"级的636型潜艇。

# 7 冷战后的技术发展

# 7.0 技术

诺曼·弗里德曼

各国海军都是为了满足本国的战略需求而生的，且必须在财政条件限制下，依靠当前可用技术满足上述需求。自冷战结束以来，海军需求的巨大变化一直是海军转型发展的最大驱动力，特别是对西方（北约）海军而言。由于冷战的结束，西方国家的海军资金投入大幅度滑坡，但这在亚太地区却并未发生。技术的巨大变化，尤其是计算机技术，同样也是一大驱动因素。与冷战时期不同的是，当前的技术发展是由民用部门而不是军事科研主导。

## 新环境

濒海区域的重要性：对于美国及北约盟国来说，冷战的结束对其海军主要关注重点产生了深远的影响。之前北约集中大量资源应对的庞大苏联潜艇舰队正在急剧缩减，已不再是一个核心威胁。美国海军的海上战略不再强调通过一场海上决战歼灭包括携带导弹的强大轰炸机群——苏军主要反舰作战力量。冷战后西方主要国家海军的任务变成了向濒海区域实施力量投送，美国海军将濒海区域定义为受岸上直接影响的狭长海域和受近海直接影响的狭长岸上区域。由于北大西洋不再成为海战的焦点，海上力量的地理分布也发生了变化。因此，西方国家海军开始更加强调对陆攻击，例如"鱼叉"等西方标准的反舰导弹，已经可以选择加装GPS导航系统，从而具备攻击岸上目标的能力。此外，随着冷战的结束，西方国家的国防开支大幅下降。在可预见的未来，已经没有像苏联那样的威胁存在。冷战时期的力量结构已经无法承受。到目前为止，作为北约最强海军——美国海军的规模已经下降了接近一半。

西方目前海军建造的主力水面舰艇对陆地目标的打击能力有限，虽然能够使用少量"鱼叉"或"战斧"导弹打击岸上目标，但总的携弹量较为有限。与此同时，海军正越来越多地被用来打击岸上目标以支援地面部队。在执行近距离支援时，目标往往突然出现，且数量可观。在过去，海军攻击武器通常被设计用于对极为重要的点目标进行精确打击，但这类功能很可能根本不能在未来战争中派上用场。在近期的战争中，对高价值关键目标的精确打击的重要性还在进一步下降。在叙利亚或阿富汗这样的战场环境下，有几个目标能够发挥决定性作用？

另一个尚未解决的问题是，现代水面舰艇只能容纳有限数量的导弹，同时难以便捷地在海上进行导弹装填。在未来的对岸火力打击和对岸火力支援任务中，不仅需要战舰具备较大的弹药基数，还需要海军拥有不断向舰艇提供所需弹药的能力。由于水面舰艇无法在海上补充导弹，而为航空母舰补充油弹则相对方便，因此在实战中往往倾向于使用后者。英国在干涉2011年利比亚内战期间积累了大量的类似经验。当时英国政府打算支持反卡扎菲的反政府武装，但反政府武装需要有能力对突然集结的政府军发动攻击。他们需要能够迅速部署至附近的武器。英国人深知，在利比亚附近盘旋的飞机是最好的解决方案，但从英国本土起飞的飞机航程不足，直到后来北约启用了距离利比亚较近的意大利基地，问题才得到解决。没有航空母舰，英军便无力实施推翻卡扎菲政府这一国家决策。显然，每舰仅配备8枚"鱼叉"反舰导弹的英国护卫舰，无法有效地参与战斗。这一教训对英国产生严重影响，使得英国政府决定尽快让两艘新航空母舰进入海军服役。即使是由此前的"无敌"级轻型航空母舰携带的少量飞机，也可在这种场合发挥作用。

北约的重构：1991年苏联解体后不久，每个北约成员国的海军都裁减了大量的护卫舰，这些护卫舰原本主要是为远洋反潜战而设计的。这对成员国的海军，例如荷兰海军来说是一个特别巨大的打击，这些海军当时基本上已经成了专职的反潜力量。北约海军还削减了海上巡逻机的力量。[1] 位于大西洋的大型固定潜艇探测系统"SOSUS"（声呐监听系统）也没了用场，大部分都被废弃了（一些阵列被用于科学研究，如追踪鲸鱼）。同样，北欧和德国海军在冷战时期的方向（即阻止苏联可能通过波罗的海发起的登陆）也突然变得不那么重要了。有一段时间，这些海军认为他们的主要价值在于教会大洋海军如何对付像他们一样的沿海防御者。然而，他们最终还是希望加入远离本土的国际行动，因此需要由更大的战舰组成新舰队。

幸运的是，美国海军在冷战时期的海上战略本就强调通过海上武力投射（或者威胁实施海上武力投射）来夺取和维持海上控制权。因此，在冷战结束后，20世纪80年代美国海军的许多投资仍然具有重要意义。法国海军也曾把精力集中在力量投送和对远洋反潜战的有限投资。尽管建造第二艘航空母舰的雄心在经济上无力承受，但它仍然保有一艘攻击

冷战的结束，意味着美国海军的主要任务变成了在濒海区域的力量投送，对于其他许多国家的海军也是如此。在此类任务中航空母舰相比水面舰艇上的精确制导导弹具有优势，后者无法提供足够发挥决定性作用的大量弹药。不出所料，许多国家正努力获得航空母舰能力。图中是从"罗纳德·里根"号（CVN-76）的飞行甲板上看到的日本海上自卫队"直升机护卫舰""出云"号和"伊势"号。（美国海军）

由于当时没有现役航空母舰可用,无法随时投放数量充足的武器支援反卡扎菲的反政府武装,英国在2011年干涉叙利亚内战期间遭遇了很大的困难。当时英军只好依靠在两栖直升机母舰"海洋"号上部署英国陆军的"阿帕奇"武装直升机缓解这一问题。(王冠版权社,2011)

型航空母舰。英国皇家海军也在逐步将自身定位为武力投送力量,并最终建造了两艘大型航空母舰。然而,令人吃惊的是,在1998年作出决定后,英国花了约15年的时间才完成新型航空母舰,而英国航空母舰部队在新航空母舰服役前好几年就已经被整体裁撤了。尤其不幸的是,在此期间,英国海军的大量投资都集中在对陆打击或力量投送的需要上。[2] 意大利和西班牙也建造了能够搭载STOVL舰载机的战舰,但它们只能容纳数量有限的战机。

恐怖主义的影响:新的环境也需要采取多种途径提高舰艇的生存能力。冷战期间,舰艇生存能力似乎并不那么重要,因为如果真的爆发大规模战争,战斗将短促并激烈,一艘舰艇停航数个月几乎与沉没无异。如今,西方面临着一场旷日持久的低水平冲突,上述理论已经不再有效。此外,舰艇的生存能力可能直接关系到海军维持存在的能力。在动荡的地区,持续存在的海军是说服盟友支持己方的重要方法,但也会给敌人提供值得打击的目标。最著名的例子发生在2000年10月12日,美国海军的"科尔"号(DDG-67)在亚丁港遭到自杀式快艇攻击。这枚炸弹的威力远远超过目前或预期服役的任何反舰导弹。然而，这艘船幸免于难，人员伤亡和损失有限，这也让攻击者没能博得击沉一艘大型战舰的"名声"。此次袭击事件的直接教训是，在潜在的敌对地区，访问港口的舰艇必须随时保持防御。例如美国海军就在事后研制了由夜视摄像机捷联遥控机关炮组成的自卫系统。另一个教训是，舰艇的生存能力远比冷战时期人们想象的要重要得多。³

对美国海军来说，自2001年以来的"反恐战争"的主要特征是，必须同时在许多地方展开行动。过去的"打赢两场战争"理论（通常是主要参与其中一场战争，并在另一场战争中控制住局面）被抛到一边。⁴这使得美国海军必须想办法建立更多的战斗群。在一段时间内，这意味着美军必须组建远征打击大队（ESG）和新的水面行动大队（SAG）。对伊

2013年，德国143A型导弹艇"维泽尔"（Wiesel）号为联黎部队（UNIFIL）在黎巴嫩海岸的行动提供支持。在冷战时期，斯堪的那维亚国家和德国的海军的主要任务都是阻止苏联通过波罗的海实施海上登陆，这意味着一旦这种威胁消失，他们所使用的许多军舰的重要性便大幅度降低。尽管部分舰艇找到了其他方面的用途，但这些国家的海军确实需要更大的水面舰艇。（德国海军）

拉克和阿富汗的深度介入似乎阻止了这种分散计划，但导致这种分散部署的现实需求仍然存在。海军需要更多的水面舰艇来填充新编队。这些水面舰艇必须具备经济可承受性：在一段时间内，对新舰艇的唯一要求是它们的造价应该仅相当于导弹驱逐舰的四分之一。当时唯一符合要求的项目就是濒海战斗舰。从项目开始之初，濒海战斗舰实现成本目标的唯一途径是采用一定程度的模块化，而模块化设计本身，也成为濒海战斗舰项目的一个标志。

从某种意义上说，相较于传统的军事力量，西方海军和其他军种现在更像是警察部队，力图将问题压制在可控制的范围内。为此，西方海军的当务之急就是拥有大量的具备相当自持力的水面舰艇，而投资建设的这种舰艇则可以成为海军打击力量的替代品。最近的一个显著例子就是，欧洲国家的海军正努力遏制大量难民穿越地中海的偷渡行动。

## 成本上升的影响

早在冷战结束前，所有西方国家的海军就开始不得不面对不断上升的作战成本，更不用说采购新军舰和武器的高昂价格了。在大多数国家，人员成本占了海军总开支的一大部分，因此值得为减少所需人数投入大量资金。例如，美国海军就曾设想用较便宜的"朱姆沃尔特"级驱逐舰代替冷战时的"斯普鲁恩斯"级（DD-963）驱逐舰。节约经费的重点不

2000年10月12日，遭受恐怖袭击的美国海军驱逐舰"科尔"号被拖离也门亚丁港。舰艇生存能力在后冷战时代正变得越来越重要。（美国海军陆战队）

在于减少采购成本,而在于运行成本——配置更少的舰员和采用更高效的推进系统。"朱姆沃尔特"级起初最吸引人之处便是所需人员大大减少,而不是其优异的隐身性能。电力驱动之所以被采用,很大程度上也是因为在使用时仅需更少的燃气轮机,从而降低燃油消耗成本(此外综合电力推进系统还提供了更好的生存能力,不过在设计中似乎没有强调这一点)。该型舰特立独行的外观和高昂的造价,主要是由于在最初的设计方案中增加了对隐身性能的要求。这最终导致"朱姆沃尔特"级驱逐舰因价格过高而无法投入批量建造。

单艘舰艇价格的上升使得西方国家的海军不可能一对一地替换老旧舰艇;为此他们不得不想办法用更少的船来完成同样多的任务。在冷战后期,丹麦皇家海军找到了一个解决这个问题的方法,那就是模块化,即"标准化+灵活性"(StanFlex)的系统。这一系统得以成型的关键因素是计算机性能的迅速提高,使得在战舰的中央计算机中存储各种战斗系统程序成为可能。标准形式的模块可以根据需要放置在船上。由于软件已经在船上,而且战斗管理系统在设计中便能执行所有预期任务,模块转换就相对简单和快捷。丹麦设想了一系列的战时海军任务;其数量有限的StanFlex舰艇轮流完成这些任务。随着冷战的结束,这些自持力较差的小型舰艇已经不能满足需求,但StanFlex理念仍然适用。丹麦人建造了

美国海军的"朱姆沃尔特"级驱逐舰设计中最初计划通过最小化运行成本(如舰员和燃料成本)来降低总体成本。但之后对隐身性能的关注导致采购成本大幅增加,以致该级驱逐舰无法投入批量生产。本图摄于2015年12月7日,"朱姆沃尔特"号驱逐舰驶离缅因州的巴斯钢铁厂造船厂,开始海上试航时。(通用动力巴斯钢铁厂)

一系列具有巨大的开放式舱内空间的护卫舰级别舰艇,通过在舱内安装不同的任务集装箱或者拖车,舰艇就可以在不同任务之间进行切换。这一理念显然是相当成功的。

美国海军在其濒海战斗舰计划中将这一想法又向前推进了一步。乍一看,濒海战斗舰构想中的多任务能力与StanFlex理念相当相似。然而,美军的选择是使用包括无人直升机在内的各种无人载具来构成任务模块。操作这些载具的濒海战斗舰是处理它们所生成的所有信息的节点,舰上的其他载具可以用来处理所发现的情况。濒海战斗舰本身有时被称为"海上架构"(seaframe),将其类比为可以携带可选择有效载荷的战斗机机身(airframe)。随着濒海战斗舰概念的发展,该型舰还有了相当高的航速要求;甚至在一定程度上对于航速的高需求已经超过了对于任务模块的开发。[5] 虽然该型舰的整体成本尚在军方的严格限制范围之内,但是许多模块都需要配置大量的操作人员。可以说,濒海战斗舰现在更像是一艘小型航空母舰(装备无人系统),而不是传统的水面舰艇。航空母舰的使用经验表明,舰载机力量应当实现各种机型的配比均衡,任务互

BQM-74E无人靶机准备起飞。无人驾驶飞机并不是什么新鲜事——无人机曾在第二次世界大战中使用,而MQM/BQM系列可追溯到20世纪60年代中期——但今天的无人机要先进得多。(诺斯罗普·格鲁曼公司)

补,而不仅仅局限于一种类型的少数飞机——这可能也适用于无人载具系统。

## 技术菜单:摩尔定律的各种应用

摩尔定律是现代技术发展的一个关键事实:计算机运算能力至少每18个月翻一番。换句话说,计算的单位成本将每18个月减半,不过实际情况中并非完全如此。但无论以哪种方式理解,随着时间的推移,人们可以在越来越小的电子设备包中获得相同的性能。没有人知道这种疯狂的进步速度何时会趋缓,但其他技术都显示出一种先指数增长后急剧放缓的模式。

无人载具:或许无人载具和部分自主式无人载具是摩尔定律的最佳运用范例,无论是在空中还是在水下皆是如此。

无人驾驶技术并不是什么新鲜事,第二次世界大战期间就有无人机,朝鲜战争中也有无线电遥控无人机被投入使用。在越南战争和后来的战争中,无人机也被广泛用于侦察。然而,现代无人驾驶飞行器(UAVs)则不同。在过去,除非是遥控无人机,其他无人机都是通过自动驾驶仪飞行。现代无人机通常使用航路点,它们自己在这些航路点之间飞行,并按原计划操纵,但可以按命令改变飞行计划——而不仅仅是按预先输入的指令转弯。另一个变化是缩小尺寸和增加传感器有效载荷。对几乎所有的海军来说,这给了护卫舰——甚至是更小型的作战舰艇一种对水天线以下的远处实施侦察的手段。美国海军在这方面走在前列:X-47B无人机能够在航

在目前主要国家海军潜艇数量有限的情况下,水下自主航行器能极大地增强潜艇的能力。图中的是上浮至水面的萨博公司AUV 62型无人自主潜航器。(照片来自萨博公司)

空母舰甲板上起飞，并且能够在空中加油。海军目前正在开发新一代武装（或侦察）无人机，该项目被称为"无人舰载空中侦察和打击"系统（UCLASS）。

无人载具通常被称赞，因为它们可以让士兵远离排雷等危险的任务。然而，这只是它们的潜在优势之一。无人机可以轻松超越人体生理极限，获得极强的持续执行任务能力。在执行与有人驾驶舰载机相同的任务时，无人机还能大大节约开支。毕竟这种飞行器实际上就是一种可重复使用的巡航导弹（像"战斧"导弹这样的巡航导弹已经可以在飞行过程中调整航路）。与有人驾驶飞机不同，它不需要频繁的飞行训练以保持飞行员的熟练度；在训练过程中也不需要大量的飞机。载人战斗机的成本相当高，以至于所需数量或维护成本的大幅降低都能对海军的整体预算产生巨大影响。

水下无人潜航器需要更强的智能化程度，因为它不能保持与基地的持续通信（特别是为了保持不被发现）。由于必须具有相当程度的自主能力，水下无人载具有时也被称为自主水下潜航器（AUV）。潜艇使用自身传感器进行海上侦察的效果与使用多个水下自主航行器在更大范围内进行类似侦察的效果相去甚远。随着潜艇变得越来越昂贵，数量越来越少，水下航行器可以扩大一艘潜艇的探测范围。与传统的攻击任务相比，目前AUV适用于侦察任务（尽管有时会选择使用武装型AUV）。然而，对于西方主要国家海军来说，侦察可能是远程潜艇的主要任务，而这也是其在冷战时期的主要任务。

反水雷舰艇通常使用携带猎雷声呐甚至反水雷装置的近程遥控潜航器，这样母舰就无须出现在水雷附近。然而，目前猎雷舰艇仍然要逐一排查探测到的疑似水雷物体。一艘猎雷舰艇可发射多个无人载具，从远处检查潜在的雷区，这样可以更快地进行搜索，不过现在仍（很可能）需要人工分析才能确定水下机器人看到的是否真的是水雷。目前，多个国家的海军正在使用水下自主航行器执行反水雷任务，但快速探雷的潜力尚未实现。扫清雷场（或排查疑似雷场）的速度具有巨大的战术意义，因此未来的反水雷行动中肯定会采用多艘AUV同时展开作业。

摩尔定律和飞机：飞机的隐身性能从某种意义上说也是摩尔定律的体现，它需要巨大的计算能力来计算一个给定的复杂形状从各个方向上的雷达反射。例如，第一代隐形战斗机F-117之所以棱角分明，是因为其设计中使用的计算机无法处理连续的曲线形状。得益于有了更强大的计算机，像B-2这样的现代隐形飞机则具备更平滑的气动外形。然而，隐身性能似乎不再像20世纪80年代末那样重要

2013年11月，在"西奥多·罗斯福"号核动力航空母舰的甲板上，外形类似蝙蝠的诺斯罗普-格鲁曼X-47B无人机准备起飞。美国海军尚未决定是否继续研制为侦察和打击任务专门优化的实用型号。（美国海军）

美国海军核潜艇"康涅狄格"号(SSN-22),摄于2009年。该艇是仅有的三艘"海狼"级潜艇中的第二艘。在后继的"弗吉尼亚"级攻击型核潜艇上,美国海军通过更新艇载计算机系统,提升数据处理能力来改善声呐系统性能,从而避免了换装声呐的高昂费用。(美国海军)

了。例如,美国海军为了减少"朱姆沃尔特"级驱逐舰的雷达反射截面积,接受了许多其他方面的牺牲,但随后又回到了更具效率的"伯克"级的设计上。[6]

美国海军战斗机的发展也说明了摩尔定律的影响。在过去,雷达信号是由特殊的电子管生成的,比如第二次世界大战时期的磁控管。电子管的物理结构决定了它会产生什么样的信号。瑞典的飞利浦公司曾经繁荣一时,就是因为该公司的磁控管可以调整频率,从而迷惑敌军的电子对抗系统。类似地,二战结束后初期主要的电子对抗措施是一种叫做返波管的可调电子管,它可以模仿各种雷达发出的信号。

因此,飞机雷达的作用在很大程度上取决于它们使用的功率管的种类。根据装备的多普勒雷达的类型,一架单座战斗机要么成为专职对空的战斗机,要么成为具备对海/对陆打击能力的战斗轰炸机。然而,在20世纪60年代,新一代的雷达信号管出现了。这些新型信号管包括宽带放大器、行波管（TWT）和速调管（Klystrons）。计算机可以生成所需的任何种类的低功率信号，然后使用速调管或行波管将其放大到可用的信号强度。因此，同一雷达可以具备多种不同的功能。第一款采用这种新技术的飞机应该是F-14"雄猫"（Tomcat）。凑巧的是，最初"雄猫"并没有被用作战斗轰炸机，因为该型机有一个特殊的空气动力学特性：在炸弹被释放后，发动机吊舱之间的低阻腔道会将炸弹"吸"回去。直到能够被火药动力弹射装置直接安全弹出载机的GPS制导炸弹装备后，F-14机载雷达的全部功能才充分得以发挥。

摩尔定律意味着，在20世纪70年代早期，一架巨大的F-14战斗机才能具备的运算能力，几年后一架小得多的战斗机便可具备。这使得麦克唐纳"大黄蜂"可以被定型为F/A-18而不是F-18或A-18。海军曾考虑采购两款机身和发动机基本相同，但雷达和武器系统不同的"大黄蜂"，分别执行制空和对地攻击任务，但后来发现，使用带有行波管的雷达可以实现功能之间的转换。1991年海湾战争期间，有两架正在执行轰炸任务的F/A-18遭到伊拉克飞机偷袭。两机于是

一枚"战斧"巡航导弹在测试飞行中飞过陆地。最初投入使用的"战斧"通过将测量下方高度匹配航路地形来实现精确导航；GPS定位技术使导弹的任务规划变得更简单。（雷声公司）

在2015年1月进行的一次试验中，GPS导航使得"战斧"巡航导弹击中了海上移动目标。美军还计划在导弹上增加一个末段引导头，以提高其在交战的最后几秒的目标锁定能力。（雷声公司）

改变了雷达模式，击落了伊拉克战机，然后调转方向继续轰炸它们的目标。在过去，它们可能会扔下炸弹逃跑。在20多年后，新一代雷达将能够在一套系统内整合更为复杂的功能——例如采用变化更为多样的雷达波形，使得任何雷达自卫接收机都难以识别。

**分布式系统**：20世纪90年代后期，美国海军发现了摩尔定律的一个非常不同的应用。俄国最新的潜艇比它们的前辈要安静得多。美国最后的冷战潜艇，"海狼"级攻击型核潜艇通过采用巨大的新型声呐阵列来抵消苏联潜艇的静音性能，这使得艇体变得更大，成本也更加高昂。面对俄罗斯潜艇降噪性能的进一步提升和大幅削减的国防预算，海军应该怎么做？面对这样的困境，美国海军将声呐作为一个综合系统来分析，而不仅仅是昂贵的声呐阵列。提高网络声呐性能的唯一经济可行的方法就是改变处理声呐数据的方式——在信号处理和应对方面进行研究比寻找更大的或更敏感的阵列更有经济可行性。美军随即提出一项名为"声学快速商用现货嵌入"（acoustic rapid commercial off the shelf insertion）的计划。该计划旨在为潜艇安装高通量数据总线，将数据从声波定位仪传输到可以定期更换计算机芯片的服务器。每次更换芯片时，都可以加装新的软件以具备功能性。为了实现性能和可靠性之间的折中，海军尽力提高该系统的"实用技术状态"，而不是让整个系统达到"完美状态"。在过去的多年中，ARCI技术都使得潜艇在巡逻期间无须对计算机系统进行维修。

ARCI技术的理念后来被应用到水面舰艇和海军飞机上。这也可以解释为什么"宙斯盾"防空作战系统如此坚决地从军用专用计算机（UYK-7及后来的UYK-43）转为采用分布式布局的商用计算机系统。后者的服务器处理能力更为强大，可以兼容具备最新"实用技术水平"计算机能够处理的任何软件。从单一的专用电脑到商用电脑的转变是困难的。然而，到2015年时，该升级项目已经在后续版本的"宙斯盾"系统上实现。

每一代ARCI系统的成本都非常低，可以插入现有的船只或飞机上,因为与新处理器配套的装置已经安装完毕。而新的软件可以免费复制(除了许可证费用)。这与更换声呐阵列等主要硬件的高成本形成了鲜明对比。此外,这种改进也可以非常迅速。

通过不断嵌入新技术,潜艇项目的成本得以大幅度降低。但对于美军而言,提升探测和追踪水下目标的能力是一回事,让商用"即插即用"计算机管理武器发射就是另外一回事了。为了防止意外发射武器,任何能够发射武器的美制计算机系统都需要接受严格的认证。美国海军的解决方案是将火控功能(必须获得认证)与声呐/探测、跟踪和判读水下环境的命令功能分开。这种功能分离在大型潜艇中并不难实现,但在小型潜艇中,不同的功能往往会由同一台计算机在同一控制台执行。

GPS的重要性:全球定位系统(global positioning system, GPS),是摩尔定律的另一个应用。到了20世纪70年代,定时卫星信号显然可以用来提供精确导航。美国和苏联海军已经通过转接系统利用卫星进行导航。所涉及的计算相对复杂,需要一台大型计算机。然而,到了20世纪80年代末,同样的计算能力可以装入一个手持设备,或者装入一枚炸弹或

一架英国F-35B"闪电"II正在佛罗里达州埃尔金空军基地进行维护。飞机上使用的先进软件包成本如此之高,以至于可能会影响飞机的整体需求。(王冠版权社,2014)

一枚导弹。其结果是惊人的。

在GPS出现之前，精确制导武器主要依靠激光照射目标或者电视图像引导头判断目标对比度变化来制导。一架飞机一次只能攻击一个目标，爆炸产生的浓烟还会干扰后续攻击的瞄准。由于没有办法自动指定炸弹或导弹来打击侦察发现的目标，攻击必须等待能够识别目标的攻击机的到来，或者至少是在收到可为攻击提供证据的照片之后。在20世纪70年代，随着廉价惯性制导的出现，飞行员可以用炸弹瞄准他能看到的目标，无须一直对炸弹进行引导，但攻击过程依然烦琐。然而就在1989年GPS系统投入使用后，大量使用廉价的GPS制导武器便成了可能。突然间，一架攻击机可以快速地依次攻击多个目标。

我们可以从"战斧"导弹的演变来了解其所带来的变化。在"战斧"服役之初，制导系统通过将下面的地面高度与预设航线的地形轮廓进行匹配以实现精确制导。安排一次"战斧"飞行是一项艰巨的任务。随着第一次伊拉克战争的临近，美国发现必须精确地绘制伊拉克地图；美国国防部测绘局（defense mapping agency）当时的工作日程是一天24小时、一周七天（24/7）。向伊拉克发射"战斧"的战舰不得不将武器发射到可以进行地形匹配的航道上。导弹在目标附近的路径相对容易调整，但在整个路径上不容易调整。伊拉克军队在战斗中发现，"战斧"导弹在接近巴格达时，有一段时间会沿着可预测的路径飞行，因此可以守株待兔。此外，"战斧"不能直接从海上接近，因为在海上它们无法获知自身的确切方位；导弹必须先飞到岸上，然后飞行很长一段距离才能确定自己的位置。

GPS解决了这个问题。即便在没有任何参照物的海面上，"战斧"的飞行也不再有任何困难。此外，进攻方不必再绘制目标地区的详细地形图，仅需要目标位置和充足的情报，便可以为导弹规划一条绕过敌方防空区的低空防线。"战斧"成为适应冷战后不确定性的灵活武器。这种新能力在1994年对塞尔维亚的打击行动中得到了证明。现在，GPS导航还让导弹拥有了飞向移动目标（如车辆或船只）的预测位置的能力——这一能力目前已经被美国海军所证明。不过由于预测敌方路径依然较为困难，因此导弹还是最好安装一具末段引导头。而且由于新型"战斧"的末段引导头在探测距离和探测能力方面都远超于此前导弹的引导头，因此更难以干扰和拦截。

GPS的意义还不止于此。如前所述，早期的精确武器需要某种信号，如激光束的反射，或目标中可识别的明暗对比区域。没有这种信号将无法实施精确攻击，率先投放的武器爆炸后也会破坏后续武器的瞄准信号。但对于GPS制导武器而言，这些问题都无关紧要。只要准确地确定了目标的位置，武器就能命中。此外，攻击飞机不需要像激光武器那样在目标附近徘徊以保持在视野范围内。对于航空母舰来说，这意味着一架飞机一次出击可攻击多个目标。这种变化是显著的。在越南战争期间，美军舰载机往往需要集中打击（"全甲板突击"）来破坏一个点目标，但即便出动大量战机，所有的炸弹也都可能失准。对于雷达轰炸而言，1000英尺以内的精度便已经可以接受。但随着第一代激光制导炸弹（美制"宝石路"炸弹）开始投入使用，舰载机一次出击就很有可能击中目标。那么，如果一艘航空母舰单日出动30架次攻击机，每天就能打击30个目标。而在使用GPS制导武器后，攻击机每个架次都可以攻击多个目标。因此，同一艘航空母舰每天可能打击多达160个目标。

到2015年，西方的精确武器已经很大程度上依赖GPS，以至于GPS本身可能成为目标。虽然导航卫星轨道高度很高，很难被物理摧毁，但它们的信号肯定可以被干扰或屏蔽。在过去，人们一直认为导航对双方都很重要，所以双方都不太可能攻击导航系统，但这也许不过是自欺欺人。因此，对陆攻击导弹可能依然需要依靠地形识别导航作为备份，不过随着计算机性能的提升，现代导弹内可以存储更为复杂的地理信息。

F-35——摩尔定律的潜在代价：提高计算机能力往往成为规避平台技术投资追加的替代选择。F-35"闪电II"就是一个很好的例子。该型机被设想为一种简单、廉价的攻击轰炸机，并为此牺牲了平台的性能和隐身等能力。在这个项目的早期，有人认为可以利用摩尔定律所产生的计算能力，把已经放弃的性能弥补回来。例如，F-35拥有极其复杂的电子情报系统，目的之一就是为飞行员提供前所未有的态势感知能力。该型机在飞机底部布置有传感器，全机各处分布的光学传感器的视野被计算机整合为一体，能够为飞行员提供"穿透机身"的全向视野。不过F-35项目的一大重要教训就是，这样的软件解决方案仍然可能非常昂贵，而且还可能导致项目时间的严重拖延。这可归咎于没有人能够预测软件开发的成本或时间表。通常，项目经理会将软件形容为好像是免费的——然而，事实并非如此。但另一方面，一旦软件研制成功，复制它的边际成本几乎为零，因此建造两倍数量的F-35的总项目成本将远低于目前总项目成本的两倍。这种飞机的高成本是否会导致生产和销售大幅削减，还有待观察。[7]

## 指挥和控制

日益增强的计算机能力在指挥和控制方面的进步表现得最为突出。指挥和控制方面的进步包括单舰自动化指挥系统的增强和更强大的协同作战手段的出现。

在冷战期间，单舰指挥控制自动化相对昂贵，最初仅限于如航空母舰等高端舰艇。到冷战结束时，许多护卫舰已经有了计算机化的指挥系统，但它们通常相当简单。在接下来的10年里，计算机指挥系统几乎应用到了从导弹艇到大型战舰在内的所有战舰上。

英国皇家海军45型驱逐舰"勇敢"号的作战指挥室。计算机化指挥系统的应用在冷战期间发展缓慢，最初只能配备于大型舰艇上。然而，摩尔定律推动的计算能力的显著提高使得现在几乎所有的作战舰艇都用上了复杂的计算机系统。（王冠版权社，2009）

例如，美国海军采用了"舰艇自卫系统"（SSDS），这是一种用于航空母舰和两栖舰艇的指挥系统，能够将不同传感器收集到的信息转换为统一的战术态势图。随后，生成的战术图像会像"宙斯盾"舰一样被显示在大屏幕上。尽管名为自卫系统，但该系统实际上正在发挥与过去大型舰载计算机指挥系统——海军战术资料系统（NTDS）相同的功能。此外，SSDS还有一个主要的优势：它并没有占用一台分时计算机，而是使用了多个处理器，因此能够顺应摩尔定律快速迭代升级。短短几年内，美国海军便放弃了从海军战术资料系统发展而来的大型舰艇作战指挥系统，转而使用多处理器版本的舰艇自卫系统，这个名字也因此不再贴切。

过去的舰艇指挥系统使用专用的控制台和计算机，其关键性能——例如能够处理的轨迹数量或应用于这些轨迹的更新率是相对固定的。根据摩尔定律，在舰载指挥系统采用开放式架构后，用户现在可以使用最新的处理器（芯片）和控制台。理论上，该系统可以运行用户选择的所有类型软件，且其性能也不再是长期固定的。然而，就像商用计算机操作系统一样，不同作战指挥系统间也有很大的不同，有些系统具备更优异的灵活性。有趣的是，现代舰艇指挥系统不再通过底层软件进行准确区分。例如，虽然现代舰艇指挥系统的使用手册大同小异，但是用户在实际使用中仍能体会到系统之间的巨大差别。

舰艇之间、舰-机-潜之间的通信协同也受到了摩尔定律的影响。在冷战期间，西方国家海军基本完全依赖格式化数据链体系，其中最重要的是北约的Link 4和11，以及Link 16（联合战术信息分发系统，JTIDS）。这些数据链系统沿用至今，而冷战后最重要的新数据链系统是Link 22（结合了Link 16信息传输模式和Link 11的高频通信系统）。得益于计算机转发传输能力的进步，新一代高频数据链系统的数据传输速率已经有了大幅度增强。通过改变传输介质，计算机调制技术也使得在小范围内实施水下高通量数据传输成为可能。在理论上，水下高速通信能力可能对未来水下无人潜航器的运用产生影响。

此前，数据链只能在"矢量层面"（vector level）连接舰艇指挥系统；数据链将向各舰分发目标的位置、方向和速度信息。之所以选择矢量层面的数据传输，是因为当时的搜索雷达和声呐提供的数据精度有限。随着高精度SPY-1"宙斯盾"雷达的出现，人们开始设想让数据链具备更多的功能。数据传输不限于目标的矢量信息，而是传输舰艇指挥系统根据本舰雷达系统数据整合的数据流。通过汇总来自多艘舰艇的高精度雷达的数据流，舰队就能建立起更精确的目标航迹。例如，如果多艘战舰同时在一个海岸附近行动，当敌机在障碍物（例如岛屿）后方飞行时，在某艘战舰的雷达上该目标便可能被遮蔽。但如果能够通过数据链系统共享友舰的数据流，那么作战编队中的所有舰艇都可能一直看到目标。数据链系统也能有效应对隐身飞机和导弹。一般来说，没有飞行器能够做到全方位隐身。所有的观察者都有少量机会能将其发现，但通常而言，隐身目标的暴露时间不足以形成一条可供判读的轨迹。然而，数据链系统可以快速将探测机会叠加起来，从而形成一条可用的目标轨迹，从而向理论预计位置发射防空导弹。美国海军将这一理念发展为"协同交战能力"（co-operative engagement capability, CEC）。除"宙斯盾"系统外，其他雷达，特别是E-2C"鹰眼"预警机，也被整合入该系统。CEC系统生成的目标轨迹也能被分发至其他不具备CEC能力的舰艇。CEC系统最初在1996年公布，但是由于软件问题一直推迟到2001年才投入使用。此后，CEC系统不仅被用于舰队防空，而且也被用于弹道导弹防御。

在数据链系统和CEC系统不断发展的同时，互联网也改变了平民世界。这一点明显地延伸到海上。聊天室和电子邮件等功能有了至关重要的海军方面的应用。聊天室使得指挥官能够以一种以前只有通过船上会议才能实现的方式与他的舰艇取得联系。在1991年海湾战争期间及以后，传送整个文件（例如图表）的能力被证明是极其重要的。通过使用高带宽舰对舰通信，视频会议也成为可能，进而使得分散部署的舰艇更加协调一致。从平民的角度来看，这一切似乎都很正常，但这种无格式的通信与过去的格式化和刻板的海军信息通信形成了鲜明的对比。

数字通信也给航空母舰和其他打击行动带来了巨大的变化。在过去，攻击计划是基于航空母舰接收的情报数据，以及航空母舰侦察机收集到的情报。在20世纪60年代后期的一大进步是，新型航空母舰侦察机（RA-5C）可以将其收集的情报传输到计算机化的综合情报系统中。当代的高通量卫星通信系统使得航空母舰能够接收从岸上基地发来的图像文件，以及卫星拍摄的侦察照片。使用计算机系统可以更快地计划任务。更丰富的信息资源、快速的规划和精确的导航（使用GPS）综合在一起，使得航空母舰打击系统比过去灵活得多。

一个典型的例子是，在2003年战争爆发前，萨达姆·侯赛因政权在巴格达的地下储藏了大量武器。当伊拉克方面挖掘隧道，将武器埋入隧道时，美国的卫星则在城市进行观察；伊拉克人永远无法确定卫星看到了什么。而在发起打击之前，这些情报可能已经传送到舰队，美军在对卫星侦察照片实施处理分析后，制订相应的攻击计划。只要送出了正确的情报材料，这个过程就会很快而且相对顺利。然而，对于有计划的攻击行动而言，执行过程中很可能遭遇新的问题，因此需要更多的情报。在实践过程中，由中央情报系统选出他们认为有用情报下发，与舰队（或其他可能的攻击者）自行收集需要的信息这两种流程在效果上存在着巨大差异。在2003年的行动中，进攻方通过充足的数据资料得到了他们所需的信息，明确了武器埋藏位置，并且他们有能力摧毁武器贮藏处。这种情报分发体系的一个特别优势是，舰队在攻击前不需要进行飞行侦察，因此不会因出动侦察机而暴露作战意图。

CEC能力能够为舰队提供一份统一的空中态势图，但美国海军正在寻求更进一步，在其基础上建立起一个统一的部队武器系统。因为在高度集成的条件下，不论部队身处何处，指挥部都能调集最合适的武器对敌方发起打击。显然这一理念适合所有类型的战斗，但还是首先运用于防空作战。新一代CEC系统还将整合舰队的所有传感器，其中将包括

美国海军导弹驱逐舰"菲茨杰拉德"号（DDG-62）在一次交战测试中发射了两枚SM-2导弹。CEC能力的出现意味着单舰可以整合多艘友舰提供的传感器数据应对敌方威胁。（美国海军）

F-35上那套精密的电子情报系统。机载传感器的最大优势在于，它们可以被部署到最佳的探测位置上。通过实现传感器和武器系统的整合，单一作战系统便能够同时使用舰载和机载防空武器。新一代CEC系统于2015年宣布投入使用，而这只是一个更大的，旨在充分发挥海军编队内武器和平台效能的计划中的一部分。

## 海军航空部队

冷战期间和冷战后，美国海军与其盟友（以及所有其他国家的海军）之间最显著的区别就是海军航空兵。所有主要国家的海军都拥有海军航空兵，但只有美国海军拥有大量舰载机和强大的陆基巡逻机部队。美国海军部署的对陆攻击巡航导弹比其他任何国家都多。冷战后，美国海军规划者必须决定的第一个问题是，如何平衡来自水面舰艇的新增对陆攻击能力与持续投入远程航空母舰打击力量之间的关系。正如之前所讨论的，飞机可以比水面舰艇和潜艇发射的"战斧"导弹提供更强大的持续打击。然而，如果只有几个点目标，"战斧"可能被认为是一个可行的选择。

1991年，隐形远程攻击轰炸机（A-12"复仇者II"）项目黯然收场；军方必须选择，要么发展一种新的远程攻击机，要么把远程攻击的角色交给远程导弹。海军领导层决定，由于纵深打击将主要针对离散的点目标，因此只需要导弹即可。同时，由于可能面临频繁的濒海区域作战，海军飞机需要提供主要的火力支援。因此，海军飞机的打击任务将主要在相对较短的距离内进行。不需要新的远程攻击机，F/A-18"大黄蜂"已经足够承担当时的任务了。[8]在一段时间内，海军依靠改进的F-14"炸弹猫"（bombcats）的形式保留了一定程度的打击能力。然而，与F/A-18相比，"炸弹猫"已经相对老化，且维护和操作费用昂贵。

实际上，这一决定存在错误。在伊拉克和阿富汗，由于地面部队深入内陆，且难以就近部署岸基飞机，海军航空母舰必须为地面部队提供远距离支援。舰载机支援的效果是几百枚"战斧"导弹无法相提并论的，且周边国家也并不欢迎美国飞机，而F/A-18舰载机在执行此类任务时需要进行空中加油，代价高昂。

2015年，美国海军终于迎来一款新的打击战斗机，F-35C"闪电II"。不幸的是，这款战机比它正在更换的战机更贵，这可能是因为它用来感知环境的复杂软件成本较高。它的高昂价格使一些人认为，F-35C将不会被大量采购；相反，海军可能会投资于重型、高性能的无人驾驶飞机。这是一个有争议的观点，因为未来的无人舰载空中侦察打击系统（UCLASS）到底应该是一款纵深打击侦察系统还是一款完全用于对陆攻击的系统，目前还存在相当大的争议。该型机尚未解决的关键问题包括所采用的复杂软件的可靠性，以及通信和导航（都依赖于卫星）在未来战争中的表现。

对于英国皇家海军来说，冷战时期海军航空兵方面最重要的事件马岛战争（1982年）显示出的对航空母舰和攻击机（这里主要指"鹞"式和"海鹞"系列STOVL飞机）的持续需求。这种飞机的出现使一些国家——印度、意大利、西班牙，甚至泰国的海军能够依靠吨位较小的航空母舰运作舰载固定翼飞机。美国海军陆战队也在其大型两栖登陆舰上搭载"鹞"式战斗机。20世纪70年代后期，英国曾经考虑过生产"鹞"式的超音速后继机型，但没有订单。罗尔斯·罗伊斯公司也没有为STOVL飞机研制出性能更强的发动机，"鹞"式战机的性能也因此碰到了天花板。[9]"海鹞"在北约对塞尔维亚的战争中有效地执行了对地打击任务，"海鹞"还被派往阿富汗从陆上临时基地支援英军地面部队。由于其在"高温和高海拔"条件下的表现一般，该型机最终在削减国防开支的背景下提前退役。

当考虑建造新的航空母舰时，英国皇家海军必须在恢复使用传统（弹射起飞拦阻式降落）战机还是继续使用STOVL战机之间做出抉择。无论是哪种情况，英国都决定采用F-35"闪电II"攻击战斗机的一个子型号作为未来的舰载机。STOVL构型的F-35B为了获得垂直起降能力而在作战半径和有效载荷方面作出了牺牲，但英国政府还是选择了它。没有

采用CATBAR构型也使得英军航空母舰在未来的行动中无法搭载如美国海军和法国海军装备的常规弹射起飞舰载机。

2015年11月,一架F/A-18C"大黄蜂"攻击战斗机降落在"哈里·杜鲁门"(CVN-75)号核动力航空母舰上。冷战结束后,由于资金紧张,美国海军决定不再装备远程攻击机,但事实证明,这种想法是错误的。(美国海军)

## 防空作战

海军的防空作战还包括对敌方反舰导弹的防御。在冷战后期,美国海军及其盟友面临着苏联的导弹威胁(主要来自海军轰炸机)。这些轰炸机可能是苏军对北大西洋航运最有效的威胁手段;实际上,它们的威胁程度甚至不下于苏联的主要舰队。根据美国海军的推测,除非苏联海军轰炸机部队能够被摧毁,否则北约运输船队将难以在北大西洋生存,这一推测对美国海军的冷战时期战略指导文件《海上战略》造成了深远的影响。当时,没有任何水面驱护舰力量能够应对这种威胁。因此,《海上战略》还预计,由于航空母舰将对轰炸机群构成严重威胁,苏联将甚至不惜动用海军轰炸机来对付它。如果想将苏联海军航空兵的轰炸机,就像日本海军航空兵在1944年6月菲律宾海海战中的"马里亚纳猎火鸡"(turkey shoot)一样被消灭在空中,美军需要强大的空中火力(主要是舰载F-14战斗机)和对付苏联轰炸机在遭到攻击射出的导弹的后手。为了承担后一项任务，美国海军建造了许多装备"宙斯盾"系统的护航舰，同时还在"新威胁升级"（new threat upgrade, NTU）计划下对许多老式舰艇进行了现代化改造。[10]

1991年以后，防空形势发生了根本变化。现在最大的威胁主要是从岸上发射的岸舰导弹，这些武器的发射装置在舰艇暴露在它们的射程之内前是无法对付的。在这种情况下，"宙斯盾"系统的最大优势在于，火控系统与战术态势感知系统之间迅捷地连接在一起，所以可以非常迅速地做出反应。更早一些的现代化舰艇虽然可以应对大量苏联轰炸机的饱和式打击，但其反应速度远不及前者，因此只能退出现役。[11]

"宙斯盾"系统通过抗饱和设计获得了快速反应能力。该系统并不是为每一个目标分配一个追踪器和制导通道，而是使用一部搜索/跟踪雷达生成精确的空中态总体势图，以此为基础引导防空导弹。防空导弹在发射后通过一条上行数据链接收修正指令。在交战过程的最后时刻，火控照射雷达将短暂开机照射目标，雷达半主动防空导弹根据反射的雷达波扑向目标。因为照射引导只在目标附近启动，该系统有相当的机会打击隐形目标。该系统对其战术态势图的依赖，使其能够适应例如防御弹道导弹等新的功能。目前"宙斯盾"系统已得到多个国家海军的使用。下一步的改进内容是为导弹换装主动雷达引导头，这样导弹只需要被引导至目标周边的"圈子"内就可以自行攻击目标。英-法-意三国合作开发的"主要防空导弹系统"（PAAMS）便采用此类作战模式。[12]

摩尔定律也使得搜索/跟踪雷达引导防空导弹作战模式被运用于越来越小的防空导弹系统中。例如，"改进型海麻雀"导弹系统（ESSM）就是配备了上行数据链的"海麻雀"增程版本。该导弹系统既大大提高了射程（可实现水天线以下拦截），也增强了"宙斯盾"系统的抗饱和打击能力。[13]目前采用主动雷达引导头的防空导弹还包括PAMMS系统使用的"紫菀"导弹和英国皇家海军的新式"海拦截者"（sea ceptor）导弹，后者将取代"海狼"点防御导弹，该导弹射程稍短，但配有主动引导头，以及基于搜索/跟踪雷达支持下的上行数据链。南非的"长矛"（umkhonto，被南非和芬兰采用）防空导弹则结合了上行数据链和红外末端引导头。中国的最新型舰空导弹和以色列的"巴拉克8"（barak 8）导弹也采用了主动雷达/中段指令修正系统（从没有配备专用火控照射天线可以推断出）。

在末端制导/中段指令修正大行其道的时代，美国-德国联合生产的滚转体导弹（RAM）系统是一个例外。该型导弹当前的构型采用一具红外引导头。发射装置在发射时朝向来袭导弹的方向，滚转体导弹完全依靠引导头来探测和对抗它的目标。由于该型导弹具备"发射后不用管"（fire-and-forget）的能力，因此具备强大的抗饱和攻击能力。[14]

许多国家海军还配备了备用的近防武器系统，如美国的"密集阵"（phalanx）和荷兰的"守门员"（goalkeeper）。这种火炮近防系统研制于冷战期间，而且与导弹不同，冷战结束以后没有得到更广泛的发展。激光武器则是近防系统的新选择；2014年，美国海军宣布将在海湾的一艘基地船上部署这种设备。这类定向能武器面临的共同挑战是，海面上升起的盐雾可能会吸收（或扭曲）它产生的光束。而更为急迫的问题是，该装置造成的损害是否足以摧毁来袭的导弹（或迫使其改变方向）。毕竟，有相当多的证据表明，严重受损的飞机可以继续飞行。

自20世纪90年代中期以来，"宙斯盾"系统的反弹道导弹能力也在逐步成熟。"宙斯盾"雷达的相应版本能够在相当远的距离跟踪弹道导弹，随后锁定目标，引导由一枚SM-3导弹投放的拦截器截击目标。雷达、指挥系统和导弹的组合具备了打击来袭弹道导弹的能力，例如在2007年，"伊利湖"（CG-70）号导弹巡洋舰就运用这一系统摧毁了一颗失控的卫星，赢得了全世界的关注。由于卫星的移动更加随机，拦截卫星比反航空母舰弹道导弹的变数更大。一些国家海军也对"宙斯盾"反导系统表现出兴趣，日本积极参与SM-3的开发。此外，SM-3还配备于陆基"宙斯盾"版本，后者正在罗马尼亚和波兰部署。

摄于2005年7月的英国皇家海军801海军航空中队的"海鹞"FA2型舰载战斗机，该型机在几个月后全部退役。尽管相对于最初型号的"海鹞"，FA2型中加装了更先进的雷达且能携带射程更远的导弹，但超音速"鹞"式战机的计划在20世纪70年代末被放弃，导致"鹞"式战机的性能受到极大限制。因此，英国将在其新航空母舰上使用美国制造的F-35B。（王冠版权社，2007）

## 反潜作战

与防空作战一样，反潜战的性质在冷战后发生了巨大的变化。未来的战争将主要发生在濒海区域，即更浅、更温暖的水域，威胁将主要来自敌方的柴电潜艇。冷战期间，北约对付苏联核潜艇的主要方法是被动探测。核潜艇必须连续运行某些机械装置；这就产生了可以通过信号处理来探测和放大的常规噪声。在舰艇方面，被动探测技术的演变反映在拖曳阵声呐的兴起上。在机载反潜武器方面，被动探测系统采用被称为"杰泽贝尔"（Jezebel）的窄带处理技术。窄带无源处理技术使远距离探测成为可能。这些系统一开始是用来探测下潜的柴油潜艇的，但它们在对付核潜艇时是最有效的。相比之下，柴油潜艇在通气管航行时噪声较大，但在依靠电动机潜航或坐沉时则相当安静。虽然可以用主动声呐对其实施探测，但主动声呐在浅海暖水存在严重的传播问题。

西方海军已经尝试了许多解决方案。美国海军和英国皇家海军都开始对使用有源声源（美国海军通过爆炸、英国皇家海军通过压力声波反射器）来制造声波感兴趣，这些声波的回声可以被声呐浮标接收到。爆炸回声测距法在冷战期间曾经尝试过，但由于会混淆潜艇回声和海底回声而被否决。计算机技术已经解决了这个问题，使得这种探测手段已经

一枚"紫菀-30"导弹试射的画面。"紫菀-15"和"紫菀-30"导弹被运用于PAAMS系统中,装备法-意联合的"地平线"和英国的45型驱逐舰,以及法-意联合FREMM护卫舰和法国出口到沙特阿拉伯和新加坡的军舰。导弹通过一个主动引导头在交战的最后阶段瞄准来袭的导弹,因此无需美国海军"宙斯盾"系统采用的"标准"系列导弹所需的火控照射天线。(欧洲导弹集团公司)

达到了可用的程度。[15] 而在舰艇上,则将采用低频声波发射器,通过一个拖曳阵列接收回波。英国皇家海军搭载在一些23型护卫舰上的2087型声呐便采用了这种技术。

目前美国海军也开始对另一种搜潜手段产生了兴趣。由电池供电的柴油潜艇可能很安静,但如果它移动,就会产生波浪。在浅水区,水底的阵列将记录到潜艇从其头顶经过。多个阵列将记录潜艇经过的地方。因为探测是完全被动的,潜艇永远不知道它被探测到,所以也不会躲避。反潜系统便可以由此绘制出潜艇的预计航向,然后向预计位置发射反潜武器。以这一构想为基础,美国海军也对超轻型(直径6.75英寸)鱼雷产生了兴趣。简单地说,根据这一构想,新型濒海战斗舰搭载的轻型无人直升机将鱼雷投送到濒海战斗舰作战系统根据水下阵列输入值计算的精确地点,从而实现对敌方柴电潜艇的攻击。

冷战后战舰数量减少的战略现实也表明,保护高价值舰艇不受鱼雷攻击现在已经变得更为重要。护航舰队不直接提供这种保护:它们的作用是威慑。潜艇指挥官都清楚,一旦他们发动攻击,护航舰艇就会做出反应。然而,他们可能假定自己无论如何都能逃脱,因此决定放手一搏。在很长一段时间里,击毁来袭鱼雷的构想一直很有吸引力,误导鱼雷引导头的想法也是如此。

冷战期间,西方反舰鱼雷瞄准的是目标的噪声,例如,螺旋桨噪声通常从船头发出。直到冷战后期,西方才得知,苏联鱼雷是以船只的尾流,而不是产生的噪声作为目标。[16] 这种差别造成了极大的影响。模仿船舶噪声的拖曳式诱饵和投射式水生干扰弹,很可能吸引敌方音响自导鱼雷。但显而易见的是,诱饵没有办法模拟船只的尾流。当尾流自导鱼雷来袭时,目标舰艇要么设法规避,要么就要设法将其摧毁。由于反应距离短,且必须在发现鱼雷靠近后立即决定采取对策,直接杀伤式反鱼雷技术相当复杂。但另一方面,直接摧毁鱼雷不仅能对付自导武器,而且能对付直式或预设航迹鱼雷。考虑到苏联的反舰自导鱼雷几乎全部为尾流自导型号,因此,任何装备了俄制"基洛"级潜艇的国家都可能使用尾流自导鱼雷。[17]

另一个重要的发展是潜艇AIP技术的兴起。在瑞典(斯特林)和德国(燃料电池)开发的AIP系统目前运用较为广泛;其他版本正在推广中。目前的AIP系统产生的功率足以维持一艘柴油潜艇低速行驶数周。有拥护者认为,在几年内,AIP技术可能会产生足够的能量来完全替代潜艇的电池。但目前还不清楚AIP系统能够提供多高的水下速度。无论如何,AIP都不是核动力的完全替代;它无法让潜艇达到核动力的速度。但AIP系统可以让潜艇在无需通气管航行的情况下长时间在水下活动；如果潜艇只有在伸出通气管时才有被发现的危险，AIP应该是相当有价值的。

为发展AIP技术做出最大努力的是波罗的海各国的海军，他们的潜艇在活动时会受到苏联的严密监视，使得在该海域实施通气管航行极其危险。然而，在世界上大多数地方，潜艇并没有处于大范围被动声学监视之下。西方最先进的海军已经采用低频主动声呐来对付柴油潜艇，而AIP技术对这种探测技术毫无作用。它也无法击败美国所设想的底部（向上看）声呐探测系统。西方核潜艇确实严重依赖被动声学探测，但目前尚不清楚，消除通气管航行的噪声是否足以保护柴电潜艇不被发现。

## 水雷战

摩尔定律对水雷战也产生了巨大的影响。在冷战期间，对付水雷的主要手段是猎雷（hunting）；猎雷舰艇逐一地检查疑似水雷的物体，以决定哪些应该被摧毁。猎雷舰艇之所以昂贵，一方面是因为它们需要精密的舰载传感器，另一方面是因为它们的各种特征必须严格限制，以保证它们在接近水雷时不会触发水雷。通常情况下，猎雷舰艇会使用远距离遥控潜航器，如广泛使用的法国PAP 104等潜航器就配备有高频声呐和水下电视，可以近距离探测疑似水雷的物体。如果猎雷舰艇上的舰员认为那的确是水雷，那么，这只潜水器就可以收回来，并在水雷附近放下炸药。一般情况下，扫雷具都不需要解除疑似水雷，因为它很可能被引爆。然而，在极浅水域，仍需要潜水员通过手持声波探测仪对疑似水雷进行排查，并亲自布设炸药实施销毁。

一旦水雷已经潜入水中几个月，就很难与海里的其他物体区分开来。在过去，人们普遍认为需要猎雷舰艇上有经验的扫雷员来判断一个物体是否真的是水雷。现实中问题非常复杂，港口附近的海床上堆满了各种各

"阿利·伯克"级驱逐舰"奥佩尔"（DDG-70）上SPY-1雷达面板的特写镜头。作为"宙斯盾"系统重要组成部分，SPY-1多功能雷达能够探测目标并引导防空导弹进行打击，使得"宙斯盾"系统拥有强大的抗饱和攻击能力。该系统还能对"弹出式"导弹攻击做出快速反应。（美国海军）

美国海军通过将雷声公司的SM-3拦截弹与"宙斯盾"系统结合使用,率先在海上部署了反弹道导弹系统。这张图片显示了"奥佩尔"号(DDG-70)驱逐舰在2009年对一枚弹道导弹靶弹成功实施拦截,雷声公司公布的这张图片展现了拦截弹的外观。

样的垃圾,这些垃圾可能与海底水雷相似(锚雷则容易分辨一些)。

现代水雷的设计足以在附近的爆炸中幸存下来。因此,猎雷舰艇的攻击将更注重于摧毁水雷的起爆装置,而不是从物理上(可见地)完全摧毁水雷。因此,探雷需要精确的报告和导航,一旦确定了水雷被摧毁,其他猎雷舰就无须重新检查和攻击。

上述的猎雷作业不仅具有极大的风险,对可疑雷区的扫雷工作速度也极为缓慢。清理港口及附近海域是一回事,扫清海上和航路就是另外一回事了。例如,在冷战期间,一些北约海军就会定期检查在战时商船可能不得不通过的重要航道(Q-航道)的水底。至少在理论上,一旦敌对行动开始,重新检查将只限于早期行动中未发现的目标。但是,如果不定期调查可能布雷的海区,情况会更糟。这可能带来毁灭性的战术影响。例如,两栖作战在某种程度上只有在突然袭击时才是有效的;否则,敌人可以组织足够的力量,把攻击者赶回大海。现代的反水雷舰艇是如此昂贵,以至于没有哪个国家,或者哪个军事联盟的海上力量,能够负担得起一次扫清一个以上的潜在滩头阵地的扫雷力量。为此,扫雷可能将成为使两栖攻击不可能的老大难。清除水雷的时间越长,战术问题就越严重。

1990年,美国海军在海湾地区用水雷侦察代替了水雷探测。这是一个更简单的工作,以确定哪些地区可能布雷。水雷的存量通常是有限的,所以敌人不可能在每一个可能的登陆海滩上都布雷。在这种情况下,西方国家没有意识到伊拉克正在用三角帆船和其他小船布设水雷;伊拉克军队的两艘T-43型扫雷舰/布雷舰的移动也与布雷行动有关。当包括反水雷旗舰"的黎波里"号在内的两艘美军大型舰艇触雷受伤时,并不是在已经被清除过的水域,而是在侦察认为安全的水域。战前使用的侦察方法并不可靠,但水雷侦察的思路还是可取的。

现代在探雷方面的改进主要有两个目的。第一个是通过将探雷装置从猎雷艇上移除来降低猎雷成本,这样就无须刻意削弱猎雷舰艇的信号特征。第二个是使反水雷措施反应更快,而且尽可能隐蔽。

减少信号最简单的方法是将探雷声呐安装在潜水器上。这种"用绳拴狗"的方法是在冷战结束之前设计出来的。它使猎雷变得更安全、更廉价,但却不影响猎雷的速度;每艘猎雷艇前面只有一只"狗"。然而,摩尔定律现在使建造自主水下航行器成为可能。水下自主潜航器至少可以按程序设

2015年5月,一架MQ-8B"火力侦察兵"无人机从濒海战斗舰"沃思堡"(LCS-3)号上准备起飞执行夜间行动。美国海军已经测试过依靠濒海战斗舰上搭载的无人驾驶飞行器和水下声呐阵列,使用超轻型鱼雷攻击敌方柴电潜艇。(美国海军)

定的路线穿越可能被布雷的区域，收集数据，然后将这些数据转发至某一级指挥机构。自主水下航行器可能作为一种水雷侦察装置，但也可以发挥早期的探雷传感器的功能（接近水雷实施详察）。近年来，一些制造商声称，人工智能的进步使自主水下航行器有可能分辨出类似水雷的物体，并由猎雷舰实施攻击。但其他人则认为，人类干预仍然不可或缺。

不管采取何种方式，自主水下航行器提供了一种不同以往的猎雷手段，一艘猎雷艇可以同时支持多个水下潜航器。它们本来就比较小，而且不需要处置疑似水雷。而且，多个自主水下潜航器可以快速探测一个潜在的雷区，把不确定的物体留给猎雷艇或其他平台。例如，许多猎雷艇现在装备反水雷鱼雷，由于反水雷武器的目的本就是与水雷同归于尽，可以将其直接引导至水雷上去。与早期的扫雷武器相比，反水雷鱼雷摧毁水雷的概率更高，从而避免在另一艘猎雷艇遇到一个实际已被毁但表面上完好无损的水雷时再费周折。

在2003年清除伊拉克港口的过程中，自主水下潜航器首次被使用，作为探雷潜水员和海洋哺乳动物的替代品。当时，它们被宣传为一种安全得多的替代方案，而且由于可以多艘同时使用，这些港口的水雷很快就被清除了。扫雷行动的速度是如此之快，以至于在巴士拉港启用之际，上岸的联军部队所需的装甲和重型火炮等重要装备还没有运到。

美国海军遥控猎雷系统（RMS, remote minehunting system）的早期计算机图像，这是一种可编程自主水下航行器，可以使用附加的AN/AQS-21猎雷声呐远程扫描潜在的水雷区。该系统预计将提供更迅速识别雷区的能力，但其发展并非一帆风顺。（洛克希德·马丁公司）

## 注释

1. 包括英国在内的几个国家完全解散了它们的陆基海上巡逻机（MPA）。拿英国来说，当俄罗斯潜艇开始窥探英国潜艇基地时，这被证明是令人尴尬的，陆基海上巡逻机曾被用来"掩护"核潜艇进入巡逻。2015年，英国改变了对策，决定用美国制造的P-8"海神"（poseidon）飞机重建其陆基海上巡逻机部队。

2. 皇家海军采用潜射的"战斧"导弹可以理解为粉碎敌方防空力量的一种手段，从而使有限的舰载打击力量更加有效。皇家海军建立了一支防空驱逐舰部队（45型），专门用于保护航空母舰的打击力量免受空中攻击（英国的攻击型核潜艇和23型护卫舰提供了对潜艇的保护）。英国皇家海军放弃了柴油潜艇，因为只有攻击型核潜艇才能与远离本土的打击部队协同作战。英军还建立了一支强大的两栖力量，其规模远超冷战的大部分时期所维持的力量。

3. 在冷战期间，除了最大的舰艇，追求被动生存能力通常被诋毁。人们认为，一枚导弹击中会会将一般舰艇的电子设备损坏到使其无法工作，这样舰艇就很容易沉没。事实上，在冷战后期，许多电子设备是固态的，可以承受巨大的破坏。在"科尔"号的例子中，舰体的大小决定了它的存亡：自杀快艇在撞击舰体侧面后发生的爆炸只破坏了部分外层舰体。"科尔"号对生存能力的重视取对其幸存发挥了重大作用，改建内部的装甲挡水舱壁控制住了损害的程度。同样重要的是，该舰是在港内遭到的袭击，且当时的海况非常平静。但另一方面，在海上它将面对更小的弹头（撞击"科尔"号的快艇装载了大约2000磅的炸药）。

4. "打赢两场战争"理念部分基于这样的现实：美国是一个面对东西两个大洋的国家，一个大洋出现的危机可能不会影响到另一个。冷战期间，这是现实，因为危机的主要来源——苏联，是相对谨慎的：苏联想削弱西方，但他们也担心对同盟国的本土入侵可能引发毁灭性的大规模战争。他们认为同时创造太多的危机可能把敌人逼得太紧。对美国

由泰勒斯公司为法国海军和英国皇家海军开发的"海上水雷对抗措施"（MMCM）系统不同组成部分的示意图。现代扫雷技术发展的主要目标是将探雷系统剥离出猎雷舰艇，并加快扫雷的速度。水下自主航行器的部署是实现后一个目标的重要助力。（泰勒斯公司）

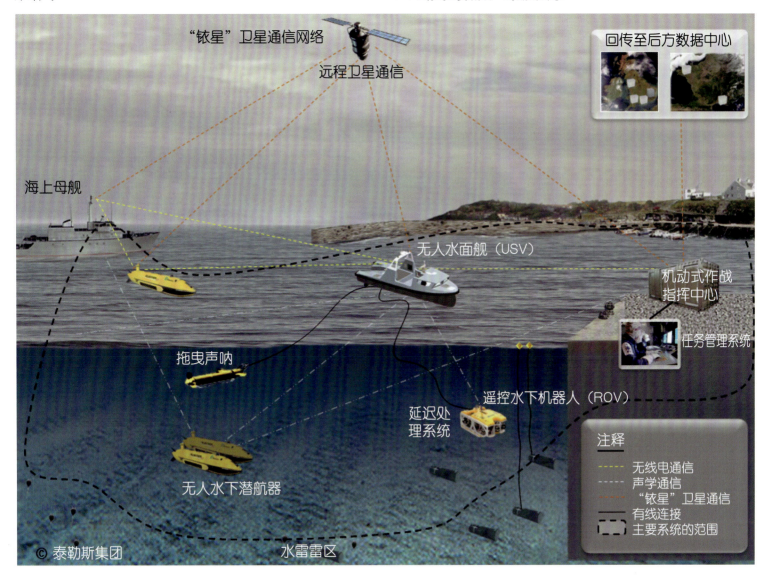

海军来说，"9·11"袭击带来的教训是：可能同时出现许多互不相关的危机。

5. LCS对航速的强调与海湾行动的经验和模块化概念有关。舰队需要LCS承担多种功能，不过这些功能并不能同时实现。因此，濒海战斗舰可能会从其基地（例如，在海湾的一端）全速行进，执行任务，然后再全速返回基地切换另一个模块。因为必须尽量减少切换任务的时间（包括往返基地的时间），因此追求高速性能是情有可原的。自从第一批舰艇完工以来，更改任务模块的设想已经基本被抛弃，因为人们意识到最好是让一艘舰的舰员团队成为特定任务的专家。

6. "朱姆沃尔特"的船身采用了船舷内倾的形式，以消除由船边和周围反射的海水形成的角形反射。只有当船不发生严重横摇，而且干舷固定时，它才有效。为此，该型舰设置有大型压载水舱（因此它总是处在一个固定的排水量）。即便如此，最初的极端形式的船舷内倾船型在水池测试中表现得很差，随后船舷内倾的程度也大大降低了。该型舰的舰体设计旨在穿浪航行，而不是在浪上前行。但这种舰体布局也减少了甲板的可用面积。外形独树一帜的上层建筑也是为了低雷达能见度而设计的，所有的天线（包括通信天线）都安装在侧面或顶部。155毫米火炮有低雷达反射截面外罩。尽管做了这些努力，也很难保证这艘船不会留下明显的尾迹。而且，隐身的形状通常在某些角度上不能做到隐形，所以如果使用多个独立的雷达并将其探测结果集成在一起，隐形的物体依然可能会被发现。

7. 商业软件说明了这一现实。软件似乎不贵，因为标准的软件包，例如办公软件，可以以很低的价格提供相当大的功能。但在背后的现实却是，开发成本分散在数千万买家身上。如果只有一千名买家，开发成本就会高得多。

8. 航程较远的F/A-18E/F"超级大黄蜂"最初被提议作为高低搭配的低端方案，其高端方案将是A-12。只要A-12仍然可行，这个项目就不会公布，于是该型机在1992年5月被公布（A-12在1991年1月被取消）。"超级大黄蜂"被认为是一种相对简单的"大黄蜂"升级型号。但事实上，该型机的体型比"大黄蜂"大得多，研制过程中也出现了拖延。

9. 在马岛战争之后，英国皇家海军确实开发了新的FA2型"海鹞"，装备了更复杂的雷达系统和远程空对空导弹。该型机在冷战后开始服役，但却成为冷战后世界新需求的牺牲品。

10. 与"宙斯盾"系统一样，"新威胁升级"系统依靠指令制导（通过数据链路）将防空导弹带入目标的自导范围。然而，"新威胁升级"舰船的搜索雷达并不像"宙斯盾"舰船的SPY-1雷达那样精确。

"新威胁升级"中，一旦一枚导弹在目标的自导范围内，它必须接力给跟踪/照射雷达引导。这种雷达的接力引导时间比"宙斯盾"系统的从动照射装置要长得多，所以"新威胁升级"舰船几乎无法处理大量目标。此外，大多数"新威胁升级"舰艇的导弹不能像"宙斯盾"舰艇的导弹那样快速发射。例如，远程导弹（SM-1二级导弹的改进型，由"小猎犬"演化而来）在发射前必须手动插入助推助推器尾翼。"新威胁升级"更多的是一种拓展防空范围的手段，而不是为了对付短程的突然出现的目标。

11. 废弃也是合理的，因为它们通常使用蒸汽动力装置，需要大量昂贵的人员。批评者认为，海军希望通过报废这些船只而不是保留它们作为储备，来向国会施压换装新型舰艇。唯一幸存下来的前"宙斯盾"防空舰艇是燃气涡轮动力"佩里"级护卫舰，不过，该级舰的防空导弹系统已经被拆除。

12. PAAMS是"主要防空导弹系统"的缩写。"紫菀"导弹的数字后缀是指导弹目标的标称射程。在英国皇家海军服役的PAAMS使用"桑普森"雷达，导弹也被称为"海毒蛇"（sea viper）。

13. 在一个纯粹的半主动雷达制导导弹系统（例如"北约海麻雀"导弹）中，导弹在发射前必须探测到目标的反射能量。因此，无论导弹发动机设定的射程是多少，目标必须在水天线以上才能发起攻击。然而，从其他船转发的数据可能给出发射船不可观测的有关目标存在、航向和速度的信息。因此，导弹可以接受指令朝着目标预计飞行方向的一个预判点飞出，在该点上，舰载照射天线将能够照射到目标。

14. 最初版本的滚转体导弹根据来袭导弹引导头的雷达信号寻的，但并非所有的反舰导弹都使用雷达引导头。不过反舰导弹的发动机都会产生热羽流。此外还有一些方法可以降低热羽流的红外特征，将其导弹尾迹转换成可被大气迅速吸收的带状。

15. 在20世纪90年代，一个鞋盒大小的包装就能装下足够的电子设备，来自多个声呐浮标的数据可以在十分钟内关联起来，形成一幅可用的海底图像（其中可能就有一艘坐沉海底的潜艇）。

16. 尾流自导鱼雷从尾流的一侧接近，着手探测，然后再探测它的另一侧。鱼雷将按照程序转弯，一次又一次地穿越尾流，直到发现船底。尾流跟踪制导目前在西方反舰鱼雷中也很常见。

17. 苏联也研制了非常快的直航鱼雷（速度高达200节的"风暴"鱼雷），据称可能已经被伊朗少量购买。如果没有最初设计的核弹头，它们可能较为低效。

18. 本章所有观点均为作者个人观点，不一定反映美国海军或与作者有联系的任何其他组织的观点。

# 8
# 舰载机

# 8.0 21世纪的海军航空

大卫·霍布斯

到1945年时，航空母舰特混舰队的舰载机已经成为海战的主宰。在危险的冷战和随后的有限冲突时代，航空母舰舰载机继续提供了一种无可匹敌的力量投送手段。苏联解体、冷战结束和缺乏短期威胁导致许多国家的政客们寻求显著减少国防开支，尽管美国海军本身在规模上进行了压缩，但它仍具备强大的、平衡的海军航空能力，成为西方海上利益的有效保障。美国海军成功地说服了历届政府，让他们相信航空母舰是国家战略的重要组成部分，没有它们的美国海军将是难以想象的。而作为冷战时期西方另一个重要的航空母舰大国，英国航空母舰力量遭到了极为严重的削减。在英国，政客们将海权视为理所当然，他们忘记了一旦海上控制权出现衰落，海军需要很长时间才能恢复。更进一步说，当一级航空母舰及其舰载机不得不在相对较短的时间内更换时，成本将以"弓形波"状的曲线增加。英国1998年的《战略国防评估》提出了一项明智的海上战略，以两艘新航空母舰为"基石"。然而，政客和反对航空母舰攻击部队的游说团体的恶劣影响阻碍了他们新型航空母舰设计和搭载舰载机的选择。

虽然传统航空母舰的总数有所减少，但被正式分类为两栖攻击舰（LHA）和直升机船坞登陆舰（LHD）的大型全通甲板两栖航空母舰的数量在不断增加，它们既可以作为两栖舰船，也可以作为轻型航空母舰，甚至其中一些最大型的舰艇可以将这两种功能结合起来。在这些航空母舰搭载的飞机中，AV-8B"鹞"式战机（harrier）从20世纪80年代中期以来一直服役于美国海军陆战队，最后一架将在2025年之前被替换。这款战机在成本上可承受，适应性强，且作战相当高效；它的替代者F-35的优点则还有待证明。无人驾驶的战斗飞行器现在已经投入使用，并展示了令人印象深刻的能力，它们可以在不需要人员持续操纵的情况下，保持最高效状态长时间执行监视任务。美国海军在这一领域处于领先地位，但也尚未找到载人和无人驾驶之间的最佳平衡。

## 航空母舰及其舰载机部队

美国：美国海军目前有10艘"尼米兹"级航空母舰处于现役状态，新一代"杰拉德·福特"级航空母舰的首舰计划在2016年春季加入舰队。这11艘航空母舰都采用核动力。"福特"级的第2艘，"约翰·肯尼迪"号，2015年在纽波特纽斯亨廷顿-英格尔斯工业公司的造船厂开工，第3艘，"企业"号（enterprise）计划在2018财年开工。不过，美国海军已确定将后两艘航空母舰的建造成本大幅削减，要低于"福特"级129亿美元的成本。[1]因此，这两艘都将配备更多廉价的对空监视雷达——"企业对空监视雷达"（enterprise air surveillance radar，EASR）——该系统将由诺斯罗普·格鲁曼公司和雷声公司开发，而新的电磁飞机弹射系统（electroMagnetic aircraft launch system，EMALS）和先进的拦阻装置（advanced arrester gear，AAG）的成本预计也会随着产量的增加而下降。此外，新航空母舰也将采用改进的建造技术来降低成本。

然而，这些努力可能不足以确保该级航空母舰的持续建造。事实上，美国海军在2015年3月的一次国会听证会上透露，正在对可能的替代航空母舰设计进行研究。负责研究、开发和采办的海军助理部长肖恩·斯塔克雷（Sean Stackley）将研究描述为探索"最有效的点……将能够从我们的航空母舰提供我们所需的力量投送……同时让我们在提供这种能力时更负担得起"。这项工作有一些有影响力的政治支持者，但对成本更低舰艇的追求并不新鲜。[2]值得注意的是，20世纪70年代的中型常规航空母舰研究考虑了标准排水量约50000吨（仅相当于"福特"级的一半稍多一点）的设计。然而，这些设计最终被否决，因为它们是速度较慢的二等航空母舰，对所能搭载的舰载机部队也有相当大的限制。[3]还需要考虑各种各样的隐性费用，例如，如果选择常规动力，可能需要增加补充油船的数量。此外，美国海军注意到，美国国会立法规定的是航空母舰的总数，而不是它们的总排水量或它们能够搭载的飞机总数。[4]在缺乏可信的政治承诺来采购比它们最终将取代的大型航空母舰更多的中型航空母舰的背景下，以类似于"福特"级设计的投资获取二等的常规动力航空母舰不太可能有吸引力。

事实上，虽然核动力航空母舰造价高昂，但拥有近乎无限的行动半径，并且能从覆盖地球70%表面的海上，向任何地方投送一支大约由70架战机组成的空军联队。航空母舰的舰载基础设施——包括维修、武器、燃料和住宿——可以在抵达危机区域后立即开始运作。舰载飞机是无缝网络系统的一部分，这个系统还包括可以从潜艇和水面舰艇（具备防空能力，可用于挫败巡航导弹的攻击）发射的远程对陆巡航导弹。这种综合能力将继续为美国提供巨大的国际影响力。因此，虽然目前无法断定有关美国海军审议的结果，但成本控制型"福特"级航空母舰——充分利用其现有的规模效应——应是最有可能的结果。[5]

2015年9月，美国海军核动力航空母舰"罗纳德·里根"号在前往新母港——日本横须贺的途中，在硫磺岛附近拍摄了这张照片。它是目前在美国海军服役的10艘"尼米兹"级航空母舰之一。在冷战后的整个时期，航空母舰一直在美国力量投送能力中扮演着重要角色，很难想象没有它们的美国海军会是什么样子。（美国海军）

美国海军需要10支舰载机联队（CVW）来支持其11艘攻击型航空母舰的运作，由于预算限制和等待"杰拉德·福特"的交付，这一数字已暂时降至9艘。每个舰载机联队由大约70架飞机组成，目前和未来可能的结构如表8.1[6]所示。联队的核心是4个打击战斗机中队（VFA），目前包括F/A-18E/F"超级大黄蜂"和更早的F/A-18C/D"大黄蜂"中队。[7]自从2006年F-14"雄猫"舰载专用截击机退役以来，这些飞机执行了所有的航空母舰打击和拦截任务。波音公司生产的"超级大黄蜂"目前统治着美国海军的战术战斗机部队。到目前为止，该型机已经被订购563架，装备近30个中队。其余的部队由大约10个美国海军和美国海军陆战队"大黄蜂"中队组成，这些中队仍装备着300架左右的老式"大黄蜂"战机。

"超级大黄蜂"是冷战结束后不久出现的飞机采购合理化的一个很好的例子，它是在较早的麦道公司"大黄蜂"设计基础上研制的放大型号。F/A-18E/F最初是作为应对冷战后

2015年8月，搭载于核动力航空母舰"乔治·华盛顿"号的飞行甲板上美国海军的第5舰载机联队（CVW-5）的部分飞机的照片。该舰载机联队由F/A-18C"大黄蜂"、F/A-18-E/F"超级大黄蜂"、EA-18G"咆哮者"快速喷气机、支援的预警机和直升机组成，一个由70多架战机组成的舰载航空联队的战斗力已经超过许多国家的空军。（美国海军）

### 表8.1 美国海军航空母舰舰载机联队

| 现在/未来 | 目前航空母舰空中联队（2015） | | 未来航空母舰空中联队（2025） | |
| --- | --- | --- | --- | --- |
| 机型 | 构成 | 数量 | 构成 | 数量 |
| 战斗机/攻击机 | 1或2个F/A-18C"大黄蜂"中队<br>2或3个F/A-18E/F"超级大黄蜂"中队 | 44 | 2个F-35C"闪电II"中队<br>2个F/A-18E/F"超级大黄蜂"中队 | 44 |
| 电子攻击 | 1个EA-18G"咆哮者"中队 | 5 | 1个EA-18G"咆哮者"中队 | 5 |
| 机载早期预警 | 1个E-2C"鹰眼"中队 | 4 | 1个E-2D"先进鹰眼"中队 | 4/5 |
| 情报与侦察 | 无 | — | 1个RAQ-25A无人机中队[1] | 6 |
| 直升机-海上控制 | 1个MH-60R中队 | 11 | 1个MH-60R2中队[2] | 11 |
| 直升机-多种用途 | 1个MH-60S中队 | 8 | 1个MH-60S中队[2] | 8 |
| 总数 | | 72 | 总数[2] | 78/79 |
| | 外加一到两架执行航空母舰货运（COD）任务的C-2A"灰狗"运输机 | | 外加一到两架执行COD任务的V-22A"鱼鹰"运输机 | |

注：
1. 美国海军航空母舰舰载无人空中监视和打击系统（UCLASS）未来的确切任务仍在美国海军和国会之间进行着辩论。
2. 美国海军计划将8架直升机部署在航空母舰战斗群的其他舰只上。

期开始的飞机项目（包括A-12隐形攻击机）可能失败的应急措施。当为了节约开支将这些项目取消后，"超级大黄蜂"成为美国海军航空兵最重要的机型。最初的合同是在1992年与麦道公司签订的，不过麦道于1997年被波音公司收购。"超级大黄蜂"的开发工作按时完成，没有超出预算，首飞于1995年底进行。量产型飞机根据多年制打包合同采购，这进一步降低了采购成本。且许多飞机实现了提前交付。由于F-35C"闪电II"的延迟开发，需要采购额外的"超级大黄蜂"，以避免在21世纪20年代中期出现潜在的"战斗机缺口"。

"超级大黄蜂"（和本节所述的其他固定翼飞机）的技术细节载于表8.2。随着时间的推移，该型机的传感器已经经历了逐步升级，目前型号配备了APG-79有源相控阵（AESA）雷达；AN/ASQ-228先进瞄准前视红外系统（ATFLIR）；SHARP侦察吊舱和一套综合了雷达告警接收机、干扰机、对抗措施布撒器和拖曳诱饵的自卫系统。来自传感器的信息通过多源集成软件"融合"，并反馈到"玻璃座舱"显示器和机组人员的头盔显示器上。在双座"F"型战机中，机组人员可以使用融合的机载或场外传感器信息与不同的目标交战，这些信息可以通过Link 16数据链进行联网。

"E"和"F"型基本相同，但"E"型用一个油箱替代了后座舱，作战半径稍远一些。E型和F型都可以携带所有类型美国海军空对空和空对舰武器，而且通过携带5个外部副油箱中高达30000磅的燃料，可以用作空中加油机，以配合一支攻击机队，或增加一支战斗空中巡逻编队的巡航时间。该型机可以在执行打击任务时充当自己的护航机，也可以充当舰队的战斗空中巡逻部队。11个挂载点提供了相当大的灵活性，可以为各种行动选择适当的外挂方案。典型的武器挂载包括用于纯制空任务的4枚AIM-9"响尾蛇"（sidewinder）和8枚先进中程空对空导弹（AMMRAM），或用于攻击任务的2枚"响尾蛇"，2枚先进中程空对空导弹和7枚联合直接攻击弹药（JDAM）。

在"超级大黄蜂"的早期发展阶段，以该型机机身改装一种专用电子战机，以取代老旧的EA-6B"徘徊者"（prowler）便提上了日程。这种被命名为EA-18G"咆哮者"的电子战机在2006年首飞，并且在2015年完全取代了EA-6B"徘徊者"。该型机保留了与"超级大黄蜂"相同的基本系统，加装了ALQ-218射频接收机，ALQ-227通信对抗和ALQ-99战术干扰吊舱，以及"多任务先进战术终端"（MATT）。此外，"咆哮者"还能通过卫星数据链接收

### 表8.2　2015年现役的航空母舰攻击机

| 机型[1] | F/A-18C/D "大黄蜂" | F/A-18E/F "超级大黄蜂" | 苏-33 "侧卫D" | 米格-29K "支点D" | J-15 "飞鲨" | "阵风" M F3 |
|---|---|---|---|---|---|---|
| 生产商 | 麦道 | 波音 | 苏霍伊 | 米高扬 | 沈阳 | 达索 |
| 国家 | 美国 | 美国 | 俄罗斯 | 俄罗斯 | 中国 | 法国 |
| 长度 | 17.1米 | 18.3米 | 21.9米 | 17.3米 | 21.9米 | 15.3米 |
| 翼展 | 12.3米 | 13.6米 | 14.7米 | 12.0米 | 14.7米 | 10.9米 |
| 最大起飞重量 | 23500千克 | 29900千克 | 33000千克 | 24500千克 | 33000千克 | 24000千克 |
| 发动机 | 2×通用F404-通用-402 每台79.2千牛 | 2×通用F414-通用-400 每台97.9千牛 | 2×土星AL-31F3 每台125.5千牛 | 2×克里莫夫RD-33MK 每台88.3千牛 | 2×沈阳WS-10A 每台135千牛 | 2×斯奈克玛M88-2 每台75.6千牛 |
| 最大速度 | 1.8马赫 | 1.8马赫 | 2.2马赫 | 2马赫 | 2马赫 | 1.6马赫 |
| 转场航程 | 1800海里 | 1800海里 | 1600海里 | 1100海里 | 1800海里 | 1000海里 |
| 最大升限 | 50000英尺（15200米） | 50000英尺（15200米） | 56000英尺（17000米） | 57000英尺（17500米） | 66000英尺（20000米） | 50000英尺（152000米） |
| 主要传感器 | AN/APG-73 | AN/APG-79 | N-019 "前卫" | Zhuk-ME | 主动电子扫描阵列雷达 | 泰勒斯RBE2 |
| 武器 | 1×20毫米机关炮 9个外挂点 6000千克载荷 | 1×20毫米机关炮 11个外挂点 8000千克载荷 | 1×30毫米机关炮 12个外挂点 6500千克载荷 | 1×30毫米机关炮 9个外挂点 5500千克载荷 | 1×30毫米机关炮 12个外挂点 未知 | 1×30毫米机关炮 13个外挂点 9000千克载荷 |
| 人员 | 1/2 | 1/2 | 1（苏-33UB，2人） | 1（米格-29KUB，2人） | 1 | 1 |
| 数量 | 生产了627架[2] 现役300架 | 生产了563架[2] | 生产了20架 现役12架 | 为印度生产了45架 俄罗斯订购了24架 | 生产正在进行中 10架近期交付 | 计划生产40~50架 现役40架 |

注：
1. 数据来自制造商的文件和其他公开的信息。由于公布的资料有相当大的差异，数据仅供参考。
2. 不包括海外国家空军订购、EA-18G "咆哮者" 以及2015年12月授权但尚未签约的5架额外生产的飞机。

和整合外部传感器信息。到目前为止，美军总共订购了151架 "咆哮者"，每个舰载机联队下属的舰载电子攻击中队（VAQ）都装备有5架该型机。其他战机被分配执行远征陆基任务。

美国海军还对其航空母舰空中编队的其他部分进行了深思熟虑的现代化改造。最值得注意的是，E-2D "先进鹰眼" 预警机在2015年实现了初始作战能力（IOC）。该机型区别于早期 "C" 型的主要新功能是换装了AN/APY-9先进电子扫描雷达。AN/APY-9在特高频（UHF）波段运行，利用强大的数据处理能力，能够探测包括隐形飞机等各种各样的目标，甚至包括地面上的人员在内的小目标。E-2D能够使用它的传感器提供网络信息，来引导如舰载机发射的AMMRAM导弹和战舰发射的SM-6导弹武器攻击处于发射平台传感器范围探测之外的目标。 E-2D将装备每个舰载机联队的机载预警中队，一比一的比例替换预警机中队中的E-2C，最终计划订购共75架。

与此同时，到2016年，MH-60R和MH-60S版本的 "海鹰" 直升机将完全取代在航空母舰空中联队和其他军舰服役的SH-60F。2015年，"西奥多·罗斯福" 号核动力航空母舰完成了一次环球部署，标志着这一过渡进程如今又向前迈出了一步，当时搭载了第一支E-2D作战中队——VAW-125 "虎尾"（tigertails）预警机中队，以及最后一支SH-60F反潜直升机中队——HS-11 "屠龙者"（dragonslayers）。同样在2015年，美国海军宣布服役多年的C-2A "灰狗"（greyhound）舰载运输机将从2020年起将被改进版的MV-22 "鱼鹰" 倾转旋翼机的 "航空母舰舰上运输"（COD）型取代，MV-22已被证明可携带体积庞大的负载，如F-35的PW-135发动机。装备MV-22是一个明智的选择，COD型不仅具备更远的航程，而且还能够在世界各地未开发的机场起降，或是着陆在大甲板STOVL航空母舰——如没有拦阻系统的 "美国"级和"伊丽莎白女王"级上。

21世纪,美国海军无人驾驶战斗机(UCAV)也取得了重大发展。诺斯罗普·格鲁曼公司开发的X47B系统演示机在2013年进行了第一次在航空母舰上的拦阻着舰,并在2015年进行了第一次空中加油;该机在完成这些任务时不是由远程飞行员"驾驶"的,而是使用自己的传感器和人工智能自动执行任务。该机型在2015年演示计划完成后停飞,之后美国海军打算在其所取得进展的基础上订购一款被指定编号为RAQ-25A的无人舰载空中监视和打击系统,并计划于2020年具备初始作战能力,同时向航空母舰舰载机联队交付第一个作战中队。然而,由于美国国会和美国海军在该型的主要任务上没有达成共识,相关规划人员难以确定性能指标,因此无法向工业界发送招标书。[8]因此,具备初始作战能力的时间已经推迟至2023年,而且RAQ-25A的性能必须与F/A-XX实现均衡,这里的F/A-XX是美国海军希望在2030年后最终替代F/A-18E/F的机型。美国海军部长雷·马布斯(Ray Mabus)在2015年表示,F-35"应该,而且几乎肯定会是海军购买或飞行的最后一架有人驾驶攻击战斗机"。然而,海军作战部长格林纳特上将表达了他自己的不同观点,即F/A-XX应该有"可互换的载人和无人选项"。这两种类型的详细需求将在未来几年逐步形成。

印度:印度海军长期以来对现代化改造和扩大其航空母

FA/18-E/F"超级大黄蜂"是目前美国海军航空母舰舰载机联队的主力机型,截至2015年底已交付或订购了563架。图中显示了2015年7月从"乔治·华盛顿"号航空母舰上起飞的第115打击战斗机中队(VFA-115)的一架F/A-18E单座"超级大黄蜂"。(美国海军)

舰力量的雄心主要想通过国产实现。该国第一艘国产航空母舰——排水量40000吨的STOBAR型航空母舰"维克兰特II"号——的设计工作始于世纪之交，在2013年8月正式下水后，目前正在印度科钦进行舾装。9印度海军在计划进行期间遇到了严峻的挑战，不仅施工进度拖延，还遭遇了预算严重超支。尽管为实现2018年交付的计划正在加快工作，但印度海军舰艇建造计划的先前经验表明这可能只是乐观估计。

第二艘更先进的本土航空母舰，暂时命名为"维沙尔"（Vishnal），已做出建造计划。2015年1月，美国总统巴拉克·奥巴马宣布与印度政府达成一项协议，其中涉及航空母舰技术的转让，这些技术很可能将被运用于这艘新航空母舰。由印度海军中将奇马（Cheema）率领的代表团随后于2015年8月访问了美国，以建立一个工作组来推动这一进程。

美国海军航空母舰战斗群的"眼睛"是由E-2"鹰眼"（hawkeye）空中预警机组成的，该型机早在1960年就开始试飞。图中是2015年6月"乔治·华盛顿"号航空母舰甲板上搭载的现役E-2C型，这款战机正在被新的E-2D"先进鹰眼"（advanced hawkeye）所取代，新的战机装备了AN/APY-9相控阵雷达。（美国海军）

MH-60R"海鹰"直升机是畅销全球的"海鹰"直升机系列的最新海上控制型号,部署在美国海军航空母舰和水面舰艇上。(洛克希德·马丁公司)

据信,印度海军希望在2033年之前拥有一艘约65000吨的、配备舰载机起飞弹射装置和阻拦装置的航空母舰。电磁弹射系统和先进拦阻装置以及其他美国航空母舰相关技术显然具有吸引力,美国国防部也已表示愿意提供这些技术。

同时,之前的"维拉特"号(Viraat,前英国皇家海军战舰)——当时世界上最老的现役航空母舰——将在2016年退役,届时已57岁高龄。它搭载的七架"海鹞"可能会同时退役。在新的"维克兰特"号服役之前,印度海军现役的航空母舰将只有俄罗斯的"戈尔什科夫海军元帅"号。据报道,要满足印度的要求,对这艘经过严重火灾后又封存了相当长时间的航空母舰进行现代化改造的成本为24亿美元,具体改造包括安装新的前飞行甲板和14.3度"滑跃跳板",再加上一些新舰体部分,总共需要增加2500吨钢结构。尽管进行了大幅度改造,它在试航和交付后都遇到了一些机械问题,因此在未来几年它的机械状态可能仍会引起关注。与俄罗斯的类似型号航空母舰——以及新型"维克兰特"——一样,"维克拉玛蒂亚"号采用的是短距起飞拦阻降落系统,在这种系统下,高性能的攻击战斗机使用"滑跃跳板"起飞,使用尾部挂钩进行常规的拦阻降落。要使用这项技术,飞机需要高推重比,为此印度海军采购了两台RD-33发动机的俄制米格-29K战机。"维克拉玛蒂亚"号也可以搭载"海王"、卡莫夫Ka28和Ka-31直升机执行反潜和机载预警任务,总共搭载的航空母舰空中联队的飞机超过30架。

印度海军对米格-29K的总订单为41架,其中特别增加了4架米格-29KUB双座型。所有这些战机都有望在2017年前交付。米格-29K最大起飞重量24500千克(54000磅),最大起飞推力接近180千牛(40000磅)。传感器包括所谓的"电子情报系统"和法佐特隆Zhuk-ME雷达,该雷达具有"扫描跟踪"功能。米格-29K能够同时攻击4个目标。它的机翼下有可搭载各种不同空对空和空对地导弹的8个挂载点,另外机身中心线下还有一个挂载点。

印度海军最终计划在米格-29K舰载机部队中增加国产的"光辉"(Tejas)轻型战斗机的海军,这款战机正与印度空军联合开发。"光辉"轻型战斗机采用无尾三角配置,在所有高度都是超音速,最大速度超过1.6马赫。目前的Mk1型的最大起飞重量为13200千克(29100磅),采用的一台通用电气F404GE-IN20发动机可提供高达90千牛(20000磅)的推力。两架基于Mk1的海军原型机已经试飞,而且据报道海军型将初步采购6架。后续至少40架的批量生产将集中在改进的Mk2型上,该型号将换装功率更大的发动机。在达到完全状态后,该型机将装备内置23毫米机关炮和6个机翼下挂载点,并在机身下还有一个挂载点,能够携带5000千克(11000磅)的武器,包括空对空、空舰、反舰导弹、激光制导和普通炸弹。在进气口下的另一个挂载点是为目标吊舱设计的,而且这款飞机的多模式雷达具有"扫描-跟踪"能力,能够同时攻击10个目标。

2015年初,印度海军新交付的"维克拉玛蒂亚"号航空母舰在海上的照片。该舰的舰载机主要由米格-29K组成,与这艘航空母舰一样,舰载机也来自俄罗斯。米格-29K采用STOBAR起降技术。(斯坦舒·卡尔)

印度海军打算本土采购未来的航空母舰,不过第一艘"维克兰特"号的建造成本和时间都比最初设想的要超出很多。"维克兰特"号将采用短距起飞/拦阻着舰配置,但未来的航空母舰可能配备美国海军的电磁弹射装置和拦阻装置。(印度海军)

俄罗斯:与美国海军持续相对健康的状况形成对比的是,俄罗斯的舰载航空部队在冷战结束和1991年苏联解体后一直处于挣扎求生的状态。当时,四艘"基辅"级重型航空巡洋舰处于不同的战备状态,新服役的"库兹涅佐夫上将"号短距起飞拦阻降落航空母舰正在完成试航。但令问题变得复杂的是,所有这些航空母舰都是在尼古拉耶夫造船厂完成的,而那时,这里已经属于独立的乌克兰。造船厂还在建造第二艘"库兹涅佐夫"级的"瓦良格"号,这艘航空母舰在1988年下水。该舰最终被卖到中国,经过多年的修复和重建后于2012年被命名为"辽宁"舰。另一艘核动力航空母舰"乌里扬诺夫斯克"号(Ulyanovsk)的建造工作于1992年终止,当时这艘航空母舰下水还不到几个月。该舰原本将装上蒸汽弹射装置和拦阻装置。然而,俄罗斯海军缺乏资金完成它的建造,于是只能在船台被拆解。

"基辅"级很快就退出了现役,最后一艘——改进型"戈尔什科夫海军元帅"——被出售给了印度。经过数年的谈判,双方最终在2004年达成协议,航空母舰本身赠送,但印度必须支付俄罗斯北方造船厂改装和现代化改造的费用。又过了10年,直到2014年,在比预算高出两倍的代价下,这艘航空母舰才最终重获新生。

自从"库兹涅佐夫上将"号交付以来,俄罗斯海军再没能建成一艘能搭载战斗机的大型战舰。"库兹涅佐夫上将"

经历丰富的印度航空母舰"维拉特"号,该舰于1959年作为英国皇家海军的战舰进入海军服役。"维拉特"号计划在2016年连同它的"海鹞"STOVL飞机一起退役。(美国海军)

号航空母舰目前搭载苏霍伊公司生产的苏-33,北约代号"侧卫-D",以及卡莫夫公司生产的Ka-27"螺旋"直升机的各种衍生型号。在资金耗尽之前,苏霍伊只生产了20架苏-33;其中一些已经损坏,目前大约有十几架还可以使用,由驻扎在摩尔曼斯克附近的北莫尔斯克-3空军基地的第279海军航空团操作。两架苏-33UB双座教练机也被采购,用于岸上训练部队,还有少量的(可能只有5架)的苏霍伊苏-25UT双座教练机被用于甲板着陆训练。由于上舰训练时间有限,飞行员很难掌握航空母舰甲板着舰的技能,而飞机操作员和工程人员也仅掌握了堪堪让舰载机勉强维持运作的技能。让"库兹涅佐夫"雪上加霜的是,虽然该舰的机械系统存在严重的可靠性问题,但乌克兰的公司——现在受制于政府对俄的军售禁令——仍然是汽轮机、齿轮箱和锅炉等主要替换部件的唯一来源。近期"库兹涅佐夫"被从北方舰队基地调遣到地中海期间,它一直被一艘拖船护送,以防发生故障。

俄罗斯舰载机部队面临的最迫切的需要是设法替换数量不断减少的苏-33战斗机。俄罗斯媒体报道称,2012年订购的20架米格-29K单座和4架米格-29KUB双座战斗机将在2015年底前后交付完毕。在苏-33最终退役之前,它们将组成第二个海军航空团。

法国:法国海军是明确自身需求,并有条不紊地从有限的预算中获得最大的利益的典型。尽管有传言称,印度和中国最终都计划建造核动力航空母舰,但迄今为止,法国是除美国以外唯一一个真正建造过核动力航空母舰的国家。构思于冷战最后几年、于1989年4月开始动工的"戴高乐"号核动力航空母舰,在国防经费紧缩时期经历了漫长的建造和试运行阶段,直到2001年才投入使用。法国直到2013年才有了建

2014年5月，俄罗斯海军"库兹涅佐夫上将"号在英国皇家海军45型驱逐舰"龙"号监视下穿越英吉利海峡。俄罗斯的舰载空军力量目前仅限于这一艘航空母舰和数量有限的苏-33战斗机，后者正在被同样由印度海军操作的米格-29K攻击战斗机取代。（王冠版权社，2014）

造第二艘常规动力航空母舰PA-2（Porte-Avions 2）的意愿，但姊妹舰的建造计划严重拖延。法国政府向英国政府支付了依照"伊丽莎白女王"级航空母舰建造的授权费，不过从一开始，法国政府就打算为PA-2配备蒸汽弹射装置和拦阻装置。[10] 法国2013年《国防白皮书》提出，将在可预见的未来中止该计划，而法国舰艇建造局在向巴西和印度等潜在出口客户提供源自PA-2项目的舰艇设计。缺少第二艘航空母舰是法国海军航空力量的主要弱点。

"夏尔·戴高乐"号搭载了一支由"阵风M"（Rafale M）多任务战斗机，"超军旗"喷气式攻击机，E-2C"鹰眼"预警机，以及用于搜索与救援任务的直升机组成的航空联队。"超军旗"计划在2016年退役，打击和拦截任务将完全由达索公司生产的"飓风M"战机负责，这款战斗机与在法国空军服役的"阵风"稍有不同。三个装备"阵风M"的中队——11F、12F和正在换装的17F中队的基地位于布列塔尼的海军航空基地（BAN），其中两个中队可正常参加行动，第三个则进行恢复训练或作战准备，以便以最佳状态投入行动。

迄今为止，已有三个型号"阵风"战斗机交付给海军，早期型号的"阵风"正在逐步升级到目前的F3标准。目前尚不清楚2013年白皮书中宣布将海军与空军的"阵风"战机采购总数从286架减少到225架将如何影响最终获得的海军战机总数。然而，在这10年内，预计将有大约40架"阵风M"进入作战部队。计划中的按照3R标准进行的改造将让"阵风M"装备"流星"空对空导弹和空舰武器。其他改进还包括换装主动相控阵雷达（AESA）和增强的电子战能力。

**表8.3　按国家划分的世界飞机和直升机航空母舰——2020年预测数字**

| 国家 | 固定翼和直升机空中部队 | | | | | | 仅直升机 | | | 舰级 |
|---|---|---|---|---|---|---|---|---|---|---|
| 配置 | 弹射起飞拦阻降落 | | 短距起飞拦阻降落 | 短距起飞垂直降落 | | | | | | |
| 类型 | 核动力航空母舰 | 舰队航空母舰 | 舰队航空母舰 | 舰队航空母舰 | 反潜航空母舰 | 两栖攻击舰 | 直升机航空母舰 | 两栖攻击舰 | 总数 | |
| 美国 | 11 | — | — | — | — | 10 | — | — | 21 | 尼米兹，福特，美国，黄蜂 |
| 俄罗斯 | — | — | 1 | — | — | — | — | — | 1 | 库兹涅佐夫 |
| 印度 | — | — | 2 | — | — | — | — | — | 2 | 维克兰特，基辅（改装版） |
| 巴西 | — | 1 | — | — | — | — | — | — | 1 | 克莱蒙梭 |
| 法国 | 1 | — | — | — | — | — | 3 | — | 4 | 戴高乐，西北风 |
| 英国 | — | — | — | 2 | — | — | — | — | 2 | 伊丽莎白女王 |
| 意大利[1] | — | — | — | 1 | 1 | — | — | — | 2 | 加富尔，加里波第 |
| 西班牙 | — | — | — | — | — | 1 | — | — | 1 | 胡安卡·洛斯一世 |
| 澳大利亚 | — | — | — | — | — | — | — | 2 | 2 | 胡安·卡洛斯一世 |
| 埃及 | — | — | — | — | — | — | — | 2 | 2 | 西北风 |
| 日本 | — | — | — | — | — | — | 4 | — | 4 | 出云，日向 |
| 韩国 | — | — | — | — | — | — | — | 2 | 2 | 独岛 |
| 泰国 | — | — | — | — | — | — | 1 | — | 1 | 纳吕贝特 |
| 总数[2] | 12 | 1 | 3 | 3 | 1 | 11 | 5 | 9 | 46 | |

注：
1. 意大利将在2020年后用两栖攻击舰取代目前的"加里波第"号反潜航空母舰。
2. 随着2021年"胡安·卡洛斯一世"两栖攻击舰投入海军服役，土耳其将加入航空母舰俱乐部。

巴西：2015年，巴西唯一一艘航空母舰"圣保罗"号停靠在里约热内卢的巴西海军造船厂（Arsenal da Marinha）进行全面舰体检查，[11] 由于航空母舰的可靠性问题，巴西海军的航空能力受到限制。这艘航空母舰从1963年起在法国海军服役（"福煦"号），随后，巴西海军与法国舰艇建造局签订合同，后者为航空母舰的升级改造提供帮助。然而，考虑到舰艇的服役时间太长，原本计划安装的柴-电一体化推进系统和现代化弹射装置没有如愿进行。根据巴西的海军航空采购计划（Programa de Obtenção dos Navios-Aeródromos，PONAE），巴西准备从2020年开始再建造两艘5万吨级的新航空母舰。

"圣保罗"号航空母舰的舰载联队包括AF-1"天鹰"攻击机、格鲁曼公司的S-2"追踪者"反潜机和C-1"商人"运输机，以及SH-3A/B"海王"、SH-60B"海鹰"和通用直升机。12架久经沙场的"天鹰"战机是20世纪90年代从科威特采购的二手机，目前正在由巴西航空工业公司（Embraer）进行现代化改造，换装埃尔比特APQ-145B雷达和改进的ECM/ASM组件。该型机装备有"响尾蛇"空对空导弹，两门20毫米火炮和各种普通炸弹、火箭吊舱。第一架在2015年重新交付，目标是在2025年之前经过现代化改造的飞机全部服役。"追踪者"/"商人"也是新收购的二手战机，也进行了现代化改造；它们将执行舰上运输、空中加油和预警任务。

英国：根据2010年的《战略安全与防御评估》，"皇家方舟"号航空母舰和整个联合部队的"鹞"式战机退役，这导致英国目前没有搭载固定翼战机的航空母舰。不过，随着F-35B联合打击战斗机在2020年部署到新的"伊丽莎白女王"级航空母舰（两艘中的第一艘）上，英国将重新具备舰载快速喷气式飞机作战能力。新航空母舰的设计过程非常复杂和昂贵，导致项目团队——以及支持建造的政治领袖——难以确定最好的方案。最初该级航空母舰选择了一种适应性设计，搭载STOVL喷气式飞机和直升机，但据称又具备改造为STOBAR和CATOBAR构型的能力，从而能够搭载尽可能多种类的航空母舰舰载机。然而，当2010年《战略安全与防御评估》中决定在第二艘"威尔士亲王"号（Prince of Wales）上装备美制电磁飞机弹射系统（EMALS）和先进拦阻装置（AAG）以支持弹射起飞拦阻降落时，适应性设计的灵活性被证明是不可能以低成本和及时的方式实现的。[12] 在2012年，F-35B和STOVL配置被确定为首选的方案。2014年7月4日，由伊丽莎白女王二世正式命名的"伊丽莎白女王"号计划于2016年底建造完成开始试航。大约两年后，"威尔士亲王"号将开始试航。

考虑到前联合部队"鹞"式战机的退役和"伊丽莎白女王"号的建造完工之间有相当长的一段时间，美国海军慷慨地同意提供支持，在第一艘新航空母舰准备就绪之前保持英国的航空母舰作战能力。自2010年以来，许多英国飞行员从美国海军航空母舰上驾驶F/A-18E"超级大黄蜂"战机，许多其他军官和士兵根据双边协议在美国海军航空母舰上服役，以获取航空母舰运作经验。为此，英国政府决定选择F-35B"闪电"II作为联合部队的作战机型，这支部队由数量大致相同的皇家海军和皇家空军人员组成，由皇家空军和皇家海军军官交替指挥（而不是作为皇家空军控制的海军空军中队）。"闪电II"是第一架没有被分配英国代号（如"海鹞"FRS1；"海王"ASaC7）的英国战机，而是直接使用的美国的型号F-35。

英国最初的计划是采购多达138架F-35B，2015年的《战略安全与防御评估》中仍确认了这一数字。实际上，这些飞机是小批量采购的，截至2015年底，英国仅订购了4架试验机和10架量产机。第一支英国F-35B部队是目前位于美国加利福尼亚州爱德华兹空军基地的第17中队，在那里英国熟练掌握了这款战机的操作技术，同时该中队也是英军联合作战测试队（JOTT）的一部分，与美国和荷兰的F-35一起参与Block 3软件的开发。英军的第一支F-35作战部队——英国皇家空军617中队——于2016年在博福特海军陆战队航空站成立，之后将在美国进行为期两年的训练，并于2018年搬到计划中的位于英国诺福克郡马勒姆的岸上基地。第二支部队——809海军航空中队（NAS）——将在617之后组建，并计划于2019年迁至马勒姆。除了向航空母舰部署作战分遣队，这支部队在初期预计将成为英国的训练部队。从2018年起，英军将在美国海域对F-35B进行检查和验收。英军的最终目标是对617海军航空中队进行战备检查后，在2020年年底完成部分舰载机上舰。所有工作结束后，航空母舰和舰载机部队将宣布具备初始作战能力，结束英国海军航空能力10年的空白期。2015年的《战略安全与防御评估》还表示，英军将在2023年之前拥有两个中队，最多24架F-35B可搭载到航空母舰上。

英国的F-35B中队将不会像美国海军航空母舰上的舰载机联队那样，以专属中队的形式部署，而是在"需要"时派出分遣队，为特定的行动或演习组建特遣航空大队（TAG）。然而，它们不能同时出现在两个地方，有人担心，英国国防部可能会把陆基作战视为正常，偶尔把舰载行动作为例外，这样一来，航空母舰和空军作战需求就很难"一碗水端平"。2015年9月，英国皇家海军参谋长助理、海军少将基思·布朗特（Keith Blount）表示，他预计"让美国海军陆战队在'伊丽莎白女王'级航空母舰的甲板上驻扎……对于英国纳税人来说将是最划算的选择"。

根据TAG理念的设想"伊丽莎白女王"级航空母舰上的F-35B战机会根据特定的作战需求而得到补充甚至被一系列其他战机所取代。例如，"部队保护包"模块内的梅林HM2直升机可以完成反潜和空中预警任务，而英国皇家空军的"支奴干"和英国陆军"阿帕奇""野猫"直升机也可以加入皇家海军的直升机部队，作为濒海机动部队的一部分。"海王"直升机计划于2016年3月31日全部退役，这将使得皇家海军在"伊丽莎白女王"级航空母舰服役的第一年失去空中监视与指挥（ASaC）能力，但是，英军打算通过让849海军航空中队的7架"海王"ASaC型飞机继续服役至2018年9月，

填补了这一空白期,它们被分为两个小队,每个小队两架,代号分别为"巨港"(Palembang)和"诺曼底"(Normandy),分别加入TAG的行动中。剩下的三架飞机将训练观察员,并作为总部飞行小队参与战术开发研究。根据"鸦巢"(crowsnest)计划,该型机将在2018年底完成替换,由最近升级到HM 2标准的皇家海军"灰背隼"直升机搭载重新封装的升级版ASaC 7"地狱犬"(Cerberus)任务系统所取代,后者将作为"灰背隼"直升机的一种可快速替换任务组件。ASaC 7系统将制造10套,所有30架"灰背隼"HM 2都将接受改装以具备快速更换能力,将反潜战装备更换为ASaC 7系统(后方工作站将被替换为ASaC专用控制台)。到目前为止,英国国防部还没有就有多少飞机将长期安装"鸦巢"系统,以及维持可用于支援TAG的第849海军航空中队机组人员的经费、训练等问题发表评论。

意大利和西班牙:固定翼航空母舰"俱乐部"的其余两名成员——意大利和西班牙海军,都拥有小规模的AV-8B"鹞"II战机编队,该型战机也在美国海军陆战队执行两栖支援任务。事实上,搭载垂直起降战斗机的轻型航空母舰和下面描述的大甲板两栖航空母舰能力的差别已经变得有些模糊,两者都可能被赋予新的型号,以反映它们所提供的多种作战模式。[13]

意大利海军的"鹞"可以搭载到轻型航空母舰"朱塞佩·加里波第"(1985年服役)号和"加富尔"号(2009年服役)上,为舰队作战和两栖作战提供一种均衡的STOVL攻击战斗机能力,不过"加里波第"号现在主要用于直升机支援任务。意大利计划在未来10年,用15架美国F-35B"闪电II"联合打击战斗机取代现有的"鹞"式。[14]

"超军旗"(super etendard,在1982年马岛战争中在阿根廷部队赢得名声)喷气式攻击机将很快退役,这意味着"阵风M"将成为法国海军唯一的打击战斗机。目前的计划装备3个中队,大约40架"阵风M",其中两个中队搭载于法国唯一的航空母舰"戴高乐"号上。(达索航空-兰德公司)

2015年3月,四架F-35B联合打击战斗机参加了一次加油演习。离摄像机最近的F-35B涂有英军军徽。从2020年起,F-35B将在"伊丽莎白女王"级新型航空母舰的首舰上进行作战部署。(洛克希德·马丁公司)

2013年,西班牙唯一的航空母舰"阿斯图里亚斯亲王"号(Príncipe de Asturias)退役后,西班牙的搭载"鹞"式战机的两栖攻击舰"胡安·卡洛斯一世"下水服役。这款战舰既可执行海上控制任务,也可执行两栖作战任务(不过指挥、控制和弹药配载安排倾向于后者)。12架AV-8B"鹞II"飞机仍在服役。鉴于目前缺乏采购替代版F-35B的资金,它们很可能会一直服役到21世纪20年代。

## F-35"闪电"II

洛克希德·马丁公司生产的"闪电II"联合打击战斗机的设计在2001年被选为美国武装部队未来的主力战斗机,此前X-35演示机在竞争中击败了波音公司设计的竞争机型X-32。被指定为F-35的这款战机是一种新型攻击战斗机,预计将在10年左右完成研发,但到2015年底还远未完成。公平地说,使飞机的软件和系统成熟所需要的工作量被严重低估了。F-35共有3种子型号,全部都是单发动机、单座飞机:

■ F-35A 供美国空军和一些出口客户使用的陆基战斗机。

- F-35B STOVL型，供美国海军陆战队、英国皇家海军和皇家空军、意大利海军和空军在岸上和海上使用。
- F-35C 供美国海军使用。它有更大的机翼，并且被优化用于弹射起飞和拦阻降落。

F-35A型和F-35C型飞机因与F-35B型飞机有相同之处而受到诟病，如果没有"B"型飞机，它们很可能在更早的时候推出，配备双发动机，有单座和双座两个版本。现在，许多美国分析人士认为，设计两种不同的飞机，一种是传统配置，一种是STOVL配置，将更为便宜和高效。

按照F-35计划，美国将预计生产多达2457架F-35，其中2443架将是量产型。在量产型中，1763架是专用于美国空军的F-35A型，340架是专用于美国海军陆战队的F-35B型，340架F-35C型中260架用于美国海军，80架用于美国海军陆战队。另外预计将为出口客户制造数百架飞机。截至2015年底，订单总数已略高于250架——所有订单都是根据小批量试生产（LRIP）合同完成的——因此，生产仍处于相对初期阶段。仅美国一国的生产计划，总费用就高达4000亿美元。已经有人对方案总费用的显著增长感到担忧，对所有计划的采购能否完成表示怀疑。[15]

然而，尽管存在这些问题，该计划在2015年取得了相当大的进展。7月，驻扎尤马海军陆战队航空站的VMFA-121"绿骑士"（green knights）中队宣布已经达到初始作战能力。该中队的飞机安装了Block 2B软件，该软件缺乏利用外挂武器的能力，但允许有限地使用内置武器舱，同时具备执行侦察监视任务和参加作战演习能力。美国海军、美国空军和英国的飞机在到达初始作战能力之前都将安装Block 3F软件，以允许使用更多样的内外部武器，并完美传输图像和数据。美国海军陆战队VMFAT-501"军阀"（warlords）训练中队的F-35B战机将训练美国海军陆战队和英国飞行员，美国海军已经组建了自己的训练部队——VFA-101"冷酷死神"（grim reapers）中队，完成训练后，该中队将以加利福尼亚的勒莫尔海军航空站为基地。

## 大甲板两栖战舰

从20世纪50年代中期开始出现使用舰载直升机将海军陆战队员降落在岸上目标进行垂直包围的战法。第一艘两栖直升机航空母舰——美国的"西蒂斯湾"（CVHA-1）号，是由一艘护航航空母舰改装而来的，于1956年进入海军服役；同年，两艘经过仓促改装的英国轻型航空母舰"海洋"号和"忒休斯"号在苏伊士运河危机期间进行了第一次实施了直升机攻击。两舰的成功使英国人把两艘更大的航空母舰——"堡垒"号和"阿尔比恩"号改造成两栖攻击舰，这两艘攻

**表8.4　F-35联合打击战斗机的不同型号**

| 机型[1] | F-35A | F-35B | F-35C |
|---|---|---|---|
| 配置 | 陆基 | 短距起飞垂直降落 | 弹射起飞拦阻降落 |
| 长度 | 15.7米 | 15.6米 | 15.7米 |
| 翼展 | 10.7米 | 10.7米 | 13.1米 |
| 最大起飞重量 | 32000千克 | 27000千克 | 32000千克 |
| 发动机 | 1×F135-PW-100<br>191千牛 | 1×F135-PW-600<br>191千牛 | 1×F135-PW-100<br>191千牛 |
| 最大速度 | 1.6马赫 | 1.6马赫 | 1.6马赫 |
| 最大G载荷 | 9 | 7 | 7.5 |
| 作战半径 | 1200+海里 | 900+海里 | 1200+海里 |
| 主要传感器[2] | AN/APG-81雷达 | AN/APG-81雷达 | AN/APG-81雷达 |
| 武器 | 内置1×25毫米机关炮<br>2内置武器舱<br>（每个两个挂载点）<br>7个外挂点<br>8200千克载荷 | 2内置武器舱[3]<br>（每个两个挂载点）<br>7个外挂点[4]<br>6800千克载荷 | 2内置武器舱<br>（每个两个挂载点）<br>7个外挂点[4]<br>8200千克载荷 |
| 人员 | 1 | 1 | 1 |
| 数量 | 计划生产1763架<br>额外出口订单 | 计划生产340架<br>额外出口订单 | 计划生产340架 |

注：
1. 数据来自一系列制造商和美国国防部的文件。它展示了在建造通用设计的变体中固有的妥协，F-35B短距起飞垂直降落型的作战半径、有效载荷和机动性特别受到空间和重量的影响，因为需要在设计中加入升力风扇。
2. 虽然AN/APG-81有源相控阵雷达是F-35的主要传感器，但不应忽视将飞机高级电子战套件提供的数据与APG-71提供的信息融合以提供综合战术图像的能力。
3. F-35B的内置武器舱比其他两种型号要小。
4. F-35B和F-35C型的中心线挂载点被保留，用于安装与F-35A内置的25毫米航炮相同的航炮的吊舱。

2013年公布的F-35"闪电II"联合打击战斗机三个型号的照片。位于图片右边的是常规的岸基型F-35A，中间的是装备升力风扇的F-35B，左边的是航空母舰专用的、有更大机翼的F-35C。（洛克希德·马丁公司）

击舰也都很成功；美国海军将几艘"埃塞克斯"级航空母舰改装成两栖舰艇，并专门建造了7艘排水量稍小的"硫磺岛"级两栖攻击舰。今天美国海军的大甲板两栖航空母舰更大，可以搭载垂直起降战斗机和倾转旋翼机以及两栖直升机。而其他国家的海军装备了更小的两栖舰艇，随着民用造船标准的广泛采用，使这些两栖舰艇的价格更具经济可承受性。

美国最新的两栖航空母舰——45000吨的"美国"号，提供了极为强大的"跨界"能力，甚至可以说具备除核动力航空母舰外最强大的航空能力。该级舰与以前的美国两栖攻击舰（LHA/LHD）相当不同，没有设置搭载登陆艇的坞舱，而是专门强化航空设施。该舰的两栖舰载机联队包括AV-8B"鹞"式STOVL打击战斗机、MV-22"鱼鹰"倾转旋翼机和CH-53E"海种马"、AH-1Z"毒蛇"和MH-60S"海鹰"直升机。2012年订购的"的黎波里"（LHA-7）号将配备耐热飞行甲板，使得其从一开始就可搭载F-35B。计划中的第三艘将重新引入坞舱，以便让登陆艇将重型车辆和设备带上岸。这种倒退是很难理解的，因为最近美国海军陆战队宣布了一种概念，两栖作战的舰载机将依托岸上挂弹与再补给点（M-Farps）实施行动。飞机将只有在必须维修时才需要返回100海里外的美国海军或盟军航空母舰所在地。2015年首次试飞的西科斯基CH-53K"种马王"重型直升机将成为海军陆战队设想的机动性核心，该型机能够在110海里任务半径内携带27000磅的载荷。很难想象登陆艇能在这样的距离上及时或有效地运作。美国海军两栖航空母舰还有可能执行"海上控制"任务，届时它们将搭载多达22架F-35B和12架SH-60R反潜直升机组成的舰载机大队。然而，与英国航空母舰不同的是，美国两栖攻击舰没有滑跃跳板，因为美国海军陆战队选择保留平坦的甲板，以最大限度地利用空间搭载直升机。

目前服役的其他两栖攻击舰主要是欧洲设计，其中西班牙设计的"胡安·卡洛斯一世"/"堪培拉"级大甲板舰艇可以说是性能最突出的。它们目前在西班牙和澳大利亚服役，同时一款稍微修改的型号正在土耳其建造，计划2021年交付。这些两栖舰艇装备坞舱和滑跃跳板。然而，尽管西班牙海军在其唯一一艘两栖舰艇上搭载AV-8B战机，但澳大利亚购买少量F-35B用于自己的两艘两栖舰艇上的提议似乎在澳大利亚皇家空军有限的热情面前举步维艰。另一种流行的设计是法国的21000吨级"西北风"两栖攻击舰,该级舰能搭载700名士兵、16架直升机和大量装甲车辆,但并不打算采取STOVL配置。目前该级舰已有3艘在法国海军服役。如果俄罗斯订购两艘的计划得以完成,俄罗斯海军将获得20多年来的第一批新式大型战舰,并向据信正在设计一艘新航空母舰的项目团队转让重要技术。然而,俄罗斯对克里米亚半岛的吞并和对东乌克兰武装的持续支持迫使法国取消了该协议,现在这些两栖战舰已经卖给了埃及。与此同时,2015年,意大利海军与芬坎蒂尼公司签署了一份价值12亿美元的合同,为其建造一艘22000吨重的大甲板两栖航空母舰,并于2022年交付。它将有一个坞舱以搭载登陆艇,甲板上还有5个可停放"灰背隼"/NH-90大小直升机的起降点。它将能够长期运载1000名士兵。在其他国家,韩国已经开始建造第二艘"独岛"级直升机船坞登陆舰,该舰也可能被改装为STOVL配置。

美国海军陆战队舰载固定翼飞机部队的核心由6支AV-8B"鹞"式陆战队舰载攻击(VMA)中队和一个训练部队组成,最后一支将在2025年退役。AV-8B已经被用作打击/攻击机,但是美国海军陆战队希望通过低成本的升级来提高它的空对空能力,从而让大甲板两栖舰艇成为能够执行多种任务的轻型航空母舰,甚至有可能在一些部署中取代核动力航

2015年8月,"黄蜂"级两栖攻击舰"埃塞克斯"号(LHD-2)与"西奥多·罗斯福"号航空母舰一起通过阿拉伯湾。美国海军的两栖攻击舰(很快将部署F-35B联合打击战斗机)在航空支援能力上可以说仅次于核动力航空母舰。(美国海军)

2015年10月,一架海军VMM-163倾旋翼中队的MV-22B "鱼鹰" 飞机在演习中亮相。"鱼鹰" 具有直升机的垂直降落能力,但在水平飞行中飞行速度要快得多。(美国海军)

空母舰。如果获得资金支持,升级将包括携带AMMRAM导弹,用于对付APG-65型雷达可探测到的超视距目标;皇家海军的"海鹞"战机从1995年起就具备发射该型导弹的能力,这是一个有价值的先例。

直升机两栖突击能力现在主要依靠MV-22B "鱼鹰" 倾转旋翼机。这种混合动力飞机可以垂直起降,同时在超过250海里的任务半径范围内,搭载24名海军陆战队员或9000千克(19840磅)内部负载的情况下,还可达到305节的最高飞行速度。该型机现在已经完全取代CH-46E "海上骑士",并将最终装备18个陆战队舰载倾转旋翼机中队(VMM)和一个训练部队。该型机彻底改变了两栖舰艇对目标发起空中突击的实施方式。美国海军陆战队的升级计划将进一步增强其能力,这些升级包括加装 "V-22空中加油系统"(VAR);该系统包括接入/接出探头和锥管加油套件,以及除了飞机内部油箱的4536千克(10000磅)额外燃料。加装系统后V-22可以从尾舱门伸出椎管实施空中加油,扩展F-35B、AV-8B和其他V-22战机的作战半径。同样正在换代升级过程中的CH-53K "种马王" 则是一款性能更为强大的重型直升机,将取代海军重型直升飞机中队中的CH-53E "超级种马"。为海军陆战队提供近距离空中支援的AH-1Z"毒蛇""空中炮艇",已经在轻型攻击直升机中队(HMLA)中取代了AH-1W"超级眼镜蛇"。

其他海军没有美国海军陆战队如此全面的航空支援力量,而是通常依靠从一系列部队中抽调组建的临时航空大队来提供必要的能力。例如,澳大利亚皇家空军计划在其新的"堪培拉"级两栖战舰上搭载包括MRH-90突击直升机和"虎"式武装直升机的特遣航空大队,它们的飞机主要从陆军航空兵(AAC)部队中获得。澳大利亚陆军的CH-47D"支奴干"直升机也可以提供重型运输能力。欧洲NH-90的一个衍生型号MRH-90已经由澳大利亚航宇公司生产了46架。其中40架由陆军航空兵部队(AAC)操作,另外6架由皇家澳大利亚海军的808海军航空中队操作,使用从陆军航空兵库存中轮换出来的飞机,并最终涂装标准的灰色/绿色/黑色涂装。该中队将定期搭载到两栖战舰上,但必要时可以由陆军航空兵进一步支援。MRH-90能携带20名士兵或4000千克(8818磅)外部负载,作战半径类似于MV-22B,但速度只有160节。

英国的两栖作战能力也采用了类似的方法,当2018年"海洋"号服役满20年退役时,其两栖作战任务被转交给了"伊丽莎白女王"级航空母舰。英军的特混航空大队包括来自皇家海军、陆军航空兵和皇家空军的各种直升机,如"灰背隼""阿帕奇"和"支奴干"等。核心力量是一支25架"灰背隼"HC 3直升机组成的直升机部队,这些直升机从英国皇家空军被转隶至皇家海军,取代了过去的"海王"HC4直升机。根据一项直到2022年才会最终完成的计划,这批直升机正在逐步升级到海军所需的HC4标准,包括新的电动折叠主旋翼、折叠尾斜梁和"玻璃座舱"。

## 海上控制直升机

自20世纪50年代以来,舰载直升机的使用迅速拓展。英国皇家海军"部族"(Tribal)和"利安德"(Leander)级是搭载第一批有人驾驶直升机的海军舰艇,在20世纪60年代早期,韦斯特兰公司的"黄蜂"HAS1直升机被搭载于小型驱护舰上,且被指定为携带鱼雷的中型反潜直升机(MATCH)。从1964年开始,意大利海军就部署了更大型的直升机来执行反潜任务,这些直升机搭载在专门设计的"直升机巡洋舰"上。大约在同一时间,美国海军部署了创新的"无人驾驶反潜直升机"(DASH),从所搭载的驱逐舰上起飞。然而,这一概念依赖于不成熟的技术,一些无人驾驶反潜直升机没有成功返航,该系统很快也被撤装。后来,在1990—1991年的海湾战争中,导弹武装直升机在执行反水面任务,对抗导弹艇和其他小型水面舰艇中表现出色,其能力在作战环境中得到了证明。

今天,大型海上控制直升机搭载在航空母舰和其他水面舰艇上。其中,西科尔斯基/洛克希德·马丁联合生产的SH-60/MH-60"海鹰"系列、阿古斯塔-韦斯特兰公司联合生产的AW-101(在英国皇家海军被称为"灰背隼")、NH工业公司生产的NH-90"北约护卫舰直升机"(NFH)型和卡莫夫公司的Ka-27系列是其中最重要的机型。[16] 上述这些机型都已广泛出口。[17] 一些轻型直升机也被部署在海上控制任务中,其中英国韦斯特兰公司的"山猫"(lynx)和它的替代者AW159"野猫"(wildcat)可能是最出名的。最近一个值得注意的发展是无人驾驶技术的回归,且越来越多地与有人直升机配合使用。例如,2015年美军就在"沃思堡"号濒海战斗舰上搭载了MH-60R"海鹰"和MQ-8B"火力侦察兵"无人直升机。有经验的维修人员同时为这两种型号的直升机提供保障,四名飞行员分别接受了在战舰的作战信息中心(CIC)的控制台操控MQ-8B和驾驶MH-60R的训练。MQ-8B被证明是扩展水面搜索范围的理想机型,同时在共同执行任务时还可为从MH-60R发射的"地狱火"导弹提供火控照射。在更强调主观能动性的任务中,MH-60R效率更高,但需要两名飞行员,行动的时长也有限,机组人员也会出现疲劳。改进版MQ-8C的甲板着陆试验在"詹森·邓纳姆"号(Jason Dunham)驱逐舰上进行,预计在2016年达到初始行动能力。C型与B型采用相同的航空电子设备，但机身平台改为贝尔公司的"喷射游骑兵"（jetranger）直升机。这使它具有卓越的耐久性和载荷搭载能力。[18]

西方三种主要的海上控制直升机都配备有类似的传感器，包括"直升机可折叠轻型声学"系统（FLASH），即美国海军的AN/AQS-22声呐和英国皇家海军的2089型声呐系统。两种系统均携带有源和无源声呐浮标，并使用声波处理器分析结果；皇家海军"灰背隼"型直升机采用的是AQS-903A处理器，NH-90采用的是TMS-2000处理器，MH-60R采用的是AN/UYS-2A处理器。这三款直升机都拥有强大的水面搜索雷达。"灰背隼"采用的是"蓝茶隼"（blue kestrel）雷达，具有360度探测范围和能够读取世界各地商船传送到自动识别系统（AIS）信息的软件。所有类型的直升机都装备用于被动、远程识别的光电/红外成像系统。不过，"灰背隼"

2015年10月1日，西班牙海军两栖攻击舰"胡安卡洛斯一世"上搭载的美国海军陆战队MV-22B"鱼鹰"飞机。通过大甲板两栖战舰为二线海军提供有意义的海军航空能力越来越流行，西班牙的这款战舰还出口到了澳大利亚和土耳其。（美国海军）

直升机的不同寻常之处在于，采用三台发动机，这使得它比其他装备两台发动机的直升机重30%。虽然相比"海鹰"的3.5小时、NH-90的5小时续航能力，"灰背隼"直升机的续航增加到6小时，但额外的复杂性大幅增加了使用这款战机的边际成本。这可以解释为什么皇家海军已经为驱逐舰和护卫舰采购了更小、更经济的"野猫"直升机。NH-90的客户对该型机延迟开发和延迟交付感到有些失望，但荷兰皇家海军在2010年开始装备该直升机，法国版"凯门鳄"（caiman）在2015年3月宣布全面投入使用。所有三种直升机都能装备反潜寻的鱼雷和深水炸弹，但是"灰背隼"是其中唯一没有装备反舰导弹的。

俄罗斯海军使用的主要海上控制直升机是双发动机的卡莫夫"卡-27"，北约将其命名为"螺旋A"（helix A）。该机与西方直升机的不同之处在于有两个共轴对转的主旋翼，层叠布置，从而无需尾桨。该型机的机载系统可与西方直升机相媲美，包括VGS-3吊放式声呐、欧斯米诺格"溅落"（splash drop）雷达、声呐浮标、电子支援装备和磁场异常探测器（MAD）。武器装备包括多达三枚APR-2自导鱼雷、核深水炸弹或常规深水炸弹和空投水雷。配置类似的卡-27出口型号在许多国家的海军服役，包括印度和中国海军。

**表8.5　2015年现役的海上控制直升机**

| 机型[1] | MH-60R"海鹰" | NH90（NFH） | AW-101"灰背隼"[2] | CH-148"旋风" | Ka-27"螺旋" | AW-159"野猫" |
|---|---|---|---|---|---|---|
| 生产商 | 西科斯基 | NH工业公司 | 阿古斯塔韦斯特兰 | 西科斯基 | 卡莫夫 | 阿古斯塔韦斯特兰 |
| 国家 | 美国 | 欧盟 | 意大利/英国 | 美国 | 俄罗斯 | 英国 |
| 长度 | 15.3米<br>19.8米（旋翼） | 16.1米<br>19.6米（旋翼） | 19.5米<br>22.8米（旋翼） | 17.1米<br>20.9米（旋翼） | 11.3米<br>15.8米（旋翼） | 12.1米<br>15.2米（旋翼） |
| 主旋翼直径 | 16.4米 | 16.3米 | 18.6米 | 17.7米 | 15.8米（双） | 12.8米 |
| 最大起飞重量 | 10700千克 | 10600千克 | 15000千克 | 13000千克 | 12000千克 | 6000千克 |
| 发动机 | 2×T700-GE-701C | 2×RTM-3224 | 3×RTM-322 | 2×GE CT7-8A7 | 2×伊索托夫TV3-117V | 2×LHTEC CTS800-4N |
| 最大速度 | 140海里/时 | 162海里/时 | 167海里/时 | 165海里/时 | 145海里/时 | 157海里/时 |
| 悬停升限 | 4500米 | 3200米 | 3400米 | 2700米 | 未知 | 2300米 |
| 最大滞空时间 | 3.5小时 | 5小时 | 6小时 | 3.5小时 | 未知 | 2.5小时 |
| 主要传感器 | AN/APS-147雷达 | 泰勒斯ENR雷达 | "蓝茶隼"雷达 | AN/APS-143雷达 | 雷达 | 浪花7400E雷达 |
|  | AN/AQS-22吊放式声呐 | 吊放式声呐[5] | 2089型吊放式声呐 | HELRAS吊放式声呐 | 吊放式声呐 | 前视红外雷达 |
|  | AN/AAS-44前视红外雷达 | 前视红外雷达 | 前视红外雷达 | 星萨佛瑞3前视红外雷达 |  |  |
| 武器 | 鱼雷、导弹、机枪 | 鱼雷、导弹、机枪 | 鱼雷、机枪 | 鱼雷、机枪 | 鱼雷、深水炸弹 | 鱼雷、导弹、机枪 |
| 人员 | 3/4 | 3/4 | 4/5 | 4 | 2+ | 2+ |
| 数量 | 计划生产300架（美国海军）<br>额外出口订单 | 至今订购130架<br>不包括NH90 TTH的销售 | 30架"灰背隼"HM2（英国）<br>10架反潜AW-101（意大利）<br>不包括其他型号 | 订购28架（加拿大） | 现役80架（俄罗斯）<br>额外Ka-27/28的出口 | 订购28架（英国）<br>韩国订购8架<br>不包括AH1型 |

注：
1. 数据是根据制造商的文件和其他公开的信息编制的。由于公布的资料有相当大的差异，因此数据只做参考。
2. 采用的是皇家海军装备的"灰背隼"HM2型的数据；意大利装备的型号配备了通用电气的发动机，并具备发射空对舰导弹的能力。
3. 数据涉及皇家海军HMA2变体。韩国的变体也有吊放式声呐。
4. 一些直升机配备有两台通用T700-T-6E发动机。
5. 不同国家的吊放声呐型号不同。

AW159"野猫"HMA 2比大型海上控制直升机轻很多,并且能够为小型舰艇提供有效的直升机能力,能够在简陋的条件下从小甲板起降。该型机的最大起飞重量只有6000千克(13200磅),相比之下,"灰背隼"HM 2的最大起飞重量高达14500千克(32100磅)。该型机与陆军航空兵"野猫"AH1使用相同的机身,并拥有航空电子管理系统(AMS),能够将传感器数据整合到机组人员的"玻璃座舱"显示器中,提供精确的导航和位置信息。常规的机组人员包括一名飞行员和一名观察员,传感器包括西莱克斯公司生产的"浪花"7400E主动相控阵雷达,该雷达具有空对空、空对舰、空对地和地面移动目标模式,可以探测地面上的人员移动,或生成二维、高分辨率的图像用于目标识别。威斯卡姆MX-15DI电光/红外无源成像系统用于搜寻目标、识别目标、提供距离数据,以及在有需要时进行激光标定。一次飞行中显示的所有图像都存储在航空电子管理系统中,可以在飞行结束后下载和研究。"野猫"装备有直升机综合防

北约直升机工业(NH Industries)公司的NH-90直升飞机有战术运输和海上控制两种型号。事实证明,后者受到大量欧洲海军的欢迎,并开始克服延迟和其他问题进入服役。荷兰皇家海军(前景图片)和法国海军是首批装备这款直升机的部队。(安东尼·佩基/空客直升机)

2013年拍摄的一架"灰背隼"HM 1直升机。英国皇家海军目前正在过渡到装备30架更加现代化的HM 2型直升机,意大利海军也在使用这种机型。它的三台发动机的配置增强了作战范围、能力和可靠性,但也大幅提升了边际成本。(王冠版权社,2013)

御辅助系统(HIDAS),可优先标记重大威胁,并通过飞机存储的箔条和热焰弹采取最有效的对抗措施。"野猫"直升机可以装备自导鱼雷、深水炸弹和舱门机枪,而且可以搭载英国未来的轻型和重型空舰导弹。韩国是这种新型直升机的第一个出口客户,并特意装备了可折叠轻型声学系统吊放式声呐,以进一步提高反潜能力。

## 岸基海上巡逻机

虽然各种海上巡逻机(MPA)目前正在服役,但真正"高端"海上巡逻机中的主流还是1962年开始服役的美国海军P-3"猎户座"(Orion)。单美国海军就采购了550多架,如果考虑到出口和在日本许可制造的机型,P-3"猎户座"巡逻机总产量约为750架。尽管美国海军巡逻中队的P-3C目前正在被新的P-8A"海神"平稳替换,但还是有大约10个中队继续装备P-3C。目前装备这款巡逻机的其他国家包括阿根廷、澳大利亚、巴西、加拿大、智利、德国、伊朗、日本、新西兰、挪威、巴基斯坦、葡萄牙、西班牙、韩国和泰国。除日本外,所有这些国家装备的数量都不足20架。[19]

新的P-8A"海神"采用了非常成功的波音737客机的机身和发动机,并在同一条生产线上组装,以最大限度地降低研发和装备成本。2013年,该型机以预期的成本按时达到初始作战能力。到2016年,美国海军将有6支现役P-8A中队,随后每隔约6个月有更多的后续部队完成换装。按照计划,P-8A最终将采购117架。该型巡逻机与P-3C update 4型装备相同的AN/APY-10雷达,并通过集成的、开放式结构系统,将信息投送到包括飞行员在内的每名机组成员都有的"玻璃"屏幕上。AN/APY-10雷达的不同模式可提供舰艇和陆地目标的成像、探测、分类,此外机上还装备有一台无源、高分辨率光电/红外摄像机,主动及被动声呐浮标,AN/ALQ-213V电子战管理系统和对抗措施投放装置。P-8A滞空时间长达10小时。为节约燃料,该型机可以在高达40000英尺的高度上进

美国海军的海上巡逻理念中,设想使用MQ-4C"特里同"无人机来辅助有人驾驶的P-8A。非武装的"特里同"将被用于维持对广阔海域的持续监视,P-8A"海神"飞机将用于更具体的任务,包括反潜任务。(诺斯罗普·格鲁曼公司)

印度海军的P-8I是美国海军P-8A"海神"海上巡逻机的衍生型,P-8A正在逐步取代传统的P-3C"猎户座"。(波音公司)

行巡逻,而且专门开发了可在这个高度投放的一系列新武器和声呐浮标,包括"高空反潜作战武器能力"(HAAWC)系统,这是一款在Mk54鱼雷基础上加装精确制导机翼组件,可以远距离滑翔的空投反潜鱼雷。类似但更小的机翼套件安装在声呐浮标上,也是为了在比传统的低空投放远得多的距离上释放武器和声呐浮标。"海神"巡逻机很早就在出口方面取得了成功,印度和澳大利亚都同意各自购买至多12架飞机。澳大利亚订购的P-8A将与美国海军的飞机几乎完全相同,但印度的P-8I包括印度提供的电子设备和一台磁场异常探测器(MAD)。2015年11月,英国宣布将成为该飞机的第四个客户,计划为英国皇家空军购买9架,以取代根据2010年《战略防务与安全评估》退役的前"猎迷"(nimrod)巡逻机。

无人机的重要性在美国海军的广域海上监视系统(BAMS)中得到越来越充分的证明,无人机已经发展成为美国海军P-8A飞机的有力补充。该系统的无人机部分是诺斯罗普·格鲁曼公司生产的MQ-4C"特里同"。根据该理念,"特里同"无人机可从前方作战基地(FOB)出发,在高达55000英尺的高度按轨迹飞行,对海域进行多大面积搜索。MQ-4C的关键传感器包括AN/ZPY-3多功能雷达,该雷达采用具备多种模式的主动相控阵天线,能够获得船舶的高清图像,这些图像可以与其机载识别档案和船舶自动识别系统的数据进行比对。图像和识别信息几乎是实时传输到美国的一个远程指挥中心和海上特混舰队。MQ-4C还配备有AN/ZLQ-1电子支援措施包和已知雷达信号频谱的"库",以提供目标身份。Link 16数据链可提供保密通信,且无人机也能携带通信中继设备,以方便船只之间在远距离进行安全通信。MQ-4C飞行路线是自主的,但指挥中心的操作人员可选择要搜索的轨迹和飞机的高度。MQ-4C无人机单架次飞行可持续24小时以上;该型机机身有51000小时的疲劳寿命,并且机身能够在将近80%的前方部署时间中保持滞空。第一支装备该机的部队是2013年在杰克逊维尔的海军航空兵基地组建的VUP-19"大红"(big red)中队,该中队预计将在2016年底或2017年初部署第一支分遣队。澳大利亚已经承诺购买数量不详的MQ-4C来补充自己的P-8As战队。

日本海上自卫队目前还拥有一支超过80架P-3"猎户座"的大规模机队,这些飞机大部分是在日本授权制造的。目前海上自卫队正在采购一款日本自主设计的国产川崎P-1(Kawasaki P-1)以取代"猎户座"。新飞机配备了雷达、光电传感器、电子战系统和日本设计的声呐浮标(与美国海军的兼容)。和P-8A一样,P-1滞空时间可达10个小时,可以携带多种武器,包括鱼雷、深水炸弹、水雷、空对地导弹和炸弹。

在其他"高端"海上巡逻机拥有者中,俄罗斯海军仍继续使用小部分冷战最后几年建造的海上巡逻机,包括伊留申

法国海军"大西洋2"(Atlantique 2)海上巡逻机。其中大约15架将在较长时期内继续服役。(达索航空)

### 表8.6 2015年现役的"高端"海上巡逻机

| 机型1 | P-3C"猎户座" | P-8A"海神" | 宝玑"大西洋"2 | IL-38"五月" | 图-142M"熊" | 川崎P-1 |
|---|---|---|---|---|---|---|
| 生产商 | 洛克希德·马丁 | 波音 | 达索 | 伊留申 | 图波列夫 | 川崎 |
| 国家 | 美国 | 美国 | 法国2 | 俄罗斯 | 俄罗斯 | 日本 |
| 长度 | 35.6米 | 39.5米 | 31.7米 | 40.2米 | 49.5米 | 38.0米 |
| 翼展 | 30.4米 | 37.6米 | 37.5米 | 37.4米 | 51.1米 | 35.4米 |
| 最大起飞重量 | 63000千克 | 86000千克 | 46000千克 | 66000千克 | 188000千克 | 80000千克 |
| 发动机3 | 4×艾莉森T-56 A14TP | 2×CFM56-7B TF | 2×RR泰恩河Mk21 TP | 4×伊万尘科AI 20M TP | 4×库兹涅佐夫NK-12M TP | 4×IHI F7 TF |
| | 每台3700千瓦 | 每台120千牛推力 | 每台4500千瓦 | 每台3200千瓦 | 每台11000千瓦 | 每台60千牛推力 |
| 最大速度 | 410海里/时 | 490海里/时 | 350海里/时 | 350海里/时 | 500海里/时 | 540海里/时 |
| 最大高度 | 28000英尺（8500米） | 41000英尺（12500米） | 30000英尺（9100米） | 36000英尺（11000米） | 44000英尺（13500米） | 44000英尺（13500米） |
| 范围 | 滞空3小时 离基地1350海里 | 滞空4小时 离基地1200海里 | 滞空4小时 离基地1500海里 | 最远4000海里 | 最远7000海里 | 最远4300海里 |
| 最大飞行时间 | 16小时 | 10.5小时 | 18小时 | 13小时 | 17小时 | 10小时 |
| 武器 | 总重9000千克 AGM-56"小牛" AGM-84D"鱼叉" AGM-84K"斯拉姆-ER"对陆攻击导弹 Mk 54鱼雷 深水炸弹和水雷 | 总重9000千克 AGM-56"小牛" AGM-84D"鱼叉" AGM-84K"斯拉姆-ER"对陆攻击导弹 Mk 54鱼雷 深水炸弹和水雷 | 总重9000千克 AM39"飞鱼"反舰导弹 GBU-12激光制导炸弹 MU-90鱼雷 深水炸弹和水雷 | 总重9000千克 自由落体炸弹 鱼雷 深水炸弹和水雷 2×23毫米口径加农炮 | 总重20000千克 AS-17"氪"反舰导弹 鱼雷 深水炸弹和水雷 | AGM-56"小牛" AGM-84D"鱼叉" ASM-IC导弹 鱼雷 |
| 人员 | 11 | 9 | 12 | 8 | 10 | 13 |
| 数量 | 生产750架 美国海军现役120架 海外现役200架 | 计划为美国海军生产117架 印度最多12架 澳大利亚最多12架 英国计划订购9架 | 生产了28架 现役20架 印度现役5架 | 生产了40~60架 俄罗斯现役30架 | 生产了100~225架 现役25架 | 计划生产70架 |

注：
1. 数据来自制造商的文件和其他公开的信息。由于公布的资料有相当大的差异，因此数据只做参考。特别是，有关俄罗斯海上巡逻机的资料存在显著差异。
2. 最初的"大西洋"级巡逻机由一个多国联盟生产。
3. TF表示涡轮风扇发动机；TP表示涡轮螺旋桨发动机。

Il-28"五月"（may），其中一些已经通过"海龙"计划（sea dragon）进行了升级，装备了新的搜索雷达和改进的武器。图波列夫设计局生产的图-142M"熊"（bear）系列巡逻机自1972年以来一直在服役，主要用于超远距离的海上监视，续航时间可达17个小时，还可以通过空中加油来延长滞空时间。一些"熊"已经升级到Tu-142J标准，配备电子情报系统和超低频无线电，能够与水下核动力弹道导弹潜艇进行通信。图-142能在机翼下挂载8枚AS-17"氪"（krypton）反舰导弹，以及鱼雷、深水炸弹和内部武器舱内的炸弹。在其他海军，宝玑公司建造的"大西洋"（ATL-1）——最初是为了满足北约的要求而开发的——在经过现代化改造后（"大西洋2"）仍然在法国海军服役。目前约有20架保持正常运转，预计将有15架会进一步升级以延长服役时间。"大西洋2"装备有泰勒斯"蜥蜴"（iguane）多模式雷达和一部机鼻下的红外摄像机、垂直和倾斜摄像机，以及一套"萨当"（sadang）声学数据处理系统，可以同时监测多达64个声呐浮标通道。在炸弹舱和机翼下挂载点携带的武器包括"飞鱼"空舰导弹、MU-90鱼雷、深水炸弹、激光制导炸弹和水雷。少量的ATL-1型巡逻机仍在意大利和巴基斯坦服役。[20]

除了这些"高端"海上巡逻机，许多海军和海岸警卫队

还装备了一些能力更有限的小型飞机，经常用于支持海岸警卫队的搜索和监视任务。这种类型的巡逻机包括空中客车CN-235运输机的海上巡逻机和巴西航空工业公司的EMB-145MP支线客机。介于这两种类型之间的巡逻机，如C-295（CN-235的派生型）、法意支线客机ATR-72的反潜型和正在计划中的SAAB 2000"剑鱼"（swordfish）海上巡逻机，都可搭载更多武器，但飞行距离、速度或有效载荷还是较为有限。这些折中解决方案可能会吸引一些正在寻找P-3的替代者但囊中羞涩、无法过渡至P-8A的海军。

## 小结

尽管存在成本方面的担忧，但在可预见的未来，美国海军似乎不太可能停止建造核动力航空母舰。

关于海军航空的未来，一个主要的不确定因素是无人机的作用。无人机已经显示出在监视任务中的潜力，但它们将在多大程度上与有人驾驶飞机结合用于打击行动仍停留在猜测层面。美国海军计划在水面舰艇作战中，将火力侦察无人机与传统的载人MH-60R直升机（上图）配对使用，以最大限度地发挥每种类型的优势。新的濒海战斗舰"沃思堡"号在2015年进行了操作概念的早期试验。与此同时，诺斯罗普·格鲁曼公司设计的X-47B测试飞机已经成功地从海上的一艘航空母舰上起飞和降落，但是计划中的无人驾驶舰载空中监视和打击系统的未来发展方向还不清楚。（美国海军/诺斯罗普·格鲁曼公司）

毕竟虽然所有的新战舰都造价高昂，但是核动力航空母舰的空中联队对美国全球力量投送能力来说太重要了，在可预见的未来不会轻易放弃。在其他国家，一些中等规模海军已经建造了具有飞行甲板的能够搭载STOVL战斗机、倾转旋翼机和直升飞机的大型、机动军舰，诸如此类的设计——包括现有舰船的升级或替换——很可能是未来人们越来越感兴趣的领域。

在21世纪，几个国家的海军已经组建起了共同操作军舰的联盟，现在他们已经习惯于一起工作，作为一个完全整合的特混舰队的一部分，飞机将可能定期登上盟友的航空母舰。例如，法国"阵风"战斗机偶尔会搭载在美国海军的航空母舰上。美国海军陆战队和意大利海军的F-35战机很有可能在2020年后出现在"伊丽莎白女王"号的飞行甲板上。

无人驾驶作战飞行器已经显示出其在监视行动中的潜力，但如何将其与有人驾驶飞机整合到打击行动中仍有待观察。它们的采购成本可能不低，但也不需要像有人驾驶飞机那样持续训练。事实证明，美国海军提议的RAQ-25A未来发展方向比最初设想的要困难，但到本10年末，无人机与有人驾驶打击战斗机的关系应该明确。可以想象，到那时，在2001年被选中进一步开发的F-35C在经过近20年的发展后将刚刚进入美国海军服役。该型机有可能成为最后一款有人驾驶的舰载战斗机，但到那时，它在网络支持的数字作战空间中的价值将会得到更好的理解，F-35C与无人作战系统的关系也将被厘清，这一点是在该型机确定开始研制时甚至没有想到的。新一代海上巡逻机和海上控制直升机不太可能在未来20年内被取代，但将经历一系列螺旋式发展，以保持它们的有效性。

随着西方海军越来越专注于成本高昂的高科技系统，他们不能忘记的是，无论多么先进、可靠和有效的武器系统，如果是孤立的，都会在对方大量部署技术含量低的对抗手段时变得脆弱。在濒海作战中，利用相对简单的载人和无人系统的"群狼"战术来压倒高科技对手的可能性，是未来几年值得关注的一个方面。[21]

## 注释

1. 考虑到漫长的建造过程中通货膨胀的影响，很难对"福特"级的不同成员进行准确的成本比较。例如，2001年至2016年期间，"杰拉德·福特"的129亿美元现金开支经通胀调整后，估计相当于2015年的147亿美元左右。类似地，2号舰"约翰·肯尼迪"号预计在2007年至完工期间将花费115亿美元现金，但按2015年价格计算，"仅"相当于106亿美元。所有这些数据都没有考虑到另外47亿美元用于整级舰的研发成本。更多细节参见罗纳德·欧洛克的《国会研究报告RS20643：海军的"福特"级航空母舰项目：背景和问题》（华盛顿特区：国会研究处）。

2. 例如参议院军事委员会的主席、前共和党总统提名人、美国前海军飞行员麦凯恩参议员，就经常批评"福特"级航空母舰的成本增长，声称他"非常期待能有替代的航空母舰设计以提供更可行的选择"。

3. 对中型常规航空母舰概念的反对体现在同一时代的各种STOVL航空母舰设计方案的最终否决上。这些概念源自1970年代初期艾蒙·朱姆沃尔特海军上将提出的"制海舰"理念，后来发展成为用于搭载垂直起降喷气机和直升机的各种VSTOL支援船（VSS）的设计。尽管美国海军最终认为这些船并不物有所值，但"制海舰"的基本设计还是卖给了西班牙海军，后者于1988年在费罗尔完成"阿斯图里亚斯亲王"的建造。泰国的"纳吕贝特"号（Chakri Naruebet）也源于这种设计。

4. 美国法律目前要求美国海军保留一定数量的航空母舰，但这个数字正在稳步下降。这一要求最初是由2006财年《国防授权法案》确定的，该法案规定总数为12艘。这个数字很快就减少到11艘。随后，2010财年《国防授权法案》允许在"企业"号退役和"杰拉德·福特"交付之间临时减少到10艘。

5. 有趣的是推测基于英国"伊丽莎白女王"65000吨航空母舰的设计（人员配备只需"福特"级的约四分之一），如果带有弹射装置和拦阻装置的英国航空母舰项目顺利向前推进，是否会对美国海军有吸引力。

6. 大卫·巴诺（David Barno）、诺拉·班沙赫（Nora Bensahel）和托马斯·戴维斯（M. Thomas Davis）在《白皮书：未来的航空母舰舰载机联队》（华盛顿特区：新美国安全中心，2014年2月）中对美国海军舰载机联队结构的过去和未来进行了很好的概述。

7. 与"大黄蜂"C/D型以及"超级大黄蜂"的E/F型的区别均体现在机组是否为双座上。截至2015年底，舰载机联队中所有"大黄蜂"中队都应当是单座的C型。

8. 海军的兴趣集中在具备一定打击能力的专门监测平台，但国会认为，将其他一些新的监测资产投入使用，能深层渗透到敌方领空的远程打击平台和抑制或破坏敌人的防空系统代表着更紧迫的需求。

9. "维克兰特"可能是独一无二的，迄今为止已经下水了三次。2011年12月，当它的推进系统还没有完成时，它第一次浮出水面，以腾出船台。该舰随后又于2013年8月12日正式宣布下水。然而，在2015年6月第三次浮上水面之前，它被重新停靠到码头，以便完成传动轴和其他水下设备的安装。

10. 法国舰艇建造局估算了PA-2的建造成本，该设计比用加装弹射和拦阻装置的"伊丽莎白女王"级的估计成本要低，这说明了在一开始就规划所需系统的重要性。

11. 有未经证实的报告称，在这次检查中发现了结构缺陷。参见2015年11月11日《简氏防务周刊》上维克托·巴雷达（Victor Barreira）的文章——"巴西航空母舰发现的裂缝"（寇斯顿：简氏出版集团，2015）。

12. 到2012年，该联盟估计，与2010年起初的9.5亿英镑相比，"威尔士亲王"的改造成本——建造实际上已经开始——将超过20亿。随后对完工的"伊丽莎白女王"号进行的任何重新配置都将耗资巨大，根据一些评论人士的说法，可能高达40亿英镑，甚至比这艘船最初的造价还要高。产生这些"惨不忍睹"的预估成本的原因从未详细解释，但可能与维持电磁弹射系统正常工作所需的巨大整机功率和需要足够空间来安装先进拦阻装置有关，毕竟之前的设计并没有考虑到这点。

13. 日本海上自卫队新型搭载直升机的驱逐舰"出云"号和"加贺"号的性能使得这一问题更加复杂化。与早期的"日向"级相比，它们是27000吨的大型船只，在尺寸上与意大利"加富尔"航空母舰相当，并且明显大于最近退役的英国"无敌"级。它们的主要任务是反潜战和人道主义援助/救灾，据称可以搭载一支由14架反潜和扫雷直升机组成的航空部队，也可以部署陆上自卫队已经订购的，用于两栖作战的MV-22B"鱼鹰"倾转旋翼机。未来购买F-35B打击战斗机的可能性也不能排除，因为日本正在慢慢突破限制其参加远征行动的和平宪法。

14. 另外15架F-35B将装备意大利空军。后者可能会与意大利海军的飞机达成某种形式的联合作战协定，如英国的F-35那样。

15. 有关F-35项目当前状态的更多细节，参见：耶利米·格特勒（Jeremiah Gertler）定期更新的《RL30563：F-35联合打击战斗机项目》（华盛顿特区：国会研究服务处）。

16. 除了正在生产的其他海上控制直升机，洛克希德·马丁公司加拿大西科斯基分部从S-92发展起来的CH-148"旋风"直升机也遭遇了严重的发展问题。因此，产量不太可能超出已经订购的28架。

17. 美国海军在寻求直升机类型标准化，为此需要300架最新的MH-60R海上控制直升机，另外还有大约275架MH-60S通用型。在最近的出口客户中，澳大利亚在2011年决定购买24架MH-60R来取代此前的"海鹰"后，于2014年组建了两支装备MH-60R的海上控制直升机中队，丹麦也订购了9架MH-60R。据报道，沙特阿拉伯正在考虑购买10架，而印度已经购买了16架S-90B的升级版本。空客公司控股的NH工业公司制造的NH-90北约护卫舰直升机型正在被交付给七个国家，这些国家已经承诺购买130多架。AW-101反潜型仅在意大利和英国服役，后者目前将30架直升机升级到改进的HM 2标准。而且，已经有十多个国家采购了通用型。

18. 许多国家的海军都在关注能够在航空母舰以外的船只上执行任务的无人机尤其是用于长续航监视的无人机。其中一些在大小和功能上与MQ-8C相似，例如，英国国防部已经授予阿古斯塔-韦斯特兰公司一份合同，评估未来可选载人/无人直升机与默林和"野猫"协同作战的可能性。更受欢迎的是更小的型号，如西贝尔公司"坎姆考普特"（camcopter）S-100旋翼飞机，它已经被几个欧洲国家的海军测试过；还有美国的固定翼设计，如波音英西图RQ-21型"海盗旗"（blackjack）和更小的"扫描鹰"（scan eagle）。后两种无人机已经在美国海军中大量使用，英国皇家海军正在部署少量"扫描鹰"分遣队到护卫舰和在海湾地区执行任务的辅助部队。它们是根据"承包商拥有和操作"协议提供的，由700X海军航空中队部署，可提供一名经过巡逻的安全官员在舰艇操作室的控制台操作飞行器。飞行器的重量只有21.7千克（48磅），装备EO900光电/红外摄像机，可以提供长达18小时的实时航拍图像。该型机从飞行甲板上的一个轻便气动弹射装置发射，并通过飞到与发射装置相连的一根垂直线上完成回收，通过安装在翼尖上的挂钩挂住绳索来停住飞机。

19. 更多关于P-3的信息，包括定期更新的机队状态列表，参见P-3"猎户座"研究小组的网站：http://www.p3orion.nl/index.html。

20. 作者在2016年"世界海军航空：最新发展概况"第154~174页中提供了更多关于当前"高端"海上巡逻机类型的详细信息（《巴恩斯利：世界海军评论》，2015）。

21. 在这方面，英国皇家海军利用南安普顿大学设计的简单3D打印无人机进行的实验可能是一个有趣的迹象。

# 9 作战人员

# 9.0 海军人员配备

菲利普·格罗夫

海军人力资源是确保海军高效和能力最重要的因素。如果没有足够的技术和适当数量的人员,无论其舰艇或航空装备有多先进,海军都无法有效运作。然而,在20世纪后半叶,海军的人员配备水平和人员素质常常导致许多高级军官产生一种近乎精神分裂的状态。因此,大多数海军都在训练和战时条件下遇到了表现方面的问题。这种精神分裂在国家经济困难时期尤为严重,当时高级军官们把人力视为一种充足而不是让他们过度担忧的资源。至少在理论上是这样。一方面,在海军招募新人时经常将高级军官誉为海军的关键基石,而另一方面,当留住现役人员出现问题时,有一个简单的解决办法,就是招募更多的人员!几乎没有考虑到保留已经接受训练且表现不错的人员。

在21世纪,人员配备和人力资源被区别对待。这是自冷战结束以来一系列重大的经济、技术、政治和社会变革的必然结果。在1989年底和柏林墙倒塌之前,世界上许多国家海军的任务与今天截然不同。此外,他们的组成与过去几十年的海军也有很大的不同。对许多海军来说,征兵提供了他们可用的大部分人力资源,而且招募的基本全是男性新兵。仅有的女性工作人员通常是在岸边的小木屋里,执行辅助性任务。几个世纪以来,海洋一直是男性的领域。征兵制或国防义务服役制度创造了很高的人员配备水平,但往往是低水平和技术能力较差的人员,他们通常对更广阔的世界知之甚少,更不了解海军力量的重要性。征兵期限也各不相同:有的海军征召时间最短为9个月,有的长达6年,但通常征召时间为2年。专业水平相对较低,一些海军甚至只有不到五分之一的人员是自愿服役的职业军人。许多部队的培训水平只能算是初级的,在工作环境中从事不同工作的人员,能力也很难得到保证。实质上,经过训练的平民只掌握了最基本的海事技能。然而,世界上许多国家的海军只扮演着平凡的角色,通常只是在领海巡逻,执行日常的标准任务,很少接触到大型、均衡的远洋舰队中更多样、更严苛的任务。

即使是冷战时期的两大对峙势力的海军,情况也不会好到哪里去。尽管训练内容详尽得多,但大部分训练都是为了北大西洋的战争,很多人认为在北大西洋上发生决战是不现实的,双方都不可能取得胜利。因此缺陷依然存在。例如,有时只对关键任务(如舰上损害管制)的培训给予了很少的关注。[1] 皇家海军在马岛战争期间就因损管训练不足而尝到了苦果。对四艘在行动中沉没的护卫舰展开调查的委员会强调,培训不足是导致舰艇沉没的一个重要因素,需要加以纠正。[2] 英国皇家海军随后成立了"海军将官海上训练"(FOST)司令部,情况得到了有力的改进,该司令部最早可追溯到1958年,但之前它更关心的是舰艇的作战,而不是它们的生存。后来所做的改变带来了显著的回报,特别是当"诺丁汉"号和"坚忍"号由于舰员的训练而免于沉没时。[3] 这一变化不仅使英国皇家海军受益,过去几十年里,许多其他国家海军的军官也在海军将官海上训练组织接受了培训,他们中的大多数人回国后又向国内推广了所学的经验。

损害控制培训的改进只是过去25年里一系列革命性变化的一个例子,这些变化影响了海军招募、教育和部署人力的方式。更具体地说:

■ 人员配备水平普遍下降,但由于这些人员通常比他们的前辈更有能力和适应性，弥补了人员数量的减少。

- 这一变化同样反映了水兵的教育水平普遍提高，因为海军追求从他们的征募中获得更好和更长的回报，而不是简单地获得一年或两年服役这一有限回报。
- 在海军服役的女性人数急剧增加。此外，她们已成为全球许多舰队中前线远洋力量不可或缺的组成部分。在一些国家的海军中，女性人员现在占总人数的六分之一。

在这些变化中，大多数海军的主要趋势是人员力量的精简。在冷战的大部分时间里，廉价而充足的义务兵为东西方以及几乎整个不结盟世界的大部分军事机器提供了动力。然而，自20世纪90年代初以来，由于一系列原因，海军的人力优势已经大大减弱，其中最重要的原因将在下面阐述。虽然这一趋势在很大程度上是普遍的，但也有少数的海军逆势而行，如表9.1所示。

2010年秋季，皇家加拿大海军的"夏洛特敦"号（照片前景）和"蒙特利尔"号护卫舰在北大西洋进行反潜演习。冷战期间，西方主要国家的海军训练将大量集中在应对北大西洋的情况，导致对其他海域的熟悉程度不足。（皇家加拿大海军）

### 表9.1 舰队人员数量的变化趋势

| 国家 | 1990 | 1995 | 2005 | 2015 | 观察 |
|---|---|---|---|---|---|
| 巴西 | 50000 | 47000 | 51000 | 约60000 | 全国范围征兵。目前时间是1年。包括15000名海军陆战队员 |
| 法国 | 67000 | 64000 | 43000 | 32000 | 2001年结束征兵。不包括平民雇员 |
| 印度 | 52000 | 55000 | 57000 | 58000 | 全部自愿 |
| 日本 | 46000 | 46000 | 46000 | 45000 | 全部自愿。不包括平民雇员 |
| 英国 | 63000 | 51000 | 40000 | 33000 | 全部自愿。2015年经过培训的人员为30000，包括7000名海军陆战队员 |
| 美国-美国海军 | 609000 | 454000 | 366000 | 324000 | 全部自愿 |
| 美国-美国海军陆战队 | 197000 | 175000 | 178000 | 184000 | 全部自愿 |

注：数据取自政府统计数据，并以公布的数据作为补充。由于信息和统计过程的重大差异，数据应仅被视为指示性数据，海军之间的数字也不是完全可比。

## 舰队现代化的影响

自20世纪末以来，世界各国海军进行了大规模的现代化改造和重新配置。在北美和西欧，这种复兴带来了更新、技术更先进的海军，但往往伴随着舰队规模的缩减。这是因为成本的持续增长导致进入海军服役的作战平台越来越少（不过可能舰体更大、能力更强）。[4]

此外，与冷战时期的舰艇相比，这些新型舰艇采用的现代技术在武器和传感器方面取得了巨大进步，自动化也为舰艇上较少的人力配备提供了便利。节省劳动力设备的引进已经持续了很长一段时间，但是接受的速度——以及因此减少人员配备水平——自21世纪初以来加快了。值得注意的是，像美国海军濒海战斗舰这样的作战单位，其核心舰员的规模只有它们所替代的过去舰艇的三分之一或更少。英国皇家海军"伊丽莎白女王"级航空母舰采用了备受关注的自动武器处理系统，因此减少了300多名舰员。表9.2展现了从20世纪70年代到现在不同级别的海军舰艇上舰员人数下降的普遍迹象。

由此导致的海军总人数的减少并不是全球性的，因为一些正在进行大规模现代化的新兴海军，在舰艇数量显著增加的同时，也在扩大人员配备水平。为岸上提供足够的支持，以满足前所未见的技术升级所产生的需求，可能与这些舰队对海上人员的需求同样重要。[5]这些舰队中有许多受益于比发达国家海军更便宜的人力成本，这也在一定程度上解释了出现人员增加的例外情况，不过随着经济增长推高了市场的整体劳动力成本，一些发展中国家的舰队现在也受到工资上涨的影响。[6]

## 数量与质量

相反，控制人力成本的要求往往是现有舰队关心的一个关键问题。在一个报酬相对较高、完全由志愿兵组成的部队中，这是一个特别需要考虑的问题。同样，人们也认识到，志愿部队所接收的受过高等教育和训练的舰员，可以兼任不同职能的多个岗位，这对他们的应征先辈来说是不可想象的。实际上，过去20年来，许多海军结束了征兵制，大大降低了其人员配备水平，但也提升了新兵的技能基础。稍后将更详细地介绍这种方法的好处。

## 经费压力

财政问题也对人员数量产生了影响。随着冷战的结束和跨大西洋联盟各国政府强调"和平红利"，几乎所有的北美和欧洲军队都大幅收缩。海军在整体减少人力和军备采购的情况下也未能幸免。有时这一过程效率很低，同时裁减了有经验的人员和新招募的人员，从而在某些领域——往往是需

### 表9.2 战舰人员变化趋势

| 国家 | 战舰类型1 | 20世纪60至70年代 | | 20世纪80至90年代 | | 2000年至今 | |
|---|---|---|---|---|---|---|---|
| 美国 | 水面舰艇（驱逐舰） | "斯普鲁恩斯" | 330 | "伯克" | 300 | "朱姆沃尔特" | 150 |
| 美国 | 水面舰艇（护卫舰） | "诺克斯" | 260 | "佩里" | 220 | "自由" | 50+252 |
| 英国 | 水面舰艇（驱逐舰） | 82型 | 400 | 42型-B3 | 300 | 45型 | 190 |
| 英国 | 水面舰艇（护卫舰） | "利安德" | 260 | 23型 | 180 | 26型 | 120 |
| 法国 | 水面舰艇（1级护卫舰） | F-67 "图维尔" | 300 | FASM-70 "莱格" | 240 | "阿基坦"（欧洲多用途护卫舰） | 110 |
| 印度 | 水面舰艇（驱逐舰） | "拉其普特" | 320 | "德里" | 350 | "加尔各答" | 325 |
| 印度 | 水面舰艇（护卫舰） | "尼尔吉里/利安德" | 260 | "戈达瓦里" | 310 | "什瓦里克" | 260 |

注：
1. 该表旨在广泛地说明军舰船员人数的一般趋势，不过需要澄清的是在同一等次上船舶的大小、功能和能力可能存在的重大差异。
2. 美国海军的濒海战斗舰上人员包括核心船员加额外的、特定任务船员。

要高技术技能的领域——造成人员短缺。[7]

大量裁减人员也被认为是对令人担忧的趋势的一种必要的（可能是下意识的）反应，这种趋势——即国防预算将被人员开销占去一大部分——在冷战结束后变得明显。例如，1990年，英国国防预算的近50%用于支付工资和养老金，相比起来，目前这一比例不到40%。对一些国家来说，人员经费开支甚至达到国防总预算的80%甚至90%，这自然对平台维护、训练、部署和采购产生了巨大的不利影响。装备采购成本的巨大压力，进一步推动了人员的削减。

## 精简人员的后果

虽然实现了人员配备的压缩，但一些评论员和海军人员对人力减少的船只的效力提出了严重的质疑，特别是在损害控制和人道主义任务的执行等方面。无论是在战时还是和平时期，损害控制这一关键领域都需要"闲置能力"，即训练有素的足够人员来处理可能出现的紧急情况。很自然，对于有数百舰员（而非仅约100人或更少）的舰艇来说，更容易完成任务。[8]

此外，海军往往站在国家灾难应对的前沿，舰艇需要参与反海盗、反恐和禁毒等任务，以对海外危机做出快速反应。海军装备能够进入世界上绝大多数的人口中心，而且如果被摧毁的陆地基地、机场和基础设施阻碍了其他部队的反应，战舰有时是唯一能够做到这点的军事平台。2004年12月和2011年3月发生在印度洋和日本海域的海啸，清楚地证明了这一点。然而，这种内在的灵活性很可能会受到限制，如果人员越来越少，海军将几乎没有多余人力可以腾出来协助作出反应。一种应对措施是在建造舰船，例如美国海军的濒海战斗舰和法国的"阿基坦"级欧洲多任务护卫舰时，就将小规模常驻舰员和可根据具体任务增加的专业人员结合起来。

## 海军航空方面的变化

海军舰艇部队并不是唯一经历人员调整的，海军航空兵也经历了相当大的人力变化。成本方面的考虑——例如训练和维护额外机组人员的费用——以及技术的发展，已经使得世界上许多国家削减了海军飞机的数量，同时也降低了机组人员的规模。然而，某些新兴海军强国，尤其是中国和印度，反而在提升海军航空兵的数量和质量。

从表面上看，自冷战结束以来，海军固定翼舰载机部队几乎没有改变，有人驾驶舰载机仍是一种关键的力量投送工具。人们对航空母舰的兴趣与日俱增，许多新兴国家都渴望加入航空母舰俱乐部。然而，最重要的发展是改变现有成员的飞行员构成，以实现更高的效率。例如，在美国，美国海

军和美国海军陆战队正在用双座F-18G"咆哮者"取代格鲁曼EA-6B"徘徊者"4座飞机，此类电子战机可用于压制敌人的防空系统。

不过其中最令人惊讶的可能是联合打击战斗机项目，出于成本和工程方面的考虑，F-35将不会有双座型号。由此产生的训练问题将通过增加使用培训模拟器和其他平台来解决。在战斗中，新的机载系统将很好地支持单名飞行员，在理论上消除了设置后座武器操作员的需要。这并不是完全独创的，因为法国海军在其"阵风M"战机上也采取了类似的做法。如今，美国海军和法国海军（后者依然维持着相当数量的双座"阵风"战机）飞行员并肩作战，共同接受大量训练。由于"阵风"的先进系统在阿富汗、利比亚、伊拉克和叙利亚战斗中取得了成功，有关复杂性和信息过载的争论现在基本已经被搁置一边。

海军直升机上的机组人数略有变化，但并没有根本改变。"韦塞克斯"的机组人数与"海王"级与"灰背隼"级或NH-90上的机组人数基本差不多。然而，冷战以来，·技术进步导致海军直升机的能力得到提升，海军装备的直升机数量已经大大减少。例如，过去封锁英吉利海峡需要一个完整的"海王"反潜中队，而现在只需要一架（也可能是两架）"灰背隼"HM 1直升机就可做到。现代化的HM 2更加强大，但数量也有所减少。因此，在大多数海军部队中，反潜中队的数量一直在减少，不过这种直升机在发展中国家海军中的装备数量出现了某种平衡性增长。陆基海上巡逻机也减少了一些人力。美国和世界上很多国家装备的P-3C"猎户座"的机组人数为11或12人，而它的替代机型P-8A"海神"号只有9名机组人员。双涡轮螺旋桨的"低端"巡逻机的所需

通过增加使用自动化设备来减少军舰上的人员规模，海军总体人员配备已大幅减少。这三张照片显示了美国海军的三代护卫舰，墨西哥海军的"诺克斯"级护卫舰"米娜"号——前"惠普尔"号（FF-1062），1970年首次服役；1980年代"佩里"级护卫舰"罗德尼·戴维斯" 号（FFG-60）和濒海战斗舰"沃斯堡"号（LCS-3，2012年交付）。其中，濒海战斗舰上人员从大约260人减少到仅50人。（美国海军）

的机组人数甚至更少。

然而，无人驾驶飞行器的出现造成了大量问题，其中许多问题还没有得到充分的回答。例如无人机能否节省人力配备和人力成本？它们的运营成本和日益增长的复杂性面临哪些挑战？20世纪90年代，许多人认为，无人机的采购和操作成本将低于传统的有人驾驶飞机。此外，损失一架无人机对政府来说潜在的麻烦更少，因为不会出现机组人员被敌人俘虏或被杀的危险。因此，人们认为它们在财政和政治角度都有优势。

然而，今天，似乎无人驾驶飞机和更具进攻性的无人驾驶作战飞机（UCAV）与有人驾驶的同类飞机一样复杂，甚至更复杂，因此也同样昂贵。美国的X-47项目起初在美国海军航空母舰上取得了一些成功，但它的后续开发前途未卜。欧洲的一些项目，如英国航空航天系统公司的"雷神"（taranis）样机，展示了欧洲对未来可能的舰载无人机的想法，但仍处于发展的早期阶段。到目前为止，无人驾驶飞机的人力节省非常小，因为仍然需要机组人员，不过他们现在更像十几岁的"游戏玩家"而不是老飞行员。此外，越来越复杂的机器仍然需要维护人员来保持飞行。无人机已经在广域海上监视和海上巡逻行动中找到了自己的位置，比如美国海军MQ-4C"特里同"无人机就被用于大面积的海上监视。然而，无人机现在依然会和载人平台并肩作战，而不是完全取代它们，这可能会进一步增加人力需求。最后，由于部分无人作战飞机被宣传为"杀手无人机"（killer drones），因此并没有像最初设想的那样顺利说服政客。

## 新一代水兵

除了技术上的变化，人员也有很大的变化。对许多人来说，征兵制的结束意味着海军欢迎那些有意愿入伍的人，而不是那些只是被强制征召的人。这对海军人员的训练和表现来说是利好。他们吸收信息的能力和在工作环境中的表现得到了提升，忠诚度和效率也有了实质性的提高。为了确保

在美国海军航空母舰"哈里·杜鲁门"号上应对模拟火灾的损害控制小组。有人担心，在现代战舰上越来越多地采用精简人员配备的做法，将妨碍损害控制效能。（美国海军）

这一点，海军必须保持吸引工作人口中最适合的人，并在完成初步培训后留住他们。因此，许多海军的工作条件、薪酬和激励都有所改善。一些部队也延长了征召的期限，以保持一致性和连续性。这对于具有较高要求的海军士官和军官来说尤其如此，此举有利于维持更有经验和更专业的人力资源库。

人们还意识到，招募更年轻的水兵可能更好。这扭转了冷战后期的趋势，当时许多人认为年长、更有经验和受过更好教育的人员是合适人选。他们所需的进一步训练和教育更少，心态也更加老成，这被认为更有利于在海军服役。这种观点现在受到了挑战——尽管前者总有一席之地，但更年轻、更有可塑性、有能力并愿意提供长期服务的人员被视为重要对象。除了更大的投入回报，以及更容易教育，人们还认识到，随着当今平台和系统的日益复杂，水兵需要更年轻、更灵活的头脑。

单座舰载快速喷气机的发展趋势正在改变"航空母舰俱乐部"成员的飞行员队伍结构。法国海军陆战队现在已经转向这种运行模式，所有的"阵风"战机都是单座配置。2013年5月，一名飞行员在"戴高乐"号甲板上等待他的"阵风"弹射起飞。（达索航空）

此外，这种技术上的灵活性需要知识水平更高的新兵，他们应该了解其行动环境，或许更重要的是，了解为什么要这样做。因此，许多海军的教育内容已经超出了公认的技术范畴，特别是在政治科学、历史、民族精神和部队文化方面，以便更好地让士兵们理解自己战斗的理由。海军将自己的人员以最高标准培养意义重大，因为这样他们就能比冷战时期的前辈们更全面地思考问题。冷战时期的海军人员在欣赏海军力量的同时，有时受到狭隘眼光的影响，忘记了海军力量的许多本质属性。一个有思想的海军队伍不仅更有可能成功地履行其多种多样的职责，而且更有可能向政治决策者和经费供给方阐明海军力量的情况。如此，他们更有可能确保自己部队的未来，而不是像冷战那样，后知后觉地依赖已知威胁带来的客观存在。

## 国际视野

值得讨论的最后一个趋势是，全球海军服役人员的国际经验和视野显著提升。尽管美国在20世纪80年代发表了《美

2015年,美国海军"沃思堡"号濒海战斗舰上的水兵准备在"亚洲部署"（Asian deployment）期间起飞MQ-8B"火力侦察兵"无人机。虽然看起来可以节省人力,但无人机仍然需要有人监控飞行和维护。（美国海军）

国海上战略》,但当时除了规模最大的舰队,冷战期间,各国海军的行动和训练日益集中于一种以大西洋为中心并以潜艇活动为主的情况。自1989年以来,情况发生了巨大变化,冷战结束以来,由于难以预测的国际环境,海军的实际部署更多的是一系列"临场"行动。1989年以来,各国海军"全球性"地参与了一系列战争和干预行动,如科威特,巴尔干半岛、东帝汶、塞拉利昂、阿富汗、伊拉克、利比亚等地的军事行动。各国政府也愿意使用海军力量作为局势的"第一反应者",并常常作为紧急危机的关键（有时是唯一的）手段,这给相互学习带来了很好的机会。

军事干预也见证了国际联盟的兴起,这也为今天的海军人员带来了更多的红利。与其他国家——不仅是邻国和联盟伙伴,还有区域外和全球大国——的合作,加深了许多国家海军的经验,尤其是发展中国家的海军。参与国际协作的海军力量必须对训练进行调整,改进工作人员的工作,理解联军作战和部署的复杂性。这不仅仅是西方联盟国家的情况。在印度洋和阿拉伯海打击恐怖主义和海盗的战争现在已经扩展到包括东南亚、西非海域,甚至亚马孙流域在内的全世

一名皇家海军电气工程技术人员在45型驱逐舰"钻石"号（diamond）的船舶控制中心操纵一处显控台。当今战舰的复杂性越来越高，这意味着技术灵活性是对海军人员的一个关键要求，同时也需要他们对世界有更广泛的了解。（王冠版权社，2013）

界。在加勒比地区查禁毒品的行动中，除了当地部队，美国海岸警卫队和三支欧洲海军也参与其中。

简单地说，国际化反映在对新招募和现有人员的培训上，通过真正参与过军事部署的人员进行培训和指导比过去传授理论知识要好得多。与1989年以前，很少有海军人员亲身经历过实际行动和战斗的情况相比，这些机会现在已变得丰富和普遍。更重要的是，除了美国海军、英国皇家海军和法国海军等传统的全球"蓝水"舰队，还有许多国家的海军正在积极参与国际部署。如今，大多数欧洲国家的海军，以及许多亚洲国家的海军——都在远离本土的地方并肩作战，打击恐怖主义、打击海盗、执行和平行动、查禁毒品，甚至是参加真正的战争。非洲和拉丁美洲的其他国家的海军也经历了远远超过他们在第二次世界大战后几十年里通常经历的部署，从而提高了他们的海军人员的专业技能。

## 小结

冷战结束以来，海军人员配备发生了许多深刻的变化。征兵的结束部分导致了人力水平的下降，但也由于财政压力和自动化进程的加快导致了专业化和个人效率的提高。随着女性人员进入前线，专业部队的创建也得到了提升。从20世纪90年代开始，多数西方国家允许女性登上舰艇，随后还允许女性进入飞行器甚至潜艇服役。[9]这些趋势，加上全球范围内海军力量的不断增长，已经见证了助推新招募人员的知识库和专业技能的深化。在未来几年里，军事部署减少的可能性微乎其微。因此，世界海军的经验将会继续拓展。

有些事态发展与这些普遍趋势背道而驰。从数字上看，世界上许多海军步兵单位，通常是海军陆战队，多年来不是保持不变就是有所增加。这是由于许多国家希望发展比以往强大的海上力量投送能力，同时也反映了濒海区域的重要性增加。此外，主要的陆基任务——通常与所谓的"反恐战争"有关——对这些部队提出的要求为他们带来了新的经验和技能，特别是在河流巡逻和反叛乱作战方面。其他海军部队出现了更广泛的增长，通常是因为其面临的地区威胁加剧。其他一些海军的增长则是由于一些特殊的内部因素，比如玻利维亚海军在2014—2015年期间就增加了2500人。[10]

海军人员配备自1989年以来在数量和技能基础方面都发生了根本性的巨大变化。随着"海洋世纪"对海军力量的要求和对海洋的重视程度的增加，这一趋势可能会继续下去。

2013年，挪威皇家海军护卫舰"南森"号的登船搜查人员在索马里海域对一艘渔船展开反海盗行动。目前，国际行动的经验已经超出了传统的蓝水舰队。（挪威皇家海军）

## 注释

1. 公平地说，这种思路也不难理解，因为在世界其他地区正跌入核深渊时，投入有限的资源来建造能够在袭击中幸存下来的船只，同时训练舰员以应对突发事件，似乎是毫无意义的。

2. 1982年夏天举行的委员会会议，强调了一些问题，其中包括损管设备质量差，舰体内大量使用非阻燃材料，以及在损管培训方面的不足。

3. 2002年7月7日，42型驱逐舰"诺丁汉"号在澳大利亚和新西兰之间的豪勋爵岛附近的沃尔夫岩搁浅。尽管舰体50米长的裂口导致5个水密舱室灌入海水，但它并没有沉没，还是浮在水面上，并最终得以修复。2008年12月16日，"坚忍"号破冰巡逻艇在穿越麦哲伦海峡时遭遇机舱积水，最终获救。虽然回到了英国，但该舰至今未能修复。

4. 例如，法国-意大利的"地平线"和与之关系密切的英国皇家海军45型防空驱逐舰建造计划最终都只交付了预计数量的一半。美国海军的"朱姆沃尔特"级驱逐舰项目由于成本激增，甚至出现了更大幅度的缩减。

5. 有趣的是，一些老牌海军已经将一些以前由海军部队人员进行的维护工作转移给了承包商——无论是作战平台的最初供应商还是第三方承包商——以试图节省成本和压缩部队人数。

6. 印度一直有报道称，不断上升的人员成本严重影响了整体国防预算。最近关于这个问题的评论，参见拉什曼·库马尔·布哈拉（Laxman Kumar Behera）的《印度的国防预算2015—2016》（新德里：国防研究与分析研究所，2015）。

7. 例如，1994年5月，只有60名"年轻军官"加入英国皇家海军学院，而过去通常是100~120人。在这60人中，大约有20人来自盟军海军，20人是资深高级军官，另外10人是下级军官。只有10名新入伍的学员。

主要地面作战任务对海军人员和海军陆战队的要求使他们中的许多人获得了新的经验和技能,例如在河流巡逻方面。这张图片显示的是2012年分配到河流中队(RIVRON)的美国海军人员正在接受部署前的训练。(美国海军)

8. 为了缓解这一问题,各国都进行了一些技术创新,如在"荷兰"级海上巡逻舰上使用个人排程系统提醒舰员潜在的系统和损害控制问题。然而,有迹象表明,精简人员的措施可能已经走得太远了。一份被广泛报道的美国政府问责办公室(government accountability office)就美国海军濒海战斗舰"自由"号首次执行海外任务时配备最低限度人员配备的报告显示,尽管有专门的任务模块人员和外部承包商的帮助,但美国海军濒海战斗舰"自由"号的舰员仍难以获得充足的睡眠。参见政府问责局公布的《部署美国"自由"号军舰揭示的执行作战概念和不确定成本的风险》(华盛顿特区,2014年7月)。

9. 1990年夏天,英国皇家海军第一批一线女性舰员开始登舰执勤,2014年,第一批女性潜艇兵顺利通过课程。2015年,美国海军开始了他们的第一次女性潜艇兵训练。然而,早在1995年,挪威就在潜艇上部署了第一批女性,斯堪的纳维亚人一直走在女性参与海军一线工作的前列。

10. 对于一个内陆国来说,这是一个不错的增长,尽管其动机纯粹是为了向智利施压,要求其归还在太平洋战争(1879—1883年)中失去的玻利维亚北部领土,从而重新获得进入大洋的直接通道。

# 术语表

A2/AD：反介入/区域拒止。伊朗等国采取的战略，以应对美国海军可能在其沿海水域进行的远征行动。

AAG：先进拦阻装置。美国海军的一种用新型吸能水轮机代替传统的液压系统的拦阻装置，用于CATOBAR和STOBAR构型航空母舰上的飞机着舰。

ABM：反弹道导弹。拦截弹道导弹的导弹系统，构成弹道导弹防御系统的一部分。

ADF：澳大利亚国防军。

Aegis："宙斯盾"，一种以AN/SPY-1相控阵雷达，以及配套的指挥和决策系统、武器控制系统和显示系统为基础的美国自行开发的战斗系统，于1983年首次投入使用。

AESA：有源电子扫描阵列。一种相控阵雷达，也称为APAR雷达或APAR雷达。AESA雷达使用单独的能量发射和接收模块来形成和引导其雷达波束。相比之下，早期的无源相控阵依赖于单一的发射源。这两种相控阵相对于早期的机械扫描雷达都有显著的优势，但是AESA更加灵活和可靠。

AGS：先进火炮系统，一种新型远程155毫米自动火炮系统，能够发射常规和制导弹药，为美国海军的"朱姆沃尔特"级驱逐舰研制的。

AIP：不依赖空气推进，一种允许潜艇在水下作业而不需要定期到水面补充传统柴电推进艇所需的空气供应的推进系统。它目前通常指的是指配备辅助AIP装置以补充其主推进系统的柴电潜艇。

AIS：自动识别系统。用于定位和识别船只的自动跟踪系统。它最初是由国际海事组织（International Maritime Organization）为避免船只碰撞而开发的，但现在越来越多地用于促进海上安全。大多数商船都必须安装AIS系统。

AMDR：防空和导弹防御雷达。美国海军一种新型有源电子扫描阵列雷达，军方型号为AN/SPY-6，将取代现有AN/SPY-1无源相控阵雷达。

AMRAAM：先进中程空对空导弹。美军型号为AIM-120，基于之前的"麻雀"空对空导弹发展而来，用于实施超视距空战。

AOR：辅助补给油轮。能在海上为船只补充燃料的油轮。

APAR：参见AESA。APAR也特别用于指泰勒斯公司生产的使用AESA技术的尼德兰多功能APAR雷达。

ARCI：声学快速商业成品组件插入技术。20世纪90年代，美国海军曾计划升级其潜艇舰队使用的声呐系统，方法是增强计算机硬件和软件，而不是增强声呐本身。

ASV：自主无人水面舰艇。

ASW：反潜战。

Asymmetric Warfare：非对称战争，通常指军事资源不平等的对手之间的冲突，其中较弱的一方使用非常规战术和/或武器来利用敌人的弱点。非对称战术通常是A2/AD战略的组成部分。

AUV：自主水下潜航器。

Blue Water：蓝水，开阔水域或海洋。一支蓝水海军有能力在远离其基地的世界各大洋进行持续作战。

BMD：弹道导弹防御。参见ABM。

CATOBAR：弹射起飞/拦阻着舰。在"传统"航空母舰上使用的飞机起飞和着陆系统，在该系统下，飞机在弹射装置的协助下起飞，并利用从飞机上悬吊下来的挂钩勾住舰上拦阻装置着舰。

CEC：协同交战能力。一种最初由美国海军开发的系统，在该系统下，单舰和飞机上的单个传感器和武器系统被连成网络，提供一个集成的全系统作战能力。

CEPP：航空母舰实现力量投送。英国皇家海军为"伊丽莎白女王"级航空母舰开发的一种概念，可根据具体任务采用不同的空中编队（特遣航空大队）。

CG：导弹巡洋舰。

CIWS：近防系统。一种短程防御系统，用于对抗敌人的飞机或导弹。

CMF：联合海上部队。一个由31个国家组成的多国海军伙伴关系，在美国海军的领导下，通过在印度洋、阿拉伯和波斯湾以及邻近海域的三个特混舰队（CTF 150、CTF 151和CTF 152）开展海上安全、反恐和反海盗行动。

CNO：海军作战部长。美国海军部的最高级别海军现役军官，担任海军文职部长的副手。

CODAG：柴/燃联合动力。参见第5章，特别是第4条注释。

CODLAG：柴–电/燃联合动力。参见第5章，特别是第4条注释。

CODOE：柴/电交替动力。在这种配置下，电机主要在低速巡航时使用，而柴油推进系统负责高速航行。该系统已经配备于多款现代海上巡逻舰上。

CODOG：柴/燃交替动力。参见第5章，特别是第4条注释。

COGAG：全燃联合动力。参见第5章，特别是第4条注释。

CS21：21世纪海权合作战略。2007年首次发布的一份重要的美国海军战略文件。更新版本：《推动、参与、准备:21世纪海上力量合作战略（更新/改写版）》——通常缩写为CS21R或CS21-2015——于2015年发布。

CV：航空母舰。通常是指能够搭载多种固定翼和旋翼飞机的航空母舰。核动力航空母舰缩写为CVN。

**CVS**：辅助航空母舰。通常是小型航空母舰，具有更有限或完全不具备打击能力。可能只限于搭载直升机。

**DBR**：双波段雷达。美国海军的一种新型雷达，最初计划安装在"福特"级航空母舰和"朱姆沃尔特"级驱逐舰上。它整合了两套在不同无线电频率工作的雷达。出于成本考虑，该系统现在只用于第一艘"福特"级航空母舰上。参见6.2节，第4条注释。

**DDG**：导弹驱逐舰。

**EEZ**：专属经济区。根据《联合国海洋法公约》（UNCLOS）的相关规定，有关国家对海洋资源享有专属权利的海域。

**EMALS**：电磁飞机弹射系统。一种用于美国海军弹射起飞拦阻降落航空母舰上的新型弹射系统，使用磁场来推动飞机弹射滑车，以取代长期使用的蒸汽弹射器。

**EMPAR**：欧洲多功能相控阵雷达。由意大利芬梅卡尼卡集团生产的无源相控阵雷达。更多信息参见AESA。

**EMRG**：磁轨炮。见第5章关于武器系统的详细描述。

**ESSM**："改进型海麻雀"导弹。美国海军型号为RIM-162。它是RIM-7"海麻雀"（sea sparrow）的重大改进型号，主要用于防御反舰导弹。

**Expeditionary**：远征，通常指在远离本国基地的地方进行行动或使用设备的能力。参见"蓝水"。

**FAC**：快速攻击艇。

**FFG**：导弹护卫舰。

**FSG**：装备导弹的轻型护卫舰或轻型护卫舰。通常是指比"成熟"的护卫舰更小、战斗力更差的舰艇。装备非制导导弹的轻型护卫舰或轻型护卫舰简称为FS。

**FLASH**：可折叠的轻型直升机声学系统。一种广泛使用的吊放声呐系统，由法国泰勒斯防卫集团生产的前身发展而来，在国际上广泛使用。

**FOST**：指英国皇家海军训练司令部的海军军官海上训练，亦指法国潜艇核威慑力量的海上战略部队。

**GDP**：国内生产总值。衡量一个国家经济产出的一种方法，以某一特定时期（通常为一年）生产的商品和服务的价值为基础。

**GP**：通用。通常指的是用于执行各种各样任务的水面舰艇编队，而不是用于执行特定任务的舰艇编队。

**GPS**：全球定位系统。美国政府拥有但被广泛使用的卫星导航系统。

**GRP**：玻璃钢。用于造船的玻璃纤维的术语。

**IFEP**：综合全电推进。也被称为IEP。推动力由电动机提供——电动机的电力来自船舶发动机——而不是由发动机本身直接产生的动力机械驱动。

**Informationisation**：信息化，经济或社会变得以信息为基础或依赖信息的过程。

**IOC**：初始作战能力。在美国军方，指的是至少一个预期用户能够使用和维护它的日期。英国军方指的是实现初始行动能力，即相关系统以最小有效部署形式可用时。达到这个状态的日期也称开始服役日期（ISD）。

**JMSDF**：日本海上自卫队。

**JSS**：联合支援舰。一种多功能海军辅助舰艇，能够承担海上补给和两栖作战的后勤支持/运输任务，例如荷兰的"卡雷尔·多尔曼"号联合支援舰。

**JTIDS**：联合战术信息分发系统。一种美国/北约无线电网络数据通信系统，允许在不同的盟军单位之间快速和安全地传输信息，最初用于支持Link 16战术数据交换网络。

**KPN**：朝鲜人民海军。

**LaWS**：激光武器系统。一种型号为AN/SEQ-3的原型激光武器目前正在美国海军接受试验。

**LCAC**：气垫登陆艇。一种美国海军的气垫船，被用作高速登陆艇。

**LCS**：濒海战斗舰。优化用于沿海水域作战的美国海军轻型水面战斗巡洋舰。它有两种不同的设计。

**LHA/LHD**：两栖攻击舰。通常是将辅助航空母舰或直升机平台登陆舰的飞机设施与船坞登陆舰或两栖船坞运输舰的坞舱相结合的产物。然而，美国海军最近的两栖攻击舰已经省略了坞舱。

**Littoral**：濒海区域，美国海军的作战概念将其定义为"……由两部分组成。向海部分是指从公海到海岸的区域，这一区域必须加以控制以支持岸上行动。向陆地的部分是从海岸向内陆的区域，这一区域可以从海上直接支持和防御"。其他的定义差别很大。

**LPD**：两栖船坞运输舰。在船坞登陆舰基础上进一步发展，特别强调装备特别是部队的运送能力。

**LPH**：直升机攻击舰。一种两栖登陆舰，主要通过直升机将部队和装备运送在陆地上，因此省略了其他两栖登陆舰的坞舱。

**LSD**：船坞登陆舰。能在坞舱内装载小型登陆艇的远洋战舰。

**Maritime Domain Awareness**：领海感知。对特定海域内可能影响安全的事件的理解。

**MCMV**：反水雷舰艇。

**Moore's Law**：摩尔定律，计算能力快速增长的一种预测。参见第1章，第5条注释。

**MPA**：海上巡逻机。

**NAS**：通常指海军航空站、陆基海军机场或类似设施。在英国皇家海军的舰队空军中，它指的是海军空中作战中队，而用RNAS表示皇家海军航空站。印度海军用INAS来指代自己的空军中队。

**NTDS**：海军战术数据系统。美国海军在20世纪50年代开发的计算化信息系统，从20世纪60年代开始部署在军舰上。它可显示来自各种传感器和其他来源（如通信链路）的数据，以便提供用于指挥和控制的总体战术"图像"。

**Optimal Manning**：人员优化，通常是指通过综合运用新技术、灵活的工作安排、改进的训练和增强岸基报告等手段，来减少某一军舰类别所需的舰员人数。

OPV：海上巡逻舰。

PAAMS：主防空导弹系统。使用法国-意大利生产的"紫菀"导弹的欧洲舰空导弹系统。

Phased Array：相控阵，一种利用电子设备来形成和控制其雷达波束的雷达。相控阵比传统的机械雷达灵活得多，一个阵列可以执行一系列功能（如探测、目标指示和火控），而这些功能以前需要几个独立的雷达。AN/SPY-1雷达与"宙斯盾"武器系统是这种类型中最著名的例子。参见AESA和APAR。

PLAN：中国人民解放军海军。

Q-Routes：一个特别指定的远离地雷和其他障碍物的船舶运输路线网络。

QDR：《四年防务评估报告》。美国国防部每四年对战略目标、威胁和资源进行一次评估。

RAM：滚转体导弹。一种舰空导弹系统，提供针对导弹和其他目标的短程"点"防御。被美国海军定型为RIM-116。

SAN：南非海军。

SeaSwap：一个美国海军术语，指水面舰艇人员的轮换。目的是增加舰体使用，减少给定作战要求所需的舰体数量。

SDR：战略国防评估。自1998年开始的一份英国国防评估报告，评价很高，但执行不力。随后的防务审查采用了"战略安全与防务审查"（SDSR）一词。

SGR：出动率。在给定的时间内，通常是24小时内可以执行的单个战斗任务的数量。一次出击代表一架飞机执行一项任务。例如，一艘航空母舰的SGR是用它能携带的作战飞机数乘以每架飞机一天能执行的架次数来表示的。

SIGMA：船舶综合几何模块化方法。一个模块化的设计系统，由荷兰达门谢尔德海军造船集团开发。详见第五章。

SLOC：海上交通线。一个国家与其主要伙伴之间的主要海上航线。

SOSUS：声呐监听系统。一个覆盖广泛的水下潜艇探测网络，由美国海军及其盟国开发的大型声呐阵列组成，用于探测冷战期间通过某些海军咽喉要道的苏联潜艇。

SSBN：战略弹道导弹核潜艇。装载弹道导弹的核动力战略潜艇。

SSDS：水面舰艇防御系统。一种计算机化的指挥和控制系统，通常用于未装备"宙斯盾"的美国海军舰艇上。

SSGN：导弹核潜艇。一种核动力潜艇，主要装备（非弹道）导弹。通常用来指苏联设计的、主要用作飞航导弹发射平台的导弹。

SSK：全称为ship submersible hunter-killer。最初指的是美国海军特别设计的用来猎杀其他潜艇的潜艇。现在一般用来指不具备攻击型核潜艇的航程和速度的柴电巡逻潜艇。

SSN：核动力潜水艇。也指攻击型核潜艇。

Stanflex："标准化+灵活性"，也被称为标准灵活性。丹麦开发的一种系统，将一系列武器和其他装备加载到标准化的容器中，这些容器可以安装在预先准备好的插槽中，并在军舰之间快速调换，使它们能够迅速重新分配到不同的任务中。

STOBAR：短距起飞/拦阻着舰。一种航空母舰操作系统，在该系统下，飞机在滑跃跳板的帮助下起飞，照例使用阻拦装置着舰。

STOVL：短距起飞/垂直降落。

TLAM："战斧"对地攻击导弹。

UAV：无人驾驶飞行器。

UCLASS：无人舰载空中侦察打击。美国海军计划开发的一种用于航空母舰上的自主无人机。

UNCLOS：联合国海洋法公约。参见专属经济区。

USV：无人水面潜航器。参见自主水面舰艇。

UUV：无人水下潜航器。参见自主水下潜航器。

VLS：垂直发射系统。一种由许多单元组成的系统，可以容纳和发射一枚或多枚导弹。

WMD：大规模杀伤性武器。

备查

ASEAN：东南亚国家联盟。

UNASUR：南美国家联盟。

USMC：美国海军陆战队。

USCG：美国海岸警卫队。

RAN：皇家澳大利亚海军。

RFA：皇家舰队预备队。为英国皇家海军提供后勤支持的平民后备队。

ROKN：大韩民国海军。

ACC/SES：气垫双体船/表面效应船。结合气垫船的灵活气垫和双体船的刚性双壳，得以实现高航速和高水平存活率。

UKCSG：英国航空母舰战斗群。

ONI：海军情报局。美国海军的情报机构。

AMS：航空电子设备管理系统，在民用班机上也被称为飞行管理系统。航空电子管理系统是一种计算机化的系统，可以自动处理许多飞行任务。

ATFLIR：先进瞄准前视红外系统。由雷声公司开发的美国海军多传感器瞄准吊舱，用于"大黄蜂"和"超级大黄蜂"攻击战斗机。美国海军将其定型为AN/ASQ-228。

SRVL：舰载滑跑垂直降落。STOVL飞机的一种技术，在该技术下，飞机台发动机的垂直推力和机翼的升力允许飞机仅使用刹车系统而不需要阻拦装置就可完成滑跑着陆，而且允许携带比垂直着陆时更多的燃料/设备。

图书在版编目（CIP）数据

21世纪的海军 /（英）康拉德·沃特斯（Conrad Waters）主编；徐玉辉，李志涛译. --武汉：华中科技大学出版社，2023.3
ISBN 978-7-5680-8695-0

Ⅰ. ①2… Ⅱ. ①康… ②徐… ③李… Ⅲ. ①海军—研究—世界—21世纪 Ⅳ. ①E153

中国版本图书馆CIP数据核字（2022）第152729号

湖北省版权局著作权合同登记　图字：17-2022-149号

版权信息：Originally published in Great Britain by Seaforth Publishing under the title *Navies in the 21st Century*
© Seaforth Publishing 2016
Copyright in the Chinese language translation (simplified characters rights only) © 2022 Beiing West Wind Culture and Media Co., Ltd. (Imprint of Portico Inc.)
This translation of *Navies In The 21st Century* is published by Huazhong University of Science & Technology Press Publishing Company Ltd.
ALL RIGHTS RESERVED

| | | | |
|---|---|---|---|
| 21世纪的海军 | | [英]康拉德·沃特斯（Conrad Waters）　主编 | |
| 21 Shiji de Haijun | | 徐玉辉　李志涛　译 | |

策划编辑：金　紫

责任编辑：陈　骏

封面设计：千橡文化

责任监印：朱　玢

出版发行：华中科技大学出版社（中国·武汉）　　电话：(027)81321913
　　　　　武汉市东湖新技术开发区华工科技园　　邮编：430223

录　　排：北京千橡文化传播有限公司

印　　刷：北京雅图新世纪印刷科技有限公司

开　　本：787mm×1092mm　1/12

印　　张：32

字　　数：659千字

版　　次：2023年3月第1版第1次印刷

定　　价：268.00元

本书若有印装质量问题，请向出版社营销中心调换
全国免费服务热线：400-6679-118　　竭诚为您服务
版权所有　侵权必究

# USS *Abraham Lincoln* (2022)

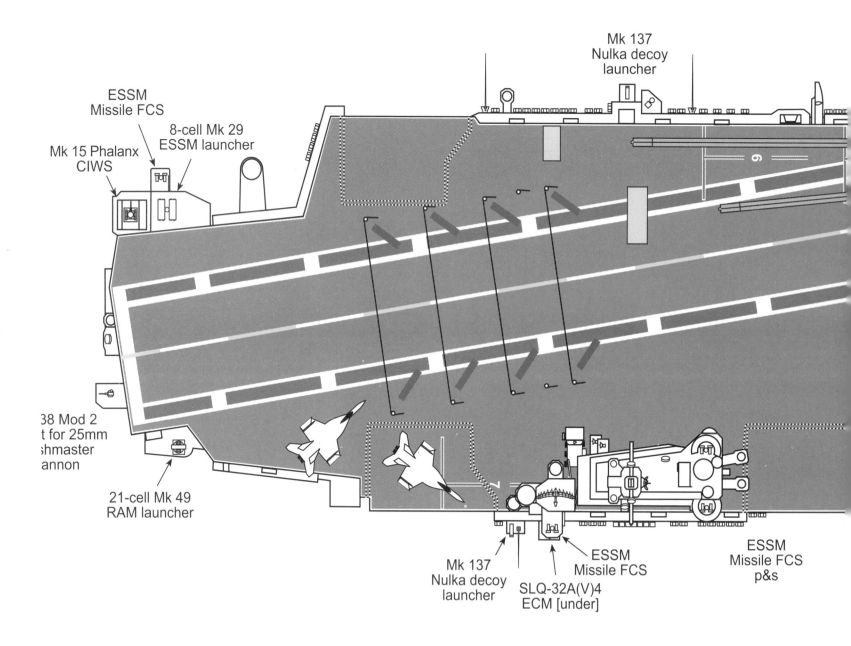